A ECONOMIA
DA JUSTIÇA

A ECONOMIA DA JUSTIÇA

Richard A. Posner

Tradução
EVANDRO FERREIRA E SILVA

Revisão da tradução
ANÍBAL MARI

SÃO PAULO 2019

Esta obra foi publicada originalmente em inglês com o título
THE ECONOMICS OF JUSTICE
por Harvard University Press, USA
Copyright © 1981, 1983 by the President and Fellows of Harvard College
publicado por acordo com Harvard University Press
Copyright © 2010, Editora WMF Martins Fontes Ltda.,
São Paulo, para a presente edição.

1ª edição 2010
2ª tiragem 2019

Tradução
EVANDRO FERREIRA E SILVA

Revisão da tradução
Aníbal Mari
Acompanhamento editorial
Márcia Leme
Revisões gráficas
Adriana Barbieri
Helena Guimarães Bittencourt
Produção gráfica
Geraldo Alves
Paginação
Studio 3 Desenvolvimento Editorial

Dados Internacionais de Catalogação na Publicação (CIP)
(Câmara Brasileira do Livro, SP, Brasil)

Posner, Richard A.
 A economia da justiça / Richard A. Posner ; tradução Evandro Ferreira e Silva ; revisão da tradução Aníbal Mari. – São Paulo : Editora WMF Martins Fontes, 2010. – (Biblioteca jurídica WMF)

 Título original: The economics of justice.
 ISBN 978-85-7827-123-7

 1. Economia 2. Justiça 3. Justiça social I. Título. II. Série.

09-02447   CDD-320.011

Índices para catálogo sistemático:
1. Economia da Justiça : Ciências políticas   320.011

Todos os direitos desta edição reservados à
Editora WMF Martins Fontes Ltda.
Rua Prof. Laerte Ramos de Carvalho, 133 01325-030 São Paulo SP Brasil
Tel. (11) 3293-8150 e-mail: info@wmfmartinsfontes.com.br
http://www.wmfmartinsfontes.com.br

SUMÁRIO

Prefácio à edição brasileira XI
Prefácio (1983) XIX
Prefácio à primeira edição XXI

1. Uma introdução à economia do comportamento não mercadológico 3
    O plano do livro 9

I. JUSTIÇA E EFICIÊNCIA

2. Blackstone e Bentham 17
    Os *Commentaries*, de Blackstone 17
    A antipatia de Bentham para com Blackstone 38
    Blackstone e Bentham comparados 48
3. Utilitarismo, economia e teoria social 58
    Alguns problemas do utilitarismo 62
    A maximização da riqueza como conceito ético ... 72
4. Os fundamentos éticos e políticos da maximização da riqueza 105
    O consentimento como fundamento da eficiência ... 105
    Implicações para a análise econômica positiva do direito 123
    A crítica de Dworkin à maximização da riqueza ... 128

II. AS ORIGENS DA JUSTIÇA

5. A versão homérica do Estado mínimo 141
Uma taxonomia do Estado limitado 142
Estado e valores políticos em Homero 146
A ordem social homérica 160
Individualismo homérico 166
Alguns paralelos com o mundo moderno 168
A teoria do Estado 170
6. Uma teoria da sociedade primitiva 172
O custo da informação 173
Um modelo de sociedade primitiva 177
Outras formas primitivas de adaptação ao alto custo da informação 198
7. A teoria econômica do direito primitivo 205
O processo 206
A propriedade 211
Contratos 215
Direito de família 218
O sistema da responsabilidade objetiva no direito civil 227
Direito penal 242
8. Retribuição e outros conceitos penais afins 246
Da vingança à retribuição, e além 248
Polução: retribuição contra os vizinhos e descendentes 257
Culpa *versus* responsabilidade 265

III. A PRIVACIDADE E OS INTERESSES A ELA VINCULADOS

9. Privacidade como sigilo 273
A economia da informação privada e as comunicações 274
Responsabilidade civil por violação da privacidade 300
10. Uma visão mais ampla da privacidade 317

A etimologia da privacidade: reclusão e autonomia 317
Provas da teoria econômica da privacidade 327
O *common law* e a teoria econômica da privacidade 334
Difamação e depreciação 340
O movimento pró-legislação em matéria de privacidade 355
11. Violação da privacidade na jurisprudência da Suprema Corte 368
Casos de violação da privacidade anteriores ao caso de *Griswold* 369
A decisão do caso *Griswold* 383
A violação da privacidade na Suprema Corte depois de *Griswold* 390
Conclusão 410

IV. A SUPREMA CORTE E A DISCRIMINAÇÃO

12. O direito e a economia da discriminação 415
13. O caso *DeFunis* e a discriminação reversa 430
A razoabilidade da discriminação reversa 432
A questão constitucional 443
14. *Bakke, Weber* e além 457
Bakke 457
Weber 477

Índice remissivo 483

Para Kenneth e Eric

PREFÁCIO À EDIÇÃO BRASILEIRA

É uma honra que meu livro seja traduzido para o português e posto à disposição da comunidade jurídica do Brasil, país que despontou nos últimos anos como um dos mais importantes do mundo e mostrou-se comprometido com os valores democráticos e o Estado de Direito.

O Brasil, à semelhança de outros países cujo sistema jurídico é derivado do *civil law* da Europa continental, tradicionalmente adotou uma concepção rigorosamente positivista do papel do judiciário. O direito é feito (positivado) pelo poder legislativo; os juízes se limitam a identificar e aplicar as normas legisladas. Nos últimos anos, porém, seguindo a tendência dos tribunais constitucionais da Europa Ocidental depois da Segunda Guerra Mundial, os constitucionalistas brasileiros começaram a adotar uma concepção não positivista da interpretação constitucional, orientando-se por teorias constitucionais como as da ponderação de valores ou interesses, da proporcionalidade e do direito como moral (direito natural). Além disso, cada vez mais se reconhece a textura aberta dos textos legislativos, o que permite e até mesmo impõe o exercício da discricionariedade judicial.

O positivismo jurídico estrito e a livre interpretação constitucional representam os dois extremos na antiga controvérsia sobre a discricionariedade judicial. A teoria econômica, tal como explico neste livro, representa uma posição intermediária. De acordo com ela, os juízes exercem e devem exercer a discricionariedade. Esta, porém, deve seguir os ditames de uma teoria econômica aplicada ao direito: a chamada "análise econômica do direito" ou "direito e economia" (*law and economics*).

Esse movimento pode facilmente ser entendido de maneira equivocada dada a ideia convencional de que a ciência econômica se aplica tão somente ao estudo de fenômenos explicitamente econômicos, como a inflação, o desemprego, a produtividade e a compra e venda de produtos e serviços. Porém, desde a publicação das obras de Jeremy Bentham, no século XVIII, existe uma corrente da ciência econômica que concebe a economia não como o estudo de fenômenos "econômicos" particulares, mas como a teoria das escolhas racionais – de como os seres racionais moldam seu comportamento em face dos incentivos e restrições com que se defrontam, incentivos e restrições que nem sempre têm uma dimensão monetária. Suponhamos, por exemplo, que o incentivo seja a vontade de assassinar um cônjuge adúltero; a restrição, a ameaça de uma longa pena de reclusão; segundo a pioneira análise de Bentham sobre crime e punição, o ser racional pondera a utilidade do crime, com relação à desutilidade da punição.

Depois de Bentham, a teoria das escolhas racionais permaneceu ignorada por muitos anos. Seu ressurgimento está associado sobretudo à ciência econômica da "Escola de Chicago", e, em particular, a alguns grandes economistas da Universidade de Chicago, como Milton Friedman, George Stigler, Ronald Coase, Henry Simons e Gary Becker. Seus estudos da natureza econômica da regulamentação governamental, da informação, da educação, da família, da criminalidade, do processo político e da poluição (como no famoso artigo "The Problem of Social Cost", de Coase) lançaram as fundações da análise econômica do direito.

Dei o exemplo de como o crime e a punição podem ser formulados em termos econômicos. Passemos agora a outra área: o incentivo a cometer um ato ilícito pode ser, por exemplo, o desejo do motorista de economizar tempo, que o leva a exceder o limite de velocidade; a restrição, o medo de ferir-se num acidente ou – e é aqui que a responsabilidade civil por acidentes automobilísticos se funde com a economia na análise dos acidentes – de ser condenado em juízo por imprudência no trânsito e ser obrigado a pagar uma indenização por ferir outra pessoa. Na análise econômica dos delitos civis culposos, a imprudência (como também a negligência) é concebida como a não tomada de precauções cujo custo seria justificado, ou, em outras palavras, a não tomada de precauções que poderiam evitar o acidente a um custo muito menor que o custo imposto pelo próprio acidente. Assim, se as precauções custarem R$ 1.000,00; se a lesão causada pelo acidente for avaliada pecuniariamente em R$ 100.000,00; e se a probabilidade de ocorrência do acidente caso as precauções não sejam tomadas for de 0,02, de tal modo que o custo esperado do acidente seja de R$ 2.000,00 (100.000 x 0,02) – nessa hipótese, o motorista de fato terá sido imprudente, pois 1.000 é menor que 2.000.

O custo das precauções não foi comparado com o custo real do acidente (R$ 100.000,00), mas com seu custo *esperado*, ou seja, o custo do acidente (para a vítima) descontado (multiplicado) pela probabilidade de ocorrência deste. Por quê? Porque um acidente é algo que acontece com pouca frequência; e, quanto menor a probabilidade de ocorrência de um evento danoso, tanto menos deve ser gasto em precauções que o previnam. Se o acidente automobilístico em questão acontecesse só uma vez em um milhão de viagens de automóvel, seria absurdo gastar R$ 1.000,00 para preveni-lo. Os R$ 1.000,00 (que representam, digamos, o valor do tempo suplementar perdido na viagem) seriam gastos em média um milhão de vezes, totalizando um bilhão de reais, para prevenir em média um único acidente que impõe um custo de somente R$ 100.000,00 – evidentemente, um gasto preventivo que não se justifica.

Neste livro, dou o nome de "maximização da riqueza" à doutrina que usa a análise de custo-benefício para orientar a decisão judicial. Esse termo pode facilmente ser entendido, de modo equivocado, como um simples critério financeiro, o que significaria que qualquer coisa que produzisse um aumento da receita pecuniária maximizaria a riqueza e, portanto, seria boa. Na verdade, porém, a essência dessa abordagem está em insistir que todos os custos e benefícios, inclusive os não pecuniários, sejam levados em conta para decidir o que é uma norma ou prática eficiente; e que sejam pecuniarizados – apenas para possibilitar uma comparação entre eles traduzindo-os numa unidade comum, o dinheiro. Assim, no caso do acidente de trânsito, a vítima pode não ter sofrido perda financeira alguma: suas lesões não a impediram de trabalhar e todas as despesas médicas foram cobertas pelo plano de saúde. Não obstante, pode haver um custo real medido pela dor, pelo sofrimento ou deformidade física da vítima e pelo total de recursos (tempo de serviço dos médicos, remédios etc.) consumidos no tratamento da lesão. Do mesmo modo, a condução do automóvel em alta velocidade acarreta um benefício real, mesmo que a única consequência para o motorista (exceto, talvez, o ligeiro perigo adicional de se ferir) seja a de chegar mais rápido a determinado compromisso social.

Os economistas dispõem de técnicas para pecuniarizar os custos e benefícios não pecuniários: estudando, por exemplo, os custos pecuniários em que as pessoas incorrem para economizar tempo ou evitar danos (esses custos pecuniários tornam-se assim uma estimativa mínima do valor que o tempo ou a não ocorrência de danos têm para elas). A análise econômica do direito recomenda que essas técnicas sejam usadas, tanto quanto possível, para possibilitar uma análise de custo-benefício das condutas regulamentadas pelas leis. A novidade do movimento "direito e economia" está simplesmente em insistir que os juízes, ao tomar decisões, exerçam sua ampla discricionariedade de modo que se produzam resultados eficientes, entendidos no sentido de resultados que evitem o desperdício social: no exemplo do acidente, resultados que penalizem a não tomada de precauções cujo custo se justificaria; mas que não penalizem a recusa a tomar precauções cujo custo não se justifique.

A análise econômica do direito não se aplica somente às áreas de direito privado, como o direito dos contratos e a responsabilidade civil extracontratual. Pode aplicar-se também a muitas áreas de direito público (com efeito, dentre suas primeiras aplicações, as mais importantes eram às leis antitruste e à regulamentação dos serviços e transportes públicos – áreas de direito público, como também era o direito penal, o qual, como vimos, foi analisado economicamente há muito tempo por Jeremy Bentham), entre as quais o direito constitucional. As questões levantadas pela doutrina constitucional da liberdade de expressão podem ser entendidas como problemas de regulamentação do "mercado" de ideias e opiniões; e a proibição de buscas e apreensões "irrazoáveis" pode ser analisada por um modelo econômico semelhante ao aplicado aos delitos civis culposos: a busca irrazoável seria aquela em que os benefícios decorrentes da obtenção de informações úteis para um processo penal são menores que os custos da invasão da privacidade da pessoa a quem a busca é imposta.

Até agora, sugeri que a análise econômica seja usada para orientar a decisão judicial – para instruir os juízes quanto ao melhor modo de decidir causas cujo resultado não é determinado diretamente pelos textos da Constituição ou da legislação infraconstitucional, ou seja, causas situadas naquele campo aberto em que os juízes podem exercer sua discricionariedade. No caso dos delitos civis culposos, o sistema de *common law* em vigor nas jurisdições anglo-americanas permite que o direito seja criado, e não somente aplicado, pelos juízes. A maioria das áreas de direito público é regida por um texto constitucional ou infraconstitucional ao qual os juízes estão vinculados; muitas vezes, porém, esse texto é vago e deve ser interpretado criativamente, o que exige, por sua vez, o exercício da discricionariedade judicial. A Constituição não define "liberdade de expressão" nem "buscas e apreensões irrazoáveis"; aliás, nem sequer define "busca" e "apreensão". Tampouco as leis antitruste definem "restrição do comércio", "monopólio" e "concorrência", e nenhum desses termos traz em si sua própria definição. Os textos legais, tanto constitucionais quanto infraconstitucionais (suposto que a legislação em pauta seja conforme à Constituição), têm autoridade sobre os juízes. Mas, visto que muitas vezes se limitam a criar balizamentos de caráter geral, deixam uma grande área em aberto para o exercício da discricionariedade judicial, a qual pode, por sua vez, ser disciplinada por um compromisso com a abordagem econômica que descrevi. Já afirmei, e repito, que isso se aplica também aos sistemas jurídicos de *civil law*. Esses sistemas se baseiam numa legislação mais detalhada do que a que geralmente vigora nas jurisdições anglo-americanas. Mas nenhuma legislação é detalhada a ponto de esgotar todas as possibilidades de disputa judicial que podem ocorrer numa sociedade dinâmica. Todas elas deixam grande espaço para o exercício da discricionariedade por parte dos juízes.

Além de preconizar esse uso normativo da análise econômica, o movimento "direito e economia" descobriu que os juízes, especialmente nos sistemas de *common law*, mas não somente aí, tendem a deixar-se orientar, no exercício de sua discricionariedade, por um entendimento intuitivo da economia do litígio. A abordagem econômica dos delitos civis culposos, que delineei acima, foi definida, em termos muito próximos dos que usei neste Prefácio, pelo juiz americano Learned Hand num voto que redigiu em 1945. Vislumbres da abordagem econômica, e não só na área da responsabilidade civil culposa, encontram-se também em votos e sentenças muito anteriores. Seria um exagero dizer que a economia é a própria essência vital do direito, mesmo no *common law* anglo-americano. Mas trata-se de um exagero sugestivo, que aponta para uma afinidade profunda, embora incompleta, entre o processo legal e a teoria das escolhas racionais. Especialmente numa sociedade comercial (como é o Brasil de hoje), é inevitável que os valores comerciais, tais como a eficiência econômica, venham a influenciar as autoridades que determinam os rumos políticos do país; e, como é inevitável a discricionariedade judicial, os juízes se contam entre essas autoridades. Assim, a análise econômica do direito tem também uma dimensão positiva (no sentido descritivo ou empírico, não juspositivista), além da dimensão normativa sobre a qual já falamos.

A análise econômica do direito tem exercido grande influência sobre as decisões judiciais e a criação do direito por parte dos tribunais norte-americanos, e também sobre a formação dos profissionais do direito. Creio que ela tem tanto a oferecer num país de *civil law* como o Brasil quanto nas jurisdições anglo-americanas em que até agora desempenhou seu papel mais importante. Ficarei contente se meu livro, que explica e defende os aspectos positivos e normativos do movimento "direito e economia", vier a influenciar a evolução do pensamento jurídico no Brasil[1].

Para concluir, devo fazer duas considerações relacionadas com a aceitação da abordagem econômica pela comunidade jurídica brasileira. A primeira diz respeito à formação dos juízes; a segunda, ao caráter do Brasil como país em desenvolvimento, e não ainda plenamente desenvolvido. Nos sistemas de *civil law*, a formação de advogados e juízes tende a ser estritamente profissional e, portanto, metodologicamente conservadora. Uma concepção do direito que o entenda como um fator político, dando ênfase à discricionariedade judicial e à permeabilidade do processo judicial às influências de outras disciplinas, como a economia, não é um modo espontâneo de pensar para advogados e juízes formados na tradição do *civil law*. Por isso todo esforço para introduzir a análise econômica do direito no sistema jurídico brasileiro deve começar nas universidades e faculdades de direito.

---

1. Meu livro *Economic Analysis of Law* (7.ª ed., 2007) traz uma apresentação abrangente do movimento "direito e economia".

Em segundo lugar, num país em desenvolvimento como é o Brasil, a análise econômica do direito deve ter uma ênfase diferente da que tem em países plenamente desenvolvidos, como Estados Unidos, Reino Unido, França, Alemanha e Japão. Nestes últimos, a importância dos direitos de propriedade, da liberdade contratual, da independência do judiciário, da discricionariedade judicial bem orientada e das limitações ao poder do Estado é tomada como ponto pacífico. Nos países em desenvolvimento, por outro lado, esses valores tendem a ser postos em questão e só se efetivam de modo incompleto. Nesses países, a proteção dos direitos de propriedade, a garantia da liberdade contratual, a prevenção da corrupção e do favoritismo políticos e a limitação do poder regulador do Estado sobre a economia têm ou devem ter um relevo muito maior do que é necessário em sociedades plenamente desenvolvidas. Alguns economistas, entre os quais Andrei Shleifer, de Harvard, formularam e testaram uma abordagem econômica dos problemas jurídicos dos países em desenvolvimento, que tem um valor particular para esses países[2]. É inevitável, portanto, que a análise econômica do direito brasileiro venha a ter uma ênfase e uma inflexão bastante diferentes das que têm em sociedades plenamente desenvolvidas. Isso é ótimo, e ajuda a confirmar os valores que o movimento "direito e economia" tem a oferecer ao sistema jurídico brasileiro.

RICHARD A. POSNER

---

2. Ver, por exemplo, *idem*, pp. 262-5, e as referências aí indicadas.

PREFÁCIO (1983)

Ao reler este livro após dois anos de dedicação praticamente exclusiva a uma atividade bem diversa do ensino e da pesquisa acadêmicos – a de juiz de um tribunal federal – sinto-me quase como se estivesse lendo algo escrito por outra pessoa. Ainda assim, não penso que o texto careça de nenhum tipo de reformulação fundamental. O propósito deste livro é demonstrar que a economia pode ser uma ferramenta poderosa e promissora para a elucidação de áreas do comportamento social que não são comumente abordadas como econômicas. E, não obstante o fato de que muitas das propostas e muitos dos juízos aqui presentes são controversos e continuarão a sê-lo por muito tempo ainda, o objetivo da obra terá sido cumprido se o leitor se convencer do poder, e não necessariamente da onipotência, da abordagem econômica dos tópicos expostos.

O livro se vale de duas formas bastante distintas de economia: a positiva e a normativa. Devo reconhecer que a última delas é bem mais polêmica que a primeira. Nestes tempos de anarquia moral, a ética implícita na teoria dos preços ou do valor, ética essa à qual chamei "maximização da riqueza", merece um lugar no balcão ao lado dos demais artigos éticos à venda em um mercado desordenado. Espero apenas não ter supervalorizado essa abordagem, dando atenção insuficiente aos insólitos resultados que poderiam advir de sua aplicação obstinada. Imagine uma situação de extrema carestia do hormônio do crescimento humano. Imagine ainda que esse hormônio seja alocado segundo critérios estritamente mercadológicos, isto é, baseados no preço que cada um esteja disposto a pagar por ele. Digamos então que um homem rico e de estatura normal, desejoso de acrescentar meia dezena de centímetros à sua altura, adquira a substância, em detrimento de um anão pobre, o qual poderia valer-se do hormônio para atingir uma estatura normal. Sem dúvida, podemos argumentar que a distribuição do hormônio do crescimento humano segundo critérios mercadológicos terá como consequência o aumento dos incentivos à produção da substância, aumentando-se assim sua oferta. Ainda assim, diante das possíveis implicações da situação, hesitamos em deixar que o mercado controle completamente a distribuição de tal substância. Embora teorias éticas pareçam sempre atrair aplicações escandalosas, espero que aquela que exponho na Parte I deste livro seja interpretada conforme o espírito no qual a concebi: como tema de especulação, não como projeto de ação social. Com essa ressalva, quiçá insuficientemente enfatizada ao longo do texto, ofereço mais uma vez este livro como contribuição a um campo instigante do conhecimento: a aplicação da ciência econômica moderna à elucidação dos problemas do direito e da justiça.

PREFÁCIO À PRIMEIRA EDIÇÃO

Os ensaios que compõem este livro abrangem quatro tópicos: a teoria da justiça segundo o critério da eficiência ou "maximização da riqueza"; as instituições sociais – inclusive as jurídicas – das sociedades primitivas e arcaicas; o estudo jurídico e econômico da privacidade, bem como dos interesses relacionados a esta; e, por fim, a regulamentação constitucional da discriminação racial e da "ação afirmativa". Como explico no capítulo 1, esses temas, aparentemente inconexos, acabam por se inter-relacionar do ponto de vista econômico.

O sentido que aqui atribuo à palavra "justiça" aproxima-se daquele em que John Rawls a utiliza. "Para nós o objeto primário da justiça é a estrutura básica da sociedade, ou mais exatamente, a maneira pela qual as instituições sociais mais importantes distribuem direitos e deveres fundamentais e determinam a divisão de vantagens provenientes da cooperação social. Por instituições mais importantes quero dizer a constituição política e os principais acordos econômicos e sociais."* Embora o presente trabalho não pretenda ser uma análise abrangente da "constituição política e [d]os principais acordos econômicos e sociais", examinam-se aqui, efetivamente, numerosos e importantes acordos

---

* *A Theory of Justice*. Trad. bras. *Uma teoria da justiça*, São Paulo, Martins Fontes, 2008, pp. 7-8. (N. do T.)

econômicos, sociais e jurídicos, na tentativa de demonstrar de que maneira a análise econômica pode fazer avançar nosso conhecimento acerca desses assuntos. Este não é um livro técnico e portanto direciona-se tanto a advogados e economistas quanto a filósofos, cientistas políticos, historiadores, antropólogos e estudiosos da Antiguidade Clássica. No que diz respeito à excessiva amplitude dos temas abordados, nada posso alegar em defesa do livro, exceto que suas pretensões são antes investigativas que conclusivas.

Não creio ser capaz de mencionar todos os amigos e colegas que teceram comentários úteis aos rascunhos dos ensaios presentes neste livro. Gostaria de agradecer especialmente a Gary Becker, Lea Brilmayer, Ronald Coase, Jules Coleman, Frank Easterbrook, Richard Epstein, Charles Fried, Paul Friedrich, Victor Fuchs, Jack Hirshleifer, Gareth Jones, Stanley Katz, Anthony Kronman, John Langbein, William Landes, Bernard Meltzer, Frederic Pryor, James Redfield, Steven Shavell, George Stigler, Geoffrey Stone e James White. A contribuição de cada uma dessas pessoas em um ou mais dos capítulos do livro foi muito importante. Também quero agradecer aos patrocinadores, aos integrantes e ao público de minhas várias palestras e *workshops* na Universidade de Chicago, Universidade de Nova York e Universidade da Pensilvânia, no Centro de Estudos Sócio--Jurídicos da Universidade de Oxford, na Universidade do Estado de Nova York em Buffalo, na Universidade da Geórgia e na *Public Choice Society*, locais onde apresentei pela primeira vez os rascunhos destes ensaios.

Robert Bourgeois foi um assistente dedicado e eficiente durante as pesquisas que empreendi com a finalidade de redigir vários dos capítulos que compõem o livro. Entre as demais pessoas cuja contribuição às minhas pesquisas foi valiosa estão Carole Cooke, Gordon Crovitz, Donna Patterson, Helene Serota, Susan Stukenberg e Pamela Trow. Também sou grato ao Centro para o Estudo da Economia e do Estado, da Universidade de Chicago, bem como ao Programa de Direito e Economia, da Faculdade de Direito da Uni-

PREFÁCIO À PRIMEIRA EDIÇÃO

versidade de Chicago, pelo apoio financeiro. Acima de tudo, quero assumir minha dívida intelectual para com os economistas que moldaram minha abordagem: Gary Becker, Ronald Coase, Aaron Director e George Stigler. Os textos aqui reunidos não teriam sido possíveis sem a orientação e o estímulo deles.

Com a exceção do primeiro, todos os capítulos já foram publicados de alguma forma, mas sofreram grandes modificações antes de serem incluídos neste livro. O capítulo 2 baseia-se em um artigo publicado no volume 19 do *Journal of Law and Economics* (1976). O capítulo 3, por sua vez, originou-se de um artigo do volume 8 do *Journal of Legal Studies* (1979) e das páginas 189-91 de meu livro *Economic Analysis of Law* [Análise econômica do direito] (2.ª edição, 1977). O capítulo 4 é baseado em um artigo do volume 8 do *Hofstra Law Review* (1980) e também em um artigo do volume 9 do *Journal of Legal Studies* (1980). O capítulo 5 baseia-se em um artigo do volume 90 de *Ethics*, publicação da Universidade de Chicago (1979). O capítulo 6 é baseado na Parte I de um artigo do volume 23 do *Journal of Law and Economics* (1980) e o capítulo 7, na Parte II do mesmo artigo. O capítulo 8 baseia-se em um artigo publicado no volume 9 do *Journal of Legal Studies* (1980), enquanto os capítulos 9 e 10 originaram-se de dois artigos, um dos quais foi publicado no volume 12 do *Georgia Law Review* (1978) e o outro, no volume 28 do *Buffalo Law Review* (copyright © 1979, *Buffalo Law Review*). O capítulo 11 foi desenvolvido a partir de um artigo do volume de 1979 do *Supreme Court Review*, publicado pela Universidade de Chicago e organizado por Philip B. Kurland e Gerhard Casper. O capítulo 12 é baseado no capítulo 27 de *Economic Analysis of Law*, e o capítulo 13, em um artigo do volume de 1974 do *Supreme Court Review*, organizado por Philip B. Kurland e publicado pela Universidade de Chicago. O capítulo 14, por fim, originou-se de um artigo do volume 67 do *California Law Review* (copyright © 1979, *California Law Review, Inc.*). Quero agradecer aos detentores de direitos autorais por autorizarem a utilização de todo esse material.

Lamento não ter visto os artigos – com exceção do meu e do de Jules Coleman – do "Simpósio sobre a eficiência como problema jurídico", publicados no volume 8 do *Hofstra Law Review* (1980) quando este livro já estava no prelo. Muitos dos textos do simpósio lidam com questões abordadas na Parte I deste livro e, muito embora não mudem minhas conclusões, eu teria apreciado a oportunidade de fazer referência a alguns deles. Consolo-me ponderando que cada um dos tópicos aqui expostos encontra-se certamente aberto a discussões.

RICHARD A. POSNER
Setembro de 1980

A ECONOMIA
DA JUSTIÇA

1. Uma introdução à economia do comportamento não mercadológico

Este livro aborda, do ponto de vista da economia, uma série de questões que geralmente não são consideradas econômicas, tais como o significado de justiça, a origem do Estado, o direito primitivo, a retribuição, o direito à privacidade, a difamação, a discriminação racial e a ação afirmativa. A economia não é o estudo do sistema econômico? O estudo dos mercados? Pois bem, nenhum dos itens da lista acima é um conceito ou uma atividade de mercado.

Embora o objeto tradicional da economia seja o comportamento dos indivíduos e das organizações no contexto mercadológico, uma breve reflexão a respeito da ferramenta analítica básica do economista em seu estudo dos mercados nos sugere a possibilidade de usar a ciência econômica de um modo mais abrangente. Essa ferramenta é o pressuposto de que cada indivíduo maximize racionalmente a sua satisfação. Os princípios da ciência econômica são deduções desse pressuposto – por exemplo, o princípio de que uma mudança no preço de um bem de consumo afetará a quantidade disponível desse bem por fomentar o surgimento de bens de consumo substitutos, ou de que os recursos serão direcionados para onde se mostrarem mais lucrativos, ou o princípio de que um indivíduo distribuirá seu orçamento entre os produtos e serviços disponíveis de maneira tal que o dólar marginal (último dólar) gasto em cada produto ou serviço lhe proporcione a mesma satisfação;

caso isso não ocorra, ele poderá aumentar sua utilidade ou seu bem-estar total por meio de uma realocação de seus recursos financeiros.

Será sensato supor que as pessoas ajam racionalmente apenas ou sobretudo quando estão inseridas em transações mercadológicas, não o fazendo quando envolvidas em outras atividades da vida, tais como o casamento, as ações judiciais, o crime, a discriminação e a ocultação de informações pessoais? Ou que somente os habitantes das sociedades ocidentais (ou ocidentalizadas) modernas sejam racionais? Se a racionalidade não se restringe a transações estritamente mercadológicas, sendo, antes, um traço geral e dominante do comportamento social, então o aparato conceitual construído por gerações de economistas para explicar o comportamento mercadológico também pode ser usado para explicar o comportamento não mercadológico.

Se é proveitosa ou não a extensão da ciência econômica, essa questão não pode ser respondida em bases lógicas nem deve sê-lo de maneira meramente intuitiva. Creio ser implausível e anti-intuitiva a visão de que os processos decisórios de um indivíduo são totalmente compartimentados, a ponto de este agir racionalmente quando realiza uma compra qualquer e irracionalmente quando decide cursar uma faculdade de direito, ou quando decide casar-se, sonegar impostos, ter três filhos em vez de dois ou mover uma ação judicial contra alguém. Apesar ou por causa da importância de escolhas como essas, tenho certeza de que muitos leitores considerarão intuitivamente que elas se situam no terreno das decisões emocionais, e não racionais. Diante disso, a única forma de medir a utilidade da aplicação da análise econômica à esfera não mercadológica é realizar estudos econômicos do comportamento não mercadológico, cujos resultados devem ser posteriormente avaliados.

Podemos situar na alvorada do pensamento econômico moderno a figura de um homem que acreditava que os indivíduos, em todas as esferas da vida humana, buscam o máximo de sua satisfação. Esse homem foi Jeremy Bentham, que desempenha papel importante, embora um tanto sinistro, na Parte I deste livro. Por quase duzentos anos os economistas desprezaram a aplicação da ciência econômica à criminologia, empreendida por Bentham, não obstante a contínua influência que ela exerceu sobre a penalística. No tocante à sua visão de que as pessoas estão sempre, e em todo lugar, empreendendo uma busca racional de seus próprios interesses, o autor não se preocupou, entretanto, em reunir provas que a sustentassem. Limitou-se a afirmar seu ponto de vista, o qual pareceu, às gerações posteriores de economistas, demasiado implausível para que merecesse ser submetido a qualquer tipo de teste empírico.

O renascimento moderno do interesse pela aplicação da economia ao comportamento não mercadológico se inicia com Gary Becker, da Universidade de Chicago, embora haja predecessores[1], como sempre ocorre na história do pensamento. A partir da publicação de sua tese de doutorado sobre a economia da discriminação racial, em 1957[2], Becker, juntamente com seus alunos e discípulos, conduziu a ciência econômica pelos mais diversos terrenos: educação, fertilidade, utilização do tempo nas tarefas domésticas, comportamento dos criminosos e dos promotores públicos, caridade, caça na pré-história, escravidão, suicídio, adultério e até mesmo o comportamento de ratos e pombos[3]. Não

---

1. P. ex., a discussão de Sidgwick a respeito das externalidades, em 1883, bem como a de Mitchell a respeito da produção familiar, em 1912. Ver Henry Sidgwick, *The Principles of Political Economy*, pp. 406-8 (3.ª ed., 1901); Wesley C. Mitchell, "The Backward Art of Spending Money", 2 *Am. Econ. Rev.* 269 (1912), reeditado em seu livro *The Backward Art of Spending Money, and Other Essays*, p. 3 (1950).

2. Ver Gary S. Becker, *The Economics of Discrimination* (2.ª ed., 1971).

3. A melhor introdução disponível à ciência econômica do comportamento não mercadológico é o livro de ensaios de Becker, *The Economic Approach to Human Behavior* (1976). Ver sobretudo o capítulo introdutório do livro. Entre outros estudos semelhantes, estão *Essays in the Economics of the Family* (organizado por Theodore W. Schultz, 1975); John H. Kagel et al., "Experimental Studies of Consumer Demand Behavior Using Laboratory Animals", 13 *Econ. Inquiry* 22 (1975).

cabe aqui uma apreciação dessa extensa e diversificada literatura – frequentemente técnica e além disso controvertida até mesmo entre os economistas[4] – cujo objetivo é nada menos que a redefinição da economia como o estudo da deliberação racional, não restrita ao mercado. Basta dizer que, graças a essa literatura, já não é absurda a ideia de que temas como a justiça, a privacidade, o direito primitivo e a regulamentação constitucional contra a discriminação racial possam ser esclarecidos pela abordagem econômica.

Foi pelo campo conhecido como análise econômica do direito, ou "direito e economia", expressão um tanto confusa, que comecei a me interessar pela economia do comportamento não mercadológico; e é nesse campo que ainda se concentra o meu interesse. O presente trabalho representa então uma ampliação de meus horizontes na tentativa de incluir aspectos da experiência social que transcendam aqueles estritamente jurídicos. Todo o conteúdo do livro, porém, originou-se da análise econômica do direito. Portanto, será útil que eu faça uma breve descrição desse campo, relacionando-o aos problemas específicos abordados neste livro[5].

A análise econômica do direito compõe-se de dois ramos. O mais antigo, a análise das leis que regulam as atividades explicitamente econômicas, remonta pelo menos às discussões de Adam Smith sobre os efeitos econômicos da legislação mercantilista, as quais ainda hoje representam uma parte importante da análise econômica do direito. Do ponto de vista quantitativo é, de fato, a mais importante. Entre os estudos dessa área incluem-se os de legislação antitruste, tributação e direito societário; os de regulamentação das empresas públicas e do transporte de cargas; e os

---

4. Ver, p. ex., Ronald H. Coase, "Economics and Contiguous Disciplines", 7 *J. Legal Stud.* 201 (1978).
5. Para um apanhado geral desse campo, ver Richard A. Posner, *Economic Analysis of Law* (2.ª ed., 1977) e, para uma visão mais recente sobre o assunto, Richard A. Posner, "Some Uses and Abuses of Economics in Law", 46 *U. Chi. L. Rev.* 281 (1979).

de regulamentação do comércio internacional, entre outras atividades do mercado.

O outro ramo, a análise das leis que regulam as atividades não mercadológicas, é, de modo geral, muito recente. E é precisamente esse ramo que fornece o arcabouço teórico deste livro. Os pioneiros nesse terreno são Ronald Coase e Guido Calabresi. Em seu famoso artigo sobre custo social publicado em 1961, Coase analisa a relação entre responsabilidade civil e alocação de recursos[6], o mesmo tema do primeiro artigo de Calabresi sobre a teoria jurídica dos acidentes ou acontecimentos inesperados, escrito independentemente do trabalho do outro autor e publicado no mesmo ano[7]. Praticamente de passagem, visto não ser este o tema de seu texto, Coase observou que os juízes ingleses, ao interpretarem a doutrina da perturbação da paz (*nuisance*) no *common law* (que cuida dos assuntos relativos à poluição e formas semelhantes de interferência no uso da propriedade), haviam proferido decisões que pareciam estar de acordo com a análise econômica do problema. Na verdade, demonstraram-se portadores, ainda que por puro instinto, de uma visão econômica muito mais segura que a dos próprios economistas! A intuição de Coase acerca do caráter economizador das doutrinas do *common law* permaneceu inexplorada por um tempo; mas, desde 1971, em uma série de estudos que se tornou bastante extensa, venho, juntamente com alguns de meus colegas, examinando a hipótese de que a melhor maneira de explicar o *common law* é entendendo os juízes como maximizadores do bem-estar econômico[8]. A hipótese não é a de que os juízes sejam capazes de reproduzir, ou que efetivamente reproduzam, os resultados

---

6. Ver R. H. Coase, "The Problem of Social Cost", 3 *J. Law & Econ.* 1 (1960) (essa edição, na verdade, foi publicada em 1961).

7. Ver Guido Calabresi, "Some Thoughts on Risk Distribution and the Law of Torts", 70 *Yale L. J.* 499 (1961).

8. Para discussão e referências bibliográficas sobre o assunto, ver Posner, "Some Uses and Abuses of Economics in Law", 46 *U. Chi. Rev.* 281, 288-91 (1979).

dos mercados competitivos, mas que, dentro dos limites impostos pelos custos administrativos do sistema judiciário (aos quais se deve atentar em qualquer tentativa de promover a eficiência por meio de normas jurídicas), as decisões judiciais do *common law* conduzem o sistema econômico a um resultado mais próximo do que seria obtido por intermédio da concorrência efetiva, ou seja, no âmbito de um mercado livre, sem externalidades significativas, monopólio ou problemas de informação.

Já se encontraram provas da estrutura econômica implícita do *common law* em diversos estudos das normas e instituições jurídicas, bem como em análises dos procedimentos e das decisões judiciais. Esses estudos não se restringem aos casos ocasionais em que os juízes adotaram uma formulação quase explicitamente econômica do direito, como no exemplo da fórmula do juiz Learned Hand* para a responsabilidade civil por negligência[9], segundo a qual esta é considerada como uma falta de cuidado nos casos em que o custo de prevenção (Hand chama isso de "ônus da precaução") é inferior à probabilidade de ocorrência do acidente multiplicada pela perda advinda da sua efetiva ocorrência. Ao produto dessa multiplicação um economista chamaria custos esperados do acidente. Pode-se considerar a fórmula de Hand como aproximação, embora imperfeita, de um conceito economicamente eficiente de precaução e negligência[10]. Mas a lógica do *common law* é mais sutil. A partir da análise de uma miríade de doutrinas jurídicas, muitos economistas, bem como juristas inclinados ao pensamento econômico, constataram que o direito obedece misteriosamente às leis da economia. São exem-

---

* Learned Hand (1872-1961): famoso juiz norte-americano, do Tribunal Recursal Federal da 2.ª Região (Nova York). (N. do E.)

9. Ver *Estados Unidos vs. Carroll Towing Co.*, 159 F.2d 169 (2d Cir. 1947); *Conway vs. O'Brien*, 111 F.2d 611 (2d Cir. 1940).

10. Ver John Prather Brown, "Toward an Economic Theory of Liability", 2 *J. Legal Stud.* 323 (1973); Richard A. Posner, *Economic Analysis of Law* 122-3 (2.ª ed., 1977).

plos dessas doutrinas jurídicas, entre outros, a presunção de risco na responsabilidade civil, os graus de homicídio, os princípios que regem a indenização por perdas e danos decorrentes de atos ilícitos e inadimplemento contratual, a causa próxima*, erro e fraude no direito das obrigações, os princípios de ressarcimento, a doutrina da "obrigação moral", a ordenação dos direitos de propriedade sobre a água, a coautoria do ato ilícito e as regras de recompensa por salvatagem no direito marítimo[11].

O plano do livro

A Parte I deste livro trata da relação entre o conceito de eficiência como maximização da riqueza, o qual norteou a análise econômica positiva do *common law*, e uma concepção satisfatória do que seja a justiça. Embora a relação entre eficiência e justiça seja, em si mesma, um tópico interessante, minha atenção se dirige sobretudo à alegação ocasional de que a teoria da eficiência é implausível porque nenhum juiz seria capaz de se guiar por um conceito tão rudimentar de justiça como a maximização da riqueza[12]. Pode-se afirmar, em resposta a isso, que as decisões de um juiz não se fundam em suas preferências pessoais. Com efeito, existem esforços no sentido de demonstrar que, mesmo se

---

* O conceito de causa próxima, característico da teoria da responsabilidade civil americana, pode ser definido como a causa preponderante para que a Corte afirme a responsabilidade civil do agente, sem a qual o ato danoso não existiria. Para que o nexo de causalidade não se prolongue indefinidamente, a Corte deve pronunciar-se sobre qual conduta específica do agente é causadora imediata do dano. Como explica o *Black's Law Dictionary*, a responsabilidade civil deve se restringir às causas que estejam diretamente ligadas ao ato danoso, e relevantes para o resultado considerado contrário às regras do direito. (N. do R. T.)

11. Ver referências em Posner, nota 8 supracitada, p. 290; William M. Landes & Richard A. Posner, "Joint and Multiple Tortfeasors: An Economic Analysis", 9 *J. Legal Stud.* 517 (1980).

12. Ver, p. ex., Frank I. Michelman, "A Comment on *Some Uses and Abuses of Economics in Law*", 46 *U. Chi. L. Rev.* 307 (1979).

as decisões dos juízes fossem totalmente aleatórias, o *common law* continuaria evoluindo em direção à eficiência[13]. A persuasividade de tal argumento depende, contudo, de vigorosos pressupostos[14]. Minha resposta segue outro caminho: a eficiência, tal como a defino, caracteriza-se como um conceito de justiça adequado e imputável aos juízes, ao menos no que se refere à prestação da tutela jurisdicional no âmbito do sistema do *common law*. As razões dessa conclusão, ao que parece, também apontam para a conciliação da teoria da eficiência do *common law* com as teorias dos grupos de interesse, ou redistributivas, que predominam nas atuais análises econômicas da legislação. Na Parte I, também procuro explicar as diferenças que marcam a economia e o utilitarismo clássico como modelos para a ação jurídica e política.

A Parte II aborda a ordem social e jurídica das sociedades primitivas, inclusive as arcaicas. As raízes de muitas das doutrinas do *common law* remontam a épocas distantes. Além disso, na maior parte das vezes, o direito nessas sociedades é, como o próprio *common law*, consuetudinário, em vez de legislado ou codificado[15]. Parece interessante investigar, portanto, a possibilidade de explicar também o direito nas sociedades primitivas à luz da teoria econômica do *common law*. Ademais, o estudo do direito primitivo pode servir à elucidação de questões levantadas pela análise econômica positiva do *common law*. Uma dessas questões diz respeito às causas da diminuição da importância da responsabilidade objetiva, se comparada à negligência, como critério padrão de responsabilidade civil. Vale ressaltar que a responsabilidade objetiva é o critério padrão de responsabilidade no direito primitivo (às vezes tanto para crimes quanto para ilícitos civis), o que nos leva a pergun-

---

13. Ver referências em Posner, nota 8 supracitada, p. 289, n. 31.
14. Ver William M. Landes & Richard A. Posner, "Adjudication as a Private Good", 8 *J. Legal Stud.* 235, 259-84 (1979).
15. No capítulo 6, define-se com mais precisão o conceito de direito consuetudinário.

tar que características da sociedade primitiva poderiam explicar essa diferença entre o direito primitivo e o moderno. De fato, minhas pesquisas sobre direito e sociedade primitivos partiram da seguinte pergunta: Por que a responsabilidade objetiva assume maior importância nos sistemas de responsabilidade civil das sociedades primitivas que nos das modernas?

Na Parte III, desenvolve-se primeiramente uma teoria econômica da privacidade e dos interesses a ela relacionados, passando-se posteriormente à pergunta sobre se as correlativas doutrinas do *common law* (inclusive a concorrência desleal, a agressão física [*assault and battery*], a difamação e o próprio ilícito civil contra a privacidade) são coerentes com a teoria. O raciocínio conduzido nesses capítulos, se aceito, caracteriza-se como mais um exemplo do poder que a ciência econômica possui para explicar doutrinas jurídicas há muito desvinculadas de qualquer preocupação com atividades estritamente "econômicas".

A Parte IV expõe um conceito de justiça fundado na não eficiência, ou melhor, na antieficiência: a justiça como avaliação individualizada para além do ponto em que um dólar a mais gasto em pesquisas renderia o equivalente a um dólar em informações adicionais. O raciocínio é que, por um lado, a eficiência de diversos tipos de discriminação de cunho racial e afins provavelmente advém do fato de que representam economia nos custos de informação. Por outro lado, a cláusula de igual proteção das leis, da Décima Quarta Emenda à Constituição dos Estados Unidos, dá forma concreta a uma teoria da justiça que rejeita a eficiência discriminatória. O papel que a ciência econômica desempenha na análise não é, portanto, o de explicar a posição jurídica, mas o de distinguir entre concepções econômicas e não econômicas de justiça. De resto, a ação afirmativa foi escolhida como centro das discussões conduzidas nessa Parte IV do livro por representar a vanguarda em matéria de políticas jurídicas que lidam com a questão da discriminação.

Na Parte IV, também se apresentam provas de que, muito embora o conceito de eficiência consiga explicar doutrinas do *common law*, não parece ser capaz de esclarecer algumas importantes normas constitucionais. Na Parte III, que trata da privacidade, apresentam-se mais provas a respeito dessa questão. Além de as leis estaduais e federais relativas à privacidade serem aparentemente antieficientes, a doutrina constitucional desenvolvida pela Suprema Corte no tocante ao tema não guarda nenhuma relação sistemática com os aspectos econômicos deste.

As diversas partes do livro encontram-se interligadas não apenas por sua origem comum na análise econômica positiva do direito, mas também por convergirem todas no estudo econômico da incerteza. A incerteza gera riscos, que a maioria das pessoas abomina, e gera também, portanto, a exigência de redução dos riscos através de várias formas de seguro. Além disso, gera demanda por informação. A economia da informação, importante ramo da economia não mercadológica e no qual George Stigler foi pioneiro[16], estuda de que maneira os maximizadores racionais alocam seu tempo e outros recursos na busca por oportunidades lucrativas de compra e venda. Nesse campo, o principal objeto de investigação tem sido a informação no mercado. Mas não deixa de ser apropriado considerá-la como uma área do comportamento não mercadológico, já que a informação propriamente dita raramente se compra ou vende. Os economistas da informação ampliaram suas investigações e passaram a estudar também os investimentos em fraude e reputação.

---

16. Ver George J. Stigler, "The Economics of Information", em seu livro *The Organization of Industry*, p. 171 (1968); para uma boa resenha sobre o tema, ver "Where Are We in the Theory of Information?", em 63 *Am. Econ. Rev. Papers & Proceedings* 31 (1973). Sobre risco e incerteza, ver Kenneth J. Arrow, *Essays in the Theory of Risk-Bearing* (1971). E sobre o campo de estudos da informação e da incerteza como um todo, ver J. Hirshleifer & John G. Riley, "The Analytics of Uncertainty and Information – An Expository Survey", em 17 *J. Econ. Lit.* 1375 (1979), texto abrangente e atualizado, porém bastante técnico.

A análise da incerteza, seja como risco ou como ignorância, é fundamental a cada um dos temas discutidos neste livro. Diversos tipos de dano, inclusive várias formas de quebra de contrato, têm sua origem em acontecimentos imprevisíveis, isto é, em acidentes. Diante disso, criticar o sistema judiciário por nem sempre impor compensação por um dano sofrido acaba se revelando uma atitude superficial. Conforme demonstro na Parte I, ainda que em uma dada situação não se verifique nenhum tipo de compensação *ex post*, frequentemente há uma compensação *ex ante*. E, na Parte II, mostro que a incerteza, seja como risco ou como informação enganosa, é fundamental na estrutura das instituições sociais e jurídicas primitivas. A ênfase dada pelas sociedades primitivas aos acordos securitários informais tem a ver com a carência de mecanismos securitários alternativos, enquanto a importância dada por essas sociedades à responsabilidade objetiva está relacionada ao alto custo das informações relativas a zelo e intenção. O tema da Parte III é a privacidade, termo que, em seu sentido mais intrigante, pode ser definido como ocultação de informações pessoais. A justificativa mais atraente, embora, em última análise, pouco convincente, em favor da proteção da privacidade nessa acepção do termo é a de que as pessoas interpretarão erroneamente as informações pessoais de outrem – atribuindo, por exemplo, demasiada importância à descoberta de que um determinado indivíduo é homossexual, ou ex-presidiário, ou dono de um histórico de distúrbios psicológicos. A objeção à discriminação "eficiente" (estatística) é a mesma, isto é, que as pessoas atribuirão excessiva importância ao fato de alguém ser negro ou mulher, por exemplo. Porém, como é impossível ocultar esses fatos, as políticas de defesa da privacidade abandonam o sigilo como meta, passando a centrar-se na proibição do uso desse tipo de informação como critério para a seleção de empregados, ou como ponto de partida para negociações entre indivíduos. Esse tipo de proibição é analisado na Parte IV.

A quantidade de vínculos que a economia da incerteza cria entre as diversas partes do livro é maior do que a presente discussão sugere. Por exemplo, o conceito de reputação (uma forma de capital informacional) é utilizado no capítulo 8 para explicar a retribuição e, no capítulo 10, para explicar por que a difamação por escrito (*libel*) e a difamação oral (*slander*) são ilícitos civis. O propósito desta introdução, contudo, não é recapitular as diversas partes do livro, mas introduzir o leitor no estudo econômico do comportamento não mercadológico em geral e do direito em particular, vincular os capítulos subsequentes à teoria da eficiência do *common law* e, por fim, chamar a atenção do leitor para a importância da incerteza, do risco e da informação como conceitos econômicos fundamentais aos aspectos da justiça investigados no livro.

I. Justiça e eficiência

2. Blackstone e Bentham

O intuito deste capítulo é essencialmente negativo: despertar no leitor a desconfiança em relação ao utilitarismo. Para tanto, conduz-se um exame do pensamento de seu mais fiel praticante, Jeremy Bentham. O utilitarismo jamais careceu de críticas, motivo pelo qual muitas daquelas que aqui faço são de fato antigas. O que talvez seja novidade é que eu não apenas compartilho com Bentham a certeza de que os indivíduos são maximizadores racionais de sua própria satisfação em todos os setores da vida, mas também acredito na eficiência econômica como conceito tanto ético quanto científico. Economia não é simplesmente utilitarismo aplicado? Bem, espero demonstrar que não. Outra novidade de minha tática de ataque consiste em procurar em sua fervorosa antipatia por William Blackstone uma indicação do caráter essencial do pensamento de Bentham.

Os *Commentaries*, de Blackstone

Em 1758, William Blackstone foi nomeado o primeiro catedrático de direito inglês em Oxford. Entre 1765 e 1769, publicou os quatro volumes de seus *Commentaries on the Laws of England* [Comentários sobre as leis da Inglaterra], baseados nas suas preleções em Oxford. Em 1776, Jeremy Bentham, que assistira às palestras de Blackstone aos 16 anos de idade, publicou seu *Fragment on Government* [Um fragmento sobre o governo], obra que atacava duramente os *Commentaries*. O *Fragment* consiste em um prefácio, no qual se denunciam severamente os *Commentaries*, mas sem entrar em muitos detalhes. Segue-se uma crítica minuciosa a sete páginas da introdução dos *Commentaries*, na qual Blackstone discute a natureza do direito. Bentham dá a entender que um exame das outras mais de duas mil páginas do livro revelaria igual incapacidade de raciocínio analítico.

O *Fragment* contém duas críticas fundamentais: em primeiro lugar, que Blackstone é um apologista descarado do *status quo*[1] e, em segundo lugar, que sua análise da natureza e das fontes da obrigação jurídica é superficial, amadorística e contraditória – que, de acordo com as palavras atribuídas a Samuel Johnson, Blackstone "pensava de forma clara, mas débil"[2].

Há de fato muito o que criticar nos *Commentaries*[3], mas há também muito o que elogiar, além da clareza e da con-

---

1. Esse tópico foi desenvolvido recentemente, de forma exaustiva e a partir de uma perspectiva marxista, em Duncan Kennedy, "The Structure of Blackstone's Commentaries", 28 *Buff. L. Rev.* 205 (1979).

2. Citado, sem indicação de fonte, por C. H. S. Fifoot, *Lord Mansfield*, p. 26 (1936).

3. Principalmente:

(1) Blackstone era complacente com o sistema jurídico inglês de sua época. Fechou os olhos a uma série de abusos notórios da prática judicial (como, por exemplo, a procrastinação no tribunal de equidade) e aceitava sem ressalvas muitas deformidades da doutrina jurídica, como a norma que proibia uma das partes de um processo judicial de testemunhar nesse processo. Além disso, era excessivamente tolerante com diversos anacronismos da legislação de época. Por exemplo, considerava-se lesão corporal dolosa (*mayhem*), espécie de agressão qualificada, golpear o "dente incisivo" de alguém, mas o mesmo não se aplicava ao "dente molar"; pois, para que se configurasse delito de lesão corporal, era preciso que ocorresse redução da capacidade da vítima de se defender contra ataques violentos. Blackstone registra essa distinção sem comentá-la, em 3 William Blackstone, *Commentaries on the Laws of England: A Facsimile of the First Edition of 1765-1769*, p. 121 (1979), doravante citado como *Comm*. Todas as citações de páginas referem-se ao fac-símile da primeira edição, publicado pela University of Chicago Press, com introduções de Stanley N. Katz (vol. 1), A. W. Brian Simpson (vol. 2), John H. Langbein (vol. 3) e Thomas A. Green (vol. 4). Nas citações que fiz de Blackstone, omiti notas de rodapé sem indicação.

cisão, que são as qualidades mais óbvias da obra. Blackstone segue duas vertentes do pensamento jurídico. Uma delas, cujo exemplo típico é *O espírito das leis**, de Montesquieu, analisa as funções sociais do direito em caráter abstrato, com referências apenas esporádicas a sistemas jurídicos reais. A outra, de que são exemplos o tratado de direito inglês de Bracton e o de direito civil de Pothier[4], descreve as leis efetivamente existentes de uma dada sociedade. Blackstone demonstrou como as leis da Inglaterra atuavam no sentido de atingir os diversos objetivos da sociedade, entre os quais os econômicos e políticos. Seu funcionalismo pode ser visto como ancestral distante da análise econômica positiva do *common law* delineada no capítulo 1 deste livro.

O ideal de Blackstone nos *Commentaries* era caracterizar o direito como "ciência racional"[5]. Até que ponto conseguiu fazê-lo? Para responder a essa pergunta, devemos examinar a investigação de Blackstone acerca do objetivo e da natureza do direito inglês.

---

(2) Blackstone comete, às vezes, o erro do raciocínio circular; como, por exemplo, ao "explicar" os diversos impedimentos legais das mulheres casadas com base no princípio de que marido e mulher são um só perante a lei, sem, no entanto, oferecer nenhuma explanação do princípio em si. Ver 1 *Comm.* 430.

(3) Aparentemente, há diversas falhas de coerência nos *Commentaries*, em questões de suma importância. Por exemplo, leis que contraditem o direito natural não possuem validade, mas uma lei regularmente promulgada pelo parlamento não pode ser invalidada por nenhum tipo de intervenção humana. Compare-se 1 *Comm.* 54 com 1 *Comm.* 91. Os juízes são os "oráculos vivos" da lei, mas são também estadistas do poder judiciário (Blackstone não usa literalmente o termo, mas o significado é esse) que se valem de ficções jurídicas para invalidar leis que não lhes agradem. Compare-se 1 *Comm.* 69 com 2 *Comm.* 116-7. O direito de propriedade é descrito, no Livro I, como uma característica da lei natural e, no Livro II, como subproduto de sociedades populosas. Compare-se 1 *Comm.* 138 com 2 *Comm.* 7.

* Trad. bras., São Paulo, Martins Fontes, 2005.

4. Ver Henry de Bracton, *On the Laws and Customs of England* (traduzido para o inglês por Samuel E. Thorne, 1968); Robert Joseph Pothier, *A Treatise on the Law of Obligations, or Contracts* (traduzido para o inglês por William David Evans, 1853).

5. 2 *Comm.* 2.

Para Blackstone, a finalidade última da justiça é assegurar direitos fundamentais. Com isso pretendia significar, ao que parece, nada mais que as condições para a maximização do bem-estar social, no sentido aproximado em que discuto a maximização da riqueza no capítulo seguinte. Os direitos fundamentais – aos quais por vezes ele se refere como "as liberdades dos homens da Inglaterra" – "consistem, primordialmente, no livre gozo da segurança e da liberdade pessoais, bem como da propriedade privada"[6]. A concepção de Blackstone de sociedade livre é muito próxima à de Adam Smith e outros "liberais" no sentido original e quase esquecido do termo: o indivíduo deve ser livre para comportar-se como quiser, desde que não viole a liberdade dos outros indivíduos.

A concepção de Blackstone de liberdade econômica não é tão abrangente quanto a de Adam Smith, mas, para a época, é impressionante[7]. Sua concepção dos direitos civis também é impressionante para a época, ainda que menos ampla que a de John Stuart Mill, por exemplo. Sobre liberdade religiosa, Blackstone afirma: "Qualquer forma de perseguição à diversidade de opiniões, por mais ridículas ou absurdas que sejam, contraria todos os princípios que regem a política saudável e a liberdade civil."[8] Sua discussão da liberdade de imprensa é merecidamente famosa:

> Com efeito, a liberdade de imprensa é essencial à natureza do Estado livre. Isso, entretanto, consiste na ausência de todo tipo de restrição *prévia* à publicação, mas não na liberdade em relação à censura por motivo de crime, após a publicação. Todo homem tem, indubitavelmente, o direito de apresentar ao público quaisquer sentimentos que lhe convenha. Proibir isso significa destruir a liberdade de imprensa.

---

6. 1 *Comm.* 140.
7. É particularmente correta, a meu ver, sua discussão sobre se o empréstimo de dinheiro a juros deveria ser permitido, contrariamente à opinião medieval sobre o assunto. Ver 2 *Comm.* 456-8.
8. 4 *Comm.* 53.

No entanto, se esse homem publicar coisas impróprias, nocivas ou ilegais, deverá assumir as consequências de sua própria imprudência. A subordinação da imprensa ao poder restritivo de um censor, como vem ocorrendo desde antes da Revolução, significa a sujeição de toda e qualquer liberdade de opinião aos preconceitos de um único homem, o que fará dele o juiz absoluto e indefectível de todos os pontos de controvérsia em matéria de educação, religião e governo. Mas a punição (tal como a lei atualmente prevê) de escritos perigosos e ofensivos que, após publicados, sejam, por meio de um julgamento justo e imparcial, condenados como de tendência perniciosa, é necessária à preservação da paz e da ordem, assim como do governo e da religião, únicos pilares sólidos da liberdade civil. Dessa forma, preserva-se o livre-arbítrio dos indivíduos, sendo objeto de punição legal somente o abuso desse livre-arbítrio. Além disso, nenhuma das restrições mencionadas se aplica à liberdade de pensamento ou investigação, ou seja, permanece intocada a liberdade de opinião na esfera privada – o crime a ser corrigido pela sociedade é o de disseminar, ou tornar públicas, opiniões perniciosas e destrutivas para os fins da sociedade.[9]

Nessa passagem, o leitor moderno vê-se intrigado diante da dicotomia entre censura prévia e punição criminal posterior à publicação. Somente a primeira opõe-se à concepção blackstoniana de liberdade de imprensa. A explicação para tal dicotomia pode estar no papel político que o autor atribuía ao júri inglês. Como veremos, ele considerava o júri uma importante defesa contra a opressão por parte dos altos funcionários do rei, pois acreditava que um corpo de jurados, presumivelmente, não condenaria um jornalista caso este houvesse sido processado por ter escrito algo não realmente sedicioso ou difamatório, mas apenas ofensivo, ao rei ou a seus ministros. A verdadeira ameaça à liberdade de imprensa era este alto funcionário do rei, o censor, que atuava fora do sistema de julgamento pelo júri.

---

9. 4 *Comm.* 151-2.

A despeito da sua vigorosa defesa das liberdades de credo religioso e de imprensa tal como as concebia, Blackstone não faz menção a essas liberdades em sua discussão sobre liberdade pessoal no livro I dos *Commentaries*. Tampouco se vê qualquer alusão à liberdade de expressão como tal. Não obstante, ele julgava fundamental e inalienável o direito de apresentar petição, junto ao rei e ao parlamento, para reparação de agravos. Blackstone compreendia a importância das liberdades civis, mas sua análise não é sistemática.

Para Blackstone, o exercício dos direitos fundamentais está sujeito a "restrições necessárias; mas tão sutis e moderadas, conforme ficará demonstrado quando aprofundarmos nossas investigações, que nenhum homem sensível e íntegro desejaria mitigá-las". Esses direitos, no entanto, são irrevogáveis: "nenhum parlamento criado pelo homem tem o poder de cerceá-los ou derrubá-los, a menos que seu detentor pratique algum ato que importe penalidade"[10]. A força desse argumento vê-se posteriormente reduzida quando Blackstone nega que um tribunal possa invalidar uma lei parlamentar devidamente promulgada. O que o salvou dessa incoerência de princípios foi a adoção da visão de Locke, refletida alguns anos depois na Declaração de Independência norte-americana, segundo a qual o cerceamento de direitos fundamentais confere legitimidade às revoluções. Mas, diante dos custos que implica, não se pode considerar a revolução como um remédio satisfatório para a supressão de direitos fundamentais. Essa visão, além disso, é incoerente com as alegações de Blackstone, mencionadas adiante, de que todo direito implica um remédio judicial (isto é, um remédio admissível judicialmente) e de que um direito ao qual não corresponda um remédio é uma contradição em termos. Blackstone sem dúvida acreditava que a principal proteção aos direitos fundamentais não está nos remédios judiciais ou na revolução violenta, mas no equilíbrio de poder entre as forças políticas da sociedade, obtido pela ordem constitucional britânica de sua época.

---

10. 1 *Comm.* 140, 54.

Blackstone presumia que os direitos fundamentais se dirigem não só contra o governo, mas também contra a coerção privada. Assim, todo inglês possuía o direito irrevogável à promulgação de leis e à imposição de uma legislação penal efetiva. Os americanos, por sua vez, veem a questão de uma forma diferente. Os direitos que figuram na Constituição dos Estados Unidos são, essencialmente, direitos oponíveis aos representantes do poder público. A proteção contra a coerção privada deve ser regulada pelas leis ordinárias, o que implica a inexistência de crimes previstos pelo *common law* em âmbito federal, visão que, de fato, tem sido há muito adotada pelos americanos. Por sua vez, a aceitação inglesa dos crimes previstos no *common law* deriva naturalmente da ideia, implícita nos escritos de Blackstone, de que os direitos essenciais dos ingleses estão protegidos contra intrusões tanto privadas quanto públicas – ideia intrigante e, de maneira nenhuma, tola, que inclusive reforça meu argumento anterior de que Blackstone via os direitos em geral como condição para o bem-estar social, já que um dos pré-requisitos deste é, obviamente, a proteção contra a coerção tanto privada quanto pública.

Ainda assim, bem de acordo com o espírito vigente em 1776, Blackstone também chamava atenção para o perigo de violação das liberdades dos ingleses por parte do poder público. É exemplo disso a seguinte afirmação:

> Para defender essas [liberdades] contra violações, faz-se necessário que a constituição do parlamento seja sólida e encontre pleno apoio; e que se estabeleçam limites bem claros à prerrogativa do rei. Por último, para que possam reclamar esses direitos quando efetivamente violados, os súditos ingleses contam, em primeiro lugar, com a aplicação assídua e o livre curso da justiça nas cortes; em segundo lugar, com o direito de apresentar petição, junto ao rei e ao parlamento, para reparação de agravos; e, finalmente, com o direito de possuir e utilizar armas para autopreservação e defesa.[11]

---

11. 1 *Comm.* 140.

A noção de liberdade que caracteriza os *Commentaries* está relacionada à ideia de que o direito se ocupa do comportamento social ou público, e não do privado:

> Um homem (...), mesmo se devasso em seus princípios ou desvirtuoso em seus atos, desde que guarde sua perversidade para si e não viole as regras públicas de decência, estará fora do alcance das leis dos homens (...).
>
> Portanto, a lei do rei Eduardo IV, a qual proibia os cavalheiros honrados da época (na condição de lordes) de usarem lanças de mais de cinco centímetros de comprimento em seus sapatos ou em suas botas, trazia a marca da opressão. Por mais ridícula que a moda vigente pudesse parecer, o ato de restringi-la mediante a imposição de multas não poderia servir a nenhum propósito de utilidade comum. Mas a lei do rei Carlos II que ordena algo aparentemente insignificante (que se enterrem os mortos vestidos com um traje, o qual deve ser obrigatoriamente de lã) é coerente com a liberdade pública, pois estimula o comércio de têxteis, do qual depende, em grande medida, o bem da nação (...). [Esse] modelo de constituição ou de estrutura de governo, esse sistema de leis, é exclusivamente projetado para preservar a liberdade civil, o que faz do súdito o mestre absoluto de sua própria conduta, salvo naqueles assuntos nos quais o bem público torne necessário algum tipo de norte ou limitação.[12]

Adam Smith consideraria ridiculamente inadequado o exemplo de lei utilitarista que Blackstone fornece, mas o princípio geral está bem definido: a "utilidade comum", ou o bem-estar público, exige do direito que faça de cada um o "mestre absoluto de sua própria conduta", exceto quando esta possa violar os direitos dos outros, ou reduzir o bem-estar social.

A tentativa de Blackstone no sentido de estabelecer uma separação entre direito e consciência guarda relação com isso. Antecipando em mais de cem anos a teoria jurídica do "homem mau" de Holmes, Blackstone afirma que "a

---

12. 1 *Comm.* 120, 122.

força de uma lei consiste sobretudo na pena a ela vinculada"[13]. Assim, não há direito a que não se vincule um remédio judicial. A ausência de remédio implica a inexistência de um direito.

Blackstone, assim como Holmes, assinalou uma outra implicação:

> (...) relativamente às leis que ordenam *deveres positivos*, proibindo apenas as coisas que não são *mala in se*, mas meramente *mala prohibita*, sem nenhuma mistura com a culpabilidade moral, e vinculando à proibição uma pena em caso de desobediência, percebo que a consciência não desempenha aqui nenhum papel, a não ser o de ordenar sujeição à pena no caso de desobedecermos a uma lei dessa natureza. Pois, de outro modo, a multiplicidade de leis penais em um Estado seria vista como algo não somente impolítico, mas também bastante malévolo, se cada lei desse tipo fosse uma cilada para a consciência do sujeito. Mas, nesses casos, oferecem-se a cada homem as alternativas: "abstenha-se de fazer isso, ou sujeite-se à penalidade". E, seja qual for a opção que ele julgar apropriada, sua consciência estará limpa.[14]

Blackstone tinha uma visão secular e liberal do papel do direito na sociedade. Esse papel, para ele, não consiste em aumentar as chances que as pessoas têm de entrar no paraíso, mas sim em desestimular, por meio da penalização, condutas que reduzam o bem-estar social. A teoria de Blackstone afirma, implicitamente, que as sanções legais agem como preços, influenciando a demanda por atividades proibidas e, consequentemente, a incidência desse tipo de atividade.

A concepção de Blackstone acerca da natureza e do propósito do direito, tal como a descrevi até aqui, mostra-se um tanto abstrata, mas o que é patente nos *Commentaries* é a meticulosidade e precisão com que o autor busca detectar as

---
13. 1 *Comm.* 57.
14. 1 *Comm.* 57-8.

formulações do conceito em normas e instituições específicas do sistema judiciário de sua época. Blackstone afirmava enfaticamente que, para serem protegidos de modo efetivo, os direitos fundamentais à vida, à liberdade e à propriedade devem se apoiar em uma miríade de direitos acessórios, tanto processuais quanto substantivos – e muitos dos direitos aos quais ele se refere nos *Commentaries* como direitos dos homens da Inglaterra são os mesmos que, mais tarde, foram codificados na Declaração de Direitos (*Bill of Rights*) norte-americana.

Blackstone é particularmente enfático no que se refere ao direito de *habeas corpus* e ao direito de ser julgado por um corpo de jurados, tanto na esfera civil como na penal:

> A defesa da absoluta imunidade à prisão em todos os casos é incoerente com toda e qualquer ideia de direito e sociedade política. Em última instância, isso destruiria a liberdade civil em todas as suas formas, por impossibilitar sua proteção. Mas a glória do direito inglês consiste em definir claramente o momento, as causas e a extensão, ou seja, quando, por que e em que medida a prisão do sujeito pode estar de acordo com a lei. E é isso que leva à necessidade absoluta de apresentar, relativamente a cada resolução tomada, a razão pela qual se a tomou; razão essa que pode, em um *habeas corpus*, ter sua validade examinada pelo juiz, o qual, de acordo com as circunstâncias do caso, pode absolver o prisioneiro, exigir o pagamento de fiança ou decretar sua prisão.[15]

Como pensador político, Blackstone é geralmente considerado um discípulo menor de Montesquieu, o qual, embora não a tenha inventado, desenvolveu a ideia de separação dos poderes (isto é, a distribuição das autoridades executiva, legislativa e judiciária entre ramos distintos do governo). Mas Blackstone enxergava na separação tripartite dos poderes apenas um dos elementos de um sistema mais amplo de difusão do poder político, no qual a autoridade

---

15. 3 *Comm.* 133.

deve se decompor em uma multiplicidade de órgãos, em um sistema de fiscalização e equilíbrio[16], e no qual, além disso, o poder político subjacente (que se distingue da autoridade judicial formal), fundado na riqueza ou em outros fatores, também se apresenta amplamente difuso. Ao examinar regras alternativas aplicáveis ao processo de herança, Blackstone atribui significativa importância aos efeitos da distribuição de riqueza[17]. Além disso, defendia o sufrágio censitário, sob a alegação de que os indivíduos que não possuíssem propriedades venderiam seu voto, aumentando assim a influência política dos ricos[18].

Blackstone foi criticado, e com razão, por retratar com excessivo idealismo o funcionamento da ordem constitucional britânica no século XVIII. Muitos dos votos que elegiam os membros da Câmara dos Comuns eram indiretamente controlados pelo rei e por uns poucos aristocratas poderosos. O governo da Inglaterra nessa época era mais oligárquico do que Blackstone admitia[19]. Não obstante, po-

---

16. Ver 1 *Comm.* 50-1, 149-51.
17. 2 *Comm.* 373-4.
18. 1 *Comm.* 165. Essa defesa da qualificação econômica dos eleitores não é tão autoevidente quanto pensava Blackstone. A concessão do direito de voto aos cidadãos desprovidos de bens aumentaria o poder político deles, quer direta ou indiretamente – neste último caso, concedendo-lhes um bem comercializável e portanto aumentando sua riqueza. Ao que parece, a preocupação de Blackstone era a de que a disponibilidade de votos para a venda, provavelmente a preços baixos, representaria o aumento do poder político da aristocracia em relação ao restante da classe dos proprietários. Tal preocupação não deixa de ter fundamento, mas Blackstone não formulou nenhuma fundamentação. Em princípio, os proprietários menores (porém mais numerosos) poderiam aumentar seu poder político através de coalizões para comprar, a preços baixos, os votos das pessoas desprovidas de propriedades. A formação das coalizões necessárias, entretanto, poderia ser seriamente dificultada pelo problema das candidaturas "independentes". Um único aristocrata muito rico, ou um pequeno grupo de aristocratas ricos, poderia achar mais simples comprar votos que ingressar nas negociações partidárias. Logo, no século XVIII, o fim do voto censitário poderia ter exacerbado as tendências oligárquicas da época.
19. Ver, p. ex., J. A. W. Gunn, "Influence, Parties and the Constitution: Changing Attitudes, 1783-1832", 17 *Hist. J.* 301 (1974); J. H. Plumb, *The Origins of Political Stability: England 1675-1725* (1967).

dem-se encontrar, nos *Commentaries*, traços de uma percepção mais realista da natureza da ordem constitucional. Seu autor critica o caráter pouco abrangente do sufrágio[20], além de constatar que o enfraquecimento da prerrogativa do rei não explicava completamente a situação em que se encontrava seu poder político. Nesse sentido, faz referência à rede de influências por meio da qual o rei e seus aliados na aristocracia continuavam a segurar firmemente as rédeas do poder:

> O que quer que tenha acontecido com o poder *nominal* da Coroa, seu *verdadeiro* poder não foi demasiadamente enfraquecido por nenhuma transação ocorrida no século passado. De fato, muito se cedeu, mas também muito se adquiriu. Os severos ditames da prerrogativa deram lugar à voz maviosa da influência; a doutrina servil e desacreditada da não resistência deu lugar a uma militarização legalizada; e à atrofia do parlamento seguiu-se a confiança deste em uma receita tributária perpétua de dimensões colossais.[21]

Blackstone enfatiza a necessidade de um judiciário independente[22], além de ressaltar a importância da existência do júri como contrapeso aos juízes nomeados pela Coroa:

> [Se a administração da justiça] for confiada inteiramente à magistratura, grupo seleto de homens, bem como àqueles geralmente selecionados pelo príncipe ou por outros homens que ocupam os mais altos cargos no governo, suas decisões, a despeito da integridade que lhes é própria por natureza, não raro serão marcadas por uma inclinação espontânea em favor de seus iguais. Não se deve esperar, da natureza humana, que uma *minoria* seja sempre zelosa dos interesses e do bem da *maioria*. Por outro lado, se o poder da justiça se pusesse incondicionalmente nas mãos da multidão, as decisões desta seriam irracionais e inconstantes; e, a

---
20. 1 *Comm.* 165-6.
21. 1 *Comm.* 325-6.
22. Ver 1 *Comm.* 259-60.

cada novo dia, um novo conjunto de normas processuais se estabeleceria em nosso sistema judiciário. Por conseguinte, é sábia a decisão de confiar os princípios e axiomas do direito – os quais representam proposições gerais derivadas da razão abstrata, e não apenas adaptadas às épocas e aos homens – ao arbítrio dos juízes, para serem, em cada ocasião, aplicados aos fatos que se lhes apresentarem da maneira apropriada. Pois aqui a parcialidade não pode ter liberdade de ação: a lei é bem conhecida e aplica-se a todas as posições e categorias sociais, derivando, como conclusão invariável, das premissas de fato preestabelecidas. Mas, nos arranjos e ajustes por que passa uma questão de fato confiada a qualquer magistrado em particular, a parcialidade e a injustiça encontram um vasto campo no qual podem atuar, seja afirmando audaciosamente que algo está provado, quando em verdade não está; seja, com mais ardil, suprimindo algumas circunstâncias, exagerando e distorcendo outras e descartando as restantes. Nesse caso, portanto, cabe a participação de um grupo competente de jurados, composto por homens sensíveis e íntegros, escolhidos aleatoriamente entre os integrantes da classe intermediária. Tais homens hão de ser os mais perfeitos investigadores da verdade e os mais confiáveis guardiões da justiça pública, pois mesmo o mais poderoso dos indivíduos que vivem sob as leis de um Estado temerá cometer alguma violação patente do direito de outrem, se souber que esse fato será examinado e julgado por doze homens desinteressados, nomeados apenas na ocasião do julgamento.[23]

Blackstone tinha consciência de que, se lhes coubesse definir os direitos, os juízes não passariam de déspotas[24]. Porém, na época em que foram escritos os *Commentaries*, as leis da Inglaterra, em sua maioria, não faziam parte do direito legislado, mas sim do *common law*, isto é, das leis previamente declaradas pelos juízes. Logo, aparentemente, os juízes ingleses *eram* déspotas, ainda que pequenos, já que es-

---

23. 3 *Comm.* 379-80.
24. Ver 3 *Comm.* 327-8; e ver também 3 *Comm.* 422-3.

tavam sujeitos à fiscalização do legislativo caso abusassem de seu poder despótico. Mas Blackstone rejeitava essa visão:

> Os juízes das diversas cortes de justiça (...) são os depositários das leis, os oráculos vivos que devem decidir em todas as matérias de dúvida e que se encontram obrigados por juramento a fazê-lo em conformidade com o direito nacional. O conhecimento que têm desse direito é oriundo da experiência, do estudo (...) e do fato de estarem pessoalmente familiarizados, de longa data, com as decisões de seus predecessores. E, de fato, essas decisões judiciais são a prova principal, e mais eloquente possível, da existência de um determinado tipo de costume que deve fazer parte do *common law* (...). Pois a fidelidade aos precedentes, quando da recorrência dos mesmos pontos em litígio, é norma estabelecida, assim como o é o mantenimento do equilíbrio na balança da justiça, a qual não deve estar sujeita a oscilações diante da opinião de cada novo juiz; inclusive porque, sendo o direito, no que diz respeito a um determinado ponto, explicitamente declarado e determinado, aquilo que foi outrora incerto e quiçá indiferente torna-se agora norma permanente, que não poderá ser alterada por nenhum juiz que pretenda fazê-lo em conformidade com suas preferências pessoais.[25]

Na mitologia grega, o oráculo não é um intérprete das revelações da divindade, mas apenas um transmissor passivo delas. Logo, parece absurdo comparar qualquer juiz a um oráculo, quanto mais um juiz do *common law*. Mas, uma vez compreendidos os propósitos de Blackstone, a metáfora do oráculo torna-se adequada. Ele via o *common law* como um conjunto de costumes que datava de tempos imemoriais. Os conquistadores normandos haviam sepultado os velhos costumes sob as instituições opressoras do feudalismo e a tarefa do juiz inglês moderno era livrar o *common law*, isto é, o conjunto dos costumes imemoriais, da sujeira incrustada que o soterrara, devolvendo-o à sua forma saxã

---

25. 1 *Comm.* 69.

original. Pode parecer que essa visão da função do judiciário atribui ao juiz um papel ativo de reformador jurídico. Na verdade, porém, uma vez que tenha logrado reconstruir os costumes saxões, o juiz transforma-se em mero porta-voz de conceitos jurídicos de uma antiguidade imemorial.

Tomada em seu sentido literal, a concepção da função do judiciário de Blackstone levanta uma série de questões. Teriam os saxões realmente desenvolvido um conjunto de instituições jurídicas apropriadas ao século XVIII? Possuiria Blackstone alguma noção, ainda que vaga, das leis e instituições jurídicas saxãs? Será que os juízes de então realmente adotavam uma visão tão arqueológica da função que desempenhavam? Mas essas questões passam ao largo do verdadeiro propósito da teoria de Blackstone referente à judicatura no sistema do *common law*: ele estava tentando justificar racionalmente a criatividade judicial na adaptação do *common law* às necessidades da sociedade contemporânea. Antes de *The Decline and Fall of the Roman Empire* [*Declínio e queda do Império Romano*]*, de Gibbon (publicado depois dos *Commentaries*), o progresso ou aperfeiçoamento da sociedade era comumente visto não como uma evolução rumo a níveis mais altos de bem-estar social, mas como o restabelecimento de algum estado primevo de bem-aventurança[26]. As instituições jurídicas, na visão de Blackstone, transformam-se e evoluem, mas essa evolução aponta para um conjunto de conceitos modelares que, bem de acordo com o espírito da época, ele situa em um remoto estado passado de bem-aventurança, altamente imaginário. A partir de elementos cuja originalidade não pode, de forma alguma, ser-lhe atribuída[27], Blackstone elaborou então um conceito de atividade jurisdicional fundado nos preceitos do *common law* que deu aos juízes liberdade para reformas jurídicas fundamentais, na medida em que estes se esforça-

---

* Trad. bras., São Paulo, Companhia das Letras, 2005.
26. Ver, p. ex., H. R. Trevor-Roper, "Gibbon and *The Decline and Fall of the Roman Empire*", 19 *J. Law & Econ.* 489 (1976).
27. Ver J. G. A. Pocock, *The Ancient Constitution and the Feudal Law* (1957).

vam por harmonizar o direito com os ideais contemporâneos de liberdade que ele atribuía aos antigos saxões. Ao mesmo tempo, esse conceito desautorizou um ativismo judicial irrestrito que teria levado a marca do despotismo.

Embora a resposta encontrada por Blackstone para a questão da legitimidade do judiciário não seja a resposta moderna, as duas guardam uma certa semelhança. O que os juízes da Suprema Corte dos Estados Unidos fazem, segundo seu próprio entendimento, não é esculpir o direito a partir de suas preferências pessoais. Em vez disso, veem-se como agentes que atuam no interior de um sistema de precedentes projetado para reconstituir as intenções (concebidas em termos gerais, certamente) dos autores da Constituição. Mas, conforme veremos no capítulo 11, no qual se discutirão as decisões da Suprema Corte referentes à violação da privacidade, a Constituição de 1787, nas mãos de um juiz moderno, caracteriza-se essencialmente como uma construção ficcional, da mesma forma que acontecia com os costumes da sociedade pré-normanda à época de Blackstone. Duzentos anos depois de Gibbon, ainda preferimos pensar na restauração de liberdades antigas, em vez de na aquisição de novas liberdades.

O exercício da criatividade judicial no modelo conceitual descrito por Blackstone resulta inevitavelmente no intenso recurso à ficção legal como força motriz da reforma jurídica. Embora Blackstone não fosse um adepto fiel do princípio do *stare decisis*, ou seja, da decisão segundo os precedentes (uma decisão anterior poderia ser anulada caso se mostrasse "contrária à razão")[28], seu método predileto de criatividade judicial era a ficção legal, sobretudo por ser esse o único método disponível para contornar leis arbitrárias. Na visão de Blackstone, os juízes não têm o poder de invalidar leis.

Um bom exemplo desse método é o direito imobiliário. Este fora remodelado pelo sistema feudal introduzido

---

28. 1 *Comm.* 69.

pelos normandos e muitos dispositivos do direito medieval, que vigoravam no contexto da sociedade feudal, tornaram-se obsoletos (de fato, tais dispositivos, se obedecidos, teriam paralisado o mercado imobiliário). Não obstante, o direito medieval encontrava-se estabelecido sobre bases sólidas, não apenas em matéria de precedentes, mas também de legislação. Para contorná-lo, os juízes tiveram de ser inventivos no uso de ficções jurídicas, tais como o método conhecido como "recuperação simulada", que era utilizado para a obtenção do direito de propriedade líquido e certo. Esse método consistia em

> processos fictícios, criados a partir de uma espécie de *pia fraus*, com o objetivo de ludibriar a lei *de donis*, considerada intoleravelmente deletéria, mas que uma parcela do parlamento não consentiria em revogar (...). [E]ssa prática, por mais que se tenha introduzido de forma clandestina, transformou-se, pelo uso prolongado e pela anuência de todos, em uma das formas mais usuais de garantia de propriedade de terras. É vista como o procedimento legal de transferência por meio do qual o ocupante de uma propriedade inalienável pode dispor de suas terras, bem como das edificações que nelas se encontrem situadas. De forma que nenhum juiz permitirá que essa prática sofra abalo ou descrédito e até mesmo as leis promulgadas pelo parlamento a têm apoiado e consolidado tacitamente.[29]

A Corte presidida pelo juiz Warren poderia ter usado essa passagem como precedente histórico para sua visão (implícita) de que o judiciário deve vestir a camisa da reforma legislativa, caso o poder legislativo, por alguma razão, mostre-se incapaz de agir de modo efetivo. As aplicações políticas da ficção jurídica são bem ilustradas por Blackstone em sua discussão da máxima: "O rei não erra."[30] O propósito dessa máxima poderia parecer, à primeira vista, elevar

---

29. 2 *Comm.* 117.
30. 1 *Comm.* 238-9.

o rei acima do direito. Mas a dita discussão sugere que sua verdadeira finalidade era facilitar a sujeição do rei às restrições legais. A ficção segundo a qual o rei não errava, assim como o corolário, dela derivado, de que se deveria atribuir a "conselheiros mal-intencionados"[31] qualquer erro por ele cometido, possibilitava o controle de seus abusos através de ações contra seus agentes, em vez de contra o rei em pessoa. Assim, evitavam-se confrontos diretos entre o rei e o sistema judiciário, ou o poder legislativo. A ficção tinha, essencialmente, a função de preservar a credibilidade do rei.

A ênfase dada por Blackstone ao papel do judiciário na formulação do direito deve-se ao fato de que, na época em que seus *Commentaries* foram escritos, a fonte do direito na Inglaterra era principalmente as decisões tomadas pelos juízes nas cortes de justiça. Ele não ignorava o papel da legislação, mas o limitava: cabia a esta apenas resolver conflitos entre precedentes, ou então complementar ou retocar a doutrina do *common law*[32]. Na visão moderna, o poder legislativo tem liberdade para empreender extensas modificações jurídicas, desde que o faça dentro dos limites impostos pela Constituição à ação legislatória. Como gradualista convicto, Blackstone reprovava a realização de grandes reformas sociais por órgãos governamentais.

O livro IV dos *Commentaries*, que trata do direito e do processo penais, já foi muito elogiado. A passagem geralmente escolhida para apologia, com a devida ressalva ao fato de Blackstone ter extraído de Beccaria suas visões sobre a pena de morte, faz um ataque eloquente à excessiva dependência em relação a esta como punição por atos criminosos[33]. O que não se costuma levar em consideração,

---

31. 1 *Comm.* 237.
32. Ver 3 *Comm.* 327-8; 1 *Comm.* 353.
33. 4 *Comm.* 18-9: "É triste verdade que, entre a grande variedade de atos que os homens estão diariamente sujeitos a praticar, nada menos que cento e sessenta foram declarados, através de leis promulgadas pelo parlamento, crimes dolosos aos quais a imunidade do clero não se aplica; ou, em outras palavras, crimes cuja prática merece ser punida com a morte imediata. Uma lista

entretanto, é não apenas a ampla discussão sobre diversas outras questões de direito penal empreendida por Blackstone, mas também a diferença entre os propósitos deste e os de Beccaria e outros juristas dos quais ele tomou emprestadas ideias sobre o tema. A obra *Essay on Crimes and Punishments* [*Dos delitos e das penas*], de Beccaria, é uma elegante análise teórica dos princípios da punição[34]. Blackstone aplicou as proposições teóricas de Beccaria ao sistema penal vigente na Inglaterra de sua época[35]. Em pelo menos um aspecto, a importância da ocultabilidade para a severidade ideal da pena, Blackstone é mais claro que Beccaria (embora tenha cabido a Bentham a definição rigorosa da previsão dos custos de punição como resultado da probabilidade e da severidade da pena). Segundo Blackstone,

> Uma vez que o propósito das penas é principalmente a prevenção de crimes futuros, é mais que razoável que (...),

---

tão temerosa, em vez de diminuir, aumenta o número de criminosos. As partes lesadas não raro se absterão, por compaixão, de abrir processo. Os júris, também por compaixão, esquecerão por vezes seu juramento, absolvendo os culpados ou atenuando a gravidade do crime. E, por fim, os juízes, movidos pelo mesmo sentimento, adiarão a execução de metade dos condenados, recomendando para eles o perdão real."

34. Ver Caesar Beccaria, *An Essay on Crimes and Punishments* (Edward D. Ingraham [org.], 2.ª ed. am. 1819). [Trad. bras., São Paulo, Martins Fontes, 2005.]

35. Uma das características interessantes da discussão de Blackstone sobre o direito penal é a adoção de um tipo de raciocínio que explica a punição como uma forma de dissuasão, e não de retribuição: "Quanto ao *fim* ou causa final das penas criadas pelos homens, estas não existem como um tipo de reparação ou expiação pelo crime cometido (...) mas como precaução contra futuros delitos da mesma espécie. Tal efeito se produz de três maneiras: punindo-se o próprio delinquente, finalidade para a qual se impõem todas as penas físicas e multas, o exílio temporário, ou a prisão; dissuadindo-se os outros, por temor do dito exemplo, de cometer delito semelhante, (...) o que dá ensejo ao sofrimento das mais ignominiosas penas e ao cumprimento das aplicações publicamente conhecidas da justiça; ou, por último, privando a parte lesante do poder de causar dano futuro, o que se obtém por meio de sua execução, ou de sua condenação ao confinamento perpétuo, à escravidão ou ao exílio. Todas essas categorias de punição empenham-se em responder ao mesmo e único fim, a prevenção de crimes futuros." 4 *Comm.* 11-2. A teoria retributiva é discutida no capítulo 8.

dentre crimes de igual malevolência, [devam-se punir com mais severidade] aqueles cuja oportunidade de cometimento se apresente aos homens com mais frequência e facilidade e cuja prevenção seja mais difícil que a dos demais – aqueles, portanto, que o delinquente seja mais fortemente induzido a cometer.[36]

A discussão sobre dissuasão marginal, derivada de Beccaria (é deste a proposta mencionada no trecho abaixo), mostra os caminhos que Blackstone percorreu ao relacionar a análise teórica do jurista italiano às leis em vigor na Inglaterra (e em outros países) à sua época:

> Já se fez portanto a engenhosa proposta de que, em todos os Estados, dever-se-ia compor uma escala de crimes, à qual corresponderia uma outra, decrescente, de penas, da mais pesada à mais leve. Se, entretanto, esta é uma ideia demasiadamente romântica, ainda assim um parlamento composto de homens sábios será capaz de ao menos delinear as principais divisões, evitando que se vinculem penalidades de primeiro grau a delitos de um grau inferior. Onde os homens não enxergam distinções na natureza e nas graduações da punição, a maioria será levada a concluir que não há distinções de culpa. Dessa forma, na França, a pena por roubo é a mesma, seja este seguido ou não de assassinato. Assim sucede que, embora os franceses talvez estejam menos sujeitos a serem roubados, jamais praticarão esse delito sem também matar a vítima. Na China, cortam-se aos pedaços os assassinos, mas não os ladrões. Logo, naquele país, jamais se mata à luz do dia, muito embora se roube. E, na Inglaterra, à parte os horrores adicionais de uma execução sumária e posterior exposição ou dissecação, aos ladrões se apresenta a esperança de degredo, que, raras vezes, estende-se aos assassinos. Isso tem igual efeito aqui como na

---

36. 4 *Comm.* 16. Segue-se a discussão completa de Beccaria sobre essa questão: "Para que uma pena produza o devido resultado, basta que o *mal* por ela ocasionado exceda o *bem* que se espera do crime, incluindo-se, no cálculo, a certeza da punição e a supressão das vantagens esperadas." Beccaria, supra nota 34, p. 94.

China, na prevenção contra o assassínio e o homicídio frequentes.[37]

Blackstone foi um dos primeiros a apoiar o direito a um advogado em casos de direito penal:

> Mas é regra estabelecida do *common law* que não se deve conceder ao prisioneiro um advogado por ocasião de seu julgamento, no que se refere ao objeto principal da lide, em crimes capitais, exceto se alguma questão de direito propriamente dita surgir como objeto de debate. Tal regra (por mais que seja atenuada sob o manto daquela honrosa declaração do direito segundo a qual o juiz há de ser advogado do prisioneiro, ou seja, há de encarregar-se de garantir que o processo contra este se dê estritamente dentro da lei e da normalidade) parece não ser, de modo algum, coerente com o tratamento benévolo garantido aos prisioneiros pelo direito inglês de forma geral. Pois segundo que critérios racionais pode-se negar a um homem que se vê diante da necessidade de salvar a própria vida a ajuda que, não obstante, lhe é concedida em ações penais ensejadas pelas mais insignificantes transgressões?[38]

Blackstone também tinha bastante consciência do perigo de abuso político do processo penal. Já citei uma passagem em que ele discute a relevância política do júri em questões de direito penal. Sua análise das exigências probatórias em processos por traição segue a mesma linha:

> Também nos casos de traição vigora o juramento de fidelidade do acusado, que serve de contrapeso às informações fornecidas por uma única testemunha. E essa talvez seja uma das razões pelas quais o direito exige duas testemunhas para condená-lo, embora a razão principal, indubitavelmente, seja proteger o sujeito de conspirações fictícias, utilizadas como artifício pelos políticos licenciosos de todas as épocas.[39]

---

37. 4 *Comm.* 18.
38. 4 *Comm.* 349.
39. 4 *Comm.* 351.

E, por último, Blackstone preocupava-se com o problema da execução seletiva, criado por leis arcaicas: "É verdade que essas penas ultrajantes [para quem for visto na companhia de ciganos], raramente ou jamais aplicadas, não são, em absoluto, conhecidas como lei pelo povo. Mas isso só torna o artifício mais malicioso, posto que se arma uma cilada para os desavisados."[40]

A antipatia de Bentham para com Blackstone

O motivo pelo qual citei tantas passagens em que Blackstone expõe suas visões da justiça criminal foi, em parte, minha intenção de mostrar que ele não era o inimigo das reformas caricaturado no *Fragment,* de Bentham. Na verdade, Blackstone antecipou (quiçá até tenha influenciado) algumas das visões do próprio Bentham sobre justiça criminal. Blackstone não só era um crítico feroz do uso excessivo das penas capitais e de outros elementos, tanto do direito civil quanto do penal, como buscou justificativas – por caminhos tortuosos, sem dúvida – para a inovação e a criatividade judicial. Seu critério de avaliação das leis era a liberdade e a utilidade. Ao identificar, descrever e explicar as características básicas do sistema jurídico de sua (nossa) sociedade – a natureza evolutiva da formulação de normas no *common law,* o julgamento com júri, a interpretação das leis, as ficções jurídicas, o contexto político da atuação judicial, a inter-relação entre os três poderes e a relação entre direito e moral – Blackstone deixou uma importante contribuição ao estudo científico do direito. A simples classificação e disposição das leis da Inglaterra em quatro volumes bastante acessíveis já foi um passo importante no sentido de desmistificar o direito, tornando possível que ele fosse compreendido, criticado e reformado pelos leigos[41].

---

40. 4 *Comm.* 4.
41. Vale citar aqui a recente avaliação do professor Langbein sobre Blackstone: "Quaisquer que tenham sido suas falhas, Blackstone foi um intelectual.

De que forma então podemos explicar a feroz antipatia de Bentham para com os *Commentaries*[42]? Para que pos-

---

Ele buscou empreender, ao longo de seus *Commentaries*, mais que uma descrição. Buscou uma compreensão, uma justificação, uma explicação. Seu raciocínio, a nosso ver, é por vezes equivocado. Mas a tradição tratadística que o sucedeu deve muito à sua concepção do ofício daqueles que se dedicam a escrever sobre o direito. Mais que todos os que o antecederam, Blackstone assumiu a missão de identificar as razões profundas por trás das normas e práticas do *common law*." Langbein, introdução ao 3 *Comm.*, p. iv.

42. Não restam dúvidas de tal ferocidade. Além do *Fragment*, há outro texto igualmente corrosivo, *A Comment on the Commentaries* [Comentário sobre os *Commentaries*] (Charles Warren Everett [org.] 1928), obra muito mais extensa que o *Fragment*, na qual Bentham trabalhou ao longo da vida, deixando-a incompleta ao morrer (o *Fragment* era, na verdade, um "fragmento" do *Commentaries*). Em outras passagens de seus escritos, encontramos exemplos de sua fúria contra Blackstone:

> Sua mão foi criada para ornamentar e corromper tudo que toca. Ele faz os homens pensarem que viram, para impedi-los de ver.
>
> Ele é o repositório dos erros toscos, onde todos os erros toscos existentes são reunidos e aperfeiçoados.
>
> Infecta-o o odor asqueroso da intolerância, o mais alto grau de intolerância possível de ser suportado, nestes tempos, pelo mais degenerado dos organismos.
>
> Nele, todos os preconceitos encontram um arauto e todas as falcatruas profissionais, um cúmplice.
>
> Suas lágrimas são de crocodilo.
>
> Ele reveste a cadeira de professor da falta de pejo do advogado de porta de cadeia. Todos os preconceitos fazem dele presa fácil e todos os abusos têm nele um instigador. Não se pode esperar integridade de um escritor cujo principal objetivo é a defesa de um sistema.

Excertos extraídos do *Commonplace Book*, de Bentham, em 10 *Works of Jeremy Bentham* 141 (John Bowring [org.], 1843), doravante citado como Bentham *Works*.

É preciso mencionar aqui a dificuldade extrema de definir com fidelidade as ideias de Bentham, motivo pelo qual o leitor deve tomar por provisória a análise que faço do pensamento desse autor. Ao longo de sua vida, Bentham escreveu por volta de sete milhões e meio de palavras, tendo publicado apenas uma pequena fração destas. Grande parte do material restante foi organizado com vista à publicação, mas a fidelidade desse material editado é frequentemente questionável, em parte devido à extrema desordem em que seus escritos foram encontrados. Além disso, grande parte de seus escritos jamais foram publicados, ou mesmo decifrados. Enquanto não se completa a edição definitiva da obra de Bentham, em curso de preparação sob a direção de H. L.

samos responder a essa pergunta, precisamos compreender seus objetivos e métodos. Embora tenha deixado importantes contribuições ao direito, à economia e à filosofia, Bentham não se considerava um teórico ou um pensador acadêmico, mas um reformador das leis. Suas ideias sobre reforma legal, ele as obteve por dedução, a partir do princípio da "maior felicidade", ou utilidade. Esse princípio, já claramente enunciado nos escritos de Priestley, Beccaria e outros, consistia na promoção da maior felicidade para o maior número de pessoas como fator determinante para atestar a solidez de qualquer política pública[43]. Bentham transformou o princípio da maior felicidade em uma série de políticas públicas, descrevendo-as detalhadamente. Suas propostas mais conhecidas referem-se ao campo da justiça criminal, muito embora a maior parte de suas ideias básicas, exceto a da reforma carcerária, tenham sido, como as de Blackstone, retiradas de Beccaria.

O princípio da utilidade conduziu Bentham por dois caminhos diferentes, um deles em direção à liberdade em relação à interferência do Estado, sobretudo na economia e na religião. Entre outras coisas, qualificou como paternalista o apoio, por parte de Adam Smith, a leis que proibiam empréstimos a juros. O outro caminho o levou a defender intervenções governamentais invasivas, moralistas e não raro paternalistas. De sua caneta saíram leis contra o mau trato de animais, leis para a reeducação forçada de criminosos e leis que exigiam dos transeuntes o socorro a pessoas em dificuldade. A esquizofrenia das propostas de Ben-

---

A. Hart e prevista para totalizar 40 volumes, os leitores de Bentham contam apenas com uma definição aproximada de suas ideias sobre diversos assuntos, inclusive alguns dentre os que aqui se discutem. Outra dificuldade está em que Bentham, durante sua longa vida, reviu várias vezes seus pontos de vista em relação a diversos dos assuntos que abordou. Outro problema, que é crítico no caso de alguém que escreveu tanto, deixando porém de indicar o que considerava publicável ou não, consiste em distinguir entre seus pontos de vista definitivos e suas considerações circunstanciais.

43. Ver, p. ex., 22 *The Theological and Miscellaneous Works of Joseph Priestley* 13 (John Towill Rutt [org.], 1832).

tham não é fruto de algum tipo de incoerência no princípio da utilidade, ou na aplicação que ele faz deste, mas sim do caráter elástico e pouco funcional do princípio em si. Não se pode medir e agrupar a felicidade de milhões de pessoas diferentes com a finalidade de comparar a utilidade de políticas alternativas. Segundo Bentham, por exemplo, o princípio da maior felicidade exige que "o legislador deve proibir todos os atos que tendam a produzir um espírito de desumanidade"[44]. Com base nisso, e também pelo fato de os animais experimentarem o sofrimento (a infelicidade), ele instava pela proibição legal da crueldade para com os animais. Desejava proibir até a pesca por esporte[45]. Os benthamistas costumam brincar de derivar políticas públicas do princípio da maior felicidade, sem obedecer a regras. E as políticas públicas que Bentham propunha refletiam, acima de tudo, suas próprias preferências pessoais (sabe-se que ele estimava muito os animais, particularmente os gatos).

Consideremos, por exemplo, a proposta de Bentham em relação aos mendigos. Sua intenção era tornar ilegal a mendicância e pôr todos os mendigos na prisão, da qual, no entanto, poderiam sair mediante uma espécie de contrato de servidão cuja validade se estenderia até que eles reembolsassem a prisão pelas despesas que esta tivera com seu sustento, conquistando assim a "completa emancipação"[46]. Em defesa de sua solução (a servidão) para o problema da mendicância, Bentham afirma que esta só poderia ter dois efeitos sobre as pessoas a quem se pedem esmolas: incutir-se-ia nelas a "dor da simpatia" ou, se a elas faltasse esse sentimento, outro tipo de dor as acometeria: o desgosto. A soma dessas dores seria maior que a diferença, para o

---

44. F. Boutros, *Principles of Legislation from Bentham and Dumont* 238 (1842).
45. Ver Jeremy Bentham, *Principles of Penal Law*, em 1 Bentham *Works* 367, 562.
46. Jeremy Bentham, *Tracts on Poor Law and Pauper Management*, em 8 Bentham *Works* 361, 402.

bem-estar do mendigo, entre mendigar e trabalhar[47]. Bentham não chega a explicar de que maneira fez esse cálculo.

Até aqui vimos poucos elementos que explicariam sua antipatia por Blackstone. Este também acreditava, ainda que com menos afinco, na "utilidade comum" como objetivo das leis; e também era seguidor de Beccaria, um dos primeiros defensores da reforma carcerária[48], além de adepto da propriedade privada e do livre comércio (Blackstone é mais enfático com respeito à propriedade[49], enquanto Bentham o é com respeito ao livre comércio; e, como Adam Smith depois dele, Blackstone apoiava as leis relativas à usura[50]). De forma geral, suas discordâncias quanto a políticas concretas não parecem insuperáveis. Além disso, em muitas áreas nas quais os dois de fato assumem visões diferentes, Bentham estava na verdade continuando de onde Blackstone parara[51].

Ademais, as diferenças mais evidentes realmente verificadas entre os dois autores não revelam um distanciamen-

---

47. Ver 8 Bentham *Works* 401.
48. Ver, p. ex., a descrição de Blackstone das "casas de detenção" (recém-construídas) para criminosos já punidos com o degredo (banimento), em 4 *Comm.* 371-2 (Edward Christian [org.] 1830).
49. O apoio de Bentham à propriedade privada sustenta-se sobre bases um tanto limitadas. A partir de uma combinação do princípio da utilidade marginal decrescente da renda (em dinheiro) com um palpite de que a função utilitária dos diferentes indivíduos é semelhante ou idêntica, ele inferiu que a obtenção da maior felicidade do maior número de pessoas tornaria necessária a equalização da riqueza, não fosse pelos efeitos inibidores de se ameaçar, dessa forma, a segurança da propriedade privada. Ver, p. ex., "The Philosophy of Economic Science", em 1 *Jeremy Bentham's Economic Writings* 81, 115-6 (W. Stark [org.], 1952); e "The Psychology of Economic Man", em 3 *idem* 421, 442. Bentham via na liberdade econômica um valor instrumental para a maximização da riqueza das pessoas pobres da sociedade. No capítulo 3, discuto essa questão mais a fundo.
50. Ver referência na nota 7 acima.
51. Conforme já mencionei, Blackstone propôs a concessão de um advogado ao réu que estivesse sujeito a ser condenado à pena de morte. Bentham, por sua vez, propôs que o Estado pagasse o advogado caso o réu fosse indigente. Bentham defendia a fusão formal de justiça e equidade. Embora isso não tenha sido proposto por Blackstone (que minimizava o conflito entre os tribunais de justiça e os de equidade), essa posição certamente correspondia ao espírito de seus pontos de vista sobre o tema. Ver 3 *Comm.* 440-1.

to ideológico essencial ou pelo menos consistente. As posições de Blackstone quanto ao casamento e aos direitos da mulher eram convencionais, enquanto as de Bentham eram notadamente modernas[52]. Mas Blackstone era favorável, enquanto Bentham era contrário, ao direito de não testemunhar nem produzir provas contra si mesmo. Bentham admirava a Câmara Estrelada (*Star Chamber*)[53]* e desprezava os júris, enquanto Blackstone os defendia e condenava aquela corte. Embora Blackstone se sentisse mais à vontade que Bentham com os privilégios de classe, jamais denunciou o "nivelamento" tão agressivamente quanto este, que escreveu:"o clamor de igualdade não passa de uma desculpa para encobrir o assalto que a ociosidade impõe à indústria"[54].

Acredito que a origem da antipatia de Bentham por Blackstone esteja em outro setor de sua atividade intelectual que não o da formulação de reformas substantivas. Está mais relacionada ao empenho daquele em "vender" seus projetos de reforma. Bentham não se contentava em conceber brilhantes ideias de mudança para as políticas públicas. Desejava ardentemente ver essas ideias traduzidas em políticas efetivas na Inglaterra (assim como no México, na Rússia e em todo lugar). Grande parte de suas ideias parecem ter sido concebidas com o claro intuito de facilitar a adoção de suas propostas de reforma substantiva. São exemplos disso suas teorias política, da natureza do direito, das ficções, entre outras teorias semânticas.

---

52. Ver Jeremy Bentham, *Principles of the Civil Code*, em 1 Bentham *Works* 299, 352-8.

53. Ver Mary P. Mack, *Jeremy Bentham: An Odyssey of Ideas* 425 (1963).

* A *Star Chamber*, abolida no ano de 1641, era uma corte medieval inglesa com jurisdição civil e penal. Funcionava paralelamente à justiça ordinária e era invocada para proteção dos interesses reais ou da nobreza. Era constituída por membros escolhidos discricionariamente pelo Rei, que muitas vezes eram nobres sem formação jurídica. A *Star Chamber* tinha procedimentos próprios, que se tornaram conhecidos por sua arbitrariedade e abuso de poder. (N. do R. T.)

54. Bentham, nota 52 acima, em 1 Bentham *Works* 312. Ver também 358--64. Mas este pode não ter sido o ponto de vista definitivo de Bentham. Ver nota 42 acima.

Bentham vislumbrava três coisas que impediam a pronta adoção de suas reformas: (1) o sistema de formulação de leis do *common law*, juntamente com os advogados e juízes que tinham interesses a defender através da perpetuação do sistema; (2) a confusão intelectual assentada na ambiguidade semântica; e (3) o sistema de governo da Inglaterra, ponderado e minucioso, além de imperfeito do ponto de vista representativo. Quanto ao primeiro e ao terceiro pontos, Bentham provavelmente estava certo. O sistema inglês de formulação de normas, fundado no *common law*, era gradualista por excelência, de fato até moroso. A implementação do programa de reformas de Bentham através da utilização dos métodos de reforma judicial descritos nos *Commentaries* teria levado centenas de anos. Reformas menos abrangentes no direito fundiário feudal já haviam levado centenas de anos para se realizar. E a história da Inglaterra no século XIX sugere que a extensão do direito de voto a uma parcela maior da sociedade, juntamente com uma maior concentração de poder na Câmara dos Comuns – metas do programa de reformas políticas de Bentham –, podem de fato ter representado condição prévia para a adoção de suas políticas substantivas específicas, o que ocorreu principalmente após a aprovação da Lei de Reforma (*Reform Act*), em 1832.

Com a nomeação de Blackstone para o primeiro cargo de professor universitário de direito inglês e a publicação dos *Commentaries*, o prestígio do *common law* aumentara, o que por si só fazia dos *Commentaries* um alvo natural para Bentham. Ademais, a obra aliava o entusiasmo com a formulação de normas a partir do *common law* a um ceticismo quanto ao uso de leis como instrumento de execução de reformas legais mais abrangentes. Blackstone chegou mesmo a atacar o princípio da codificação. Para Bentham, inventor do termo, codificação significava a ampla promulgação de leis escritas baseadas no princípio da maior felicidade, em substituição a qualquer combinação de leis e *common law* ou princípios consuetudinários. Mas Blackstone escreve:

quando a edificação das leis cabe a assembleias populares, mesmo as representativas, é tarefa demasiado hercúlea começar do nada o trabalho de legislação, extraindo, das opiniões discordantes de mais de cinco centenas de conselheiros, um novo sistema. Um único legislador ou soberano resoluto, um Sólon, um Licurgo, um Justiniano ou um Frederico pode, a qualquer momento, engendrar um projeto conciso, quiçá uniforme, de justiça. E ai do súdito que, presunçoso, questionar sua sabedoria e utilidade. Mas que indivíduo familiarizado com a dificuldade de se remodelar qualquer ramo de nossas leis escritas (ainda que relativo apenas às estradas ou ao registro de paróquias) considerará porventura viável a alteração de qualquer ponto fundamental do *common law*, com todos os seus apêndices e consequências, erigindo-se outra norma em seu lugar?[55]

No início de sua carreira, período em que foi escrito o *Fragment*, Bentham via na ignorância ou desorientação das pessoas que estavam no poder o principal obstáculo à execução de reformas; se ao menos se pudesse iluminar a mente delas, as reformas por ele sugeridas seriam prontamente implementadas[56]. Além disso, pensava que as raízes da desorientação intelectual estavam na falta de precisão linguística. A linguagem figurada, acima de tudo, era o escudo que impedia as pessoas de reconhecer os equívocos das crenças habituais. Seu ódio a Blackstone pode ter derivado em parte da maestria com que este usava as metáforas e outras figuras de linguagem[57]. Não obstante sua maestria na arte da

---

55. 3 *Comm.* 267.
56. Ver 1 Leslie Stephen, *The English Utilitarians* 176, 196 (1900).
57. Como na sua explicação de como os juízes do *common law* seriam capazes de reformar o direito fundiário feudal sem a ajuda da legislação: "Não obstante, evitaram sabiamente qualquer revolução legislativa maior nos moldes antigos, o que poderia ter engendrado consequências tão numerosas e extensas que nem mesmo o mais brilhante dos gênios poderia prevê-las. Mas, deixados em sua própria condição, definhando na obscuridade e no esquecimento, ocupados com uma série de pequenos artifícios designados para acomodar as condutas pessoais então em uso aos mais úteis propósitos da justiça compensatória (...). A única dificuldade que acompanha [esses artifícios]

metáfora com fins polêmicos (por exemplo, "disparate sobre andas"), Bentham achava que a metáfora representava para o Inimigo da Reforma o que a lisonja representara para a Serpente; e disse de Blackstone: "Sua mão foi criada para *ornamentar* e corromper" (grifo meu). Blackstone não apenas defendia o gradualismo do *common law* contra a "revolução das leis", como o fazia com elegância, utilizando eficientemente uma profusão de expressões figuradas de modo a induzir as pessoas capazes de realizar tal revolução a pensar que esta era desnecessária ou indesejável.

Outro aspecto dos *Commentaries* que torna o livro uma defesa efetiva do gradualismo é o fato de Blackstone retratar o corpo de leis como resultado final de um processo evolutivo que se estendera por centenas de anos, compreendendo os esforços de milhares de advogados, juízes e legisladores, e que produzira um sistema complexo e intricado. Implicitamente, Blackstone menosprezava a capacidade de qualquer indivíduo isolado (Bentham, por exemplo) de conceber um sistema melhor ou igualmente bom. O ataque de Bentham a Blackstone ilustra o antagonismo entre o radicalismo, no sentido moderno que nos é familiar, e as abordagens melhoristas ou "liberais" dos problemas sociais.

De início, conforme mencionei, Bentham concebera a reforma como um processo descendente. Quando essa tática de "vender" às autoridades a necessidade de promulgar seus códigos de leis deixou de produzir resultados imediatos, ele concluiu que as reformas não aconteceriam, a menos que se alterasse drasticamente a estrutura de governo. Começou então a reivindicar o sufrágio universal, como

---

advém de suas ficções e seus rodeios. Mas, uma vez descoberta a pista correta, atravessa-se facilmente o labirinto. Nós herdamos um velho castelo gótico, erigido nos tempos dos fidalgos, mas adaptado às necessidades do habitante moderno. Os baluartes por detrás dos fossos, as torres ameadas, os saguões repletos de troféus; tudo majestoso e venerável, mas inútil. Os apartamentos do piso inferior, agora convertidos em aposentos sanitários, são alegres e cômodos, embora os caminhos de acesso sejam sinuosos e difíceis." 3 *Comm.* 268.

forma de distribuir o poder político proporcionalmente entre os membros adultos da sociedade, o que, segundo argumentava, levaria à adoção de políticas projetadas para maximizar a maior felicidade do maior número de pessoas. Além disso, defendeu que à Câmara dos Comuns se conferissem todos os poderes políticos para acelerar a tradução, em reformas legislativas, das preferências populares, as quais presumivelmente coincidiriam com o princípio da maior felicidade. Bentham tinha consciência de que, em um sistema desse tipo, a maioria poderia explorar a minoria de uma forma que violaria o princípio da maior felicidade[58], mas pensava ser possível evitar esse perigo educando as pessoas para que percebessem que a benevolência produz a maior felicidade.

Novamente, Bentham deparou com Blackstone obstruindo o caminho da reforma. A ordem constitucional britânica descrita e louvada nos *Commentaries* fundava-se na distribuição do poder político entre um monarca hereditário, um judiciário composto por membros nomeados, uma aristocracia representada pela Câmara dos Lordes e, por fim, a Câmara dos Comuns, que, por causa do voto censitário e da corrupção das vilas que possuíam carta de direitos políticos, não representava a população. Embora Blackstone defendesse a extensão do direito de voto a uma parcela maior da sociedade, ele não apoiava o sufrágio universal para eleger os membros da Câmara dos Comuns, muito menos a supressão completa da autoridade política dos outros poderes do governo. Seus pontos de vista acerca do Estado lembram, de um modo geral, os de vários dos autores da Constituição dos Estados Unidos (sobretudo Madison), que tomaram emprestadas da constituição britânica, tal como descrita por Blackstone e Montesquieu, grande parte de suas ideias e que, como Blackstone, temiam o potencial tirânico não apenas da monarquia e da aristocracia, mas tam-

---

58. Jeremy Bentham, "Greatest Happiness of the Greatest Number", em *Bentham's Political Thought* 309-10 (Bhikhu Parekh [org.], 1973).

bém da democracia. Ao escrever *seu* código constitucional, anos depois da adoção da Constituição dos Estados Unidos, Bentham rejeitou o modelo americano.

Blackstone e Bentham comparados

Blackstone e Bentham são exemplos de duas abordagens antagônicas ao estudo dos fenômenos sociais. Blackstone estudava os mecanismos de um sistema social real, o sistema jurídico da Inglaterra, tal como evoluíra ao longo da formação da confusa história política desse país. Seu estudo revelou a existência de um sistema extremamente complexo, dotado de características impressionantes de crescimento e sobrevivência, além de uma considerável aptidão para reformas – em suma, um organismo social flexível, adaptável e viável[59].

Bentham nunca estudou sistematicamente nenhuma instituição social ou jurídica, fosse ela inglesa ou estrangeira, contemporânea ou histórica. Jamais tentou dominar os princípios funcionais da instituição que buscava reformar.

---

59. À luz dessa constatação, a organização, frequentemente criticada, dos *Commentaries* (Livro I – direitos das pessoas, Livro II – direitos das coisas, Livro III – delitos privados, Livro IV – delitos públicos) revela-se inevitável e até magistral. É verdade que as coisas não possuem direitos e que, se o Livro IV tivesse sido posto imediatamente após o Livro I, ter-se-ia dividido o trabalho, de forma mais lógica, em direito público e direito privado. Mas a justaposição das críticas contundentes, ainda que respeitosas, à justiça criminal presentes no Livro IV à apologética discussão sobre a constituição britânica e o papel dos juízes apresentada no Livro I teria prejudicado a visão do sistema jurídico inglês que Blackstone queria transmitir. O Livro I é um elogio solene à capacidade de adaptação, flexibilização e avanço característica do sistema jurídico inglês. No Livro II, reforça-se o elogio, com a demonstração detalhada de como os juízes se livraram do jugo normando no campo do direito fundiário e, com o Livro III, completa-se o quadro do direito formulado por juízes. O direito penal é deixado naturalmente para o final por ter sido o campo onde o progresso fora menos satisfatório, mas também porque, para muitos profissionais atuantes, era menos importante que o do direito privado. Segundo esse critério, porém, o Livro I deveria ter sido posicionado após os Livros II e III.

Em vez disso, deduziu instituições ideais a partir do princípio da maior felicidade, arquitetando posteriormente os detalhes de sua implementação. Esse tipo de pesquisa social produz o utopismo e seu primo intransigente, o radicalismo. Por não compreender o mundo real ao qual suas reformas têm de se adaptar, o reformador utopista impacienta-se cada vez mais com a recusa da sociedade em implementar suas ideias, propondo medidas crescentemente radicais para obrigar o mundo refratário a se encaixar em seu modelo imaginário. As lições da história inglesa e do continente europeu (da França, por exemplo) deveriam ter convencido Bentham das virtudes das reformas graduais no âmbito de um sistema de governo fundado no equilíbrio de poderes, ainda que viesse a tomar como objeto de contenda o ritmo de tais reformas e os detalhes da estrutura constitucional. Mas não convenceram. Vendo no sistema inglês um obstáculo a suas ideias, Bentham propôs a extinção deste e sua substituição por um sistema no qual a concentração de forças poderia pender perigosamente para um dos três poderes. Defendeu também que a linguagem deveria ser purificada de suas metáforas e ambiguidades, pois considerava as formas convencionais de pensamento e linguagem outro empecilho à pronta implementação de suas propostas. E, por último, vendo a legislação como o caminho mais curto para pôr em prática suas ideias reformistas, propôs a abolição do *common law*, dos direitos naturais dos homens da Inglaterra e do judiciário independente.

Muitas das propostas radicais de Bentham, como a codificação das leis e a reabilitação penal, provavelmente não teriam funcionado, ou pelo menos não a contento, enquanto outras teriam funcionado bem até demais. A investida de Bentham contra a linguagem tradicional e os modos de pensar nela consolidados prefigura o ataque do totalitarismo a essa mesma linguagem, conduzido pela novilíngua, por Hitler e pela imprensa soviética. Bentham foi pioneiro no desenvolvimento de técnicas de lavagem cerebral[60]. Além

---

60. Ver Boutros, nota 44 acima, p. 206.

disso, flertou com a ideia de que todas as pessoas deveriam ter seus próprios nomes tatuados no corpo para facilitar a execução das leis penais[61]. Imposição de testemunho em prejuízo próprio, tortura[62], denúncia anônima, menosprezo aos direitos[63], abolição do júri e do sigilo profissional do advogado, essas são algumas das contribuições de Bentham aos regimes totalitários.

Bentham provavelmente teria ido mais adiante no caminho do Estado totalitário, não fosse sua crença de que a proteção da propriedade privada é necessária à criação dos incentivos apropriados ao trabalho duro, visão aparentemente incoerente com a fé que tinha na educação e na reabilitação. Do contrário, poderia ter recomendado uma maior intervenção do poder público, já que acreditava que o princípio da maior felicidade provavelmente demandaria a equiparação de salário e riqueza, não fossem os efeitos desestimulantes de privar as pessoas mais bem-sucedidas dos frutos de seu trabalho[64].

Entretanto, ressaltar apenas as tendências repressivas do pensamento de Bentham é uma injustiça para com um indivíduo que era dono de inteligência, energia e boa vontade extraordinárias. Não podemos nos esquecer de sua luta pela liberdade religiosa, pelo divórcio civil, por um sistema penal racional, pela reforma processual, pela extinção de restrições desnecessárias à liberdade econômica, entre outras melhorias sociais. Além disso, há também suas contribuições científicas: à teoria da utilidade[65], à teoria da prova e à análise econômica do direito e de outras atividades não mercadológicas. Ao tornar explícito o que, em Beccaria

---

61. Bentham, nota 45 acima, em 1 Bentham *Works* 557.
62. W. L. Twining & P. E. Twining, "Bentham on Torture", em *Bentham and Legal Theory* 39 (M. H. James [org.], 1973).
63. Ele descreve a Declaração de Independência como "um amálgama de confusões e absurdidades". Bentham, "Account of Lind and Forster", em 10 Bentham *Works* 63.
64. Ver nota 49 acima.
65. Ver George J. Stigler, "The Development of Utility Theory", em seus *Essays in the History of Economics*, 66-155 (1965).

e Blackstone, estava apenas implícito (que a pena é um método de impor custos à atividade criminal, por meio do qual se alteram os incentivos ao ingresso nesta), Bentham lançou as bases da moderna análise econômica do crime e das penas[66]. Um dos elementos mais importantes da teoria de Bentham para a abordagem que aqui proponho é sua insistência na ideia de que os seres humanos agem como maximizadores racionais da própria satisfação em todas as esferas da vida, e não apenas na estritamente econômica:

> A NATUREZA colocou a humanidade sob o governo de dois mestres soberanos: a dor e o prazer (...). Eles nos governam em tudo o que fazemos, em tudo o que dizemos e em tudo o que pensamos.
> (...)
> Os homens calculam. Alguns o fazem com menos exatidão, é bem verdade, outros com mais. Mas o fato é que todos os homens calculam. Eu não diria, mesmo de um louco, que este não calcula.[67]

Os pontos mais fracos de Bentham como pensador são a excessiva elasticidade do princípio da utilidade (que prejudica sua utilização como princípio para a implementação de políticas públicas), sua falta de interesse pela análise positiva ou empírica e sua crença exagerada na plasticidade da natureza do homem e das instituições sociais. Bentham superestimava a viabilidade da execução de amplas reformas sociais através da codificação de leis, a possibilidade de incutir nas pessoas um espírito de apreço pela coisa pública, o potencial de reabilitação dos criminosos, os efeitos humanizadores da educação e a perfectibilidade da adminis-

---

66. No contexto moderno, a obra clássica é Gary S. Becker, "Crime and Punishment: An Economic Approach", 76 *J. Pol. Econ.* 169 (1968). O melhor da análise de Bentham sobre as penas está em seu *Introduction to the Principles of Morals and Legislation*. Ver, p. ex., Jeremy Bentham, *A Fragment on Government and an Introduction to the Principles of Morals and Legislation* 293-4 (W. Harrison [org.], 1948).

67. *Id.*, pp. 125, 298.

tração pública. A fé cega que tinha em sua própria motivação altruística e no poder do intelecto individual (o seu), seu bom-mocismo incansável, o amor pelas artimanhas mecânicas e intelectuais, a prosa impaciente, os neologismos que criava ("codificação", "minimizar", "internacional" etc.), mas, acima de qualquer coisa, sua fé no *planejamento*, tudo isso faz dele um homem extraordinariamente contemporâneo."Claramente, Bentham era vítima de uma ilusão comum: se um sistema funciona, pode-se descrevê-lo minuciosamente. Logo, infere-se, uma descrição minuciosa prova que o sistema funciona."[68]

Bentham acusava Blackstone de otimismo e complacência, mas, na verdade, era ele o grande otimista. Acima de tudo, Bentham não temia que a Inglaterra pudesse descambar novamente para a tirania ou para a guerra civil, polos entre os quais o país oscilara com frequência perturbadora antes de 1688. Uma das preocupações implícitas dos *Commentaries* é com o problema da preservação da ordem social, isto é, com um modelo de distribuição e organização do poder político capaz de evitar os extremos da tirania e da guerra civil, minimizando-se assim a presença da violência e do risco na sociedade. Bentham, preocupado que estava com a questão específica do bem-estar ou da utilidade, não tinha interesse nesse problema[69].

A diferença entre o conceito político de ordem social e o conceito mais estritamente econômico de utilidade ou bem-estar pode ser exemplificada através de uma referência ao problema do controle da criminalidade. O economista se interessa pelo modo como é utilizado o aparato da justiça criminal, que constitui um sistema governamental de coerção, e pela forma como se poderia utilizar esse sistema de maneira mais eficaz para a prevenção de atividades privadas destrutivas, como o roubo e o homicídio. Ele geralmente pressupõe que o aparato está sob o firme con-

---

68. 1 Leslie Stephen, nota 56 acima, p. 283.
69. Mas ver Bentham, nota 45 acima, em 1 Bentham *Works* 570-8.

trole da maioria de cidadãos cumpridores da lei[70]. Mas, da perspectiva do cientista político preocupado com a ordem social, a questão mais interessante não é como empregar eficazmente o aparato do direito penal para lidar com o problema da coerção privada, mas sim como evitar que o controle desse aparato caia nas mãos de uma facção.

Podemos considerar também a questão do papel do Estado na alteração da distribuição de renda ou riqueza. O economista se interessa pelas consequências da redistribuição relacionadas à eficiência, mas apenas em um sentido limitado, desconsiderando a possibilidade de a estrutura social ser dilacerada pela redistribuição ou pelo fracasso desta. Mas uma sociedade não deve ser considerada "desordenada" simplesmente porque suas instituições permitem certo grau de redistribuição imposta pelo Estado. Do ponto de vista da ordem social, a pergunta que se deve fazer sobre essa sociedade é se as ações de redistribuição evitam (ou, em alguns casos, estimulam) o recurso a formas mais drásticas e coercitivas de realocação da riqueza social de acordo com a divisão do poder (como mostra o capítulo 5, este é um ponto fundamental à compreensão da organização social das sociedades primitivas).

Consideremos a discordância implícita entre Blackstone e Bentham a respeito da natureza da linguagem como instituição humana. Para Bentham, o valor da linguagem é proporcional à sua capacidade de comunicar com precisão, sem ambiguidades, as ideias de quem fala ou escreve. Consequentemente, Bentham se impacienta com a linguagem. Em seus escritos, está sempre lutando contra ela, tentando reconstruí-la e purificá-la de suas ambiguidades para torná-la mais transparente. A atitude implícita de Blackstone diante da linguagem era diferente. Seu apelo frequente, por

---

70. A título de exceção, ver Daniel Landau & Michael D. Bordo, "The Supply and Demand for Protection: A Positive Theory of Democratic Government with Some Suggestive Evidence" (U. Toronto, Faculdade de Direito, *Série de Workshops de Direito e Econ.* n.º WSII-20, dez. 1979).

vezes exagerado, à alegoria e à metáfora, a dedicação de ourives com que modela as frases nos *Commentaries*, a sensibilidade às habilidades linguísticas e retóricas que se evidencia ao longo do livro, tudo isso mostra a preocupação de Blackstone em transmitir suas ideias em uma linguagem graciosa, refinada, cativante e até pitoresca[71].

Na época de Blackstone e Bentham, havia uma tradição antiga (podem-se encontrar provas de sua existência, entre outros lugares, no Novo Testamento, em Cícero e em escritores do início do século XVIII, como Pope e Swift) para a qual as formas linguísticas estavam intimamente ligadas a traços fundamentais de civilização, dentre os quais a conservação da ordem social. No poema épico "The Dunciad", de Pope, por exemplo, o mau uso da linguagem é tratado como uma grande metáfora da desintegração social[72]. O romance *1984*, de George Orwell, por sua vez, é uma eminente manifestação contemporânea dessa tradição. Esses escritores acreditavam que controlar a linguagem é controlar o pensamento, a comunicação e, em última instância, a ação. Para eles, a língua tradicional, ao contrário da novilíngua e de outras línguas inventadas, é uma instituição social que exerce uma enorme influência estabilizante, pois personifica e perpetua modos habituais de pensar, formas de raciocínio e valores tradicionais que funcionam como defesa contra as mudanças precipitadas e o governo absolutista[73]. A linguagem é como o livre-mercado. Nenhum parla-

---

71. A propósito, Blackstone era um poeta competente, enquanto Bentham desprezava a poesia, considerando-a um meio deliberado de obscurecimento da comunicação.

72. Ver Aubrey L. Williams, *Pope's Dunciad: A Study of its Meaning* (1955), sobretudo pp. 156-8.

73. Essa ideia aparece em uma notável passagem de Wittgenstein que lembra a metáfora do castelo gótico, usada por Blackstone para se referir ao *common law* (ver nota 57 acima): "Nossa língua pode ser vista como uma antiga cidade: um labirinto de pequenas ruas e praças, de casas velhas e novas, casas com benfeitorias de épocas diversas; tudo cercado de um sem-número de novos distritos, com suas ruas retas e casas uniformes." Ludwig Wittgenstein, *Philosophical Investigations*, § 18 (trad. para o inglês de G.E.M. Anscombe, 2.ª ed., 1958).

mento e nenhuma burocracia dita as formas do discurso, a estrutura da linguagem, ou o vocabulário usado pelos indivíduos. Assim como o livre-mercado, uma língua é uma instituição imensamente complexa e, não obstante, privada e descentralizada[74].

Ao estudar-se a retórica dos Estados totalitários, percebe-se que o absolutismo político não só fomenta tentativas de remodelação da linguagem, como também se preserva por meio destas[75]; enquanto a linguagem tradicional, por sua vez, representa um obstáculo ao absolutismo. Assim, conforme sugeri anteriormente, a crença de Bentham na plasticidade da linguagem carrega um significado político impremeditado. Talvez não tão impremeditado: seu ataque a Blackstone no *Fragment* é, em grande medida, um ataque às formas convencionais do discurso sobre questões como a soberania.

Uma outra diferença dessa mesma espécie entre Blackstone e Bentham está em suas respectivas posturas quanto aos limites da capacidade de raciocínio do indivíduo. Embora o termo "razão" apareça com mais frequência nos escritos de Blackstone que nos de Bentham, está claro que o primeiro subscrevia à visão, mais precisamente exprimida por Edmund Burke, de que a capacidade de raciocínio do indivíduo é limitada e deve ser exercida com humildade[76]. Bentham, por sua vez, não faz nenhuma ressalva a respeito do poder da razão (sobretudo da sua) para redefinir, a partir do princípio, qualquer questão de políticas públicas, sem a aprovação de nenhum tipo de autoridade, consenso ou precedente.

A ideia da falibilidade do intelecto humano tem raízes na teologia cristã, que contrapõe o poder intelectivo defi-

---

74. A semelhança entre linguagem e direito consuetudinário é discutida no capítulo 5.
75. Ver Leon Lipson, *How to Argue in Soviet* (a ser publicado em breve).
76. Ver, p. ex., 1 *Comm.* 69-70; Edmund Burke, *Reflections on the Revolution in France*, p. 99 (Thomas H. D. Mahoney [org.] 1955). [Trad. bras. *Reflexões sobre a revolução em França*, Brasília, Ed. da UnB, 1997.]

ciente do homem decaído à razão perfeita dos anjos. Essa noção se reflete na discussão de Blackstone sobre os costumes imemoriais. O período saxão descrito nos *Commentaries* lembra o Jardim do Éden tal como descrito, por exemplo, no *Paraíso perdido*, onde o homem exerce as faculdades mentais com uma lucidez e força jamais recuperadas após sua expulsão. Na versão blackstoniana do mito cristão, o período saxão da história da Inglaterra representa o tempo em que o homem compreendia plenamente os princípios do direito sem a mediação de nenhuma autoridade; enquanto, após a conquista pelos normandos, os homens tiveram de lutar para recuperar a clarividência saxã com o auxílio de artifícios como o do precedente. Os tribunais ingleses correspondiam à Igreja cristã como intermediários entre o saber divino e a razão humana (deficiente) posterior à Queda.

Por último, consideremos a discordância entre Blackstone e Bentham na questão do direito "natural" *versus* "positivo". Enunciada de forma extremamente simples, a questão consiste em saber se, como pensava Blackstone, o critério do direito é sua coerência com o direito natural inspirado e sancionado pela divindade; logo, uma lei malfeita representaria uma contradição em termos (já que nem seria uma lei), ou se, como queria Bentham, o único direito digno desse nome é o direito positivo, isto é, as leis promulgadas ou aprovadas por algum órgão estatal investido de autoridade para legislar. A disputa pode parecer meramente terminológica, mas oculta um importante aspecto do distanciamento fundamental entre a preocupação com a ordem social e a preocupação com o bem-estar. Em uma época ainda não familiarizada com a ideia de salvaguardas constitucionais escritas, o direito natural parece ter desempenhado um papel semelhante ao do constitucional, no sentido americano do termo; isto é, o direito natural era um critério de validação do direito positivo. De fato, no sistema constitucional americano, as ideias de lei malfeita e falsa lei se confundem. Ambos os conceitos se mesclam na lei que é invalidada por ser inconstitucional.

A imposição de limites aos poderes executivo e legislativo é um problema central em qualquer análise responsável sobre poder e ordem social. E Blackstone, cujos escritos datam de antes da Revolução Americana e da redação da Constituição dos Estados Unidos, foi mais sensível ao problema que Bentham, cujas obras foram escritas após esses eventos. Imagine o quanto se reafirmariam as concepções de Blackstone a partir das lições, tão diferentes, apreendidas dos frutos das revoluções americana e francesa, respectivamente! Bentham não apreendeu nem a lição positiva da Revolução Americana – as possibilidades de institucionalização de um equilíbrio pluralista de poderes – nem a lição negativa da Revolução Francesa – os perigos do jacobinismo.

Como teórico social normativo, Bentham é deveras assustador. Mas será que é assustador por ser profundamente utilitarista ou por ter-se desviado do utilitarismo? Na primeira hipótese, será possível encontrar na ciência econômica um princípio de escolha social que se apresente como uma alternativa ao princípio utilitarista da maior felicidade, um princípio compatível com os direitos blackstonianos e com outras características estabilizantes da estrutura da sociedade? Ou será que o benthamismo esgota o conteúdo normativo da ciência econômica? Essas questões são examinadas nos dois capítulos seguintes.

3. Utilitarismo, economia e teoria social

Pode parecer que minhas reservas quanto à possibilidade de o benthamismo, que é o utilitarismo em sua versão mais intransigente, representar um sistema de ética apropriado abalam também os alicerces da análise econômica do direito, tanto na sua versão econômica quanto na normativa, como teoria do que é o *common law* (pois seria sensato atribuir aos juízes do *common law* uma norma jurídica insustentável?) e, ainda mais claramente, como teoria do que o direito deve ser. Não é de surpreender, portanto, que dentre os críticos mais severos da abordagem econômica do direito estejam justamente aqueles que a atacam como uma versão do utilitarismo[1]. O método consiste em igualar economia a utilitarismo e depois atacar este último. Se seguem esse método por se sentirem mais à vontade com a terminologia da filosofia que com a das ciências sociais, ou se o fazem por desejarem explorar a atual hostilidade filosófica ao utilitarismo[2], isso não importa. O importante é sa-

---

1. Para exemplos recentes, ver Richard A. Epstein, resenha, "The Next Generation of Legal Scholarship?", 30 *Stan. L. Rev.* 635, 645 n. 35 (1978); e "Nuisance Law: Corrective Justice and Its Utilitarian Constraints", 8 *J. Legal Stud.* 49, 74-5 (1979).

2. Para exemplos da tendência da filosofia moderna de tratar o utilitarismo com desconsideração, ver Robert Nozick, *Anarchy, State, and Utopia* 62, 201 (1974); e Bernard Williams, "A Critique of Utilitarianism", em J. J. C. Smart & Bernard Williams, *Utilitarianism For and Against* 77, 149-50 (1967).

ber se é possível distinguir utilitarismo e ciência econômica. Acredito que sim e também que a norma econômica a que chamarei "maximização da riqueza" fornece bases mais sólidas para a ética do que o utilitarismo.

Utilitarismo e economia normativa frequentemente se confundem. O utilitarismo, no sentido mais comum do termo e também o que usarei aqui[3], sustenta que o valor moral de uma ação, conduta, instituição ou lei deve ser julgado por sua eficácia na promoção da felicidade ("o *superavit* do prazer comparativamente à dor"[4]), acumulada por todos os habitantes (todos os seres sencientes, em algumas versões do utilitarismo) da "sociedade", a qual pode representar uma única nação ou o mundo inteiro. Por outro lado, para a economia normativa, uma ação deve ser julgada por sua eficácia na promoção do bem-estar social, termo não raro definido de forma tão abrangente que se transforma em sinônimo do conceito utilitarista de felicidade, exceto pelo fato de que geralmente não se inclui, no conceito de bem-estar social, a satisfação de outros seres que não os humanos. A identificação de ciência econômica com utilitarismo foi fortalecida pela tendência a se usar, em economia, o termo "utilidade" como sinônimo de bem-estar[5], como

---

3. O termo é às vezes usado de forma mais abrangente para se referir a qualquer teoria ética consequencialista. Utilizado dessa forma, o termo abarcaria a teoria econômica normativa apresentada neste capítulo. No sentido em que o uso, talvez o devesse chamar de "utilitarismo clássico" para distingui-lo da teoria utilitarista restrita que apresento.

4. Henry Sidgwick, *The Methods of Ethics* 413 (7.ª ed., 1907).

5. É preciso distinguir aqui um uso especial do termo "utilidade" em economia. Diz-se, de dois resultados, que estes diferem em utilidade, mas não em valor, quando possuem o mesmo valor atuarial, isto é, o mesmo valor para uma pessoa imune a riscos, mas a pessoa que escolhe entre os resultados não é imune a riscos. Assim, por exemplo, diz-se que $1 garantido e uma chance de 10% de ganhar $10 são dois resultados que possuem o mesmo valor, mas um indivíduo avesso a riscos preferiria (derivaria maior utilidade de) $1 garantido. Essa ideia de utilidade é compatível com uma abordagem puramente econômica de questões de valor em sentido amplo, o que não acontece com a utilidade como felicidade, conforme veremos.

na expressão "maximização de utilidade", e também pelo fato de muitos teóricos utilitaristas famosos, como Bentham, Edgeworth e John Stuart Mill, terem sido também importantes economistas. Além disso, muitos profissionais atuantes na área da "economia do bem-estar" (o termo mais comum para economia normativa) descrevem sua atividade como utilitarismo aplicado[6].

Mesmo vista como utilitarismo aplicado, a economia é um ramo da atividade intelectual distinto do utilitarismo filosófico, e que possui vocabulário técnico e teoremas próprios, bem como uma metodologia específica, elementos que um filósofo utilitarista pode desconhecer (e muitos de fato desconhecem). A história da influência do utilitarismo e da economia sobre a teoria do direito elucida bem esse ponto. As origens do utilitarismo, como as da economia, datam de antes de *A riqueza das nações*, podendo ser encontradas nos escritos de Priestley, Beccaria, Hume e outros. Apesar disso, foi só com o trabalho de Bentham na geração seguinte à de Smith que o utilitarismo alcançou um nível de desenvolvimento comparável ao da ciência econômica. Mas, enquanto a teoria do direito começou a sentir o impacto do utilitarismo já na época de Bentham, a economia (exceto em algumas áreas, como a do direito da concorrência, em que a norma jurídica é explicitamente econômica) só teve impacto sobre a teoria do direito na década de 1960, quando o utilitarismo já estava arraigado na imaginação jurídica[7]. A teoria da pena, por exemplo, era explicitamente utilitarista[8]. Ademais, nos julgamentos de causas constitucionais, a rejeição do conceito de direitos "absolutos" em favor da ponderação do valor de direitos em conflito não só

---

6. Sobre os fundamentos utilitaristas da economia do bem-estar, ver, p. ex., I. M. D. Little, *A Critique of Welfare Economics* 42 (2.ª ed., 1957); A. C. Pigou, *The Economics of Welfare* 20 (4.ª ed., 1932).

7. Ver, p. ex., Henry M. Hart & Albert Sacks, *The Legal Process: Basic Problems in the Making and Application of Law* 113-4 (ed. prov., 1958).

8. Ver, p. ex., Herbert L. Packer, *The Limits of the Criminal Sanction* (1968), sobretudo o capítulo 9.

carregava um forte teor utilitarista[9], como refletia uma tendência geral de ênfase nas considerações utilitárias como determinantes das normas jurídicas e decisões judiciais. As análises sobre os ilícitos civis e os contratos também seguiam uma perspectiva utilitarista[10]. Mas, apesar de sua crença no utilitarismo, os estudiosos do direito raramente utilizavam conceitos de economia explicitamente. Em geral, as tentativas esporádicas no sentido de uma abordagem "econômica" do direito podem ser descritas, na melhor das hipóteses, como pseudoeconômicas[11], embora alguns dos acadêmicos da época revelem uma percepção intuitiva da teoria econômica[12], o mesmo acontecendo, é claro, com muitas das decisões judiciais[13].

---

9. Para um bom exemplo relacionado à liberdade de expressão, ver *Estados Unidos vs. Dennis*, 183 F.2d 201, 212 (2d Cir. 1950) (L. Hand, J.), aff'd, 341 U.S. 494 (1951).

10. Ver, p. ex., Henry T. Terry, "Negligence", 29 *Harv. L. Rev.* 40 (1915); Lon L. Fuller, "Consideration and Form", 41 *Colum. L. Rev.* 799 (1941). A recusa de Holmes diante da obrigação moral de cumprir qualquer tipo de promessa, expressa em sua famosa máxima de que a obrigação criada por um contrato é a de executar ou pagar indenização por perdas e danos, também possui uma forte carga utilitarista. Ver Oliver Wendell Holmes, "The Path of the Law", em seus *Collected Legal Papers* 167, 175 (1920). Além disso, afirmava Ames: "O direito é utilitário. Existe para a consecução das necessidades racionais das comunidades. Se o interesse de um indivíduo se opõe a esse objetivo maior do direito, tal interesse deve ser sacrificado." James Barr Ames, "Law and Morals", 22 *Harv. L. Rev.* 97, 110 (1908). Podem-se encontrar muitas outras referências à utilidade em estudos jurídicos anteriores. James Stephen, em *A General View of the Criminal Law of England* 106 (1890), cita um caso de perturbação da paz na Inglaterra medieval: "Le utility del chose excusera le noisomeness del stink" (A utilidade da coisa justificará o incômodo do mau cheiro). Ademais, os *Commentaries* de Blackstone, como vimos no capítulo anterior, contêm uma quantidade significativa de referências à utilidade.

11. Um exemplo disso é a teoria "econômica" dos ilícitos civis, eficazmente criticada em Roscoe Pound, "The Economic Interpretation and the Law of Torts", 53 *Harv. L. Rev.* 365 (1940). A teoria era a de que as decisões judiciais em casos de responsabilidade civil são motivadas pelos interesses econômicos pessoais dos juízes.

12. Ver, p. ex., os artigos de Fuller e Terry, nota 10 acima; e *Estados Unidos vs. Carrol Towing Co.*, 159 F 2d 169 (2d Cir. 1947) (a "fórmula de Hand"), discutido no capítulo 1.

13. Ver *id.*; e Richard A. Posner, *Economic Analysis of Law*, pt. II (2.ª ed., 1977).

Até recentemente, portanto, o utilitarismo exercia grande influência sobre a teoria do direito, enquanto a análise econômica explícita era coisa rara. Mas a situação se inverteu, e hoje a maioria dos teóricos do direito a se ocuparem do utilitarismo rejeitam-no como teoria normativa do direito[14], tendência essa que recentemente levou H. L. A. Hart a afirmar que, no que diz respeito à teoria do direito norte-americana, o utilitarismo se encontra "atualmente na defensiva"[15]. Ao mesmo tempo, conforme observei no capítulo 1, tem surgido uma significativa quantidade de obras que aplicam ao direito os conceitos da economia com um grau de clareza e sofisticação desconhecido pela teoria do direito do período em que o utilitarismo predominava. Resta saber, contudo, se economia e utilitarismo são ou não são duas coisas diferentes.

Alguns problemas do utilitarismo

Desde já, duas características da teoria utilitarista precisam ser elucidadas[16]. Em primeiro lugar, o utilitarismo é

---

14. Ver, p. ex., Ronald Dworkin, *Taking Rights Seriously* (1977) [trad. bras., *Levando os direitos a sério*, São Paulo, Martins Fontes, 2002]; Richard A. Epstein, nota 1 acima, e seu "A Theory of Strict Liability", 2 *J. Legal Stud.* 151 (1973); Charles Fried, *Right and Wrong* (1978); Duncan Kennedy, "Form and Substance in Private Law Adjudication", 89 *Harv. L. Rev.* 1685 (1976); Harry H. Wellington, "Common Law Rules and Constitutional Double Standards: Some Notes on Adjudication", 83 *Yale L. J.* 221 (1973). Entretanto, ao menos Epstein, em seus trabalhos mais recentes, tem-se referido mais amigavelmente ao utilitarismo como fonte de restrições à busca compulsiva por normas não utilitárias. Ver Epstein, "Nuisance Law", nota 1 acima, pp. 75-102.

15. H. L. A. Hart, "American Jurisprudence through English Eyes: The Nightmare and the Noble Dream", 11 *Ga. L. Rev.* 969, 986 (1977).

16. Para algumas exposições recentes do utilitarismo, ver John Plamenatz, *The English Utilitarians* (1958); J. J. C. Smart, "An Outline of a System of Utilitarian Ethics", em Smart & Williams, nota 2 acima, p. 3; Rolf E. Sartorius, *Individual Conduct and Social Norms: A Utilitarian Account of Social Union and the Rule of Law* (1975). Dentre as exposições clássicas, ver sobretudo Jeremy Bentham, *Introduction to the Principles of Morals and Legislation* (1789); Henry Sidgwick, nota 4 acima; Leslie Stephen, *The English Utilitarians* (1900). Como observei anteriormente (ver nota 3 acima), recuso-me a definir como utilita-

uma teoria tanto da moral individual como da justiça social. O homem íntegro é aquele que se esforça por elevar a soma total de felicidade (a sua mais a dos outros), e a sociedade justa é aquela que busca elevar essa soma total a seu valor máximo. Em segundo lugar, o maximante, na visão da maioria dos utilitaristas, não é um estado psicológico específico, como o êxtase ou a euforia, mas sim o mais amplo conceito possível de satisfação. Atinge-se o máximo de felicidade, ou utilidade, quando as pessoas (ou criaturas) são capazes de satisfazer suas preferências, quaisquer que sejam estas, na máxima medida possível. Mas essa fórmula não exclui a possibilidade de A conhecer as verdadeiras preferências de B melhor que o próprio B, isto é, a possibilidade do paternalismo.

Uma das principais críticas enfrentadas pelo utilitarismo é a de que seu campo de ação é incerto. Quem deverá ter sua felicidade incluída na elaboração de políticas que maximizem a felicidade? Deve-se levar em conta a felicidade dos animais? J. J. C. Smart examina essa questão:

> Tomado em si mesmo e em um instante determinado, talvez um carneiro contente equivalha a um filósofo contente. Mas é difícil concordar com isso; pois, se o fizéssemos, teríamos de concordar com a necessidade de reduzir idealmente a população humana através de métodos contraceptivos, e de aumentar a de carneiros em uma proporção maior que a equivalente. Talvez a quantidade subsistente ideal de seres humanos devesse ser aquela capaz de criar milhões e milhões de pacatos carneiros em um contentamento ocioso, protegidos contra o ataque de predadores selvagens. De fato, se um idiota contente equivale a um filósofo contente, e um carneiro contente equivale a um idiota contente, então um peixe contente equivale a um carneiro contente, enquanto um besouro contente equivale a um peixe no mesmo estado. Quando então haveremos de parar?[17]

---

rismo a categoria de doutrinas éticas para as quais a moralidade de uma conduta se julga pelas consequências sociais dela advindas, pois tal definição destitui o termo utilitarismo de grande parte de seu significado.

17. Smart, nota 16 acima, p. 16.

O autor não responde à última pergunta. Embora considere "difícil concordar" com a equiparação entre o carneiro e o filósofo contentes, Smart não consegue encontrar, no utilitarismo, nenhum fundamento que os distinga. Termina então observando, de forma pouco convincente, que "saber se a felicidade geral se elevaria com a substituição da maior parte da população humana por um contingente superior de carneiros e porcos contentes não se caracteriza, de nenhum modo imaginável, um assunto relevante"[18].

Uma vez que a utilidade, em seu sentido mais amplo, aplica-se a muitos animais, a teoria parece exigir a inclusão de carneiros e porcos na população cuja felicidade deve ser elevada ao máximo. Assim sugere Smart. Mas há algo de errado em um sistema filosófico que é incapaz de distinguir pessoas de carneiros. Para a ética utilitarista, um motorista que, para se desviar de dois carneiros, matasse deliberadamente uma criança, não poderia ser considerado um homem mau, pois sua ação teria aumentado a quantidade de felicidade no mundo.

Poderíamos, como faz Frank Night, dizer que as pessoas não *querem* uma felicidade, ou qualquer outro tipo de satisfação, que abarque aquilo de que os animais necessitam: "Aquilo que uma pessoa comum de fato quer não é satisfação para as necessidades que tem, mas principalmente satisfações *melhores* e em maior quantidade."[19] Isso, porém, é apenas outra versão da velha tática utilitarista de dividir as preferências entre "superiores" e "inferiores" segundo critérios inevitavelmente variáveis e subjetivos, o que não leva a lugar algum.

Outro problema decisivo do utilitarismo diz respeito aos estrangeiros. A política dos Estados Unidos deveria ser a de elevar ao máximo a felicidade dos norte-americanos, atribuindo peso nulo à dos estrangeiros? Ou seria necessá-

---

18. *Id*. pp. 24-5.
19. Frank Hyneman Knight, *The Ethics of Competition, and Other Essays* 22 (1935); ver também *id*. p. 32.

ria uma perspectiva mais ecumênica? O que dizer então daqueles que ainda não nasceram? A inclusão destes na população cuja felicidade há de ser maximizada pode gerar, relativamente a temas como aborto, adoção, homossexualismo, poupança etc., políticas diferentes das que se adequariam a uma contagem censitária de felicidade na qual só se incluíssem os indivíduos viventes. O utilitarismo não é capaz de resolver diretamente a questão da inclusão dos estrangeiros e daqueles que ainda não nasceram. Ainda assim, parece que, se se quiser levar a sério a maximização utilitarista, é preciso que a população a ser levada em conta seja definida segundo a concepção mais abrangente possível.

O problema dos estrangeiros e dos não nascidos relaciona-se à velha disputa em torno do objetivo do utilitarismo, a saber, se este deveria ser a maximização da felicidade média ou da total. Se a metade mais pobre da população de Bangladesh morresse, o padrão de vida (e, para todos os efeitos, também a felicidade pessoal) da metade restante subiria devido ao aumento da proporção entre a população e a quantidade de terras e outros recursos naturais. Entretanto, a felicidade *total* possivelmente seria menor. Da mesma forma, uma taxa elevada de natalidade pode provocar uma queda no padrão de vida e na felicidade média de um país superpovoado. Mas essa perda pode ser mais que compensada pelas satisfações, ainda que um tanto pequenas, da população adicional. Não há na teoria utilitarista nenhum fundamento claro para que se escolha entre felicidade média ou total. A segunda, no entanto, é mais coerente com a nítida insistência na utilidade como fator de maximização.

Em suma, a lógica do utilitarismo parece favorecer a escolha da maximização da quantidade total de felicidade no universo, como objetivo ético. E, uma vez que, aparentemente, esse objetivo só pode ser atingido mediante a infelicidade de um grande número de pessoas (aqueles de nós que precisaríamos dar lugar a todos esses estrangeiros, carneiros, ou seja lá o que for), os utilitaristas estão sempre procurando novas formas de restringir sua teoria. Mas, para fazê-lo, precisam transcendê-la.

Outro problema é a inexistência de um método para calcular o efeito de uma decisão ou política na felicidade total da população relevante[20]. Mesmo que nos detenhamos apenas na população humana, não há nenhuma técnica confiável para medir mudanças no grau de satisfação de um indivíduo com base no grau de satisfação de um outro indivíduo.

À primeira vista, a abordagem de Pareto parece fornecer uma solução ao problema da mensuração da satisfação. Diz-se que uma mudança é Pareto-superior quando beneficia ao menos uma pessoa sem prejudicar ninguém. Uma mudança desse tipo, por definição, eleva a quantidade total de felicidade (humana) no mundo. A vantagem da abordagem paretiana está em exigir apenas informações sobre a utilidade marginal, deixando de lado a total. Além disso, parece haver, logo de início, um mecanismo operacional de obtenção da superioridade de Pareto: a troca voluntária, que, por definição, deixa ambas as partes em uma situação melhor que aquela na qual se encontravam anteriormente. Entretanto, é rara a possibilidade de ninguém ser afetado por uma transação "voluntária". Ademais, essa solução baseada nas trocas voluntárias (ou livre mercado) para o problema da mensuração da utilidade leva a duas questões essenciais: se as mercadorias trocadas foram originalmente distribuídas de modo a maximizar a felicidade (o dinheiro estava com os indivíduos mais capazes de obter felicidade a partir das coisas que ele pode comprar?) e se um sistema de livre mercado cria mais felicidade que outros sistemas alternativos de alocação de recursos.

A dificuldade de derivar políticas específicas a partir de premissas éticas não é, contudo, exclusividade do utilitarismo; parece ser característica das discussões sobre ética

---

20. Nas palavras de Hayek, a prática do utilitarismo pressupõe a onisciência. 2 F. A. Hayek, *Law, Legislation, and Liberty* 17-23 (1976).

em geral. Entre os atuais teóricos kantianos dos direitos legais[21], basta compararmos Charles Fried e Richard Epstein, os quais, partindo de premissas aparentemente idênticas sobre a dignidade e a autonomia dos homens, chegam a implicações totalmente diversas em matéria de políticas públicas[22].

Entretanto, o fato de o utilitarismo não ser mais indefinido que outras teorias da obrigação moral pode não servir para reabilitá-lo, sobretudo aos olhos de um defensor do governo limitado. Suponhamos, por exemplo, que Bentham estivesse correto em acreditar que, na ausência de qualquer conhecimento real sobre como os diferentes indivíduos têm sua felicidade afetada pela renda, devemos presumir que todo o mundo é praticamente igual nesse quesito. Então, para obtermos um fundamento utilitarista para o esforço de equiparação salarial, só precisamos enunciar mais um pressuposto, surpreendentemente plausível: o da utilidade marginal decrescente dos salários. Pois, com base nesses pressupostos, demonstra-se facilmente que a distribuição equitativa de renda e riqueza produzirá mais felicidade que qualquer outro tipo de distribuição[23], exceto se os custos de consecução e manutenção dessa distribuição se igualarem aos benefícios ou os excederem. A ressalva é crucial,

---

21. Assim como Bruce A. Ackerman, *Private Property and the Constitution* 71-2 (1977), uso o termo "kantianos" para me referir a uma família de teorias éticas que subordinam o bem-estar social às noções de autonomia e dignidade como critério normativo da conduta humana. Tais teorias não retratam necessariamente com fidelidade o pensamento de Immanuel Kant (de fato, frequentemente não retratam). Ver, a respeito deste, Bruce Aune, *Kant's Theory of Morals* (1979).

22. Entre muitas outras diferenças, há a recusa de Fried a aceitar a posição de Epstein, segundo a qual, a princípio, responsabilidade civil e responsabilidade objetiva são a mesma coisa. Ver Charles Fried, nota 14 acima, p. 107; e seu *An Anatomy of Values: Problems of Personal and Social Choice*, pp. 187-9 (1970).

23. Ver Jeremy Bentham, "The Philosophy of Economic Science", em 1 *Jeremy Bentham's Economic Writings* 81, 115-6 (W. Stark [org.] 1952); Abba P. Lerner, *The Economics of Control: Principles of Welfare Economics* 35-6 (1944); Sartorius, nota 16 acima, p. 131.

mas faz o ônus da prova recair sobre aqueles que se oponham à equiparação salarial, em uma área em que, sabidamente, as provas são de difícil obtenção. Esse exemplo ilustra um argumento do capítulo anterior: se a inviabilidade do cálculo da felicidade for usada para justificar as suposições utilitaristas, as possibilidades de intervenção do Estado nas atividades privadas tornar-se-ão ilimitadas.

Ao problema da indefinição vem-se juntar uma outra objeção ao pensamento utilitarista: aquilo a que se poderia chamar os perigos do instrumentalismo. Se a maximização da felicidade depender de que as pessoas possam ter propriedades, casar-se com quem bem entenderem, mudar de emprego, e assim por diante, o utilitarista garantirá a elas esses direitos. Mas, se for possível aumentar a felicidade tratando-se as pessoas cada vez mais como carneiros, então os direitos vão desaparecer completamente. Não parece que as pessoas se sintam mais felizes sob os regimes totalitários que sob os democráticos, mas, caso se sentissem, o utilitarista coerente teria de apoiar o totalitarismo. O utilitarismo, portanto, parece fundamentar direitos de suma importância no mero palpite empírico de que promovem a "felicidade". É impossível validar esse palpite com quaisquer instrumentos que tenhamos ou que possamos adquirir, embora alguns possam julgar persuasiva uma ou outra pequena prova (como o Muro de Berlim, por exemplo). Mesmo no interior do Estado liberal, utilitaristas audazes são capazes de recomendar políticas verdadeiramente monstruosas, com base em seus palpites[24].

As "monstruosidades morais" são de fato um dos maiores problemas do utilitarismo, e devem ser separadas em duas categorias. Uma delas deriva da recusa utilitarista a fazer distinções morais entre os tipos de prazer. Suponha-

---

24. Em favor dos utilitaristas, é preciso ressaltar que a fonte principal e inesgotável de derivação de políticas grotescas a partir de premissas do utilitarismo é Bentham. Não obstante, os utilitaristas frequentemente são intervencionistas. Ver, p. ex., 3 Stephen, nota 16 acima, pp. 228-9, sobre as propostas intervencionistas de J. S. Mill.

mos que A gaste seu tempo livre arrancando asas de moscas, enquanto B o faz alimentando pombos; e que, por ter mais capacidade para sentir prazer, A extraia mais felicidade que B desse tempo ocioso. Deixando de lado a infelicidade das moscas e a felicidade dos pombos, o utilitarista coerente teria de julgar A um ser humano melhor que B, já que sua atividade acrescenta mais ao cômputo das felicidades que a de B.

O outro tipo de monstruosidade moral advém da presteza com que o utilitarista sacrifica os indivíduos inocentes no altar das demandas sociais. Alan Donagan dá o seguinte exemplo:

> Certamente pode ser que, ao assassinar, fria e sorrateiramente, seu agourento, velho e infeliz avô, um indivíduo gerasse mais benefícios e menos prejuízos do que se não o fizesse: libertaria o parente de sua miserável existência, daria aos filhos dele a alegria da herança, libertando-os do sofrimento causado por sua maldade; e ainda poderia gozar antecipadamente a recompensa prometida àqueles que praticam o bem no anonimato. Ninguém em sã consciência duvida da monstruosidade de uma atitude com essas consequências.[25]

Donagan parece estar certo ao afirmar que um utilitarista coerente teria de julgar o assassino um homem bom. O utilitarista poderia, é claro, observar que a *prática* do homicídio de avós importunos provavelmente reduziria a felicidade. O conhecimento da existência de tal prática deixaria os avós muito infelizes; e, a longo prazo, essa prática provavelmente não beneficiaria os herdeiros, pois impediria as pessoas de acumularem propriedades. Mas quaisquer objeções utilitaristas à criação de uma exceção para os assassinos de avós importunos nas leis relativas à prática do homicídio não têm validade no âmbito da ética individual

---

25. Alan Donagan, "Is There a Credible Form of Utilitarianism?", em *Contemporary Utilitarianism* 187, 188 (Michael D. Bayles [org.], 1968).

se for estipulado que o assassino ficará incógnito. Ainda assim, considerar como um "homem bom" o homicida do exemplo de Donagan é algo que fere de modo inaceitável as noções morais convencionais.

O problema das aberrações do utilitarismo não é tão grave no nível das escolhas sociais quanto no das pessoais. Uma coisa é escolher a esmo uma pessoa inocente e matá-la para atingir algum objetivo social; outra é criar uma estrutura institucional – como o sistema das penas, por exemplo – que torne inevitável o sofrimento de alguns inocentes. É impossível conceber um sistema penal que reduza a zero a probabilidade de condenação de pessoas inocentes. Porém, mesmo no nível das decisões sociais, o utilitarismo pode gerar aberrações. Se houvesse um grupo de pessoas ao mesmo tempo tão minoritário, tão miserável e tão odiado que seu extermínio aumentasse a felicidade total da sociedade, o utilitarista sério dificilmente poderia condenar o ato, embora estivesse autorizado a chamar a atenção para os custos psicológicos possivelmente impostos às pessoas temerosas de serem exterminadas na sequência.

Se o perigo do utilitarismo são as aberrações morais, o das teorias kantianas é o preciosismo moral, ou extremismo. Bernard Williams apresenta o exemplo hipotético de Jim, que, a convite de um militar, foi visitar um país subdesenvolvido, onde um grupo de prisioneiros políticos está prestes a ser fuzilado[26]. O militar propõe a Jim que mate um dos prisioneiros em troca da libertação dos demais. Williams alega que Jim não tem o dever de matar o prisioneiro, pois há uma diferença entre praticar o mal e abster-se de impedir que este ocorra. Mas, nesse exemplo, é difícil enxergar essa diferença. Se Jim recusar a proposta do militar, todos os prisioneiros morrerão. Se aceitá-la, todos se salvarão, menos um. Não há compensação. Ninguém se beneficiará se Jim aceitar a proposta. Todos sairão prejudicados, menos um.

---

26. Ver Bernard Williams, "A Critique of Utilitarianism", em Smart & Williams, nota 2 acima, pp. 77, 98-9.

A maioria dos kantianos tenta evitar o extremismo fabricando exceções aos deveres categóricos que eles impõem[27]. Diriam então que a tortura é errada mesmo que se possa mostrar (como acreditava Bentham) que praticá-la, no final das contas, maximizaria a felicidade. Admitiriam porém que, caso a salvação da humanidade dependesse da tortura de uma pessoa, não seria errado fazê-lo. Mas, uma vez feita essa concessão, não há limites lógicos a que se façam outras. E se dois inocentes tivessem de ser mortos para salvar 200 milhões de americanos, ou dez para salvar três milhões de habitantes de Chicago, ou vinte para salvar 60 mil residentes de um bairro dessa cidade?

A tendência do kantismo a confundir-se com o utilitarismo é bem ilustrada pela filosofia moral de John Rawls. Embora adote as premissas kantianas e rejeite o utilitarismo por "não levar a sério a distinção entre as pessoas"[28], Rawls define a justiça como fruto coletivo das escolhas dos indivíduos na "posição original", isto é, destituídos de todas as suas características individuais. Ele pressupõe que esses entes abstratos escolhem princípios de justiça capazes de maximizar sua própria utilidade. Presume ainda que, por serem altamente avessas ao risco, essas pessoas escolhem um princípio que sacrifica, em grande medida, a liberdade econômica individual em troca de seguridade social. O princípio de justiça social de Rawls lembra o princípio benthamiano da maximização da igualdade de renda condicionada à preservação dos incentivos à atividade produtiva individual. Em ambos os casos, o grau ótimo de igualdade depende de palpites empíricos quanto à dimensão e configuração das projeções de utilidade marginal feitas pelos indivíduos e dos efeitos desestimulantes das políticas igualitárias. A necessidade de tais palpites empresta à teoria de Rawls o mesmo caráter de indefinição que acomete a de Bentham. O conceito de "véu de ignorância" criado por

---

27. A título de exemplo dessa abordagem, ver Fried, nota 14 acima, p. 10.
28. John Rawls, *A Theory of Justice*, p. 27 (1971).

Rawls assemelha-se ao método utilizado pelo economista Abba Lerner para deduzir do princípio da maior felicidade uma norma para a igualdade de renda[29]. Lerner afirma que, como desconhecemos o valor máximo das funções de utilidade marginal concebidas pelos indivíduos, é melhor pressupor que estas não se relacionam à renda[30]. Não é de surpreender que outro adepto do Estado de bem-estar social, o economista John Harsanyi, tenha antecipado em muitos anos os elementos fundamentais do princípio de justiça de Rawls (deliberação racional por parte de indivíduos na posição original)[31].

Em poucas palavras, seja como sistema ético pessoal, seja como paradigma para a tomada de decisões no âmbito social, o utilitarismo tem sérias deficiências. Mas o kantismo, comumente apresentado como segunda opção, também tem seus próprios defeitos graves, sendo um deles a semelhança com o utilitarismo. Diante desse cenário, consideremos a análise econômica como um sistema ético alternativo.

A maximização da riqueza como conceito ético

Riqueza versus *utilidade*

Desde Adam Smith, o termo "valor", em economia, geralmente se refere a valor de troca; medido ou ao menos mensurável no âmbito de um mercado, seja este explícito ou implícito. Do conceito de valor, deriva o de riqueza da

---

29. Devo a Gary Becker essa observação.
30. Ver Lerner, nota 23 acima.
31. Ver John C. Harsanyi, "Cardinal Utility in Welfare Economics and in the Theory of Risk-Taking", 61 *J. Pol. Econ.* 434 (1953). Rawls reconhece a contribuição de Harsanyi. Ver Rawls, nota 28 acima, pp. 137 n. 11, 162 n. 21. Harsanyi continua sendo um sofisticado expoente do utilitarismo. Ver seu "Morality and the Theory of Rational Behavior", 44 *Soc. Res.* (1977). Discuto a "posição original" de Rawls e Harsanyi mais adiante, no capítulo 4.

sociedade como soma de todos os bens e serviços no interior desta, calculados pelo valor que possuem[32].

Embora o conceito de valor seja inseparável do de mercado, valor não é o mesmo que preço. O preço de uma mercadoria é o valor desta para o consumidor marginal, e os consumidores intramarginais a valorizarão mais, no sentido de que estariam dispostos a pagar um preço mais alto por ela. O cálculo da riqueza da sociedade inclui o valor de mercado, no sentido de preço, multiplicado pela totalidade das mercadorias e dos serviços que ela produz; e também a soma de todos os *superavits* dos consumidores e produtores, gerados por essas mercadorias e esses bens[33].

A coisa mais importante que devemos ter em mente sobre o conceito de valor é que este se funda naquilo que as pessoas estão dispostas a pagar por uma mercadoria e não na felicidade que extrairão de sua aquisição. É claro que valor está relacionado a felicidade: uma pessoa não compraria uma mercadoria se não obtivesse com esta mais felicidade, no sentido utilitarista mais abrangente, do que obteria com outras mercadorias ou serviços (incluindo-se o ócio) dos quais teria de abrir mão para tê-la. Mas, enquanto valor implica necessariamente utilidade, esta não implica necessariamente valor. O indivíduo que gostaria muito de ter uma determinada mercadoria, mas não está disposto a pagar por ela ou é incapaz de fazê-lo (talvez por ser pobre), não a valoriza no sentido em que estou usando o termo "valor".

Da mesma forma, a riqueza da sociedade é a totalidade da satisfação das preferências (as únicas moralmente relevantes em um sistema de maximização da riqueza) financeiramente sustentadas, isto é, que se manifestam em um mercado. Este, entretanto, não precisa ser explícito. A vida

---

32. Para uma útil taxonomia das definições de bem-estar, incluindo-se a riqueza, ver Frank I. Michelman, "Norms and Normativity in the Economic Theory of Law", 62 *Minn. L. Rev.* 1015, 1019-21, 1032-4 (1978).

33. Cf. figura 1 e nota 57 adiante.

econômica ainda está organizada, em grande medida, segundo o princípio do escambo. São exemplos disso o "mercado de casamentos", a criação dos filhos e um jogo de *bridge* entre amigos. Seria possível calcular o valor monetário desses serviços com base em substitutos deles vendidos em mercados explícitos ou de outras maneiras. Eles ilustram a importante observação de que a riqueza não é simples reflexo do Produto Interno Bruto ou de qualquer outro índice monetário efetivo de medição do bem-estar. Uma sociedade não se torna necessariamente mais rica se as mulheres deixarem (espontaneamente) de ser donas de casa para se prostituírem; ou se uma pessoa que costuma contribuir com instituições de caridade (fazendo crescer assim o consumo de outras pessoas) passar a gastar seu dinheiro consigo mesma.

Outro tipo de mercado inexplícito, o mercado hipotético, também é importante para a análise da riqueza da sociedade. Comparemos duas situações. Em uma delas, eu lhe ofereço $5 por um saco de laranjas, você aceita e a transação se efetua. A sociedade deve ter ficado mais rica. Antes da transação, você tinha um saco de laranjas que julgava valer menos que $5, enquanto eu tinha $5. Agora, você tem $5 e eu tenho um saco de laranjas que julgo valer mais que $5. Mas suponha que, em vez de comprar as laranjas de você, eu as tivesse esmagado acidentalmente. Um juiz, aplicando a fórmula da responsabilidade civil dependente de culpa de Learned Hand[34], perguntaria se, para você, o custo estimado do acidente é maior ou menor que o ganho estimado, para mim, da atividade que o gerou como subproduto. Para obter a resposta, o juiz teria de fazer um julgamento de quão valiosas eram essas laranjas para você, de quão valiosa era para mim a ação de andar rápido e assim por diante. Um purista insistiria que os valores em jogo são incognoscíveis, já que não se revelaram em uma transação mercadológica real. Mas acredito que, em muitos casos, um

---

34. Ver capítulo 1.

juiz é capaz de estipular com razoável precisão a forma de alocação de recursos que maximizaria a riqueza. Entretanto, como a estipulação de valor feita por um juiz é menos precisa que a realizada por um mercado, deve-se restringir a abordagem do mercado hipotético a casos como o dessa situação típica de acidente, nos quais os custos de transação mercadológica impossibilitam a utilização de um mercado real para alocar os recursos eficientemente.

A abordagem do mercado hipotético desempenha um importante papel na análise econômica do *common law*. Em grande medida, esse sistema de direito parece projetado, conscientemente ou não, para alocar recursos da forma como um mercado real o faria, mas em circunstâncias nas quais os custos das transações são tão altos que o mercado deixa de ser um método viável de alocação. Ademais, a análise de mercado hipotético também deixa claro que maximização de riqueza e maximização de felicidade não são a mesma coisa. Suponhamos que uma fábrica esteja poluindo seu entorno, reduzindo assim em $2 milhões o valor das propriedades da área, mas que mudar de lugar (a única maneira de eliminar a poluição) custaria a ela $3 milhões. Nesses termos, a fábrica, processada por perturbação da paz, venceria a ação. A felicidade dos proprietários da fábrica (possivelmente milhares de acionistas, cada um com apenas uma pequena fatia do negócio), por terem evitado um veredicto de $2 milhões, talvez fosse excedida pela infelicidade dos proprietários de imóveis da área. Agora invertamos os números. Suponhamos que os ditos proprietários de imóveis sejam pessoas ricas e que, se a fábrica fechar, seus trabalhadores terão de assumir os altos custos de mudar dali e muitos pequenos empresários locais irão à falência. Um veredicto que obrigue a fábrica a fechar será eficiente, mas provavelmente não maximizará a felicidade.

Ainda como exemplo de por que a maximização da riqueza não é mero substituto para a maximização da utilidade no sentido utilitarista clássico, consideremos um homem que decida roubar um colar de diamantes para sua esposa. O colar tem um valor de mercado de $10.000, que é também, suponhamos, o valor subjetivo para o seu proprietário. Isto é, seu dono estaria disposto a vendê-lo por qualquer preço acima de $10.000. A fiança ideal para esse roubo (baseada no valor do colar, na probabilidade de apreensão e condenação do ladrão, nos custos do sistema penal, nas despesas com segurança pessoal e assim por diante) é, digamos, de $25.000. Em caso de indigência, estipula-se um tempo de prisão equivalente à desutilidade que a fiança de $25.000 representaria para o infrator que pudesse pagar por ela. Nessas circunstâncias, podemos estar relativamente seguros de que, se o tal homem pobre cometer de fato o crime, a felicidade total da sociedade aumentará, mesmo que ele não consiga pagar a fiança. A utilidade obtida pelo ladrão deve ser maior que a desutilidade por ele imposta à sociedade (através do prejuízo para a vítima, dos custos operacionais do sistema judiciário, da insegurança gerada pela criminalidade e assim por diante), já que essa desutilidade se lhe impõe previamente como desutilidade estimada e, mesmo assim, ele comete o crime. Mas o furto não aumenta a riqueza da sociedade, já que não é resultado de transação voluntária nem de transação hipotético-mercadológica. Em um mercado real, a não disposição (por incapacidade) do ladrão para pagar pelo colar demonstra que este vale menos para ele do que para o seu dono. Ao mesmo tempo, a análise de mercado hipotético é injustificada porque não há aqui nenhum problema de custos de transação excessivos que justifique que o ladrão passe por cima do mercado. Ainda que a abordagem de mercado hipotético fosse usada nesse exemplo, o ladrão não terminaria com o colar, pois este não vale mais para ele do que para o dono, no sentido de que não estaria disposto a pagar por ele uma quantia maior do que aquela que o dono pagaria. A abordagem de mercado hipotético se aplicaria, entretanto, ao caso de uma pessoa de posses que, perdida na floresta, invadisse uma choupana desocupada e roubasse comida para não morrer de fome. Os custos de transação seriam proibitivos e haveria razão para acreditar que a comida teria mais valor, no sentido econômico do termo, para o ladrão do que para o seu proprietário.

A ambiguidade da relação entre riqueza e felicidade é também confirmada pelo fato de que os habitantes de países ricos não parecem mais felizes que os de países pobres, embora, dentro de cada país, os ricos pareçam mais felizes que os pobres[35]. Para Adam Smith, que não era um utilitarista nem um "economista do bem-estar social", as pessoas se iludem ao acreditar que seriam mais felizes caso fossem mais ricas, embora ele não duvidasse de que essa crença prevalece e é essencial como estímulo ao progresso humano[36].

Portanto, riqueza não é sinônimo de felicidade. Mas, além disso, traduzindo em linguagem econômica essa mesma constatação, seres humanos não são meros maximizadores de riqueza. A riqueza é um aspecto importante das preferências dos indivíduos, e a maximização da riqueza lembra portanto o utilitarismo por dar força significativa às preferências; mas não representa a soma total destas. É por isso que a teoria econômica pressupõe os indivíduos como maximizadores de utilidade em um sentido abrangente e

---

35. Ver dois textos de Richard A. Easterlin: "Does Money Buy Happiness?", *Public Interest*, n. 30, inverno de 1973, p. 3; "Does Economic Growth Improve the Human Lot? Some Empirical Evidence", em *Nations and Households in Economic Growth: Essays in Honor of Moses Abramovitz* 89 (Paul A. David & Melvin W. Reder [orgs.], 1974).

36. É portanto surpreendente que *A riqueza das nações* seja por vezes considerado um tratado utilitarista, como pensa Plamenatz, nota 16 acima, p. 111. Rawls, nota 28 acima, pp. 22-3 n. 9 e pp. 184-8, descreve o Adam Smith de *The Theory of Moral Sentiments* [*Teoria dos sentimentos morais*] como utilitarista, porque o "espectador imparcial" da ética smithiana assemelha-se, na visão de Rawls, ao "homem agregado" dos utilitaristas. Na verdade, o conceito de espectador imparcial lembra o do homem na posição original, de Rawls: em ambos, a ênfase está na imparcialidade como elemento fundamental do conceito de justiça. Little, nota 6 acima, p. 79 n. 2, observa (sem maiores explicações) que Adam Smith escreveu "riqueza" e não "bem-estar" ou "felicidade". Sobre as posições éticas de Adam Smith, ver R. H. Coase, "Adam Smith's View of Man", 19 *J. Law & Econ.* 529 (1976); James M. Buchanan, "The Justice of Natural Liberty", 5 *J. Legal Stud.* 1 (1976); Donald J. Devine, "Adam Smith and the Problem of Justice in Capitalist Society", 6 *J. Legal Stud.* 399 (1977).

utilitarista. Esta é também uma das razões da frequente confusão entre economia e utilitarismo como sistemas éticos.

Antes de concluir minha exposição do significado de maximização da riqueza, quero resolver uma ambiguidade no conceito-chave de "disposição para pagar". Suponhamos que eu tenha uma casa que valha $100.000. É possível que eu não vendesse a casa por menos de, digamos, $125.000 (o valor de mercado é o valor para o comprador marginal, e pode ser que eu não tenha as mesmas preferências que este). Mas também é possível que, se eu não fosse o dono da casa (meu bem mais importante), não estaria disposto a pagar mais de $75.000 por ela, pois isso é tudo o que eu "posso" pagar. A casa então vale $75.000, ou $125.000? A resposta depende de eu ser ou não o dono da casa. Mas isso não conclui a análise, pois, supondo-se que eu seja o dono da casa, devemos refletir sobre se meu título de propriedade é coerente com os princípios moralmente adequados que regem a atribuição de direitos (os princípios da justiça distributiva). Como exemplo radical desse ponto, consideremos uma sociedade totalitária na qual um pequeno grupo de altos funcionários públicos possua quantidades imensas daquela valiosa mercadoria, o poder. Se o preço por eles estipulado para ceder seu poder for considerado um dos elementos determinantes da riqueza da sociedade, então será difícil dizer se a introdução de instituições democráticas aumentaria essa riqueza. Mas, exceto no caso improvável de esses chefes políticos terem obtido seu poder através de transações de mercado, reais ou hipotéticas, o "valor" de seu poder para si mesmos não seria mais importante para a mensuração da riqueza social do que o "valor" que o ladrão deriva dos artigos que rouba.

Maximização da riqueza, ética e justiça

Se riqueza não é apenas outro nome para felicidade, e certamente não é, por que a busca da riqueza deveria ser considerada moralmente superior à busca da felicidade? Essa é a pergunta central deste e do capítulo seguinte.

O que torna o utilitarismo tão repugnante aos filósofos morais é que ele parece suscitar invasões explícitas da liberdade individual, seja em nome da felicidade dos animais, da felicidade do "monstro utilitário"[37] de Nozick, ou das especulações de Bentham sobre o que realmente faz as pessoas felizes. Mas a insistência intransigente na liberdade ou autonomia individual, a despeito das consequências desta para a felicidade ou utilidade dos membros da sociedade, parece algo igualmente equivocado e inaceitável. Logo, é crescente o interesse nas tentativas de combinar de algum modo o utilitarismo com a tradição kantiana, como no recente trabalho de Richard Epstein[38]. A ética da maximização da riqueza pode ser vista como uma mescla dessas tradições filosóficas rivais. A riqueza é positivamente vinculada, ainda que de forma imperfeita, à utilidade, mas a busca da riqueza, fundada que está no modelo de transação voluntária de mercado, envolve um respeito às escolhas individuais maior do que aquele que se vê no utilitarismo.

Comparemos novamente o homem que está disposto a pagar $10.000 por um colar e o que não tem dinheiro, mas está disposto a incorrer em uma desutilidade não pecuniária equivalente à de desistir de tal quantia. A posição do primeiro homem é moralmente superior, pois ele busca aumentar seu bem-estar beneficiando outra pessoa, a saber, o dono do colar. Além disso, ao que tudo indica, o comprador acumulou seus $10.000 por meio de atividade produtiva, isto é, de uma atividade que beneficiou outras pessoas além dele, sejam estas seus empregadores, clientes ou clientes de seu pai. Se consideramos que a renda de uma pessoa é menor que o valor total de sua produção[39], segue-

---

37. Nozick, nota 2 acima, p. 41.
38. Ver o artigo sobre a doutrina jurídica da perturbação da paz mencionado na nota 1 acima, no qual Epstein defende princípios jurídicos fundados em noções de autonomia pessoal limitada pelo utilitarismo.
39. Ver nota 57 adiante.

-se que o indivíduo produtivo dá à sociedade mais do que tira desta. Consequentemente, o comprador, em nosso exemplo, confere um benefício líquido ao dono do colar (que, do contrário, não aceitaria $10.000); mas, em cada fase da acumulação dessa quantia por meio de atividade produtiva, conferiram-se benefícios líquidos a outras pessoas além do produtor. O ladrão, ao contrário, não beneficia o dono do colar nem qualquer outra pessoa. Sua "reivindicação" ao colar, que o utilitarista acataria, funda-se em uma faculdade que pode não valer nada para os outros: a capacidade de sentir prazer. O termo "ladrão" tem sentido pejorativo mesmo em sociedades onde o furto, punido com muita severidade, é algo muito difícil de acontecer, exceto se a utilidade para o ladrão exceder a desutilidade da vítima. Este é um dado empírico sobre as nossas crenças morais que não encontra lugar no utilitarismo, e que o encontra na maximização da riqueza.

Essa discussão é importante para saber se a utilidade que um ladrão obtém de seu furto deveria ser levada em conta no planejamento de um sistema eficiente de penas[40]. Se todos os furtos fossem meras transferências pecuniárias coercivas em cenários de baixos custos transacionais, a utilidade para o ladrão não mereceria consideração, pois furtos assim não geram riqueza. Mas nem todos os furtos são dessa espécie. Consideremos o exemplo anterior, da pessoa que está perdida na floresta e invade uma choupana desocupada para roubar a comida de que precisa para sobreviver. O custo de uma negociação com o proprietário seria proibitivo e o furto é maximizador de riqueza, já que a comida, em um sentido estritamente econômico, vale mais para o ladrão que para o dono. Isso não significa que o ladrão deva sair impune (podemos querer puni-lo para nos certificarmos de que ninguém roubará, exceto se o ato for

---

40. Comparar Gary S. Becker, "Crime and Punishment: An Economic Approach", 76 *J. Pol. Econ.* 169 (1968), com George J. Stigler, "The Optimum Enforcement of Laws", 78 *J. Pol. Econ.* 526 (1970).

maximizador da riqueza, isto é, se render para o ladrão um ganho maior que o prejuízo da vítima), mas apenas que a pena deveria ser estipulada de modo a coibir-se o furto, *exceto* quando este for maximizador da riqueza. Do contrário, se o furto jamais tivesse valor social, o único limite para a intensidade da pena seria os custos de sua execução.

Outro valor que se pode sustentar melhor na maximização da riqueza que no utilitarismo é a liberdade econômica. Na opinião de quase todos os economistas (inclusive os marxistas), o livre mercado, a despeito de quaisquer objeções igualitaristas que se possam fazer contra ele, maximiza a riqueza de uma sociedade. Este é certamente um julgamento empírico, mas encontra bases mais sólidas que a afirmação de que o livre mercado maximiza a felicidade.

A maior parte dos escrúpulos convencionais (cumprir promessas, dizer a verdade etc.) podem também ser tirados do princípio da maximização da riqueza. A observância dessas virtudes facilita as transações, promovendo o comércio e, consequentemente, a riqueza, através da redução dos custos de policiamento dos mercados por meio do protecionismo, do detalhismo dos contratos, dos processos judiciais e assim por diante[41]. Mesmo o altruísmo (a benevolência) é um princípio de economia, já que pode funcionar como substituto de dispendiosos processos mercadológicos e jurídicos[42]. Até mesmo o altruísta pode decidir vender seus serviços a quem lhe pagar mais, em vez de doá-los a quem mais lhe implorar. Devido ao custo da determinação de necessidades através de outros mecanismos que não a disposição para pagar, a alocação pelo preço pode conferir benefícios líquidos maiores ao resto da sociedade que a alocação

---

41. Ver *Altruism, Morality, and Economic Theory* (Edmund S. Phelps [org.], 1975); e Posner, nota 13 acima, pp. 185-6.
42. A título de exemplo concreto, ver William M. Landes & Richard A. Posner, "Salvors, Finders, Good Samaritans, and Other Rescuers: An Economic Study of Law and Altruism", 7 *J. Legal Stud.* 83, 95 (1978).

pela "necessidade" ou "merecimento"[43]. A alocação por preço também resultará em maior acumulação de riqueza. Esta pode ser integral ou parcialmente doada, embora nesse caso, mais uma vez, o altruísta não desejará gastar tempo demais selecionando candidatos à caridade, pois isso poderá reduzir drasticamente a produtividade de seu trabalho e os benefícios que este traz a outras pessoas.

Em suma, o princípio da maximização da riqueza incentiva e gratifica as tradicionais virtudes e habilidades "calvinistas", ou "protestantes", associadas ao progresso econômico[44]. Pode-se duvidar de que o princípio da felicidade tam-

---

43. Hayek coloca bem a questão: "Nossa admiração pelos atos de bondade ainda se condiciona a que estes atendam necessidades específicas de pessoas que conheçamos. Consideramos melhor, de fato, saciar a fome de um homem que conhecemos do que suprir as necessidades extremas de cem homens desconhecidos. Na verdade, porém, a maior parte de nossos atos de bondade geralmente provém da busca por ganhos (...). O empresário de sucesso pode muito bem querer aplicar seus lucros na construção de um hospital ou de uma galeria de arte em sua cidade. Mas, a despeito de suas intenções acerca do fim que dará a seus ganhos após havê-los conquistado, a questão é que, ao visar o maior ganho possível, ele beneficia mais pessoas do que se se concentrasse na satisfação das necessidades de pessoas conhecidas. A mão invisível do mercado o faz levar o auxílio das conveniências modernas aos mais pobres lares que ele nem conhece." 2 Hayek, nota 20 acima, p. 145.

44. Nem todo o mundo, obviamente, acredita que o mercado revele o que há de melhor no homem. John Ruskin afirma: "Em uma comunidade regulada unicamente pelas leis da demanda e da oferta, mas protegida da violência explícita, as pessoas que enriquecem são, de modo geral, laboriosas, resolutas, orgulhosas, cobiçosas, diligentes, metódicas, argutas, prosaicas, frias e ignorantes. Os que permanecem pobres são os totalmente tolos, os totalmente sábios, os ociosos, os inconsequentes, os reflexivos, os obtusos, os criativos, os sensíveis, os bem-informados, os imprevidentes, os impulsivos, desequilibrados e maus, os desonestos inábeis, o ladrão descarado e os totalmente misericordiosos, justos e devotos." Ruskin, *Unto This Last*, pp. 74-5 (Lloyd J. Hubenka [org.], 1967), citado por Knight, nota 19 acima, p. 66.

Muitas dessas afirmações são implausíveis. São ativos empresariais: a criatividade (por exemplo, para a criação de novos produtos, processos produtivos e métodos de distribuição), a sensibilidade (para lidar com parceiros, empregados, clientes e fornecedores; e para prever mudanças no comportamento dos consumidores) e o conhecimento, ao menos em uma esfera mais restrita. Por que então uma pessoa bem-informada, reflexiva e perfeitamente sábia deveria permanecer pobre em uma economia de mercado *por causa* des-

bém envolva a mesma constelação de virtudes e habilidades, sobretudo se considerarmos o grau de abnegação implícito na observância destas. A habilidade de fruição, a autoindulgência e outros valores hedonistas e epicuristas teriam de receber dos utilitaristas uma ênfase ao menos equivalente àquela conferida à diligência e à honestidade, as quais eles valorizam apenas porque tendem a aumentar a riqueza e, portanto, *possivelmente*, a felicidade.

Outro motivo que faz da maximização da riqueza um princípio moral mais defensável é que ela fornece bases mais sólidas para uma teoria da justiça distributiva e corretiva. Já se observou que a fonte dos direitos negociados em uma economia de mercado é, ela própria, necessariamente externa ao princípio da maximização da riqueza[45]. Na verdade, o princípio preestabelece a criação de um sistema de direitos pessoais e de propriedade que teoricamente se aplicaria a *todas* as coisas escassas – não só à propriedade pessoal e imobiliária, mas ao corpo humano e até às ideias. É verdade que, por vezes, esses direitos têm de ser determinados, dados os custos de salvaguardá-los (é por isso que as leis relacionadas às patentes e aos direitos autorais protegem apenas uma categoria de ideias valiosas), ou devido aos custos de transação, ou ainda por causa de problemas de direitos conflitantes (deveria eu ter o direito de queimar lixo em meu terreno? ou meu vizinho é que deveria ter o direito de respirar ar puro?). Não obstante, o compromisso da abordagem econômica com o princípio dos direitos é

---

sas qualidades? Talvez Ruskin pense que tal pessoa não desejaria enriquecer. Mas, nesse caso, o mesmo provavelmente ocorreria em qualquer tipo de sistema econômico. E o homem misericordioso, justo e devoto também não precisa estar em desvantagem competitiva em uma economia de mercado, a não ser que essas qualidades (sobretudo a última) sejam consideradas hostis à produção mercadológica. Para uma ampla e inconclusiva discussão sobre a ética do sistema de mercado, ver os textos coligidos em *Markets and Morals* (Gerald Dworkin, Gordon Bermant & Peter G. Brown [orgs.], 1977).

45. Ver Dworkin, nota 14 acima, pp. 97-8; Kennedy, nota 14 acima, pp. 1763-4.

maior que o da maioria dos utilitaristas e, aliás, maior que o dos kantianos, que priorizam a redistribuição de renda aos direitos de propriedade.

Para muitos estudantes de filosofia moral, direitos e economia parecem coisas incompatíveis. Mas não são. A teoria dos direitos de propriedade é um importante ramo da teoria microeconômica moderna[46]. Tanto para a ciência jurídica quanto para a economia, um direito de propriedade é um direito de excluir todas as outras pessoas do uso de algum recurso escasso[47]. Um direito dessa espécie é absoluto dentro de seu domínio (detalhe importante ao qual voltarei em breve), no sentido de que aquele que careça de um determinado bem sobre o qual outra pessoa tenha direito de propriedade não poderá tirar esse direito dela recorrendo ao bem-estar da sociedade. Por exemplo, se A estaciona seu carro na garagem de B e este pede em juízo que A se retire de lá, A não pode se defender alegando ao juiz que a garagem, na verdade, vale mais para ele que para B (talvez por ser o carro de A mais caro que o de B). A tampouco pode tomar a garagem e esperar que B o acione para obter o valor de mercado daquela. Ele precisa negociá-la com B. O que faz com que o direito em questão seja absoluto é o fato de não se poder extingui-lo ou transferi-lo sem o consentimento de seu detentor.

Os direitos absolutos desempenham um importante papel na teoria econômica do direito. Os economistas recomendam a criação desses direitos (sobre ideias, terras ou trabalho, por exemplo) quando os custos das transações voluntárias são baixos, como no exemplo da garagem. Mas, quando os custos de transação são proibitivos, o reconhecimento de direitos absolutos não é eficiente. Assim, eu não

---

[46] Ver, p. ex., Eric Furubotn & Svetozar Pejovich, "Property Rights and Economic Theory: A Survey of Recent Literature", 10 *J. Econ. Lit.* 1137 (1972).

[47] Ver Guido Calabresi & A. Douglas Melamed, "Property Rules, Liability Rules, and Inalienability: One View of the Cathedral", 85 *Harv. L. Rev.* 1089 (1972); Posner, nota 13 acima, pp. 49-51.

tenho um direito absoluto de propriedade contra as ondas sonoras que penetrem minha casa ou a poluição do ar que faça partículas de sujeira se depositarem no parapeito de minha janela. A diferença entre esses exemplos é que, no caso da garagem, as transações voluntárias constituem um método seguro de direcionar os recursos a suas aplicações mais vantajosas. Nos outros exemplos, os custos de transação impossibilitam o uso de transações voluntárias para deslocar recursos dessa maneira, e torna-se necessária a descoberta de mecanismos alternativos de alocação dos direitos de propriedade, tais como a responsabilidade judicial, o direito de desapropriação ou o zoneamento.

Estabelecer os direitos de propriedade como absolutos, mas condicionados aos custos de transação e subordinados à meta da maximização da riqueza, significa conferir-lhes um *status* inferior ao que muitos "teóricos dos direitos" lhes conferem. Embora os direitos de propriedade, do ponto de vista econômico, sejam absolutos e incluam tanto a pessoa humana quanto os bens não humanos (eu tenho, dentro de limites amplos, o direito absoluto de decidir para quem trabalhar ou com quem me casar), não são transcendentes nem têm em si mesmos seu próprio fim; e geralmente operam apenas em cenários de baixos custos de transação. Não obstante, o termo se lhes aplica em um sentido perfeitamente legítimo, a menos que se considere que a ideia de direitos exclua aqueles que, embora absolutos, sejam instrumento de alguma finalidade externa à proteção dos direitos como tais.

O economista não ordena meramente que se criem direitos absolutos, omitindo-se depois quanto a quem se deve conferi-los. Se as transações de mercado tivessem custo zero, certamente o economista não se importaria com quem serão os detentores iniciais de um direito. O processo das transações voluntárias o redirecionaria, sem custos, àquele que mais o valorizasse. Mas, abandonada a pressuposição idealista do custo zero de transação, estabelece-se a atribuição de direitos. Sendo os custos de transação positivos (embora presumivelmente baixos, do contrário a criação de um direito absoluto seria ineficiente), o princípio de maximização da riqueza determina que os direitos devem ser inicialmente conferidos àqueles que provavelmente os valorizarão mais, de modo a minimizar os custos de transação[48]. Do ponto de vista econômico, esta é a razão para se conferir a um trabalhador o direito de vender seu trabalho e, a uma mulher, o de escolher seus parceiros sexuais. Distribuídos aleatoriamente, esses direitos seriam, em geral (mas não invariavelmente), comprados de volta pelo trabalhador e pela mulher. Mas, se o direito for conferido desde o início a quem mais o valoriza, podem-se evitar os custos dessa transação de retificação. De modo semelhante, não há um mecanismo para a identificação prévia de indivíduos (e atribuição de direitos a estes) que efetivamente valorizem tanto um direito, a ponto de não revendê-lo a seu detentor "natural". As dificuldades inerentes ao empréstimo afiançado no capital humano[49] certamente anulariam alguns dos esforços do detentor natural no sentido de comprar de volta o direito a seu trabalho ou a seu corpo, mesmo de alguém que não valorizasse esse direito mais do que ele. Mas essa é apenas mais uma razão para conferir-se o direito, desde o início, a seu detentor natural.

Para Charles Fried, pensar os direitos dessa forma é inadequado porque o julgar se um indivíduo valoriza mais que qualquer outra pessoa sua vida, seu corpo ou sua mente, pressupõe que o indivíduo já seja um ente possuidor desses dotes[50]. Mas posse não é propriedade. Embora a ideia de que os dentes de alguém devam estar, por assim dizer, à disposição pareça particularmente ridícula a Fried, conside-

---

48. No capítulo 4, analisa-se uma dificuldade técnica na aplicação do critério da maximização da riqueza: a possibilidade de que a atribuição inicial dos direitos afete os preços e faça, desse modo, com que os valores derivem da atribuição de direitos, em vez de determiná-la.

49. Excluo aqui as dificuldades contornáveis, tais como as leis de falência e as proibições legais à servidão contratual voluntária.

50. Ver Fried, nota 14 acima, pp. 103-4.

remos o seguinte caso hipotético. Digamos que meus dentes sejam reluzentes e lustrosos como pérolas e que por isso a Colgate contrate um fotógrafo para me seguir por aí, fotografando-me sempre que eu sorrir. Posteriormente, a melhor foto é publicada em um anúncio de pasta de dentes, sem meu consentimento. O Tribunal de Recursos de Nova York já interpretou que não havia, em um caso desse tipo, violação dos direitos do indivíduo[51]. Com efeito, a corte destituiu o detentor "natural" de seu direito a um sorriso brilhante. Apesar de essa visão ser economicamente incorreta e geralmente rejeitada, não há nela nenhuma contradição ou absurdidade.

Outra consideração importante sobre a distribuição inicial de direitos diz respeito à ineficiência dos monopólios. Defende-se que os direitos devam ser divididos em pequenos grupos e dados a indivíduos diversos, para elevar assim os custos da conformação de um grupo único de direitos, grande o bastante para gerar um monopólio. Desse modo, seria ineficiente conferir a uma pessoa o direito à mão de obra de todos os trabalhadores de restaurantes, de companhias elétricas e de siderúrgicas, pois isso resultaria na monopolização de uma parte da oferta de mão de obra e, consequentemente, na redução da riqueza da sociedade.

Apesar disso, uma distribuição inicial de direitos coerente com o objetivo de maximizar a riqueza poderia ser extremamente iníqua. Mas a iniquidade dos resultados não é o que preocupa aqueles que consideram a teoria econômica do direito uma teoria dos direitos travestida como uma espécie de utilitarismo. Eles alegam que a maximização da riqueza ou da felicidade é incompatível com a defesa dos direitos. Ainda assim, as teorias dos direitos são, na verdade, importantes corolários do princípio de maximização da riqueza.

---

[51]. Ver *Roberson vs. Rochester Folding Box Co.*, 171 N.Y. 538, 64 N.E. 442 (1902) e capítulo 9.

Gostaria de tratar agora do lugar da justiça corretiva em uma teoria da maximização da riqueza[52]. A análise clássica da justiça corretiva está no capítulo 4 do Livro V da *Ética Nicomaqueia*, de Aristóteles. O filósofo explica que, se uma pessoa lesa outra através de um ato de injustiça, o dano é ilícito, e faz-se necessário algum tipo de retificação, mesmo que o lesante seja uma pessoa mais digna que a vítima, de acordo com o princípio de justiça distributiva (como distribuição por mérito) descrito no capítulo anterior do Livro V. A ideia de que a ilicitude de um dano independe dos méritos do lesante comparativamente aos da vítima, bem como a ideia da imparcialidade distributiva em litígios, intimamente relacionada à primeira, parecem formar a essência da concepção aristotélica de justiça corretiva. Mas a forma de retificação defendida por Aristóteles, isto é, a ação privada por perdas e danos conduzida pela vítima contra o lesante, reflete o caráter privado do sistema jurídico ateniense à época[53]. Pelo que se pode apreender de sua discussão, Aristóteles não parece ver na dita ação a única alternativa de retificação compatível com seu conceito.

O conceito aristotélico de justiça corretiva é coerente com a abordagem fundada na maximização da riqueza e até necessário a esta. Se um ato ilícito resulta em dano, alguma forma de retificação se faz necessária para a eficiência no uso dos recursos não ser prejudicada. É verdade que essa conclusão exige a equiparação de ilicitude com ineficiência, o que Aristóteles não fez. Mas o conceito de justiça corretiva em Aristóteles é uma ideia processual, em vez de substantiva, que prescreve retificação para ações ilícitas que causem dano, à parte os méritos comparados do lesante e da vítima, considerados independentemente da ação, e não define que ações são ilícitas. A definição de um ato de in-

---

52. Para uma discussão mais completa da justiça corretiva, ver meu artigo "The Concept of Corrective Justice in Recent Theories of Tort Law", 10 *J. Legal Stud.* (jan. 1981).
53. Trato desse sistema no capítulo 8.

justiça como aquele que reduz a riqueza da sociedade é, portanto, compatível com esse conceito. E, uma vez dado esse passo, torna-se fácil mostrar que a não retificação de atos desse tipo reduziria a riqueza da sociedade por torná-los mais comuns. É fácil demonstrar, ainda, que a falta de imparcialidade distributiva no julgamento de casos originados por esses atos também reduziria a riqueza da sociedade. Por exemplo, se duas pessoas que têm rendas diferentes ficam incapacitadas após o mesmo acidente resultante de um ato ilícito do lesante, não seria eficiente dar aos dois a mesma indenização, sob a alegação de que têm, em certo sentido (talvez kantiano), direito a uma distribuição equitativa dos bens do mundo. Tampouco seria eficiente, caso o lesante fosse um homem mais rico ou mais digno que as vítimas, dar como indenização a estas, sob a mesma alegação, uma quantia inferior ao valor da renda e dos demais itens perdidos por elas em consequência do acidente. Isso levaria à excessiva ocorrência de acidentes ou às precauções erradas (aquém do nível ideal de otimização dos recursos).

A maximização da riqueza lança bases não apenas para uma teoria dos direitos e dos remédios judiciais, mas para o próprio conceito de direito. "Lei"* frequentemente se define como uma ordem apoiada no poder coercitivo do Estado. Segundo essa definição, qualquer ordem vinda do poder soberano é direito. Mas isso distorce o sentido comum do termo. Portanto, já se sugeriu que a definição, para se manter fiel ao uso corrente do termo, deve incluir os seguintes elementos adicionais: (1) para se caracterizar como lei, uma ordem deve ser obedecida por aqueles a quem se destina; (2) deve tratar equitativamente aqueles que estejam na mesma posição em todos os aspectos importantes que a envolvam; (3) deve ser pública; (4) deve haver um procedimento de apuração da verdade de quaisquer fatos

---

* Aqui se joga com os dois sentidos da palavra "law" na língua inglesa: "direito" e "lei". (N. do T.)

necessários à aplicação da ordem, em conformidade com suas condições[54]. Esses elementos fazem parte da teoria econômica do direito.

Em uma perspectiva econômica ou de maximização da riqueza, a função básica do direito é a alteração de incentivos. Isso implica que a lei não impõe impossibilidades, pois uma ordem impossível de cumprir não alterará comportamentos. Deve-se distinguir entre a ordem impossível e a sanção legal, que só é inevitável porque o custo de evitá-la é maior que o de aplicá-la. Não há incoerência em se responsabilizar por perdas e danos a parte que quebrar um contrato por não ter tido uma alternativa real, devido ao fato de que os custos de cumprimento deste excederiam enormemente a indenização por sua quebra (ou mesmo porque o cumprimento teria sido impossível). A lei simplesmente faz recair o risco do não cumprimento do contrato sobre a parte que falhar em cumpri-lo. A crítica genuína às diversas ilhas de exceção da responsabilidade objetiva no direito penal (por exemplo, o erro justificado não vale como defesa em um processo por bigamia ou por estupro presumido) não é a de que sejam incoerentes com a ideia de direito, mas que as circunstâncias não justificam o grau de risco imposto.

Exigir que o direito trate os iguais com equidade é uma outra forma de dizer que sua estrutura deve ser racional, pois tratar distintamente coisas iguais é irracional. A teoria econômica é um sistema de lógica dedutiva: quando aplicado corretamente, dá resultados coerentes entre si. E, uma vez que o direito tem uma estrutura implicitamente econômica, deve ser racional; deve tratar de forma semelhante os casos semelhantes.

O direito, como sistema de alteração de incentivos e, consequentemente, de regulamentação de comportamento, deve também ser público. Se o conteúdo de uma lei dá-se

---

54. Ver Rawls, nota 28 acima, pp. 237-9, e referências bibliográficas aqui apresentadas.

a conhecer apenas depois da ocorrência dos eventos aos quais se aplica, sua existência não pode ter efeito sobre as partes por ela afetadas.

Por último, a teoria econômica do direito pressupõe que mecanismos de averiguação dos fatos são necessários para a correta aplicação de uma lei. O efeito desencorajador de uma lei se enfraquece (e, em última instância, pode desaparecer) se ela for executada sem se levar em consideração se as circunstâncias são aquelas para as quais foi criada. Suponhamos que exista uma lei contra o tabelamento de preços, mas que não se faça esforço algum para averiguar quem está tabelando preços. Em vez disso, de cada grupo de 10 mil pessoas, escolhe-se uma aleatoriamente e se a pune por tabelar preços. Não haverá então incentivo a que se evite o tabelamento. A única diferença entre o tabelador de preços e os outros é que o primeiro aufere lucros dessa prática. A possibilidade de ser enquadrado na dita lei é a mesma para todos[55].

Uma volta às críticas do utilitarismo

Até que ponto as críticas ao utilitarismo também se aplicam à análise econômica? O problema dos limites é o menos grave. Os animais devem ser levados em conta, mas apenas por aumentarem a riqueza. A população ideal de carneiros é determinada não através da especulação sobre sua capacidade de contentamento comparativamente à dos seres humanos, mas pela interseção entre o produto marginal e o custo marginal da criação desses animais.

Outra implicação da abordagem da maximização da riqueza, entretanto, é que as pessoas cuja renda, de tão baixa, é insuficiente para sustentar um mínimo padrão de vida decente, não têm influência na alocação dos recursos, exceto se fizerem parte da função de utilidade de alguém que

---

55. Ver Posner, nota 13 acima, pp. 430-3.

tenha riqueza. Pode parecer que essa conclusão dá excessiva importância às habilidades do indivíduo. Se por acaso nascesse retardado e seu produto social líquido fosse negativo, esse indivíduo não teria direito aos meios necessários a seu sustento, mesmo não tendo culpa de ser incapaz de obtê-los. Esse resultado fere a sensibilidade moderna. Mas não vejo meios de contorná-lo que sejam coerentes com qualquer um dos grandes sistemas éticos. Rawls, entre outros, defende a visão de que o patrimônio genético de um indivíduo é uma espécie de acidente, desprovido de importância moral, o que, no entanto, é incoerente com as noções kantianas de individualidade das quais essa visão supostamente deriva. Tratar igualmente o inventor e o deficiente mental no que concerne a suas pretensões morais de controle sobre recursos valiosos é não levar a sério as diferenças entre os indivíduos[56]. E qualquer política redistributiva afeta a autonomia daqueles a partir dos quais se faz a redistribuição.

Quanto ao *status* dos não nascidos, a questão crucial, do ponto de vista da maximização da riqueza, é até onde se está disposto a levar a noção de mercados hipotéticos. Em princípio, é possível calcular se contingentes populacionais adicionais seriam economicamente capazes de se sustentar. O aumento da população poderia reduzir a riqueza de uma sociedade superpopulosa, mas aumentar a de um país de baixa densidade populacional e recursos naturais abundantes. Ao sugerir que a pergunta adequada é se o produto social da população adicional excede seu custo social, em vez de se a riqueza do restante da população aumentará, pode parecer que estou implicitamente resolvendo a questão dos limites, em favor da inclusão do novo contingente populacional na população cuja riqueza pretendemos maximizar. Na verdade, porém, essas duas formulações equivalem-se. Como mostra a figura 1, pessoas produtivas dão

---

56. Ver nota 28 acima.

mais à sociedade do que tiram dela[57]. Portanto, desde que o contingente adicional seja produtivo, a população existente se beneficiará dele.

Quanto aos estrangeiros, políticas que combinem a livre imigração à ausência de auxílio do Estado ao imigrante garantirão que apenas a imigração maximizadora da riqueza ocorra. Ninguém imigrará se prever uma renda inferior aos custos do próprio sustento. Como sua renda (salvo en-

---

57. Na figura 1, D (na página seguinte), a demanda por (algum tipo de) mão de obra representa a progressão dos preços que os trabalhadores e demais produtores poderiam experimentar em relação a quantidades diversas de sua mão de obra. Se houver concorrência entre os trabalhadores, o resultado do trabalho deles se conduzirá ao ponto q, no qual o produto marginal de sua mão de obra – o que a demanda pagará na margem de concorrência – é idêntico ao preço de oferta (S), o qual representa os custos de oportunidade do tempo dos trabalhadores, entre outras contribuições (educação etc.). Logo, o retângulo PBqO representa a renda total da força de trabalho, enquanto a área maior, ABqO, é o produto social total de seu trabalho. A diferença é uma forma de "*superavit* do consumidor", sobre o qual ver John R. Hicks, "The Rehabilitation of Consumers' Surplus", em *Readings in Welfare Economics*, 325 (Kenneth J. Arrow & Tibor Scitovsky [orgs.], 1969); Robert D. Willig, "Consumer's Surplus without Apology", 66 *Am. Econ. Rev.* 589 (1976).

O gráfico exagera a dimensão do *superavit*, pois uma parte dele pode representar um retorno, aos fornecedores, de insumos que foram responsáveis pela produtividade do trabalhador. No entanto, geralmente se presume que, em uma economia competitiva, os produtores não conseguem se apropriar de todo o valor de sua produção. Mesmo o dono de uma patente só pode apropriar-se do valor produzido por sua invenção nos primeiros dezessete anos. E, mesmo durante esse período, ele não seria capaz de se apropriar de todo o *superavit* que a invenção gera para os consumidores, exceto se conseguisse estipular os preços *perfeitamente*, o que é impossível.

Outra ressalva é que o produtor *marginal*, por definição, não cria *superavit* para o consumidor (ele extrai exatamente aquilo que emprega). Portanto, se cada produtor fosse um produtor marginal, nenhum deles reduziria a riqueza de outras pessoas se abandonasse o mercado. Mas nem todo produtor é marginal. Podemos afirmar, com bastante segurança, que o povo americano seria mais pobre se Henry Ford tivesse decidido ser um monge trapista, em vez de um fabricante de carros. E o que é mais importante: mesmo em uma economia formada apenas por produtores marginais, que não reduziriam o *superavit* do consumidor caso se retirassem do setor produtivo, a retirada de um grupo de produtores reduziria. A contribuição de cada produtor ao *superavit* do consumidor é insignificante, mas a soma de suas contribuições não é.

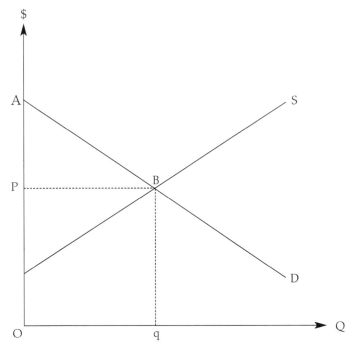

Figura 1. *Superavit* do consumidor: produção para os outros. Q = produto dos trabalhadores; S = preço de oferta; D = demanda por mão de obra; área $PBqO$ = renda total da força de trabalho; área $ABqO$ = produto social total de seu trabalho.

gano) será inferior a seu produto social total e superior aos custos de seu sustento, o imigrante dará, em contribuições para a população, mais do que extrairá dela em bens e serviços. Em um sistema de maximização da riqueza, não há diferença entre a média e o total. Desde que as externalidades negativas da imigração sejam completamente internalizadas pelos imigrantes, esta fará aumentar a riqueza média da população existente[58].

---

58. Conflitos entre a maximização da riqueza de uma nação e a do mundo também serão raros, pois a maioria das restrições ao comércio prejudicam ambas as partes a que se aplicam.

O problema de mensuração que tanto afeta o utilitarismo resolve-se facilmente restringindo-se o critério da maximização da riqueza a mercados reais livres de problemas mais graves de monopólio e externalidades. Qualquer transação voluntária que ocorrer em um mercado assim deve aumentar a riqueza da sociedade. Essa proposição não coincide com o princípio de Pareto, no sentido aqui discutido anteriormente, que é um princípio de utilidade. Em vez disso, é um princípio de maximização da riqueza essencialmente tautológico. A voluntariedade, porém, é uma condição demasiadamente restritiva; e, uma vez que os domínios do critério da maximização da riqueza se expandam de modo a abarcar os mercados hipotéticos, surge um problema de mensuração. Este é menos grave, porém, que o da mensuração da felicidade. Por exemplo, o direito de um médico de cobrar por seus serviços após atender uma vítima inconsciente de um acidente de trânsito funda-se na pressuposição bastante razoável de que, se a vítima tivesse podido negociar com o médico por tal serviço e a tal preço, tê-lo-ia feito. Estimar as preferências de mercado das pessoas em áreas nas quais este não opera é mais fácil que estipular quais políticas maximizarão a felicidade.

O economista moderno abomina a "comparação interpessoal de utilidades", e o faz acertadamente, pois não há sistema de medida capaz de expressá-la. No sentido econômico, contudo, a comparação interpessoal de utilidades é viável, embora difícil, mesmo quando não se comparam os valores em um mercado explícito. Isso vale ao menos para os casos (como o do médico que atende uma pessoa inconsciente) em que exista um repertório de transações de mercado que sirva de referência para a estimativa dos valores envolvidos na transação espontânea. O problema da estipulação de valores na ausência de tal repertório (quando, por exemplo, consideramos os valores em um estágio da sociedade humana anterior ao surgimento de qualquer mercado explícito) é discutido no capítulo seguinte.

Em um sistema de maximização da riqueza, os perigos do instrumentalismo também são menores que em um sistema utilitarista. Para a abordagem da maximização da riqueza, a única justificativa para a interferência na liberdade econômica e individual é uma séria falha operacional do mercado, séria a ponto de tornar possível o aumento da riqueza da sociedade por meio da coerção, que é por si só dispendiosa. Embora os economistas divirjam quanto ao momento em que o funcionamento dos mercados começa a falhar e quanto aos custos de retificação das falhas, estas são questões empíricas, em vez de questões de valor. Alguns libertarianistas temem que os problemas de mensuração inerentes à aplicação do critério do mercado hipotético sejam usados pelos economistas para impor toda sorte de deveres às pessoas em nome da eficiência. Mas, repetindo, a imposição de deveres só se justifica, na visão econômica, no caso excepcional em que os custos de transação de mercado forem proibitivos. Para o professor Epstein, o princípio da maximização da riqueza implicaria obrigar um cirurgião a atravessar a Índia caso ele fosse o único médico capaz de salvar um determinado indivíduo[59]. Eu discordo, pois este não é um caso de altos custos de transação. Se o indivíduo puder pagar o preço cobrado pelo cirurgião, este viajará para atendê-lo. Caso contrário, o cirurgião ficará em casa e maximizará assim a riqueza social.

Esse exemplo sugere que a abordagem econômica é menos receptiva à redistribuição que a utilitarista. Alguém poderá observar que muitos utilitaristas derivam, de uma combinação entre o princípio da utilidade marginal decrescente do salário e o palpite de que a função de utilidade é basicamente a mesma para todas as pessoas (ou ao menos não é positivamente relacionada à riqueza), uma meta de nivelamento da riqueza. Mas, em um sistema de maximização da riqueza, o fato de A ter maior habilidade que B para

---

59. Epstein, nota 14 acima, p. 199; mas ver Landes & Posner, nota 42 acima, pp. 126-7.

desfrutar uma quantia determinada de dinheiro não justifica que se tire dinheiro de B para dar a A. A transferência poderia aumentar a felicidade da sociedade, mas não sua riqueza. Entretanto, devem-se fazer duas ressalvas à conclusão de que todo pagamento sob coerção é improdutivo. Em primeiro lugar, alguns esforços presumivelmente modestos por uma distribuição mais equitativa da renda e da riqueza justificam-se economicamente, pois podem reduzir a criminalidade e, consequentemente, os custos do crime, tanto pelo aumento dos custos de oportunidade do criminoso (isto é, a renda com atividades legítimas a que ele renuncia) quanto, menos provavelmente, pela diminuição da rentabilidade potencial do crime[60]. Em segundo lugar, na medida em que as pessoas são altruístas e estão portanto dispostas a transferir parte de sua renda aos mais necessitados, os aspectos de utilidade pública da caridade (isto é, o fato de a diminuição da pobreza beneficiar os que não praticam a filantropia) podem justificar os esforços públicos de redução da pobreza. Mesmo essa forma de distribuição é mais restrita, em suas bases, que aquelas potencialmente disponíveis aos utilitaristas: poucas pessoas são tão altruístas a ponto de desejarem chegar a uma situação na qual serão mais pobres que todo o mundo[61].

Exceto por essas limitações fundamentais à redistribuição pública de riqueza, seria um erro criticar o princípio da maximização da riqueza por ser indiferente a considerações distributivas. Bem ao contrário, ele as resolve automaticamente. Demonstrei anteriormente como se poderia deduzir, da própria meta de maximização da riqueza, um sistema

---

60. O modelo penal econômico que gera essas implicações é desenvolvido em Isaac Ehrlich, "Participation in Illegitimate Activities: An Economic Analysis", em *Essays in the Economics of Crime and Punishment* 68 (Gary S. Becker & William M. Landes [orgs.], 1974). Obviamente, a eficiência da redistribuição de renda como método de controle da criminalidade depende de seus custos e benefícios comparativamente a outras alternativas, tais como uma maior severidade e determinação na punição.

61. Ver Arnold Harberger, "Basic Needs *versus* Distributional Weights in Social Cost Benefit Analysis" (texto não publicado, U. Chi, Dept. Econ.).

de direitos. Esses direitos (sobre o próprio corpo, trabalho e assim por diante), uma vez estabelecidos, serão vendidos, locados, ou permutados, provendo renda a seus proprietários. De modo geral, as pessoas mais ricas serão as que tiverem produto marginal mais elevado, seja por trabalharem mais, por serem mais sagazes ou por qualquer outro motivo. Em um sistema cuja meta é maximizar a riqueza da sociedade, a (relativa) proporção entre a contribuição das pessoas a tal meta e o pagamento que recebem por isso gera uma distribuição de riqueza de modo algum arbitrária. O ponto principal, porém, é que a distribuição de *riqueza* é um mero subproduto da distribuição de direitos, também esta derivada do princípio de maximização da riqueza. Uma justa distribuição de riqueza não precisa ser postulada.

Esse sistema de remuneração tampouco é ameaçado por alguém que viva de herança, sem dar contribuição pessoal ao aumento da riqueza da sociedade. O dispêndio de riqueza herdada não passa de um adiamento de parte do consumo daquele que a acumulou para depois de sua morte. É verdade que, se um herdeiro, além de gastar sua herança, também trabalha, o restante da sociedade será mais rico. Antipatizamos com o herdeiro improdutivo, assim como com o homem preguiçoso, não por ser um parasita (coisa que ele não é), mas porque não produz um *superavit* para nosso desfrute.

Esse argumento sugere um importante aspecto redistributivo da maximização da riqueza. As pessoas não recebem seu produto social bruto. Com efeito, uma parte (não raro considerável) da riqueza que produzem é "taxada" pelos consumidores. Em geral, quanto mais riqueza uma pessoa produz, maior é a "taxa" que paga (em termos absolutos, não relativos).

Vejamos agora se a abordagem econômica produz, como a utilitarista, resultados violentamente incoerentes com nossas intuições morais (presumindo-se que a igualdade da riqueza não seja uma delas). O "monstro utilitário" não tem lugar em um sistema de ética fundado na maximização da riqueza. O fato de eu ser capaz de obter tanta satisfação torturando pessoas quanto elevando-me acima da miséria delas na balança da felicidade não faria de mim um homem melhor nem me daria o direito de torturar. Eu teria de *comprar* o consentimento de minhas vítimas, e essas compras logo consumiriam a riqueza de todos, exceto a dos mais ricos e sádicos. Os críticos do sistema de mercado costumam pensar mais nas oportunidades criadas pela riqueza que nas restrições impostas por um sistema desse tipo à satisfação dos desejos dos indivíduos. Em um sistema utilitarista perfeito, não há restrições orçamentárias para frear a marcha do monstro utilitário. Mas, em um sistema de maximização da riqueza, as atividades do monstro subordinam-se às limitações de sua riqueza, e suas vítimas são protegidas pelo sistema de direitos, que o obriga a compensá-las da forma que exigirem.

O problema da inveja ilustra mais a fundo as diferenças morais entre utilitarismo e maximização da riqueza. Em uma sociedade marcada pela inveja, a consecução da máxima felicidade poderia depender de drásticas políticas governamentais de distribuição de renda, ainda que estas reduzissem a riqueza total da sociedade. Mas, em uma sociedade dedicada à maximização da riqueza, a inveja não é justificativa para a intervenção estatal. Não há como fundamentar o argumento de que a redistribuição de riqueza dos invejados para os invejosos é uma forma necessária de retificação das falhas do mercado.

A diferença entre a moral utilitarista e a econômica – e, acredito, a fonte da "monstruosidade" da primeira – é que a utilitarista, apesar de professar um comprometimento com o bem-estar *social*, vê-se forçada pela lógica a atribuir valor a toda sorte de características antissociais, como a inveja e a crueldade, por serem fontes comuns de satisfação pessoal e, consequentemente, de utilidade. Em contraposição, a riqueza legalmente obtida produz-se quando se fazem coisas para outras pessoas, oferecendo-lhes negócios vantajosos. Em uma economia de mercado bem regulada, mesmo o indivíduo completamente egoísta é incapaz de promover o próprio interesse sem beneficiar os outros tanto quanto ele mesmo. Talvez por isso a preguiça seja pouco estimada em nossa sociedade: em vez do trabalho, que produz *superavit* do consumidor, a ser desfrutado pelo resto da sociedade, o preguiçoso escolhe o ócio, que não o produz[62].

O kantiano pode não estar convencido de que a busca da felicidade jamais leve a monstruosidades. Ele talvez queira adaptar o exemplo dos carneiros de Smart, discutido anteriormente, da seguinte forma. Suponhamos que haja 100 mil carneiros, os quais juntos somam mais que qualquer valor em dinheiro que se possa atribuir a uma criança: o motorista será portanto um homem bom se decidir sacrificar a criança? A ciência econômica responde que sim, e esta é sempre a resposta dada em nossa sociedade e em todas as outras. Atividades perigosas são habitualmente permitidas com base na avaliação de que os custos de se evitar o perigo excedem os prejuízos causados às vítimas. Só os fanáticos se recusam a trocar vidas por propriedade, embora a dificuldade de valorar vidas seja um motivo legítimo para atribuir-lhes grande peso quando só houver valores de propriedade do outro lado da balança.

Ainda como prova de que um sistema moral fundado em princípios econômicos, além de ser compatível com nossas intuições morais corriqueiras, pode estruturá-las, consideremos a íntima relação entre (1) o conceito de descuido segundo o homem comum, (2) a definição de negligência no direito de responsabilidade civil e (3) o conceito de negligência para os economistas, conforme elucidado por

---

62. Pode não ser inteiramente coincidência que o pensamento inglês do século XIX, dominado pelo utilitarismo no campo filosófico, tenha celebrado, no literário, o ócio, na forma de um escapismo, do "comércio" para a refinada vadiagem do cavalheiro do campo. Essas tendências, aparentemente opostas, unem-se na preocupação com a busca da felicidade, na qual a atividade produtiva não figura necessariamente. O homem que vive uma vida rural contemplativa e isolada pode ser mais feliz que o industrial, mas também produzirá um *superavit* menor para o usufruto da sociedade.

John Brown e outros[63]. Descuido significa criar riscos financeiramente injustificáveis (que impliquem desperdício ou redução de riqueza). Assim como o juiz que aplica a regra da negligência e o economista que a explica, o homem comum diferencia o acidente por descuido do acidente "inevitável", cuja prevenção não se daria a um custo inferior ao do acidente previsto.

O outro tipo de aberração moral, derivada do sacrifício individual aos interesses coletivos, é um problema mais sério para a abordagem utilitarista que para a econômica. Seguramente, é possível imaginar a vitória de uma ação judicial por perturbação da paz contra o proprietário de uma fábrica de tijolos cuja construção tenha provocado mudanças imprevistas na aparência do bairro, transformando-o em uma região subutilizada. Este parece um caso de sacrifício do indivíduo em prol do bem-estar coletivo, mas provavelmente o proprietário da fábrica foi compensado pelo risco de um processo desses[64]. E aquilo que Dworkin chama de "preferências externas"[65], a saber, a aversão a um grupo não fundada em nenhuma intrusão palpável (barulho, poluição etc.), dificilmente justificará, em um sistema de maximização da riqueza, a intervenção do Estado. Sob tal sistema, se a Alemanha nazista quisesse se livrar dos judeus, teria de pagar para que abandonassem o país. Não haveria nesse caso nenhuma justificativa para a coerção além daquelas verificadas no contexto normal (isto é, de baixo custo de transação) do poder expropriatório[66].

Mas não se deve ignorar a possibilidade de aplicar, aos judeus, negros e outras minorias étnico-religiosas, a lógica

---

63. Ver John Prather Brown, "Towards an Economic Theory of Liability", 2 *J. Legal Stud.* 323 (1973).

64. Ver a discussão da compensação *ex ante* no capítulo 4.

65. Dworkin, nota 14 acima, pp. 232-8, 275-7; e ver discussão no capítulo 13.

66. Ver Posner, nota 13 acima, pp. 40-4, para o argumento econômico de que, em muitas situações em que é utilizado, o poder expropriatório é infundado e deveria se restringir basicamente à defesa do direito de ir e vir. Seja como for, a compensação é sempre cabível.

de certos casos de perturbação da paz. Uma funerária pode desvalorizar os imóveis de uma vizinhança cujos moradores não gostem de ser frequentemente lembrados da morte, e isso justificaria uma condenação por perturbação da paz. Analogamente, a presença de judeus ou negros em um bairro pode incomodar imensamente os vizinhos a ponto de causar aos imóveis uma desvalorização maior que aquela pela qual os membros da minoria estariam dispostos a pagar para permanecer ali. Nessas circunstâncias, alguma forma de segregação maximizaria a riqueza. O exemplo parece, contudo, pouco convincente. É improvável que o ostracismo, a expulsão ou a segregação de um grupo produtivo de indivíduos aumentasse efetivamente a riqueza de uma sociedade.

Observamos, no capítulo anterior, que Bentham via, na desutilidade criada pela aparência dos mendigos e pelos aborrecimentos causados por eles, uma justificativa para escravizá-los. Pois bem, a análise econômica do caso da mendicância assemelha-se à do da funerária. Obrigar a funerária a mudar de lugar significará impor custos a seus clientes, mas trará benefícios a terceiros, mais precisamente às pessoas avessas à presença de tal estabelecimento em seu bairro. A proibição da mendicância, por sua vez, prejudicaria os mendigos e aqueles que derivem utilidade da caridade para com eles, mas beneficiaria aqueles para quem a presença desses indivíduos for inconveniente. É improvável, porém, que os benefícios superassem os custos. Os custos da mudança da funerária, que apenas se deslocaria para uma zona não residencial, são provavelmente baixos. É impossível, por outro lado, "transferir" os mendigos para lugares onde não incomodem nenhum transeunte, pois o sucesso deles depende justamente de estarem em lugares por onde passem muitas pessoas. "Zonear" a mendicância significaria proibi-la completamente. Isso seria como proibir a publicidade sob a alegação de que algumas pessoas, que não são clientes em potencial, se sentem invadidas ao lerem anúncios ou verem comerciais publicitários. Os custos de uma proibição da publicidade obviamente excederiam os benefícios, e o mesmo provavelmente aconteceria no caso da mendicância.

Outra questão delicada é a das externalidades negativas populacionais. Em uma sociedade onde a quantidade de pessoas, proporcionalmente aos recursos, fosse tão grande que o custo social do aumento da população excederia seu produto social, poder-se-ia defender o controle de natalidade; o que, é claro, dependeria dos custos de implementação de tal política através das ferramentas inerentemente imperfeitas do governo. Embora o economista prefira, segundo critérios estritamente econômicos, a tributação dos nascimentos à proibição de que excedam uma determinada cota por família, podem-se imaginar casos em que o imposto cabível seria proibitivo para muitas pessoas. Isso seria particularmente provável se a população ideal fosse menor que a existente, caso no qual a mera limitação da taxa de natalidade ao nível de reposição não seria suficiente para maximizar a riqueza da sociedade.

Outra área na qual a maximização da riqueza pode produzir resultados incoerentes com as intuições morais comuns relaciona-se à insistência dos economistas em defender a liberdade dos contratos em contextos onde não haja fraude, externalidade, deficiência física ou outras fontes de falha do mercado. Suponhamos que A, talvez para sustentar a família (mas o motivo é irrelevante), venda-se a B como escravo; ou que C tome dinheiro emprestado de D, assinando um contrato no qual uma das cláusulas estabeleça que, em caso de calote, D pode quebrar seus joelhos. Do ponto de vista da maximização da riqueza, não há justificativa econômica para não executar tais contratos, a menos que haja fraude ou coação. O economista tampouco consideraria esses contratos irracionais a ponto de se poder pressupor, de modo inegável, que se tenham firmado por fraude ou coação ou que estejam comprometidos por insanidade ou outro tipo de deficiência mental[67]. Da mesma

---

67. Ver "Note on Paternalism", em *The Economics of Contract Law* 253 (Anthony T. Kronman & Richard A. Posner [orgs.], 1979).

forma, se um branco qualquer se recusa a ter negros como sócios, pelo motivo de sua experiência prévia com alguns negros tê-lo levado a formar uma opinião geral desfavorável sobre eles, o que faz com que, para esse homem, os custos de se considerar cada negro individualmente excedam os benefícios, não há, na teoria econômica, justificativa alguma para criticar sua conduta. Conforme veremos no capítulo 12, esta é maximizadora da riqueza.

Em suma, procurei desenvolver um conceito de justiça fundado na maximização da riqueza, a qual se distingue da maximização da utilidade no sentido benthamiano. Este capítulo, entretanto, apenas introduziu um tema que é complexo. Preocupei-me mais em esclarecer o conceito de maximização da riqueza e opô-lo ao utilitarismo que em justificá-lo sistematicamente. Até aqui, minha defesa se ateve sobretudo ao argumento, um tanto restrito e negativo, de que a maximização da riqueza contorna algumas das dificuldades éticas apresentadas pela maximização da utilidade. Se a maximização da riqueza for vista como utilitarismo restrito (sendo essa restrição a condição de que a sociedade busque apenas a satisfação daqueles cujas preferências se apoiem em disposição para pagar), pode-se defendê-la com os mesmos argumentos do utilitarismo. Mas é possível fazer melhor que isso, como mostra o capítulo seguinte.

4. Os fundamentos éticos e políticos da maximização da riqueza

O consentimento como fundamento da eficiência

Esclarecimentos sobre a terminologia

A superioridade de Pareto, princípio segundo o qual uma forma de alocação de recursos é superior a outra se puder melhorar a situação de pelo menos uma pessoa sem piorar a de ninguém[1], foi considerada pelo próprio Pareto como solução para o problema clássico do utilitarismo prático, ou seja, o de medir a felicidade das pessoas para avaliar o efeito de uma política na utilidade total da sociedade[2]. É bem sabido que a solução de Pareto é mais presumida que verdadeira[3]. Como a medição direta da utilidade é impossível, normalmente a única maneira de demonstrar, segundo o critério de Pareto, a superioridade de uma alteração na alocação de recursos é mostrar que houve o consentimen-

---

1. Para uma discussão filosófica lúcida e atual da ética de Pareto, ver Jules L. Coleman, "Efficiency, Exchange, and Auction: Philosophic Aspects of the Economic Approach to Law", 68 *Calif. L. Rev.* 221 (1980). As análises econômicas dos critérios de Pareto são, obviamente, numerosas. Uma boa e recente abordagem didática está em Catherine M. Price, *Welfare Economics in Theory and Practice* (1977). Ver também referências bibliográficas na nota 12 adiante.

2. Ver Vincent J. Tarascio, *Pareto's Methodological Approach to Economics* 79-82 (1968).

3. Para uma apresentação recente, ver Guido Calabresi & Philip Bobbit, *Tragic Choices* 83-5 (1978).

to de todas as pessoas afetadas. Se A vende um tomate a B por $2 e ninguém mais é afetado pela transação, podemos estar certos de que a utilidade de $2 para A é maior que a do tomate, sendo o inverso verdadeiro para B, ainda que não saibamos em que medida a transação aumentou as utilidades de A e B. Mas, devido ao fato de que o pressuposto fundamental desse exemplo, a ausência de efeitos sobre terceiros, não dá conta de *classes* de transações, o critério da superioridade de Pareto não é aplicável à maioria das questões de política pública: por exemplo, como saber se, no caso dos tomates, o livre-mercado é superior, de acordo com o critério de Pareto, a um mercado no qual exista um teto para o preço? A eliminação desse teto resultaria em um preço de mercado mais elevado, maior quantidade produzida, aluguéis mais caros de terras especializadas no cultivo de tomates, redução na produção de mercadorias substitutas e muitos outros efeitos. Se é impossível identificar todas as pessoas afetadas pela transformação de um mercado de tomates com preços tabelados em um mercado livre, que dirá negociar com o consentimento de todas elas[4].

Descrevi o conceito de superioridade de Pareto como tentativa de solucionar o problema utilitarista da comparação interpessoal de utilidades. Mas é também possível incluir a ética de Pareto na tradição filosófica kantiana. O consentimento, critério ético congruente com a ênfase kan-

---

4. A teoria das preferências reveladas (ver, p. ex., Paul Anthony Samuelson, *Foundations of Economic Analysis* 146-56 [1947]) apresenta um método, infelizmente não muito prático também, de determinação da superioridade, segundo o critério de Pareto, de uma mudança sem recorrer ao consentimento. Imagine que C seja uma terceira parte afetada pela transação entre A e B. Antes dessa transação, a renda de C é X, que ele usa para comprar mercadorias *a...n*. A transação pode afetar a renda de C, assim como os preços de *a...n*. Entretanto, se, depois da transação, a renda de C, agora Y, for suficiente para que ele possa comprar *a...n* aos preços atuais, então podemos dizer (sem consultar C) que a transação entre A e B não o prejudicou. Mas a informação necessária à aplicação dessa teoria raramente está disponível, em parte porque algumas das mercadorias compradas por C (amor, respeito etc.) podem não ter preços estabelecidos em mercado algum e sua capacidade de obtê-las pode ser prejudicada pela transação entre A e B.

tiana no tratar as pessoas como fins em vez de meios, ou seja, na autonomia[5], é o fundamento operacional da superioridade de Pareto. Não é fundamento teórico, na medida em que a superioridade de Pareto for vista como ferramenta da ética utilitarista. Se pudesse conceber um sistema prático de medida da utilidade, o utilitarista dispensaria o método de avaliação da superioridade, segundo o critério de Pareto, de uma forma de alocação de recursos fundado no consentimento ou na transação. Na verdade, ele poderia dispensar o próprio critério de superioridade de Pareto.

Se consideramos o consentimento uma justificativa adequada para efetuar mudanças na alocação de recursos segundo critérios desassociados do fato de que uma transação consensual provavelmente aumentará ao menos a felicidade das partes imediatamente envolvidas, somos levados, à maneira de Nozick e Epstein[6], a uma defesa ética das transações de mercado desassociada da eficiência como resultado destas, tanto no sentido de Pareto como no da maximização da riqueza. É verdade que, em um mercado onde inexistam efeitos sobre terceiros, a proibição de transações reduziria a riqueza da sociedade e, ao mesmo tempo, reduziria a liberdade ou a autonomia. Logo, a meta da maximização da riqueza coincidiria com a da defesa da autonomia. Mas a pressuposição da inexistência de efeitos sobre terceiros é demasiado rígida e, quando se a abandona, surge um conflito entre consentimento e maximização da riqueza. Suponhamos que uma empresa decida fechar uma de suas fábricas na cidade A e abrir uma outra na cidade B; e que em nenhum dos dois lugares a fábrica gere taxas significativas de poluição, congestionamento ou qualquer ou-

---

5. Consentimento e autonomia não são conceitos idênticos, contudo. Por exemplo, pode-se considerar a condição de escravo incoerente com a de um ser humano autônomo, ainda que o indivíduo tenha assumido essa escravidão voluntariamente para elevar o bem-estar de seus filhos.

6. Ver Robert Nozick, *Anarchy, State, and Utopia* (1974); Richard A. Epstein, "Causation and Corrective Justice: A Reply to Two Critics", 8 *J. Legal Stud.* 477, 488 (1979).

tra externalidade tecnológica. Mesmo assim, a mudança pode desvalorizar os imóveis em A e valorizá-los em B, piorando a situação dos proprietários de imóveis em A e melhorando em B. Portanto, o deslocamento não será superior, segundo o critério de Pareto[7]. Nesse exemplo, os efeitos sobre terceiros são meras externalidades "pecuniárias", ou seja, derivam simplesmente de uma alteração na demanda e não da exploração de algum recurso escasso (como o ar puro, no caso da poluição, que é uma externalidade tecnológica); ou, em outras palavras, não têm efeito líquido sobre a riqueza da sociedade. Mas isso é irrelevante de acordo com o critério de superioridade de Pareto, para o qual a única coisa importante é que o deslocamento piorará a situação de alguns – os proprietários de imóvel em A, e outros, sem dúvida, como os trabalhadores especializados, que terão despesas para se deslocar para B[8].

Ainda assim, o deslocamento deve aumentar a riqueza da sociedade, pois a situação dos donos da fábrica melhorará e as externalidades pecuniárias se anularão mutuamente. Consequentemente, o deslocamento se ajustaria ao critério de maximização da riqueza proposto no capítulo anterior e, como observa Jules Coleman[9], também ao critério de Kaldor-Hicks (às vezes chamado "superioridade potencial de Pareto"), o qual, em vez de exigir que ninguém saia prejudicado por uma alteração na alocação de recursos, estabelece apenas que o aumento no valor seja suficiente para compensar plenamente os prejudicados[10]. Como à des-

---

7. Desprezo, por ora, a possibilidade de compensação *ex ante* dos proprietários de imóvel prejudicados.
8. De nada vale propor que a cidade internalize as externalidades, oferecendo incentivos fiscais à empresa, pois isso não tornaria superior, pelo critério de Pareto, o deslocamento (ou a permanência) da fábrica, já que as pessoas que teriam de pagar os impostos mais altos, necessários ao financiamento dos incentivos, estariam em pior situação que antes.
9. Ver Coleman, nota 1 acima, pp. 239-42.
10. Ver Nicholas Kaldor, "Welfare Propositions of Economics and Interpersonal Comparisons of Utility", 49 *Econ. J.* 549 (1939); J. R. Hicks, "The Foundations of Welfare Economics", 49 *Econ. J.* 696 (1939); T. de Scitovszky, "A Note on Welfare Propositions in Economics", 9 *Rev. Econ. Stud.* 77 (1941).

valorização dos imóveis em A corresponde uma valorização em B, os proprietários de imóvel em A poderiam, em princípio (isto é, ignorando-se os custos da transferência), ser compensados, e assim ninguém sairia perdendo. Mas, na ausência de compensação, não apenas não haveria consentimento geral quanto à mudança da fábrica como a utilidade total poderia ser menor que antes desta, pois não há como saber se a utilidade, para os ganhadores, de não ter de compensar os perdedores, excede a desutilidade, para estes, de não receber compensação[11].

O critério de Kaldor-Hicks é muito criticado, mesmo por economistas, justamente por não garantir a maximização da utilidade[12]. Não obstante, é incorreto afirmar que o critério de Pareto seja a única "acepção profissional normal" do termo eficiência[13]. Por exemplo, quando os economistas dizem que o monopólio é ineficiente, querem dizer ineficiente no sentido de Kaldor-Hicks, ou da maximização da riqueza, e não no de Pareto. A figura 2 descreve a análise econômica convencional dos efeitos do monopólio sobre o bem-estar. Reduzindo a produção e aumentando os preços, o monopolista transfere para si a parcela do *superavit* do consumidor[14] definida como B na figura. A parcela A permanece com os consumidores. Estes perdem a parcela C,

---

11. Suponhamos que os proprietários em A sofressem uma perda de 100 úteis (uma medida arbitrária de utilidade) devido à queda de $1 milhão no valor das propriedades em A, resultante do deslocamento da fábrica; e que os proprietários em B obtivessem apenas 80 úteis do aumento de $1 milhão no valor de suas propriedades. O critério de Kaldor-Hicks seria então satisfeito, mas a utilidade total se reduziria.

12. Ver, p. ex., William J. Baumol, *Economic Theory and Operations Analysis* 378-80 (2.ª ed., 1965); Amartya Sen, "The Welfare Basis of Real Income Comparisons: A Survey", 17 *J. Econ. Lit.* 1, 24-5 (1979). Para uma boa e recente discussão sobre critérios alternativos de eficiência econômica, ver Jack Hirshleifer, "Evolutionary Models in Economics and Law: Cooperation *versus* Conflict Strategies" 7-13 (U.C.L.A., Dept. Econ., texto interno n.º 170, março de 1980).

13. Ronald M. Dworkin, "Is Wealth a Value?", 9 *J. Legal Stud.* 191, 194 (1980).

14. Ver nota 57 do capítulo 3, acima.

mas o monopolista não a ganha. C é a clássica perda de bem-estar decorrente do monopólio[15]. Do ponto de vista da maximização da riqueza, a perda é evidente: em um monopólio, a soma dos *superavits* do consumidor e do produtor dá um resultado menor que em um cenário de concorrência (A + B comparado a A + B + C). Logo, um deslocamento de uma situação de monopólio para uma de concorrência satisfaria o critério de Kaldor-Hicks, ou da maximização da riqueza, para o aumento da eficiência; mas não satisfaria o critério da superioridade de Pareto, pois o monopolista sairia perdendo; e também não maximizaria a utilidade, exceto se a utilidade de B + C, para os consumidores, ultrapassasse a utilidade de B para o monopolista. Mesmo assim, a maior parte dos economistas não hesitaria em proclamar a ineficiência do monopólio, caso este tenha os efeitos descritos na figura 2. Na verdade, a maioria deles, ao julgar questões de bem-estar, afirma utilizar o critério de Pareto, mas utiliza o de Kaldor-Hicks.

Maximização da riqueza e o princípio do consentimento

Pode-se defender o uso da palavra "eficiência", no sentido de Kaldor-Hicks, como uma simples conveniência analítica que torna possível discutir separadamente as questões de alocação e as de distribuição. O próprio Kaldor defendeu esse uso e ainda apresentou um argumento ético que, em retrospecto, parece ingênuo. Kaldor afirmava que o governo sempre poderia transformar um aumento da riqueza em um aperfeiçoamento segundo Pareto, oferecendo, com os dividendos dos ganhadores, compensação aos prejudicados. A possibilidade ou não de fazê-lo era "uma questão política, sobre a qual o economista, enquanto tal, não poderia emitir opinião"[16]. Kaldor parece ter sugerido

---

15. Ver, p. ex., F. M. Scherer, *Industrial Market Structure and Economic Performance* 17-8 (2.ª ed., 1980).
16. Kaldor, nota 10 acima, p. 550.

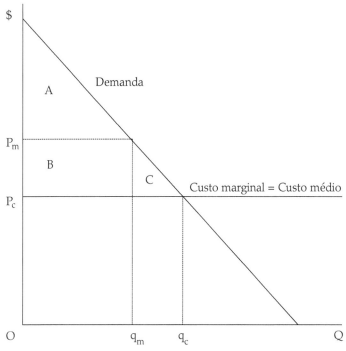

Figura 2. Os efeitos do monopólio sobre o bem-estar. Q = produção; q_m = produção no monopólio; q_c = produção na concorrência; P_m = preço no monopólio; P_c = preço na concorrência. A = parcela do *superavit* do consumidor mantida pelos consumidores; B = parcela do *superavit* do consumidor tomada pelo monopolista; C = perda de bem-estar no monopólio.

que, se os prejudicados por alguma política merecerem compensação, o governo a oferecerá a eles; e que, portanto, um aumento da riqueza se transformará em um aperfeiçoamento de Pareto, exceto se houver algum motivo ético independente e convincente para não se seguir o princípio de Pareto. Mas essa abordagem só é satisfatória se acompanhada do pressuposto de que o governo toma decisões segundo critérios éticos. Se, em vez disso, o Estado for visto como uma arena na qual grupos de interesse se digladiam em busca de vantagens, sem preocupações éticas[17], não se pode presumir que a ausência de compensação para as pessoas prejudicadas por uma política eficiente (no sentido de Kaldor-Hicks) seja fruto de apreciações éticas.

Há, entretanto, outra maneira de conciliar a abordagem de Kaldor-Hicks, ou da maximização da riqueza, com a de Pareto, pelo menos em certos cenários. Isso é possível através da ideia de consentimento, que é o fundamento operacional, como eu já disse, do critério de Pareto. A forma de consentimento usada aqui é a compensação *ex ante*[18]. Meu ponto de vista é que uma pessoa que compra um bilhete de loteria e não ganha o prêmio "consentiu" com a perda, desde que a questão não envolva fraude ou coação. Ao menos, renunciou a qualquer objeção ao resultado do sorteio, presumindo a inexistência de fraude na loteria. Muitas das perdas involuntárias (e aparentemente não compensadas) que ocorrem no mercado, ou que são toleradas pelas instituições que assumem o lugar do mercado quando este é incapaz de funcionar corretamente, são plenamente compensadas *ex ante* e recebem, portanto, consentimento no sentido acima explicado. Suponhamos que um empresário perca dinheiro porque a concorrência desenvolveu um produto superior. Como a expectativa de lucros do empresário traz embutido um adicional para cobrir as

---

17. Veja a seção deste capítulo intitulada "Implicações para a análise econômica positiva do direito", adiante.

18. O argumento que se segue é delineado em Richard A. Posner, "Epstein's Tort Theory: A Critique", 8 *J. Legal Stud.* 457, 460, 464 (1979). Um raciocínio semelhante é construído, de forma independente, em Frank I. Michelman, "Constitutions, Statutes, and the Theory of Efficient Adjudication", 9 *J. Legal Stud.* 431, 438-40 (1980). Ambos os argumentos aproximam-se de uma posição assumida por muitos economistas do bem-estar: a de que o critério de Kaldor-Hicks, utilizado para decidir pela realização ou não de projetos públicos, satisfaz o critério da superioridade de Pareto, desde que seja bastante provável que um indivíduo se beneficie, a longo prazo, desses projetos, ainda que saia perdendo em algum deles. Ver A. Mitchell Polinsky, "Probabilistic Compensation Criteria", 86 *Q. J. Econ.* 407 (1972), e referências bibliográficas lá mencionadas.

possíveis perdas devidas à concorrência, ele foi compensado, *ex ante*, pelo prejuízo. O mesmo aconteceu com os proprietários de terra em A, no exemplo anterior, quando compraram seus terrenos: a probabilidade de a fábrica se deslocar foi deduzida do preço que pagaram quando da compra[19].

O conceito de compensação *ex ante* é uma resposta ao argumento de que o critério da maximização da riqueza, resolutamente aplicado a ambientes de mercado como o de meu exemplo do deslocamento da fábrica, violaria o princípio do consentimento. Mas uma questão mais difícil surge da tentativa de sustentar, com base nesse princípio, instituições não ligadas ao mercado, mas alegadamente maximizadoras da riqueza, como a responsabilidade civil por negligência, aplicável aos acidentes de automóvel. Se um motorista é ferido por outro em um acidente do qual nenhum dos dois é culpado, em que sentido o motorista ferido consentiu em não ser compensado pelo dano (ou absteve-se de fazer qualquer objeção a isso), que é o que ocorre sob um sistema baseado na negligência?

Para responder a essa pergunta, precisamos ter em conta os efeitos da exigência de compensação *ex post* – como ocorre na responsabilidade objetiva – sobre os custos de dirigir. A hipótese mais provável é que os custos seriam mais altos, pois, do contrário, o sistema baseado na negligência não seria maximizador da riqueza e não surgiria a necessidade de justificar a maximização da riqueza a partir do princípio do consentimento. Será que os motoristas estariam dispostos a assumir custos mais altos para preservar o princípio da compensação *ex post*? Provavelmente não. Qualquer motorista que deseje garantir compensação em caso de acidente, independentemente da culpa do lesante, só

---

19. Um caso análogo, porém mais difícil devido a possíveis custos de informação, é o do trabalhador que perde seu emprego (e incorre em custos efetivos de reposicionamento) quando a demanda por seus serviços despenca como resultado do desenvolvimento de um substituto superior para determinado produto.

precisa adquirir um seguro pessoal, ou seguro de acidente; presumivelmente a um custo inferior ao da possível obtenção de compensação *ex post* em um sistema de responsabilidade objetiva.

A maneira mais fácil de entender esse ponto é imaginar que todos os envolvidos em acidentes de trânsito tenham as mesmas características, isto é, sejam da mesma idade, dirijam o mesmo tanto etc. Nessas condições, todos pagarão as mesmas taxas de seguro de responsabilidade civil e de acidente. A diferença entre a responsabilidade civil por negligência e a responsabilidade objetiva é que, sob a primeira, teremos taxas de seguro de responsabilidade civil mais baixas e taxas de seguro de acidente mais altas, pois menos acidentes resultarão em casos de responsabilidade civil; enquanto, sob a segunda, acontecerá o inverso. Se, conforme presumo, a responsabilidade civil por negligência é o sistema mais eficiente, a *soma* dos prêmios do seguro de responsabilidade civil e do seguro de acidente será menor sob esse sistema[20], e todos o preferirão.

Utilizei o exemplo da responsabilidade civil por negligência, por oposição à responsabilidade objetiva, porque ele já foi usado para defender a incompatibilidade da abordagem da maximização da riqueza com abordagens baseadas em noções de autonomia pessoal[21]. Se se considerar a exigência de consentimento no sentido em que estou usando o termo, uma proteção adequada da autonomia, esse argumento deve ser falho, a menos que se demonstre que um sistema baseado na responsabilidade objetiva é mais barato que um sistema fundado na responsabilidade civil por negligência.

---

20. Pressupõe-se, nesse caso, que todos os custos dos acidentes estejam refletidos nas taxas de seguro. Porém, alguns custos de prevenção de acidentes não estão (p. ex., o valor do tempo perdido por dirigir-se mais devagar). Presumivelmente, tais custos também seriam maiores sob a responsabilidade objetiva, já que esta é a menos eficiente das normas de responsabilidade civil.

21. Ver Richard A. Epstein, "A Theory of Strict Liability", 2 *J. Legal Stud.* 151 (1973).

Pode-se questionar minha análise afirmando-se que o consentimento com o qual pretendo, ao menos em princípio, justificar instituições como a da responsabilidade civil por negligência é fictício por não ser explícito[22]. Mas essa objeção fracassa justamente pela ausência de um método prático de obtenção do consentimento explícito, não tanto em relação a transações mercadológicas individuais (embora mesmo nesse caso, como observei, seja impossível deduzir adequadamente o consentimento de terceiros afetados por essas transações), mas em relação a *instituições*, como a responsabilidade civil por negligência ou mesmo o próprio mercado. Mas, se não há mecanismos confiáveis de obtenção do consentimento explícito, nem por isso devemos abandonar o princípio do consentimento. Deveríamos nos satisfazer com o consentimento implícito (ou talvez, mais precisamente, hipotético) onde este existir. Pode-se averiguar sua existência perguntando-se hipoteticamente se, caso os custos de transação fossem nulos, as partes afetadas concordariam com a instituição. O procedimento assemelha-se ao de um juiz, quando este imputa intenções às partes de um contrato que não preveja explicitamente uma determinada eventualidade[23]. Embora a tarefa de imputação seja mais fácil no caso do contrato, ainda assim esse caso serve para mostrar que o consentimento implícito pode ser importante. A ausência de um contrato como pano de fundo pode afetar nossa confiança para inferir consentimento implícito, mas não afeta a exatidão de tais inferências.

É verdade que "um projeto de lei não vira lei simplesmente porque todos os membros do congresso são a favor

---

22. Não considero a sobrevivência política da responsabilidade civil por negligência, aplicada aos acidentes de automóvel, como prova desse consentimento.

23. Muitos economistas valem-se desse procedimento para julgar a eficiência de Pareto em certas situações. Para um exemplo recente, ver Steven Shavell, "Accidents, Liability, and Insurance" 5-7 (Harv. Inst. Econ. Res., Disc. Paper n. 685, junho de 1979; a ser publicado em *Am. Econ. Rev.*).

dele"[24]. Mas isso ocorre porque há um mecanismo pelo qual os legisladores podem expressar efetivamente seu consentimento. Às vezes o mecanismo não funciona, como quando surge um problema de determinação do alcance de uma lei promulgada no passado, e então se permite que o judiciário infira a intenção do legislativo. Este é um exemplo de consentimento implícito, ou hipotético, mas ainda assim importante.

Outra objeção ao uso do consentimento para justificar instituições maximizadoras da riqueza é que esse consenso raramente é unânime. Contrariamente à minha pressuposição anterior, as pessoas não são idênticas *ex ante*. Suponhamos, a título de exemplo, que os custos de dirigir sejam maiores sob um sistema de responsabilidade objetiva que sob um sistema de responsabilidade civil por negligência. Por que deveria esse fato convencer as pessoas que não dirigem a aceitar o segundo sistema? Na medida em que essas pessoas pudessem ser identificadas, poder-se-ia garantir a elas a proteção de um sistema de responsabilidade objetiva, se se valorizasse muito a autonomia[25] e se fosse possível resolver a questão de qual autonomia prevalece em caso de conflito, questão essa de que trato adiante. Mas a maioria das pessoas que não dirigem também não ficam em casa. Utilizam outros meios de transporte, como táxi, ônibus ou metrô (ou talvez sejam levadas de carro por seus cônjuges), cujos custos seriam, por pressuposição, mais altos em um sistema de responsabilidade objetiva; e esses custos, ou pelo menos uma grande parcela deles, seriam repassados aos usuários. Portanto, mesmo aqueles que não dirigem poderiam consentir com um sistema de responsabilidade civil por negligência, aplicado aos acidentes de trânsito, se ele fosse mais barato que um sistema de res-

---

24. Epstein, nota 6 acima, p. 496.
25. Abordagem proposta em George P. Fletcher, "Fairness and Utility in Tort Theory", 85 *Harv. L. Rev.* 537 (1972).

ponsabilidade objetiva[26]. É claro que nenhuma instituição contaria com o apoio de todos, mesmo implícito ou hipotético, e só um dogmático insistiria na necessidade da unanimidade para legitimar uma instituição social como o sistema de responsabilidade civil por negligência.

Para o professor Coleman, o uso que faço da palavra "consentimento" é excêntrico, do ponto de vista linguístico[27]. Uma pessoa pode consentir com uma instituição que não lhe dê o direito de ser compensada por algum tipo de dano em particular. Porém, se o dano ocorre, ela não "consente" com este. Mas voltemos ao exemplo inicial da loteria. Se eu, por livre e espontânea vontade, concorro em um sorteio lícito de loteria e perco, será inútil dizer depois que minha perda foi "injusta". Da mesma forma, se eu me comprometo a construir uma casa a um preço preestabelecido, assumindo o risco de que os custos de minha mão de obra e de meu material subam durante o período de vigência do contrato, não posso, se esses custos subirem, reclamar que é "injusto" obedecer ao que foi acordado.

Em ambos os casos eu concordei, por livre e espontânea vontade, com um curso de ação que trazia consigo certos riscos, aos quais correspondem compensações e cuja materialização está, portanto, dentro do raio de ação do acordo. Abdiquei de fazer qualquer objeção ao resultado. A ideia de consentimento parece-me suficientemente abrangente para abarcar o conceito de abdicação. De qualquer forma, desde que se possa entender a palavra "consentimento" tal como a uso, mesmo que esse uso não seja ortodoxo, não deverá haver confusão.

Minha abordagem aparentemente levanta a seguinte questão: por que não deveria o princípio normativo da so-

---

26. Isso deixa em aberto a possibilidade de subdividir posteriormente, para fins de responsabilidade civil, o setor de transportes e de criar um conjunto de normas para ônibus, outro para carros etc.

27. Ver Jules L. Coleman, "Efficiency, Utility and Wealth Maximization", 8 *Hofstra L. Rev.* 509, 531-40 (1980).

ciedade ser, em vez da maximização da riqueza, a proteção e o aprimoramento da autonomia pessoal, valor que subjaz ao princípio do consentimento? A resposta é que a mera adesão literal ao critério da superioridade de Pareto seria paralisante. Assim, a ética da autonomia pessoal, interpretada e aplicada sem preocupação com suas consequências para o bem-estar humano, produziria, conforme se observou no capítulo anterior e conforme admitem os pensadores contemporâneos do direito seguidores de Kant[28], uma infelicidade considerável. A maximização da riqueza como norma ética valoriza a utilidade (embora não tanto quanto o faz o utilitarismo) assim como o consentimento, embora talvez menos que o próprio Kant teria valorizado.

Outra objeção ao uso direto da autonomia como norma ética, objeção bem exemplificada pela escolha entre responsabilidade objetiva e responsabilidade civil por negligência, é que ela exige uma distribuição inicial de direitos arbitrária. Dei como pressuposto que a vítima de um acidente tem algum tipo de direito moral à compensação (seja *ex post* ou *ex ante*), mesmo que o lesante não seja culpado. Mas também se pode pressupor que as pessoas possuam o direito de não serem responsabilizadas por acidentes dos quais não teriam sido capazes de se prevenir a custos viáveis, tendo assim obstruídas as suas atividades. A inexistência de responsabilidade civil fere a autonomia da vítima. A responsabilidade objetiva, por sua vez, fere a autonomia do lesante. Distinguir as duas coisas *quando nenhuma das partes tem culpa* não é tarefa fácil[29].

---

28. Ver Charles Fried, *Right and Wrong* 10 (1978); Richard A. Epstein, "Nuisance Law: Corrective Justice and Its Utilitarian Constraints", 8 *J. Legal Stud.* 49, 75, 79 (1979).

29. Para as visões divergentes de filósofos kantianos do direito sobre essa questão, ver nota 22 do capítulo 3. E cf. Jules L. Coleman, "The Morality of Strict Tort Liability", 18 *Wm. & Mary L. Rev.* 259, 284-5 (1976).

Comparação com a abordagem de Rawls

Minha discussão da escolha que se pressupõe que um indivíduo faça, antes da ocorrência de um acidente, entre um sistema de responsabilidade civil por negligência e um sistema de responsabilidade objetiva – uma escolha marcada pela incerteza, e da qual se infere o consentimento a uma instituição social – pode parecer uma imitação da análise da justiça feita por Rawls[30]. De fato, minha análise e a de Rawls têm raízes comuns. A abordagem da "posição original" foi introduzida por economistas que buscavam no consentimento as bases da maximização da utilidade, por métodos um tanto semelhantes aos aqui utilizados[31]. Como explica Kenneth Arrow, esses economistas

> [partiram] da visão (...) de que a escolha sob condições de risco pode ser descrita como maximização da utilidade estimada. Na posição original, cada indivíduo pode, com igual probabilidade, ser qualquer um dos membros da sociedade. Se esta tem n membros e se ao $i$ésimo membro da sociedade corresponde a utilidade u_i para uma dada decisão de alocação, então o valor dessa alocação para qualquer indivíduo é $\Sigma u_i(1/n)$, já que $1/n$ é a probabilidade de se ser o indivíduo i. Logo, ao escolher entre diferentes alocações de recursos, cada indivíduo na posição original desejará maximizar essa estimativa ou, o que significa a mesma coisa para uma dada população, maximizar o somatório das utilidades.[32]

Mas Rawls faz uma reviravolta e afirma que, na posição original, as pessoas optam por maximizar a utilidade dos piores resultados distributivos e não a utilidade estimada. Ainda nas palavras de Arrow:

---

30. Ver John Rawls, *A Theory of Justice* (1971).
31. Ver Kenneth J. Arrow, "Some Ordinalist-Utilitarian Notes on Rawls Theory of Justice", 70 *J. Philos.* 245, 250 (1973).
32. *Idem.*

Entretanto, há muito se sabe que a teoria do *maximin* tem certas implicações aparentemente difíceis de aceitar. Uma delas é que qualquer benefício, por menor que seja, conferido ao membro mais prejudicado da sociedade prevalecerá sobre qualquer perda sofrida por um indivíduo em melhores condições, desde que não rebaixe este a uma condição inferior à daquele. Consequentemente, é perfeitamente aceitável a existência de procedimentos médicos que mantenham vivos, mas sem conforto algum, certos indivíduos e que ainda sejam dispendiosos a ponto de reduzir à pobreza o resto da população. Um princípio baseado no *maximin* aparentemente implicaria a adoção desses procedimentos.[33]

Se, como Arrow, considerarmos a utilidade estimada um maximando mais plausível que o *maximin*, seremos levados à surpreendente conclusão de que o utilitarismo é mais firmemente fundado no princípio do consentimento que a "justiça como equidade" de Rawls! Mas nenhuma teoria do consentimento baseada no ato de escolha na posição original é satisfatória, não apenas devido às conhecidas dificuldades de descrever as funções de preferências dos indivíduos naquela posição, mas também porque a abordagem da posição original abre espaço para as exigências dos improdutivos. Na posição original, ninguém sabe se possui habilidades produtivas. Logo, as escolhas de um indivíduo nessa posição refletirão, em algum grau, a possibilidade de ele se revelar um membro improdutivo da sociedade, talvez um dos "monstros utilitários" de Nozick. Essa abordagem torna obscura, portanto, a importante distinção moral entre capacidade de fruir e capacidade de produzir para os outros. Prefiro, pois, imaginar pessoas reais empregando aptidões reais de destreza, energia e caráter, e fazendo escolhas incertas. Isso é escolha sob condições de ignorância natural, diferentemente da ignorância artificial da posição original.

---

33. *Idem*, p. 251.

*Limitações da maximização da riqueza
como norma ética fundada no consentimento*

A afirmação de que o consentimento é capaz de justificar eticamente as instituições sociais maximizadoras da riqueza exige que se façam duas ressalvas. Em primeiro lugar, se o impacto distributivo de uma política maximizadora da riqueza é considerável e esperado, é difícil suscitar, ou imputar, um amplo consentimento desacompanhado de compensação real. Mencionei essa possibilidade em relação à escolha entre responsabilidade civil por negligência e responsabilidade objetiva, mas ela pareceu então irrelevante. Suponhamos, entretanto, que a questão fosse a de substituir ou não um imposto de renda progressivo por um proporcional. A substituição tornaria mais rica a sociedade se o aumento da produção (incluindo-se nesta tanto as atividades produtivas quanto as improdutivas) por obra dos contribuintes mais ricos, cuja alíquota marginal se reduziria, superasse a redução causada na produção pela elevação da alíquota marginal dos contribuintes de menor renda. Porém, a menos que o crescimento líquido da produção fosse grande bastante para elevar até mesmo os salários líquidos dos contribuintes cuja alíquota de imposto aumentara, e presumamos que não fosse, certamente não se pode presumir que os contribuintes de menor renda consentiriam com a mudança, ainda que esta fosse maximizar a riqueza.

O que inicialmente me incentivou a investigar os fundamentos éticos da maximização da riqueza foi a impressão de que esta é um valor muito pouco atraente para se atribuir aos juízes do *common law*[34]. Mas justamente no contexto da jurisprudência do *common law*, em contraposição ao domínio da legislação redistributiva ilustrado pelo exemplo dos impostos, é que se torna mais plausível a funda-

---

34. Para uma afirmação recente dessa visão, ver Frank I. Michelman, "A Comment on 'Some Uses and Abuses of Economics in Law'", 46 *U. Chi. L. Rev.* 307 (1979).

mentação da maximização da riqueza no consentimento. As normas que regem a aquisição e transferência dos direitos de propriedade, a redação e execução dos contratos, a responsabilidade civil para acidentes e para os tipos de agressão criminalizados pelo *common law*, todos esses institutos jurídicos apoiam-se em um amplo consenso e beneficiam uma ampla gama de indivíduos. Por exemplo, é ingenuidade pensar que a situação dos pobres melhoraria se não se executassem os contratos de aluguel assinados por eles com proprietários mais ricos. Estes, devido ao maior risco de perda, cobrariam aluguéis mais altos ou dariam outros usos a suas propriedades. Como resultado, a oferta de imóveis aos pobres seria menor e os preços, mais altos[35]. Se, desse exemplo, generalizarmos que a escolha entre normas do *common law* normalmente não tem consequências distributivas sistemáticas, então será razoável supor que haja (ou pelo menos haveria, se informar-se sobre esses assuntos fosse compensador para as pessoas) consentimento geral relativamente às normas do *common law* que maximizem a riqueza. Se isso for verdade, um juiz do *common law* que se guie pelo critério da maximização da riqueza estará promovendo, ao mesmo tempo, a autonomia pessoal.

Em segundo lugar, a distribuição inicial de direitos de propriedade pode parecer uma área fértil para a geração de conflitos entre a maximização da riqueza e o consentimento. E se a mão de obra de A valer mais para B que para A? Seria então eficiente fazer de A um escravo de B, o que no entanto não seria, de modo algum, condizente com o princípio do consentimento. Sugeri, no capítulo anterior, que casos assim são raros; mas hesitaria em dizer que não existem. Podem-se imaginar situações nas quais os custos da coerção física seriam inferiores aos da administração dos

---

35. Ver Neil K. Komesar, "Return to Slumville: A Critique of the Ackerman Analysis of Housing Code Enforcement and the Poor", 82 *Yale L. J.* 1175 (1973).

contratos de emprego, entre outros. Em tais situações, a escravidão maximizaria a riqueza, mas provavelmente não teria o consentimento das pessoas[36]. Há exemplos modernos, como a autoridade dos pais (e do Estado) sobre as crianças e o serviço militar obrigatório. Mas não se usa o termo escravidão para descrever essas situações, nas quais é possível afirmar que a eficiência, no sentido de maximização da riqueza, pode sobrepor-se a noções de autonomia. Costuma-se reservá-lo para aquelas formas mais concretas de exploração da servidão involuntária que raramente se justificam pela eficiência. Essa distinção sugere que a eficiência, tal como a defino, conserva grande força moral, mesmo quando em conflito com noções de autonomia e consentimento.

Implicações para a análise econômica positiva do direito

Por que o common law *é eficiente*

Aos acadêmicos que, como eu, defendem que a melhor maneira de caracterizar o *common law* é como um esforço, ainda que inarticulado, de promoção da eficiência, tem faltado uma razão convincente que justifique essa caracterização. Podemos parecer adeptos ingênuos da obsoleta teoria do Estado fundada no "interesse público"[37]. Segundo essa teoria, é função do Estado promover, ainda que imperfeitamente, metas sociais de consenso geral, entre as quais está a eficiência tal como a defini (não precisamos nos preocupar com a importância a ela atribuída). Para promover a eficiência, o Estado organiza, direta ou indiretamente, a distribuição dos "bens públicos", cujos benefícios não se restringem

---

36. Sobre os custos de organização da atividade econômica nas sociedades primitivas, ver capítulo 6.

37. Para uma resenha das diversas teorias do Estado discutidas neste capítulo, ver Richard A. Posner, "Theories of Economic Regulation", 5 *Bell J. Econ. & Mgmt. Sci.* 335 (1974).

aos que pagam por eles; e que são, portanto, produzidos em quantidade insuficiente pelo mercado. Um desses bens públicos é um sistema jurídico que corrija as fontes de falha do mercado, como as externalidades.

A teoria estatal do interesse público é fortemente atacada pelos defensores da teoria do processo governamental fundada nos "grupos de interesse" ou, mais rigorosamente, na "proteção aos produtores"[38], que prioriza a redistribuição como objetivo das políticas públicas. A ênfase na redistribuição advém do tratamento da ação governamental como mercadoria, alocada segundo as leis da oferta e da procura. Do estudo das características que tornam uma indústria ou um grupo capaz de superar os problemas com os "caronas"* e de sobrepujar assim os grupos rivais na obtenção de proteção e benesses do governo, concluiu-se que grupos coesos geralmente sobrepujam grupos dispersos na obtenção de benefícios estatais.

A teoria dos grupos de interesse é uma teoria econômica, pois associa ação governamental a maximização de utilidade por parte dos indivíduos que buscam essa ação. A teoria do interesse público, por sua vez, é antes uma descrição que uma teoria, pois não mostra como a maximização da utilidade pelos indivíduos resulta em ações governamentais que promovam os interesses de grupos tão dispersos quanto o "povo", os consumidores, os contribuintes ou alguma outra categoria abrangente. Ademais, a sugestão da teoria dos grupos de interesse, de que grupos dispersos provavelmente perderão ao concorrerem com grupos mais coesos pela proteção do Estado, compromete a plausibilidade da teoria do interesse público mesmo como descrição.

Entretanto, doutrinas do *common law* que satisfaçam o critério da superioridade de Pareto na forma do "princípio

---

38. O texto clássico sobre a teoria político-econômica dos grupos de interesse (por oposição às teorias da ciência política anteriores) é o de George J. Stigler, "The Theory of Economic Regulation", 2 *Bell J. Econ. & Mgmt. Sci.* 3 (1971).

*Aqueles que recebem benefícios sem dar nada em troca. (N. do E.)

do consentimento" (nenhuma doutrina do *common law* satisfaria uma interpretação literal do critério de Pareto) são possíveis candidatos à sobrevivência, mesmo em um sistema político dedicado, de resto, a atividades redistributivas. Uma norma ou instituição que satisfaça o princípio do consentimento não pode ser alterada, ao menos pelos mecanismos disponíveis aos juízes do *common law* (indenizações por perdas e danos, imposição de obrigação de fazer), de forma a redistribuir a riqueza em favor de um grupo de interesse politicamente efetivo. Isso fica claro sobretudo em casos como o do proprietário e do locatário, anteriormente discutido, no qual as partes do processo participam de uma relação voluntária preexistente. Tudo o que a corte faz então é alterar um dos termos de um contrato, e as partes podem fazer posteriores adaptações nos demais[39]. Mesmo que o litígio não se origine de um contrato, as partes podem ser interdependentes de um modo que anule completamente quaisquer efeitos que uma mudança nas normas de responsabilidade civil possa ter sobre a riqueza. Por exemplo, no século XIX, os fazendeiros eram os principais usuários de ferrovias. Portanto, não teria feito muito sentido, na época, tentar transferir riqueza das ferrovias para os fazendeiros, ou vice-versa, através da ampliação ou restrição da responsabilidade civil das ferrovias por danos às plantações localizadas em áreas por onde elas teriam de passar.

O potencial de uso do *common law* para a redistribuição sistemática da riqueza não é grande, mesmo nos casos de ausência de negociação prévia entre as partes envolvidas na redistribuição. Por exemplo, é difícil ver de que modo a substituição de um sistema de responsabilidade civil por

---

39. Vale ressaltar que o professor Ackerman, um dos maiores defensores do uso dos institutos da responsabilidade civil extracontratual como forma de obrigar os locadores a melhorar a qualidade dos imóveis, combina isso à proposta de criação de subsídios do governo para impedir que a responsabilidade civil leve à redução da oferta de moradia aos pobres. Ver Bruce Ackerman, "Regulating Slum Housing Markets on Behalf of the Poor: Of Housing Codes, Housing Subsidies and Income Redistribution Policy", 80 *Yale L. J.* 1093 (1971).

negligência, aplicável aos acidentes de automóvel, por um sistema baseado na responsabilidade objetiva aumentaria a riqueza de um grupo social coeso, perfeitamente identificável e facilmente organizável. Ninguém sabe, por antecipação, se será uma vítima de acidente. O principal efeito da substituição seria simplesmente uma pequena redução na riqueza da maioria das pessoas (presumindo-se sempre que a responsabilidade objetiva seria de fato menos eficiente que a negligência naquele cenário).

Não se nega, nessa análise, a importância dos grupos de interesse na orientação das políticas públicas. A questão é que, ao defenderem a norma da eficiência em áreas reguladas pelos métodos do *common law*, esses grupos provavelmente promoverão os próprios interesses. Fazendo-o, aumentam a riqueza da sociedade, uma parcela da qual ficará com eles. Nenhuma outra norma lhes renderia uma parcela maior dessa riqueza. É verdade que nenhum desses grupos empregará quantidade considerável de recursos na promoção da eficiência do *common law*, pois os benefícios obtidos por cada um serão pequenos, e também porque cada um deles será tentado a "pegar carona" com os demais. Mas, para que a norma da eficiência sobreviva, poucos recursos devem ser empregados na sua promoção. A função da imparcialidade distributiva é reduzir a oposição em potencial, assim como o apoio.

Essa análise trata os juízes como meros agentes do Estado e não enfrenta, portanto, as dificuldades que a independência política do judiciário apresenta a qualquer teoria comportamental dos integrantes desse poder baseada no interesse próprio. Esse é um problema para a economia da ação. O objetivo da presente análise é relacionar a teoria da eficiência do *common law* à teoria do Estado fundada na redistribuição, ou nos grupos de interesse, a despeito da obscuridade de alguns elos da cadeia. Ademais, a teoria implica que, quando o legislativo legisla dentro do domínio das regulamentações do *common law*, isto é, quando legisla a respeito dos direitos e remédios no âmbito da responsabilidade civil, dos contratos, da propriedade e domínios relacionados, também esse poder buscará promover a eficiência. O que determina se o governo promoverá a eficiência ou a redistribuição da riqueza não é a natureza da instituição reguladora, mas sim os temas e métodos de regulamentação[40].

É clara a relação entre essa análise e minha análise ética anterior. O princípio do consentimento que extraí do critério da superioridade de Pareto é um outro nome para a ausência de efeitos distributivos sistemáticos. Com base na discussão da compensação probabilística relacionada ao sistema de responsabilidade civil por negligência, aplicável aos acidentes de automóvel, pude ignorar os efeitos distributivos *ex post* ao avaliar esse sistema. Da mesma forma, grupo algum pode esperar benefícios *ex ante* de uma substituição do sistema (presumindo-se que este seja o mais eficiente), e aqueles que sofrem perdas *ex post*, por serem poucos e estarem dispersos, não representam um grupo de interesse efetivo.

O common law *é eficiente ou utilitarista?*

É possível distinguir empiricamente entre a teoria da eficiência do *common law* e a teoria de que, no apogeu do *common law*, os juízes aderiram à ideologia dominante, que era o utilitarismo? Como mostrei no capítulo anterior, importantes expoentes do direito acadêmico da época descreviam o *common law* como utilitarista; e é improvável que o tenham feito por oposição a "econômico". Não conheço nenhum caso de ensinamento utilitarista que, desviando-se dos preceitos econômicos, tenha sido seguido pelo *common*

---

40. Nessa análise, as características do processo judicial que, como argumentei alhures (p. ex., Richard A. Posner, *Economic Analysis of Law*, pp. 404-5 [2.ª ed., 1977]), tendem a suprimir considerações distributivas, são portanto vistas como efeitos, não como causas, da ênfase judicial na eficiência.

law. Por exemplo, igualdade de renda, proteção aos animais e proibição da mendicância, todas essas políticas foram defendidas por Bentham, o mais perfeito utilitarista; mas não há traço algum dessas políticas no *common law*. Bentham também acreditava na imposição do dever de ser um "bom samaritano", mas o *common law*, talvez fundado na economia, rejeitou esse dever[41]. Também não há no *common law* nenhum traço de simpatia pelo ladrão, estuprador ou qualquer outro criminoso que busque defender-se afirmando que o prazer que seu ato lhe proporcionou é maior que a dor experimentada pela vítima. O utilitarismo é uma filosofia flexível o bastante para acomodar o argumento de que a admissão de tal defesa não maximizaria verdadeiramente a felicidade, a longo prazo. Mas isso significa apenas que o utilitarismo esclarecido incorpora as delimitações que fazem da maximização da riqueza um princípio ético atraente.

A crítica de Dworkin à maximização da riqueza

Meus pontos de vista sobre a maximização da riqueza foram criticados por muitos filósofos e advogados de inclinação filosófica[42]. Um deles, Ronald Dworkin, parece-me

---

41. Comparar Jeremy Bentham, *Theory of Legislation*, pp. 189-90 (R. Hildreth [org.], 1894), a William M. Landes & Richard A. Posner, "Salvors, Finders, Good Samaritans, and Other Rescuers: An Economic Study of Law and Altruism", 7 *J. Legal Stud.* 83, 119-27 (1978).

42. Ver, p. ex., Jules Coleman, nota 27 acima; Ronald M. Dworkin, "Is Wealth a Value?", 9 *J. Legal Stud.* 191 (1980); Anthony T. Kronman, "Wealth Maximization as a Normative Principle", 9 *J. Legal Stud.* 227 (1980); Ernest J. Weinrib, "Utilitarianism, Economics, and Legal Theory", 30 *U. Toronto L. J.* (1980); Joseph M. Steiner, "Economics, Morality, and the Law of Torts", 26 *U. Toronto L. J.* 227, 235-9 (1976).

Gostaria de comentar sucintamente aquelas que, a meu ver, são as críticas cruciais, ou pelo menos as mais fortes, as dos professores Weinrib e Steiner. Weinrib afirma que o conceito de mercado hipotético, que desempenha papel tão importante na teoria da maximização da riqueza, é essencialmente diferente do de mercado real. Em um mercado real, ambas as partes de uma transação são beneficiadas por esta, mas esse elemento de compensação está

bastante prototípico, e por isso tratarei aqui de suas críticas mais importantes.

Em primeiro lugar, Dworkin afirma que a riqueza não representa "um componente do valor social". Não só não é o único componente, como nem mesmo constitui "um elemento que, entre outros, componha o valor social"[43]. Isso pode parecer um audacioso desafio à sabedoria convencional, para a qual a riqueza é *um* valor, senão o único ou o mais importante. Mas seu argumento é, na verdade, um jogo de palavras, pois Dworkin define um componente do valor social como "algo digno de se ter por si mesmo"[44]; e ninguém valoriza a riqueza por si mesma. Porém, afirmar que a riqueza, por não ser um fim em si mesma, não representa um valor social é adotar uma definição excêntrica de "valor social". Se eu disser que "a lealdade, por facilitar a organização da atividade produtiva, é um valor social", não estarei empregando equivocadamente a linguagem por vincular o termo "valor social" a um meio, não a um fim.

O argumento de Dworkin apoia-se em um exemplo que oculta o caráter instrumental da maximização da riqueza. O exemplo é o seguinte. Derek tem um livro, que venderia por $2 e pelo qual Amartya pagaria $3. Um tirano onisciente dribla o mercado e dá o livro a Amartya sem compensar Derek. Segundo Dworkin, é difícil imaginar como a

---

ausente em uma transação hipotética de mercado (p. ex., A atropela B, ferindo-o, e é eximido de responsabilidade civil porque o custo de prevenção para A excedeu a estimativa de custos com acidentes, aplicável à sua conduta). A objeção de Weinrib é contornada se se aceitar meu argumento da compensação *ex ante*. Além disso, ele deixa de observar que mesmo às transações de mercado reais não raro falta um elemento de compensação, já que os efeitos adversos dessas transações sobre terceiros não encontram compensação. O professor Steiner, por sua vez, afirma que a abordagem dos mercados hipotéticos viola as restrições dos economistas a comparações interpessoais de utilidade. Mas esse argumento, respondo-o no último capítulo, onde observo que comparações interpessoais de riqueza não apresentam os graves problemas de mensuração que levaram os economistas a rechaçar as comparações interpessoais de utilidade.

43. Dworkin, nota 42 acima, p. 195.
44. *Id.*

sociedade pode ter se beneficiado como resultado disso. Mas mudemos as quantias. Suponhamos que o livro valha $3000 para Amartya e $2 para Derek. Nesse caso, a transferência provavelmente aumentará a quantidade de felicidade na sociedade, mesmo que não se compense Derek. Isso é mais provável ainda se Derek também puder receber, a qualquer momento, um desses agradáveis presentes. Ao seguir essa linha de raciocínio, estou, obviamente, vinculando maximização da riqueza a maximização da utilidade. Mas é meu propósito fazê-lo, pois, conforme ressaltei no capítulo anterior, a felicidade é um dos principais bens a que a maximização da riqueza conduz. As cifras usadas por Dworkin no exemplo obscurecem a relação entre riqueza e utilidade.

É preciso comentar ainda um outro aspecto do exemplo de Amartya e Derek: a inexistência de uma razão plausível para retirar do mercado a transação e colocá-la nas mãos de um "tirano". Modificando-se outra vez o exemplo, suponhamos que Derek possua uma casa e que Amartya possua uma companhia aérea. Constrói-se então um aeroporto perto da casa de Derek e os aviões de Amartya produzem muito barulho, o que reduz em $2000 o valor da casa. Derek processa a companhia por perturbação da paz. Acontece que as provas levantadas no julgamento demonstram que a eliminação do barulho e a consequente restauração do valor da casa de Derek custaria $3000 à companhia aérea. Com base nisso, o juiz decide que não há perturbação da paz. Analiticamente, esse exemplo é idêntico ao de Dworkin. Porém, ilustra mais realisticamente que o dele a função de um sistema de maximização da riqueza no contexto do *common law*, além de tornar menos plausível sua afirmação de que a riqueza não é um "componente do valor social", tomando-se essa expressão em um sentido menos arbitrário.

Dworkin detecta um problema de circularidade em minha tentativa de derivar, da meta de maximização da riqueza, um sistema de direitos. Trata-se do conhecido problema do "efeito riqueza", ao qual me referi sucintamente no capítulo anterior. Ao afirmar que o aumento no preço de determinada mercadoria levará a uma queda em sua demanda, o economista normalmente ignora o efeito da mudança do preço sobre a renda, ainda que esta possa influenciar retroativamente o preço. A elevação no preço reduzirá a renda dos consumidores; e a demanda de um consumidor pode mudar se houver mudança em sua renda. Uma vez que a demanda por certas mercadorias pode de fato aumentar à medida que a renda cai (o exemplo convencional é o das batatas na Irlanda), um aumento no preço de uma mercadoria poderia, como resultado do efeito retroativo mencionado acima, causar um aumento da demanda por ela, em vez de uma queda, como normalmente se presume. Ainda não se conseguiu, através de estudos empíricos, descobrir uma mercadoria que se comporte assim, mas é teoricamente possível que exista uma. De modo semelhante, é teoricamente possível que a distribuição inicial de uma mercadoria determine sua distribuição final, mesmo que os custos de transação sejam nulos, sobretudo se a mercadoria representar uma parcela considerável da riqueza do indivíduo, como um copo de água no deserto[45]. Há muito já se sabe disso, porém, mais uma vez, ninguém jamais apresentou um exemplo realista.

Dworkin dá um exemplo[46]. Suponhamos que Agatha possua um talento para escrever histórias de detetive, mas prefira uma atividade menos bem remunerada (jardinagem, digamos). Se o senhor George, um editor, for proprietário

---

45. No cenário desértico comumente descrito, o copo de água é a única coisa de valor. Quem não o possui tem riqueza zero e, portanto, não é capaz de comprá-lo de alguém que o tenha. Este é um exemplo radical de como a distribuição da riqueza pode afetar o emprego dos recursos, mas que é análogo ao exemplo do aumento de preço que afeta o uso dos recursos através do efeito sobre a renda e, através desse efeito, sobre a demanda dos consumidores.

46. Dworkin afirma que o exemplo foi dado com outro propósito. Ver Dworkin, nota 42 acima, p. 224, mas ver *id.*, pp. 208-9.

da mão de obra dela, ele a obrigará a escrever histórias de detetive, e ela só será capaz de comprar sua liberdade se prometer continuar escrevendo histórias de detetive, pois essa é a única atividade com a qual ela poderia ganhar uma quantia suficientemente vultosa para levar o senhor George a libertá-la. Se a este se atribui, inicialmente, o direito à mão de obra de Agatha, esta permanecerá escravizada, seja a ele, seja a qualquer outra pessoa de quem ela tome dinheiro emprestado para comprar sua liberdade. No entanto, se a Agatha for concedido, de início, o direito à própria mão de obra, ela não escreverá histórias de detetive, ou não as escreverá tanto; e o senhor George não poderá comprar o direito a sua mão de obra. Logo, ao que parece, a análise econômica não determina nenhuma distribuição inicial de direitos.

Com isso, porém, ignora-se o fato de que, se Agatha fosse livre, é quase certo que *poderia* escrever mais histórias de detetive do que se fosse escrava (embora não necessariamente). Quando trabalham para si mesmas, e não para os outros, as pessoas sentem-se mais incentivadas a trabalhar. Como escrava, Agatha não tem incentivos para trabalhar intensamente, pois os frutos de seu trabalho vão para o senhor George e não para ela. George procurará evitar que ela seja indolente, mas isso será difícil. Será particularmente difícil determinar e impor padrões de produção para uma atividade tão pouco rotineira quanto a de escrever contos. Suponhamos que o valor de sua produção para o senhor George seja de $1 milhão, mas que, se fosse livre, Agatha poderia produzir um valor de $1,2 milhão em contos policiais, no mesmo período de tempo. Assim, provavelmente, ela poderia produzir, em menos tempo, $1 milhão em contos policiais, o que a deixaria com tempo livre para a jardinagem. Ela seria então capaz de comprar sua liberdade, e de fato o faria. Nesse caso, ela estará em piores condições do que estaria se fosse livre desde o início (pois deve $1 milhão, mais juros, a quem financiou a compra de sua liberdade). Mas o importante não é isso, e sim que a maximização da riqueza leva a uma solução definida no caso de Agatha e do senhor George, uma vez pressuposta a capacidade da autora de produzir mais, em liberdade, do que produziria se fosse escrava. Uma vez que ela conservaria sua liberdade se a tivesse recebido desde o início e a compraria se houvesse começado como escrava do senhor George, a distribuição inicial não determina a final. Portanto, torná-la livre desde o princípio é uma forma de reduzir os custos de transação[47].

Porém, quando se distribuem direitos em uma sociedade recém-estabelecida, pode surgir um problema de indeterminação. No exemplo de Agatha e do senhor George, é fácil definir essa distribuição, pois apenas um bem da sociedade não pertence a ninguém: a mão de obra de Agatha. Como todas as outras mercadorias possuem preço de mercado ou preço-sombra, pode-se, ao menos em princípio, calcular os efeitos, sobre o somatório da riqueza, de se conceder a propriedade da mão de obra de Agatha a ela mesma ou ao senhor George. Mas suponhamos que nenhuma mercadoria tenha dono ainda: terras, mão de obra, acesso sexual, tudo está em aberto. Se não existem valores (sejam preços de mercado, ou preços-sombra), como é possível distribuir cada mercadoria conforme sua aplicação mais valiosa? Esse é um aspecto ainda pior do problema do efeito riqueza. Todos os direitos ainda estão por ser distribuídos. Acontece que a distribuição de direitos em tão larga escala está fadada a afetar os preços; e estes, por sua vez, afetam a questão de a quem se devem distribuir os direitos.

Mas o problema é superestimado em dois aspectos. Primeiro, não precisamos nos preocupar, quando a questão de políticas públicas de que tratamos é insignificante para a sociedade como um todo. No caso dos acidentes de automóvel, mesmo a substituição de um sistema fundado

---

[47]. Para Dworkin, "uma teoria que faz o valor moral da escravidão depender de custos de transação é ridícula". *Id.*, p. 211. Mas ele não desenvolve a ideia.

na responsabilidade civil por negligência por outro, fundado na responsabilidade objetiva, não afetaria tanto os preços a ponto de impossibilitar a comparação da riqueza total da sociedade antes e depois da mudança. Em segundo lugar, é improvável que a distribuição dos direitos na alvorada do desenvolvimento social determine, após muitas gerações, a alocação dos recursos. Suponhamos que, no início, toda a riqueza da sociedade pertencesse a um único homem. Para explorar essa riqueza, ele teria de compartilhá-la com outros. Teria de pagar-lhes para que trabalhassem para ele. Após a morte, sua riqueza seria dividida entre os filhos e demais herdeiros. Logo, com o tempo, as mercadorias e os serviços produzidos e consumidos pela sociedade seriam determinados não por suas preferências, mas pelas de seus empregados e herdeiros. Provavelmente, após várias gerações, a maior parte dos preços verificados nessa sociedade, tanto os de mercado como os preços-sombra, seriam semelhantes aos praticados nas sociedades marcadas por uma distribuição inicial mais equitativa da riqueza. Se isso for verdade, a distribuição inicial da riqueza acabará deixando de ter qualquer efeito significativo sobre o conjunto da riqueza da sociedade. Nesse caso, podemos perguntar: que tipos de distribuição inicial de direitos conduziriam mais rapidamente a sociedade até seu nível final de riqueza? A resposta sugerida no capítulo anterior é que a distribuição dos direitos trabalhistas a seus detentores "naturais" e a divisão das terras em partes que sejam pequenas, mas não a ponto de impedir a exploração das economias de escala disponíveis, minimizará os custos de transação e levará a sociedade, mais rapidamente, ao nível que acabaria atingindo de qualquer modo, mesmo se todos os direitos fossem inicialmente distribuídos a um só homem[48].

---

48. Uma das implicações dessa análise é a possibilidade de se falar de distribuição eficiente de direitos em sociedades pré-modernas e pré-monetárias, questão desenvolvida no capítulo 6.

Além disso, Dworkin ainda argumenta que a maximização da riqueza parece incapaz de "produzir mais atividades que gerem o bem-estar alheio que outras estruturas econômicas e políticas mais concessivas"[49]. É claro que, se o objetivo social for maximizar a transferência de riqueza dos mais para os menos produtivos, estabelecer uma meta subsequente de maximização da riqueza pode ser a abordagem errada (embora a quantidade de riqueza transferida esteja, em geral, diretamente relacionada à riqueza de uma sociedade). Mas eu não afirmo que a maximização da riqueza viria a *maximizar* as transferências (ou a proteção aos direitos, ou a felicidade), mas apenas que nos traria algumas dessas coisas. Dworkin acredita que obteríamos essas três coisas em maior quantidade se nos voltássemos diretamente para elas. Como não existe, entretanto, moeda com a qual se possa comparar felicidade, cooperação e respeito aos direitos, é difícil saber como jogar com esses três fatores na elaboração de um sistema social. E a maximização da riqueza faz, automaticamente, as concessões mútuas entre eles. Se existe uma abordagem melhor, esta não é evidente e Dworkin não a descreve.

Para Dworkin, produzir para os outros "não tem valor moral inerente se [aquele que produz] age com a intenção de beneficiar apenas a si próprio"[50]. Essa conclusão, ele a apresenta a título de definição: um valor moral consiste unicamente "na vontade ou nas intenções do agente"[51]. Essa é uma definição restrita. Se, como o resultado do incentivo à maximização da riqueza, os desejos egoístas (que, na maioria dos indivíduos, são os mais fortes) forem postos a serviço de outras pessoas sem necessidade de haver coerção, essas propriedades deveriam torná-la mais atraente aos olhos do altruísta empenhado em elaborar um sistema social.

---

49. Dworkin, nota 42 acima, p. 211.
50. *Id.*, pp. 211-2.
51. *Id.*, p. 211.

Segundo Dworkin, a utilidade pode ser mais eficientemente promovida se os juízes visarem diretamente à sua maximização, em vez de buscarem maximizar a riqueza como sucedâneo dela. Assim, ele convida o juiz (utilitarista) a considerar, por exemplo, que, embora "uma comunidade gaste mais com doces que com cuidados médicos decorrentes do consumo excessivo destes, (...) os doces serão prejudiciais à sua saúde e, consequentemente, à sua utilidade no longo prazo"[52]. Para Dworkin, se tivesse de decidir entre "proteger os trabalhadores de uma indústria agonizante ou acelerar seu desemprego, estruturando os direitos de maneira favorável a uma indústria emergente", um juiz preocupado com a maximização da utilidade poderia escolher a primeira alternativa[53]. Logicamente, o juiz utilitarista de Dworkin, ao julgar um caso do direito penal, deveria perguntar-se também se o prazer obtido pelo criminoso com o crime foi maior que a dor da vítima. Mas mesmo um utilitarista radical hesitaria em libertar os juízes de todas as amarras que os prendem aos fatos concretos e convidá-los a conceber a felicidade da maneira proposta por Dworkin. A correspondência entre maximização da riqueza e maximização da utilidade é certamente imperfeita. Porém, os custos (relacionados com a incerteza, o prolongamento dos litígios e os erros) do emprego da utilidade como padrão jurídico justificam a utilização da riqueza como seu sucedâneo. As razões para se defender a maximização da riqueza nos julgamentos do *common law* são ainda mais fortes quando entram em jogo as objeções ao utilitarismo discutidas no capítulo anterior (para não mencionar a dificuldade de mensuração). Um utilitarista das regras poderia ter como norma a maximização da riqueza; e é isso o que fazem muitos economistas.

Segundo uma análise concreta, Dworkin rejeita a descoberta de que a melhor maneira de explicar as normas do

---
52. *Id.*, p. 218.
53. *Id.*

common law é interpretá-las como tentativas dos juízes no sentido de maximizar a riqueza. A despeito da perfeição com que essa explicação corresponde aos fatos, Dworkin a põe de lado, a menos e até que apareça uma teoria amplamente aceita sobre o porquê disso. O exemplo com que ele ilustra o caso pode ser assim simplificado: imaginemos que, nos últimos dez casos decididos pela Suprema Corte de Illinois, a sequência de confirmações e reformas das sentenças de primeira instância (confirmação = 1 e reforma = 0) tenha sido 1101100111. Poderíamos dizer que essa sequência explica o padrão de confirmações e reformas? Não, apenas o descreve. Agora, suponhamos que várias pessoas elaborassem suas próprias sequências: 0011001100, 0001110101 e assim por diante; e que uma dessas descrevesse, com precisão, as dez decisões seguintes da Suprema Corte de Illinois. Poderíamos dizer que a pessoa que sugeriu aquela sequência logrou explicar o padrão decisório? Novamente a resposta é não. Seria estranho, contudo, dizer que o caráter não explicativo da sequência se deva ao fato de não ter sido relacionada aos desígnios ou ao comportamento dos juízes. Ela nada explica porque não nos diz nada de interessante sobre o mundo. Suponha-se que, em vez disso, descubramos que o padrão de confirmações e reformas de sentenças de primeira instância em todos os tribunais dos Estados Unidos, nos últimos cem anos, encaixa-se perfeitamente na fórmula $Rt = \sqrt{Ct-1}$; isto é, o número de reformas (R) em dado período (t) é a raiz quadrada do de confirmações (C) no período anterior. Se a importância dessa "lei" fosse fortemente confirmada por repetidos testes em diferentes conjuntos de dados, acreditaríamos ter feito uma descoberta animadora e até intrigante. Afirmaríamos ter "explicado", no verdadeiro sentido do termo, o padrão de confirmações e reformas de sentenças de primeira instância pelos tribunais, ainda que não fôssemos capazes de enxergar o porquê de esse padrão ser assim.

Se a melhor forma de explicar o *common law* é fazendo-se de conta que os juízes buscam maximizar a riqueza social, este é um fato menos misterioso que minha "lei" hipotética de confirmações e reformas. O *common law* assumiu sua forma moderna no século XIX, período em que os valores econômicos eram parte importante da ideologia dominante. Além disso, conforme mencionado anteriormente neste capítulo, o *common law* tende a regulamentar o comportamento em áreas em que a redistribuição é de difícil alcance; e nas quais, portanto, o único meio de que um grupo dispõe para aumentar sua riqueza é o apoio a políticas que conduzam ao aumento da riqueza da sociedade como um todo, da qual o grupo compartilhará. Há ainda os modelos evolucionistas do *common law*, mencionados por Dworkin[54]. Sem dúvida, a existência de tantas explicações para a eficiência do *common law* é vexatória para os defensores da teoria econômica desse sistema jurídico. Mas a regularidade empírica verificada pelos teóricos da economia não é arbitrária e improvável a ponto de dever ser desconsiderada até que tenhamos uma teoria amplamente aceita que a vincule aos desígnios ou ao comportamento dos juízes, litigantes e legisladores.

Em suma, busquei, nesta parte do livro, desenvolver uma teoria moral que transcenda o utilitarismo clássico e que afirme, como critério de julgamento da equidade de uma ação ou instituição, sua capacidade de maximizar a riqueza da sociedade. Essa abordagem permite a conciliação de três princípios éticos concorrentes: a utilidade, a liberdade e até a igualdade. Ademais, parece ter desempenhado um importante papel na evolução do *common law*, o que não é de surpreender quando se têm em conta as limitações deste como meio de redistribuição da riqueza. Entretanto, como mostro na parte IV, a maximização da riqueza não é a única concepção do bom ou do justo que influenciou o direito.

---

54. Ver *id.*, p. 220. Discutem-se essas teorias em William M. Landes & Richard A. Posner, "Adjudication as a Private Good", 8 *J. Legal Stud.* 235, 259-84 (1979).

II. As origens da justiça

5. *A versão homérica do Estado mínimo*

A questão geral examinada nos quatro capítulos seguintes é se, e em que medida, a teoria econômica é capaz de explicar as instituições jurídicas (e outras instituições sociais) das sociedades primitivas[1]. Neste capítulo, voltando ao tema da ordem social brevemente tratado no capítulo 2, questiono de que modo as instituições primitivas sustentam um mínimo de ordem. A partir da análise da sociedade descrita nas epopeias de Homero[2], espero contestar o pressuposto, amplamente incontestado desde Hobbes, de que o Estado (ainda que mínimo, o Estado "vigia noturno") é necessário à preservação da segurança interna e externa da sociedade. Não defendo a anarquia, mas sim que, nas circunstâncias descritas nas epopeias homéricas, o Estado não é pré-condição para a ordem social; mas, mesmo nelas, ele quase o é. Em nossas circunstâncias, contudo, não poderíamos prescindir dele.

---

1. Por razões que discuto no capítulo seguinte, defino primitivas como pré-literárias; e portanto incluo em minha análise as sociedades arcaicas e, em grande medida, pré-literárias que deram origem à civilização ocidental, como aquelas descritas nos poemas homéricos e nas sagas nórdicas.

2. Na seção "Individualismo homérico", adiante, apresentam-se algumas provas de que a sociedade dos poemas de Homero é realista (e, portanto, uma fonte adequada de informações para estudo científico), embora fictícia em muitos de seus detalhes. Parto do pressuposto de que o leitor conheça, ao menos em linhas gerais, a trama da *Ilíada* e da *Odisseia*. Esse é o único pré-requisito para o entendimento de meu raciocínio.

Este capítulo é um estudo de caso. Muitos dos temas aqui discutidos (presentes, honra, costumes e assim por diante) recebem um tratamento mais abrangente no capítulo 6; e, no capítulo 7, retorno à Grécia antiga para discutir alguns aspectos do direito ateniense dos séculos V e IV.

Uma taxonomia do Estado limitado

Delinearei aqui um modelo de Estado limitado (isto é, um Estado que conceba como sua função o estabelecimento de um aparato mínimo de ordem pública, dentro do qual a iniciativa privada possa ocupar o maior espaço possível) e o compararei ao Estado descrito (ou implícito) nos poemas homéricos. Embora muitas das sociedades arcaicas tivessem Estados altamente burocráticos e intervencionistas, em vez de limitados (um exemplo pertinente é o do Estado micênico e seus muitos palácios, revelada pela escrita "Linear B" das tabuinhas de argila desenterradas pelos arqueólogos)[3]; e, embora os poemas homéricos datem da era micênica, não há neles traço algum do Estado burocrático, centralizado e intervencionista revelado pelas tabuinhas[4]. Os "Estados" descritos nos poemas de Homero são, invariavelmente, de tipo altamente limitado[5].

---

3. Ver T. B. L. Webster, "Policy and Society: Historical Commentary", em *A Companion to Homer* 452 (Alan J. B. Wace & Frank H. Stubbings [orgs.], 1962); John Chadwick, *The Mycenaean World* 69-83 (1976).

4. Com a dúbia exceção do domínio de Agamêmnon; ver nota 12, adiante. De fato, embora *demos* signifique algo como "distrito", *gaia* signifique "terra" e *patris gaia*, "terra pátria", não há, no grego homérico, palavra específica para Estado (nação). Em Homero, o significado primeiro de *pólis* é simplesmente "cidade fortificada" (ver John L. Myres, *The Political Ideas of the Greeks* 69-70 [1927]). Mas no termo também se podem incluir as áreas rurais governadas pela cidade. Um Estado pode conter mais de uma *pólis* (o reino de Agamêmnon obviamente continha várias cidades, já que ele ofereceu sete a Aquiles), mas não há palavra específica para tal Estado, embora *demos* talvez seja usado com esse sentido no Livro 2 da *Ilíada*.

5. A menos que se iguale "Estado" a "governança", tratando-se o lar homérico, o *oîkos*, como um Estado, o que me nego a fazer. Embora o *oîkos* homé-

Funções

O Estado verdadeiramente limitado tem apenas uma função: assegurar a segurança física, tanto em seu aspecto interno quanto no externo. O interno diz respeito à proteção da pessoa e das propriedades de um indivíduo contra violações coercivas, como o assassínio e o roubo. Na ausência de uma ordem social interna mínima, o bem-estar da comunidade se reduziria. Isso não quer dizer que, na ausência do Estado, os indivíduos se transformariam em selvagens, matando e roubando uns aos outros. Eles procurariam se proteger da coerção: andariam armados, preservariam a capacidade de retaliação, viveriam em grupos familiares maiores, esconderiam suas posses ou passariam a se dedicar a atividades menos dependentes daqueles tipos de investimento mais sujeitos à apropriação alheia (como a caça, se comparada à agricultura). Mas estas são medidas dispendiosas e comumente se acredita – de maneira geral, mas talvez não nas condições da sociedade homérica – que a maneira mais eficiente de garantir a segurança básica seja por meio de políticas públicas, não de iniciativas privadas.

A segurança externa (proteção contra ações predatórias vindas de fora da comunidade) também poderia, em princípio, ficar a cargo do setor privado. Mas, nesse caso, a crença geral é que o Estado o faça mais eficientemente. Uma extensão lógica dessa função do Estado é a ação predatória contra outras comunidades.

Estrutura

Mesmo os objetivos do Estado delineados acima, extremamente limitados, parecem pressupor um aparato estatal

---

rico seja mais abrangente que a família moderna (podendo conter não apenas o grupo doméstico de um homem, mas também seus filhos casados, servos agregados, como Pátroclo na família de Peleu, e diversos escravos), a inclusão do *oîkos* banalizaria o conceito de Estado.

bastante complexo. Além de um poder executivo que garanta a segurança interna e externa, provavelmente composto por um chefe de governo (rei ou presidente) assessorado por funcionários e altos funcionários a ele subordinados (soldados, polícia, cobradores de impostos), deve haver ainda mecanismos que avaliem a culpa das pessoas acusadas de violar as normas anticoercitivas. Também é necessário algum tipo de conselho consultivo, mas este não precisa ser um parlamento. Os órgãos consultivos podem ser informais e pouco poderosos; e, nos casos extremos (o Politburo de Stálin?), meramente ornamentais. Porém, é extraordinariamente raro que um homem seja poderoso a ponto de poder governar sem o auxílio de outros indivíduos que não sejam meros lacaios. Ademais, pondo-se de lado a questão do poder, o governante desejará os conselhos dos melhores homens de seu Estado em assuntos importantes.

Problemas

Dois dos problemas que um Estado limitado deve superar em prol de sua eficácia são particularmente importantes na sociedade homérica. Um deles é o controle: o Estado precisa ser suficientemente bem administrado para atingir seus (modestos) objetivos. O outro problema é o da sucessão, ou seja, o de garantir-se uma transição pacífica quando do afastamento ou da morte do chefe de Estado. A solução geralmente implica a nomeação prévia de sucessores para todos os cargos, de modo que, quando o ocupante renuncie ou morra, não haja ambiguidade quanto a quem o sucederá, evitando assim que o cargo fique em aberto. O terceiro problema, o da tirania, está estranhamente ausente do mundo homérico, no qual o principal problema é a excessiva fraqueza, e não a força, do Estado.

Valores

Quando os valores pessoais dos cidadãos coincidem com os objetivos do Estado, a missão deste torna-se mais fácil. O patriotismo facilita a organização da defesa. O controle dos homicídios, por sua vez, torna-se mais fácil quando as pessoas guardam um respeito pela santidade da vida humana (com as devidas ressalvas). O termo geral com que qualifico as virtudes sociais ou cívicas é "altruísmo", definido como preocupação direta, por parte de um indivíduo, com o bem-estar daqueles que estejam fora do círculo imediato dos familiares e amigos. Patriotismo, lealdade, apreço pela coisa pública e fidelidade no cumprimento de promessas são exemplos que ilustram o espírito altruísta[6].

A capacidade de se pôr no lugar de alguém, de sentir o que outra pessoa sente, qualidade mais perceptiva que ética, é um importante elemento de simpatia ou altruísmo. Para Adam Smith, essa capacidade perceptiva é o fundamento da ética, isto é, da preocupação e do senso de dever para com os outros. Um indivíduo só se importará com o que acontece às outras pessoas se for capaz de penetrar imaginativamente nos pensamentos e sentimentos delas[7]. Mas a empatia, que é como chamarei a dimensão perceptiva da simpatia, tem importância política também por facilitar a resolução de conflitos. O indivíduo que compreenda os sentimentos de ambas as partes de uma contenda terá maior capacidade de contemporizá-la do que um outro, in-

---

6. Faz-se necessária uma ressalva: para que denote os tipos de valores que tornam o governo mais fácil, o conceito de altruísmo deve incorporar uma hierarquia de sentimentos na qual o interesse da comunidade como um todo esteja acima do sentimento de simpatia por qualquer grupo menor. A lealdade de um indivíduo, por exemplo, poderia reduzir, em vez de aumentar, a eficácia do Estado, caso se direcionasse aos companheiros daquele em uma conspiração contra o governo.

7. Ver Adam Smith, *The Theory of Moral Sentiments* (1759; reimpressão, 1969) [trad. bras. *A teoria dos sentimentos morais*, São Paulo, Martins Fontes, 1999]; Ronald H. Coase, "Adam Smith's View of Man", 19 *J. Law & Econ.* 529 (1976).

capaz de sentir empatia pelos contendores. Mas empatia não é o bastante. O distanciamento, a capacidade de desvencilhar-se dos fatores pessoais e emocionais de uma questão, é também importantíssimo para o sucesso no exercício do poder político.

Estado e valores políticos em Homero

Os Estados descritos na *Ilíada* e na *Odisseia* são ainda mais limitados que o modelo de Estado mínimo acima delineado. Além disso, geralmente não funcionam[8].

Funções

No mundo dos poemas homéricos, a única função estatal bem definida e amplamente aceita é a defesa (de Troia, por exemplo) contra os invasores estrangeiros; e até mes-

---

8. Os Estados homéricos se encaixam em três grandes classes: (1) os Estados gregos (Micenas, Pilos e Ítaca, por exemplo); (2) os Estados estrangeiros (Troia e Corcira, principalmente); e (3) diversos Estados *ad hoc*, ou quase Estados, como os dos deuses do Olimpo, da aliança dos gregos contra os troianos e demais inimigos em situação de rivalidade ou guerra. Há algumas diferenças funcionais e estruturais entre essas classes (por vezes até dentro delas), mas os problemas e valores são semelhantes e a melhor forma de abordá-las é em conjunto. Em minhas descrições desses Estados, devo muito a estudos anteriores. Ver George M. Calhoun, "Polity and Society: The Homeric Poems", em *A Companion to Homer*, nota 3 acima, p. 431 n. 2, pp. 432-40; M. I. Finley, *The World of Odysseus* (2.ª ed. revisada, 1978), sobretudo cap. 4; P. A. L. Greenhalg, *Early Greek Warfare: Horsemen and Chariots in the Homeric and Archaic Ages* 156-72 (1973); A. M. Snodgrass, *The Dark Age of Greece: An Archeological Survey of the 11th to 8th Centuries B.C.*, pp. 392-4, 435-6 (1971); e, referente à sociedade dos deuses, Martin P. Nilsson, *A History of Greek Religion*, cap. 5 (2.ª ed., 1949). Ver também A. W. H. Adkins, *Moral Values and Political Behaviour in Ancient Greece: From Homer to the End of the Fifth Century*, cap. 2 (1972); G. S. Kirk, "The Homeric Poems as History", em *The Cambridge Ancient History*, vol. 2, pt. 2, pp. 820-50 (I. E. S. Edwards, C. J. Gadd, G. L. Hammond & E. Sollberger [orgs.], 3.ª ed., 1975); Myres, nota 4 acima, pp. 64-82; T. A. Sinclair, *A History of Greek Political Thought*, cap. 1 (2.ª ed., 1967).

mo nesse caso, como veremos, há controvérsias. O assassinato, o roubo e outras violações da ordem pública interna não são crimes. Não existe nenhum aparato público de julgamento, imposição da lei ou punição para a segurança do indivíduo ou da propriedade. A sanção para o assassinato é a retaliação por parte da família da vítima, que ocorre fora de qualquer sistema público de direitos e remédios judiciais. No episódio do escudo, na *Ilíada* e alhures, sugere-se a possibilidade de a família da vítima aceitar uma recompensa (*poinê*) em lugar da execução do assassino e que a quantia poderia ser determinada por algum tipo de julgamento privado. Mas em nenhum momento o Estado participa do processo[9].

Isso acontece até quando a vítima é o rei. Não há um conceito distinto de regicídio como assassinato político ou traição: o assassinato de Agamêmnon não é um delito contra a *pólis* de Micenas, mas somente contra Agamêmnon e sua família. Ademais, como o filho não detém nenhum direito superior ao trono do pai, quando Orestes vinga Agamêmnon, o faz em caráter estritamente pessoal. Sua condição não é a de rei nem a de príncipe da Coroa, mas apenas a de um aspirante dotado dos mesmos direitos de Egisto.

Conforme mencionei, o Estado é responsável pela defesa contra invasões estrangeiras. A autoridade de Príamo na condução da defesa de Troia é inquestionável. Cabe a ele (ou a seu comandante, Heitor) decidir pela abertura ou não dos portões, pela negociação do armistício e pela devolução de Helena[10]. Ainda assim, o caráter público da defesa de Troia é comprometido pela proeminência dos familiares

---

9. Há, entretanto, algumas pistas da existência de juízes públicos (embora não tomem parte no enredo dos poemas), como, p. ex., a referência ao julgamento por Minos, o rei de Creta, na primeira visita de Odisseu ao Hades.

10. A tecnologia de defesa, sobretudo os grandes muros de Troia, implicaria alguma atividade de segurança pública em épocas anteriores, não fosse pela afirmação, na *Ilíada*, de que os muros de Troia foram construídos por Poseidon e Apolo. O sistema de muros e fossos que protegia as embarcações gregas foi construído na época da guerra.

mais próximos de Príamo na origem e condução da guerra. Esta não possui fins públicos, tendo-se travado apenas para que Páris, filho de Príamo, mantivesse aprisionada uma estrangeira que o resto dos troianos odiava. Os principais combatentes são os sessenta e dois filhos e genros de Príamo; e, com exceção de Eneias, os mais impetuosos guerreiros de Troia que não integram a família de Príamo (Glauco e Sarpédone) nem são troianos. Os gregos lutam não tanto contra o Estado troiano, mas contra o *oîkos* de Príamo.

Ofensivas de guerra não parecem ser, de modo algum, uma atividade pública. Odisseu e os outros reis acompanham Agamêmnon e Menelau a Troia não para enriquecer ou glorificar seus respectivos Estados nem para aumentar a segurança destes contra possíveis ataques de Troia[11], mas para honrar obrigações obscuras e talvez inteiramente pessoais para com Agamêmnon e Menelau e para obter espólio e fama, concebidos como benefícios puramente pessoais[12]. Ítaca como um todo (ou Pilos, Micenas, ou Ftia) não tem nada a ganhar com a guerra. E o mesmo vale para os ataques piratas descritos na *Odisseia*.

As funções civis comumente atribuídas ao Estado não parecem ser estatais na sociedade homérica: o Estado não constrói estradas, não reforma portos (o de Corcira pode ser uma exceção), não cunha moedas, não arquiva registros, não regula o comércio com o exterior, não possui po-

---

11. Há, contudo, traços de uma possível preocupação com ataques de Troia na afirmação de Aquiles, no Livro 1 da *Ilíada*, de que não tinha nada a temer dos troianos, já que Ftia ficava muito longe.

12. Não está claro de que forma Agamêmnon convence os outros reis gregos a acompanhar a ele e Menelau na expedição a Troia. Está implícito que o fizeram por se encontrarem obrigados, de alguma forma, para com ele. Ver G. S. Kirk, *Homer and the Oral Tradition* 47 (1976). Mas a natureza dessa obrigação (se oriunda da retribuição de favores e cortesias ou derivada de algum tipo de autoridade de Agamêmnon perante os demais Estados gregos) permanece inexplicada. Agamêmnon é *primus inter pares* e comandante-chefe das forças aliadas, mas não é um imperador grego – ele brande um cetro como símbolo de seu poder, mas não é o único a fazê-lo (ver nota 18, adiante). Para uma visão oposta, ver Georges C. Vlachos, *Les Sociétés politiques homériques* 303-17 (1974).

lícia nem mantém um sistema judicial. Em alguns lugares, parece haver alguma forma de tributação[13], juntamente com o respectivo dever do rei de defender o Estado[14]. É interessante, porém, a ausência de menção a cobradores de impostos. No geral, é impossível distinguir a existência de finanças públicas, mesmo do tipo mais rudimentar.

Talvez a prova mais contundente da ausência de funções estatais seja o vácuo de vinte anos no reinado de Ítaca. Mentor, o regente oficial, é totalmente impotente e inexpressivo. Como a autoridade pertence a qualquer um, pretendentes rondam a casa de Odisseu, importunando sua esposa e (no fim) conspirando contra Telêmaco. Mas nunca se declara que estejam tratando de assuntos públicos. Aparentemente, em vinte anos, não surgiu uma única questão de interesse público[15].

Estrutura

A sociedade homérica aparentemente apresenta o paradoxo de um Estado que possui uma estrutura, mas nenhuma função real. Cada Estado tem um "rei" (*basileús*), assessorado por um conselho (*boulê*) de nobres (*áristoi*), além de um alto funcionário (*kérux*, ou "arauto") a ele subordinado, cujas principais funções são entregar as mensagens e ordens do rei, além de reunir e mediar a ágora, espécie de

---

13. Sobretudo quando Alcino sugere a imposição de um tributo ao povo de Corcira como compensação a ele e sua corte pelos presentes dados a Odisseu; mas também quando Agamêmnon refere-se aos presentes que Aquiles receberá dos habitantes das cidades que ele lhe está oferecendo. Para algumas referências breves a impostos de guerra, ver *Ilíada* 13.663-9, 23.296-8.

14. Mencionado no discurso de Sarpédone a Glauco: ver James M. Redfield, *Nature and Culture in the Iliad: The Tragedy of Hector* 99-100 (1975).

15. É verdade que, quando Telêmaco reúne uma assembleia de itacenses notáveis, pergunta-se a ele se a finalidade da assembleia é ponderar sobre uma questão privada ou pública (*démios*); mas parece que, por público, o orador entende não uma questão política, mas apenas um assunto de amplo interesse, como o retorno de Odisseu e seus homens a Troia.

assembleia popular. Há ainda (quiçá) uma espécie de super-rei, o *ánax andrôn*. A organização política do Olimpo possui um rei supremo, Zeus; e os demais deuses do Olimpo (distintos dos imortais inferiores) compõem sua *boulé* informal.

No Estado homérico, o poder executivo, na medida em que se possa chamá-lo assim, é exercido pelo *basileús*. Príamo é um exemplo, assim como Menelau, Aquiles, Odisseu e os outros líderes gregos que vão a Troia. Agamêmnon é *basileús* de Micenas, mas também líder das forças gregas em Troia. O termo *ánax*, nos poemas de Homero, ao contrário do que ocorre na escrita Linear B das tabuinhas de argila, denota um título honorífico de alta nobreza, em vez de uma posição funcional em uma cadeia de comando (frequentemente se chama um deus de *ánax*, mas nunca de *basileús*). O termo *ánax andrôn* (*ánax* dos guerreiros) parece denotar a posição de Agamêmnon como chefe da aliança dos gregos, embora ocasionalmente se o aplique a figuras muito inferiores, como o troiano Anquises. A posição, entretanto, parece mais um expediente de guerra que um cargo estatal bem definido. Agamêmnon é o mais poderoso *basileús* grego e, portanto, comandante das forças armadas (com os outros *basilêes* compondo sua *boulé*), mas não é o rei, ou imperador, dos gregos.

A costumeira tradução de *basileús* como rei é inexata[16]. O *basileús* homérico é mais como um barão da Inglaterra medieval. É o homem mais poderoso de um distrito, possui o maior *oîkos*; e, caso se vá conduzir uma ofensiva militar, ou caso o distrito seja atacado, ele será o comandante e o divisor dos eventuais espólios de guerra. Mas, em situações normais, ele não exerce funções estatais, pois, no mundo homérico, estas geralmente não existem.

---

16. Para não mencionar o fato de que o termo é, às vezes, aplicado a indivíduos que não são reis, como os filhos de Príamo (que nem mesmo possuem seus próprios *oîkoi*) e os pretendentes de Penélope. A pobreza do vocabulário político é prova do caráter rudimentar das instituições políticas homéricas.

Mas a analogia com a Idade Média falha diante da ausência de um poder superior ao desses magnatas locais. Não há, em Homero, termo que descreva uma entidade à qual a organização política de Odisseu pudesse subordinar-se. Tampouco se pode conceber o próprio cargo de Odisseu como de rei legítimo, identificando-se uma classe de barões abaixo dele. Abaixo de Odisseu e dos outros *basilêes*, há apenas grupos domésticos, os *oîkoi*; alguns, bastante extensos, é verdade, mas nenhum que seja uma aglomeração de grupos domésticos[17].

Dada a inexistência de funções estatais, exceto no campo da defesa externa, onde a atividade é intermitente, não é de surpreender que as preocupações de Odisseu quanto ao próprio retorno dissessem respeito apenas a seu *oîkos* (sua esposa, seu filho, seus escravos e seus bens). Nada indica que pudesse ter assuntos de interesse público dos quais tratar ou que os pretendentes tivessem qualquer interesse em Ítaca que transcendesse o grupo doméstico de Odisseu. Embora os pretendentes temam uma reação pública caso matem Telêmaco escancaradamente, Odisseu não faz esforço algum para acordar a opinião pública ou para levar o povo de Ítaca a engajar-se na luta pela restauração de seu trono. Tampouco há, enfim, indicação alguma de que o povo itacense, se convocado por Odisseu, teria atendido ao seu chamado, por ser ele o legítimo ocupante do trono[18], por ser tido como um bom rei ou por qualquer outra razão.

---

17. Corcira é exceção. A *boulé* de Alcino compõe-se de *basilêes*, cada um dos quais parece ter seu próprio domínio, não apenas um *oîkos*. Mas Homero não cansa de se referir a Corcira como terra estrangeira, até exótica. Talvez esta seja uma de suas características estranhas. A referência a Fenice como alguém que "governa" (*anassón*) uma parte do reino de Peleu, no Livro 9 da *Ilíada*, talvez seja uma exceção mais importante.

18. Talvez seja expressiva a inexistência de um conceito de "trono" real em Homero (*thrónos* é apenas cadeira) ou de qualquer outro exemplo de realeza, com a exceção esporádica do cetro; sendo que os cetros também são usados para indicar outros tipos de autoridade, como a de um sacerdote ou a de um arauto, além da inviolabilidade do orador na ágora. O cetro de Agamêmnon, entretanto, é aparentemente especial. Ver *Ilíada* 1.277-9, 2.100-8, 9.99.

A instituição política mais claramente descrita na sociedade homérica é a ágora. Os participantes, sejam estes os parentes dos pretendentes, os *basilêes* dos diversos grupos gregos em Troia ou os membros das forças de Odisseu durante suas expedições, reúnem-se frequentemente nas ágoras para deliberar sobre problemas comuns, resolver controvérsias e planejar ações futuras. Na ágora, as pessoas permanecem sentadas e só se levantam para falar. O *kérux* dá o cetro a quem está com a palavra. Os militares estão presentes, mas não falam (salvo pela deseducada explosão de Tersites na *Ilíada*), embora possam se expressar bradando consentimento ou discordância relativamente às propostas de ação.

Em linhas gerais, a ágora é um órgão deliberativo, em vez de estatal. Os membros têm o direito de ser ouvidos, mas não têm autoridade decisória. Quando a ágora deseja que Agamêmnon devolva a filha de Crises, ele se nega a fazê-lo; e, embora esteja sozinho e completamente errado, nada indica que, ao ignorar os desejos da ágora, esteja abusando de sua autoridade jurídica. A coisa mais parecida com um voto, na ágora, ocorre no último livro da *Odisseia*. Os parentes dos pretendentes deliberam sobre se devem lutar com Odisseu. A maioria então decide por fazê-lo e a minoria simplesmente deixa a ágora. Mas, neste caso, não há ninguém no comando. A mais poderosa ágora dos poemas é a dos pretendentes, justamente por não haver *basileús* ou equivalente. Embora Antínoo seja o principal cabeça dos pretendentes, as decisões mais importantes se tomam por consenso e Antínoo não insiste em propostas reprovadas pela ágora.

Na estrutura axiológica tradicional consolidada nos poemas, a ágora é um sinal de civilização[19]. Mas não se segue daí que seja uma instituição eficaz. Como veremos, ge-

---

19. Os ciclopes são ridicularizados por não possuírem uma ágora. Ademais, o fato de faltar aos deuses uma ágora formal pode ser um sinal de que Homero os considere mais primitivos que os seres humanos.

ralmente não é. A natureza do direito na sociedade homérica é um sinal da escassez de estruturas estatais. As palavras do grego homérico mais próximas de "direito", *díke* e *thémis*, significam costume. É o costume que prescreve os métodos de sacrifício aos deuses, o tratamento adequado aos pedintes e mendigos, entre outros aspectos jurídicos e não jurídicos do comportamento social. Apoiar-se nos costumes é algo inevitável em uma sociedade desprovida de instituições formais, como tribunais e parlamentos, responsáveis pela promulgação de leis. Na ausência dessas instituições, as únicas normas são as práticas que, por satisfazerem necessidades sociais, são adotadas por muito tempo. Embora pensemos no direito como algo que procede principalmente do Estado (ainda que não raro se o defina, na verdade, como lei apoiada na força da coletividade), a formulação do direito na sociedade homérica não é, absolutamente, função estatal.

Problemas

Mesmo o pouco de Estado que existe na sociedade homérica não funciona bem. Os principais problemas são a inexistência de processos de sucessão estabelecidos e falta de controle. Não há normas de sucessão no mundo homérico. Quando Odisseu abandona Ítaca, o poder executivo simplesmente permanece vago, e fica claro que, se Odisseu for finalmente dado como morto, ninguém terá direito preponderante a sucedê-lo como rei, nem mesmo seu filho único[20]. Na verdade, Telêmaco está praticamente fora do páreo, pois aquele que Penélope escolher como marido conquis-

---

20. Qualquer direito de sucessão que o filho do rei possa ter funda-se na constatação extremamente pragmática de que seu relacionamento com o rei pode dar-lhe vantagem sobre os rivais. Não há sucessão juridicamente determinada. Até o direito de um rei a reassumir o trono após uma ausência é contestado, tanto no caso de Odisseu quanto no de Agamêmnon; embora Menelau e Nestor, ao menos, não tenham dificuldade em restabelecer-se no trono ao voltarem de Troia.

tará o controle do *oîkos* de Odisseu e, com este, as bases materiais para a supremacia sobre a nobreza itacense. O fato de Penélope controlar (indiretamente) a sucessão já foi visto como vestígio da sociedade matriarcal pré-grega. Mas os poemas em si implicam algo bem diferente: as normas de sucessão são tão obscuras que o trono de Ítaca se transferirá, na ausência de oposição, a quem quer que Penélope escolha como marido. Não há nada que sugira, como possível solução para a crise de liderança, o exercício do poder real pela própria Penélope durante a ausência de Odisseu, a nomeação de um regente enquanto Telêmaco não atinge a maioridade, ou a recondução de Laertes ao cargo[21].

A falta de controle, isto é, de habilidade administrativa, é um tema importante em ambos os poemas. Agamêmnon, por seu temperamento, está despreparado para o papel de comandante-chefe dos gregos em Troia[22]. No Livro 2, o pânico acidentalmente desencadeado por Agamêmnon nas tropas gregas e a quebra de decoro na ágora por parte de Tersites são sinais contundentes da perda de controle que se segue à revelação de incapacidade para comandar eficazmente as tropas gregas, que Agamêmnon faz durante sua querela com Aquiles, no Livro 1. A incapacidade de Agamêmnon para separar seus interesses pessoais de suas responsabilidades públicas é particularmente importante, pois se repete em circunstâncias bastante diversas, tanto com Príamo quanto com Odisseu. Por razões puramente egoísticas, ele se recusa a entregar Criseide, sem compreender que seu cargo de comandante-chefe exige dele que, no mínimo, busque o equilíbrio entre seus próprios interesses e os da coletividade[23].

---

21. Quiçá a razão da falta de poder dos regentes, em Ítaca e Micenas (onde a regência é deixada a cargo do poeta de Agamêmnon), seja que um regente forte provavelmente não devolveria o poder ao *basileús*. Ver nota 20 acima.

22. Conforme ressaltado em Redfield, nota 14 acima, p. 93.

23. Ver *idem*, p. 94. O problema com a liderança de Agamêmnon ilustra o frequente conflito, no âmbito do Estado, entre regularidade processual e substantiva, conflito que a sociedade homérica não pode resolver. Como explica

Do lado de Troia, a falta de controle político também é um problema sério. Os troianos travam uma guerra inútil pela esposa estrangeira (que desprezam) de Páris, ovelha negra da família de Príamo. A mulher foi obtida, ademais, mediante uma grave quebra da hospitalidade (que é a pedra fundamental do código moral homérico), da parte de Páris. A incapacidade de Príamo e Heitor para livrar o Estado de Troia de uma guerra injusta, que, mesmo ganha, não traria nenhum benefício concreto aos troianos, indica uma falta de habilidade fundamental para o exercício do poder público.

O maior problema da administração política de Troia é que Páris é irmão de Heitor e filho de Príamo. A lealdade à família prevalece sobre o dever público, mesmo que o familiar ao qual se deve lealdade não a mereça. Como acontece com Agamêmnon e Criseide, o conflito entre Príamo e Heitor é grave, pois eles têm interesses familiares em uma questão de cunho público. O fato de condenarem todo o Estado por causa de Páris demonstra a ausência de uma "liderança responsável" no sentido moderno.

Essa questão possui um aspecto mais amplo. Historicamente, o Estado começa como aglomeração de grupos domésticos, quando estes não têm mais poder suficiente, mesmo em aliança (frágil) uns com os outros, para se proteger de inimigos poderosos. Mas a transição para a sociedade política é difícil, pois os grupos domésticos, tendo sido por tanto tempo autônomos e tendo-se tornado eles próprios, em alguns casos, poderosos Estados em miniatura, recusam-se a subordinar-se a uma entidade maior. Para que nasça um Estado forte, é preciso destruir os grupos domésticos. A Troia de Príamo é um símbolo dessa luta. Com

---

Nestor no Livro 1 da *Ilíada*, o direito de Agamêmnon ao comando das tropas funda-se no princípio aceito segundo o qual o *basileús* mais poderoso, sobretudo em função do contingente que ele é capaz de reunir, é o comandante-chefe. Por ser simples e precisa, esta é uma norma processual atraente, que evita a incerteza criada pela inexistência de regras claras de sucessão. Mas também pode significar a ocupação de um cargo por um indivíduo despreparado.

seus cinquenta filhos e doze genros, todos morando juntos, Príamo possui um enorme grupo doméstico; e a lealdade dentro dessa família, manifesta na misteriosa recusa de Príamo e Heitor a coagir Páris, entra em conflito com as responsabilidades do primeiro como chefe de Estado. Juntamente com questões de honra (essenciais, como veremos, à estabilidade de uma sociedade de grupos domésticos autônomos, mas um fator potencialmente destrutivo em uma ordem política), a lealdade familiar provoca a destruição do Estado troiano.

A *Odisseia* alterna entre Ítaca e as expedições, registrando, em ambas as circunstâncias, um despreparo generalizado para a liderança e o comando. Odisseu é incapaz de exercer autoridade efetiva sobre seus homens (os *hetaîroi*). A inaptidão dele para conservar uma visão coerente de suas responsabilidades como líder (que lembra a dificuldade de Agamêmnon na querela sobre Criseide) é fonte constante de desastres.

A afeição, ou lealdade, de Odisseu para com seus homens, ainda que estes o abandonem repetidas vezes, foi interpretada como prova da natureza benévola dele. Outra explicação é que reflete a consciência de uma culpa em comum. Se o roubo dos bois de Hélio pelos *hetaîroi* é a causa imediata da morte destes e do adiamento, por sete anos, do retorno de Odisseu, a principal causa da tragédia foi o próprio ato de provocação do Ciclope por parte de Odisseu. O mesmo acontece com os ventos que Éolo deu de presente: os companheiros os soltaram, mas foi Odisseu (que estava adormecido no momento mais importante) que, com seu comportamento no episódio do Ciclope, deu a eles motivo de suspeita; e, ademais, ele deveria ter-lhes revelado o conteúdo da sacola. Ainda assim, qualquer tentativa de achar culpados para essas desventuras parece esbarrar na sensação de que são algo inerente à sociedade homérica, em vez de acidentes ou infortúnios. Essa é uma sociedade em que empreendimentos coletivos tendem a dar errado.

Outro exemplo disso está na dificuldade de imaginar Odisseu destruindo com sucesso os pretendentes *com* a ajuda dos *hetaîroi*. Estes são tão difíceis de comandar, e Odisseu é um comandante tão despreparado, que os pretendentes teriam experimentado melhor destino se Odisseu tivesse sido "ajudado" por qualquer um de seus homens. Afinal, Homero nos conta repetidas vezes que Agamêmnon retornou a Micenas, mas foi morto mesmo assim (e eles foram pegos em uma emboscada). O indivíduo obtém êxito onde a coletividade falha, pois a arte da liderança política é arredia na sociedade homérica.

O sucesso de Odisseu não se dá apenas à revelia de seus homens, mas por oposição a um grupo. Mais uma vez, tem-se a sensação de que a ruína dos pretendentes se deve muito a seu próprio contingente, o que os induz a uma falsa confiança na própria força. Mas o grupo é incuravelmente indeciso. A falta de liderança, derivada da natureza consensual de sua sociedade, revela-se na incapacidade que têm para formular um plano de tomada do trono de Ítaca, forçar Penélope a tomar uma decisão, matar Telêmaco em Ítaca depois que este escapa da emboscada ou impedir que o mendigo entre no concurso do arco. Tampouco se valem de seu maior número para derrotar Odisseu, apesar de a probabilidade de vitória ser de 50 para 1. A mesma falta de liderança revela-se na ágora dos parentes dos pretendentes, onde uma parcela considerável dos participantes rompe com os demais e vai embora.

Ao final da *Odisseia*, surge uma solução política. Atena ordena que os parentes dos pretendentes parem de buscar vingança e promete, em troca, riqueza e paz para Ítaca. Como no pacto social de Hobbes, a proposta é deter o que, de outro modo, poderia se tornar um eterno ciclo de vinganças. Mas Odisseu, em vez de participar do processo de paz, continua louco para liquidar os parentes. Só Zeus o dissuade de fazê-lo, lançando um raio. A solução de Odisseu para o problema político dos parentes dos pretendentes é matá-los.

A conclusão da *Odisseia* sugere que as soluções dos problemas políticos são presente dos deuses. Em ambos os poemas, porém, o problema da administração política se manifesta também no contexto divino. Zeus, claramente, é o líder supremo de direito, por assim dizer. Além de poder intervir nos assuntos terrenos sem deixar o Olimpo (ao contrário dos outros deuses), pode impor sérios castigos ao deus que o desafiar. Mesmo assim, Zeus exerce, na prática, pouco poder. Não possui auxiliares de confiança (exceto para levar mensagens), não conta com a lealdade pessoal ou com a afeição de nenhum dos deuses, não tem planos nem metas e é facilmente ludibriado, manipulado, iludido e desobedecido. Na *Ilíada*, o plano de Zeus (*Dios boulê*) malogra repetidas vezes; e, na *Odisseia*, dá certo sobretudo devido à desatenção momentânea de Poseidon. Zeus, como Agamêmnon, possui grande poder, mas, na prática, geralmente não o exerce de forma eficaz, pois, como Agamêmnon, não possui uma personalidade adequada a seu papel. Além disso, faltam-lhe instituições e pessoal, sem os quais é impossível exercer efetivamente o poder.

Valores

A falta de um Estado efetivo em Homero é fomentada por um sistema de valores caracterizado, acima de tudo, pela ausência de virtudes cívicas. A inexistência de um sentimento patriótico grego na Guerra de Troia já foi observada por estudiosos[24]. Nenhuma desonra se aplica a Aquiles por ter-se recusado a lutar, o que quase levou as tropas gregas à derrota. Os atos de altruísmo, quando ocorrem, são ambíguos. Heitor parece lutar por seu Estado, sua família e sua honra (ele rejeita sistematicamente os maus preságios,

---

24. Ver, p. ex., Saul Levin, "Love and the Hero of the *Iliad*", 80 *Transactions Am. Philological Ass'n* 37, 40-3 (1949). Há, a bem da verdade, um forte sentido de etnicidade (p. ex., diante dos fenícios), mas isso é diferente de patriotismo.

valendo-se do bordão: "o melhor dos preságios é lutar pela pátria"), mas sua causa tem pouca importância na estrutura de valores homérica e suas virtudes cívicas contribuem para caracterizá-lo como estrangeiro, além de inferiorizá-lo diante do rival, Aquiles. Por duas vezes, Aquiles cede ao altruísmo; e esses deslizes são sua ruína. Ao ver os gregos baterem em retirada diante de Heitor, Aquiles momentaneamente se compadece do sofrimento deles e envia Pátroclo para descobrir o que há. Isso, observa Homero, é o começo do fim de Pátroclo. Mais adiante, Aquiles relembra a solução conciliatória sugerida por Nestor, isto é, enviar Pátroclo à luta vestindo a armadura de Aquiles. Cedendo novamente a um sentimento de simpatia pelos gregos em seu infortúnio e, naquele momento, adotando a "política do apaziguamento", Aquiles envia Pátroclo (e, simbolicamente, ele próprio) para a destruição. Quando Aquiles finalmente mata Heitor, selando assim o destino de Troia e garantindo a vitória grega, o faz por um motivo pessoal: vingar Pátroclo. Pátroclo está para Aquiles como a donzela está para o cavaleiro errante medieval. O conceito de guerra como empreendimento político não se aplica aqui[25].

Não por acaso é Nestor quem sugere o compromisso que condena Pátroclo. Personificação, na *Ilíada*, da sagacidade política, Nestor é o único personagem dotado de uma concepção de guerra que transcende a de mero enfrentamento desordenado de guerreiros[26]. Nestor, entretanto, não é apenas símbolo de sagacidade, mas também de senectu-

---

25. Não há, no grego homérico, uma palavra para guerra que se distinga dos termos batalha e luta (*pólemos* e *mákhe*), o que novamente ilustra a pobreza de seu vocabulário político. Cf. C. S. Lewis, *A Preface to Paradise Lost* 28 (1942): "A Guerra de Troia não é o tema da *Ilíada*. É mero pano de fundo de uma história puramente pessoal."

26. É Nestor quem deplora a guerra civil e propõe a construção de um muro para proteger as embarcações gregas e a organização das tropas gregas por tribos e clãs (*phŷla* e *phrétres*). É também ele quem afirma que, se os guerreiros gregos pararem para saquear os cadáveres dos oponentes, sua vitória será menos completa; e é ele quem elabora um plano para a concentração de soldados de infantaria e soldados em carruagens.

de. Ele próprio não se cansa de mencionar sua idade avançada e consequente incapacidade para lutar. Os dotes políticos se apresentam mais como um consolo para a velhice que como aptidão normal dos líderes por excelência[27].

Talvez uma das razões dessa parca valorização das habilidades políticas seja a pouca importância das coletividades no mundo homérico. Odisseu derrota os numerosos pretendentes praticamente sozinho, e, nas batalhas da *Ilíada*, os heróis individuais abrem caminho facilmente por entre a massa de guerreiros. Inexiste a consciência, essencial à sociedade política, de que um grupo bem organizado de pessoas medíocres quase sempre derrotará o indivíduo superior, mas isolado[28].

Ainda com a notável exceção de Nestor, tende a faltar ao indivíduo homérico os aspectos perceptivo e ético do altruísmo (aquilo a que chamei empatia). Um dos motivos que levam Agamêmnon e Aquiles a brigar tão violentamente no início da *Ilíada* é a incapacidade de ambos para enxergar a equivalência entre suas razões, tão semelhantes entre si[29]. A emotividade e a falta de distanciamento de Agamêmnon também são visíveis.

A ordem social homérica

Embora a sociedade homérica pareça gravemente deficiente das estruturas, bem como dos valores e das atribui-

---

27. A solução conciliatória que Nestor propõe a Aquiles é míope (embora suas consequências finais para a causa grega tenham sido felizes) e pode ser expressão da atitude homérica relativamente à eminente arte política da conciliação. A solução envolve o erro grave, embora característico do mundo homérico, de se dar a um indivíduo um papel mais importante do que aquele para o qual ele está preparado. Essa é uma situação desafortunada na qual se encontra não apenas Pátroclo, mas Agamêmnon, Heitor, Telêmaco e muitos outros.

28. Ver, p. ex., Adam Smith, *The Wealth of Nations* 232-3 (Edwin Cannan [org.], reimpressão, 1904). [Trad. bras. *A riqueza das nações*, São Paulo, Martins Fontes, 2003.]

29. Entretanto, no Livro 24, Aquiles demonstra empatia por Príamo.

ções fundamentais de um Estado (ainda que mínimo), o mundo descrito por Homero difere do estado de natureza hobbesiano. A existência de um sistema privado de instituições e valores bastante desenvolvido permite que ocorra um mínimo desejável de interações sociais sem a mediação do Estado. O equivalente do estado de natureza hobbesiano, no mundo de Homero, é o Estado dos ciclopes, onde se vive na completa ausência de civilização ou relações sociais. Contra essa visão existencial dos bárbaros, ergue-se a de uma sociedade civilizada, na qual a harmonia social necessária é obtida pela padronização das interações entre grupos domésticos. As pessoas viajam e, durante suas viagens, recebem presentes. Com isso e com a confecção caseira de vestimentas, trípodes e coisas do gênero, o indivíduo acumula um estoque de objetos, com os quais pode presentear os visitantes. Anfitrião e hóspede (ambos *xeînios*) obedecem a uma lei moral de hospitalidade (expressa nos termos *xeînios* e *xénios*), que recomenda, ao anfitrião, que seja generoso e, ao hóspede, que não abuse da generosidade daquele. Além de trocar presentes, as partes de uma relação anfitrião-hóspede, isto é, os *xeînoi*, contraem matrimônio e outras alianças.

Embora o comércio propriamente dito, no mundo homérico, limite-se a transações com outros povos[30], o sistema de troca de presentes, por ser explicitamente recíproco[31], é

---

30. Ver M. I. Finley, "Marriage, Sale, and Gift in the Homeric World", 2 *Revue internationale des droits de l'antiquité* (3.ª sér.) 167, 173 (1955). Uma das principais exceções é a venda de serviços: os *demioergoí* mencionados na *Odisseia* (cantores, médicos etc.) trocam seus serviços por alimentos e outras mercadorias.

31. "A palavra 'presente' deve ser corretamente interpretada. Pode ser descrita como uma regra, essencial tanto na sociedade primitiva como na arcaica, segundo a qual aquele que dá algo, sejam mercadorias, serviços ou cortesias, jamais deve ficar sem recompensa, real ou intencional, imediata ou muito posterior, a ser dada a ele próprio ou a seus parentes. Portanto, o ato de presentear representava, fundamentalmente, uma ação à qual sempre correspondia outra ação recíproca, isto é, a retribuição com um presente equivalente." Finley, nota 8 acima, p. 64.

claramente uma forma, embora especial, de comércio. Geralmente, o objetivo das transações comerciais é facilitar a divisão do trabalho, o que implica que as mercadorias trocadas sejam diferentes umas das outras (um sapato por um pão, em vez de um sapato por outro sapato). Mas a troca de presentes em Homero envolve, em grande medida, coisas similares, geralmente objetos de decoração. O propósito não é capacitar as partes a se especializarem em atividades produtivas que lhes possam dar vantagem competitiva. Na verdade, muitas vezes os presentes nem são produzidos por quem os troca. Podem ser despojos de guerra ou presentes recebidos em uma troca anterior. Homero descreve os *oíkoi* como unidades bastante autossuficientes do ponto de vista da produção.

Para entendermos o objetivo da troca de presentes, devemos imaginar uma sociedade onde as pessoas vivem em pequenos grupos dispersos, em grupos domésticos que consistem em pouco mais de uma única família. Esses grupos domésticos enfrentam dois grandes problemas, além do da alimentação e moradia. O primeiro é como garantir a reprodução sem praticar o incesto, contra o qual há um forte tabu, quase universal, aparentemente de origem genética. O segundo é como sobreviver aos saqueadores. A solução do problema do incesto é o casamento com membros de outros grupos domésticos[32] e a do problema da defesa, as alianças com parentes de outros grupos domésticos ou com forasteiros. A troca de presentes facilita ambas as formas de contato, pois, através dela, o membro de um grupo doméstico pode se informar sobre as qualidades de um forasteiro pertencente a outro grupo. Se eu dou a alguém uma trípode de ouro e recebo em troca uma manta grosseira, estou aprendendo algo sobre a conveniência de ter esse indivíduo como aliado ou como genro: se isso é tudo que

---

32. Finley, na nota 30 acima, p. 172, observa que, em Homero, os casamentos quase sempre se dão entre membros de *oíkoi* geograficamente distantes.

ele tem para me dar, provavelmente não é um grande guerreiro, pois não foi capaz de acumular bastantes despojos de guerra, dentre os quais poderia escolher um bom presente para mim[33]. A função informacional da troca de presentes explica por que, na sociedade homérica, os matrimônios normalmente envolvem a troca *mútua* de presentes, em vez do recebimento destes apenas pela noiva.

O que caracteriza os ciclopes como selvagens não é a ausência da ágora e de *thémistes*, embora sejam esses os detalhes ressaltados pelo poeta, mas o fato de não tomarem parte no sistema de troca de presentes. Isso é a substância da incivilidade deles (em vários sentidos). É por isso que, quando Odisseu diz a Polifemo que um anfitrião que devora seus convidados não terá muitos visitantes, a afirmação entra por um ouvido e sai pelo outro.

A ética dos presentes é crucial para a compreensão dos acontecimentos da *Ilíada* e da *Odisseia*. A Guerra de Troia começa quando Páris abusa da hospitalidade de Menelau. Entre os momentos decisivos da *Ilíada*, estão a recusa inicial de Agamêmnon a devolver Criseide em "troca" do resgate oferecido pelo pai dela; a posterior insistência de Agamêmnon em tomar Briseide no lugar de Criseide, de quem ele finalmente é forçado a desistir; e a recusa de Aquiles a trocar sua ira pelos presentes oferecidos por Agamêmnon, bem como, mais tarde, seu consentimento em aceitar os presentes de Príamo em troca do corpo de Heitor. Na *Odisseia*, Páris reaparece, por assim dizer, na figura dos 108 pretendentes de Penélope; o Ciclope é duramente punido por abusar de sua condição de anfitrião; e os pretendentes violam, de ambos os lados, a lei moral: por seu comportamento como convidados na casa de Odisseu e como anfitriões deste quando ele estava disfarçado.

---

33. O papel dos despojos de guerra no sistema de troca de presentes ajuda a explicar por que, nas campanhas de guerra homéricas, os vitoriosos, em uma batalha, param para saquear o cadáver do oponente antes de entrar na próxima luta.

Além de um código moral centrado na relação entre convidado e anfitrião, os poemas apresentam um instrumento de execução desse código: a vingança. No grego antigo, a palavra para vingador, *dikephóros*, significa, literalmente, "justiceiro". Quando Páris abusa da hospitalidade de Menelau, a vingança é a destruição de Troia. Quando, por sua vez, os pretendentes abusam da hospitalidade de Odisseu, a vingança é a destruição deles. A ênfase na honra (*timé*) como virtude moral essencial só se torna compreensível em relação à natureza do instrumento de execução da lei. O homem de temperamento nervoso, que se vinga prontamente de um insulto, desempenha papel importante em um sistema de dissuasão baseado na vingança, pois dá credibilidade à ameaça de retaliação, fator essencial de dissuasão de atos ilícitos nesse tipo de sistema[34].

Em suma, no mundo homérico, evita-se o estado de natureza hobbesiano, através de um sistema de valores (hospitalidade e honra) e práticas (vingança e troca de presentes) que, embora não seja comunitário ou político, fomenta a cooperação necessária. A situação assemelha-se à da ética das modernas relações internacionais[35]. Não há Estado internacional, e ainda assim se estabelecem e se mantêm relações de cooperação para além das fronteiras nacionais. Em geral, na maior parte dos lugares, as pessoas viajam e comerciam com relativa segurança. A reciprocidade e a retaliação sustentam uma ordem internacional toleravelmente estável, semelhante ao que os poemas homéricos apresentam como ideal de interação social fora do *oîkos* – um sucedâneo do Estado "vigia noturno".

Mas a ordem do mundo homérico, descentralizada, recíproca e pré-política, é frágil; e os dois maiores poemas de Homero descrevem sua desintegração. Essa fragilidade é simbolizada pela Guerra de Troia. Quando Páris rapta Hele-

---

34. Os capítulos 7 e 8 trazem uma discussão mais sistemática da vingança. A palavra *dikephóros* não aparece realmente em Homero.
35. Sobre as analogias entre relações internacionais e direito primitivo, no tocante à manutenção da ordem, ver Michael Barkun, *Law without Sanctions* (1968).

na, inflige sério dano a Menelau, e era de esperar que este buscasse vingança. Mas Páris vive em uma cidade cercada por muralhas. Portanto, não há como Menelau vingar-se de Páris, seja sozinho ou com a ajuda de seus agregados. É verdade que Menelau tem um irmão e o dever de vingar um dano é reconhecido como obrigação parental. Mas, mesmo com a ajuda de Agamêmnon, Menelau não é forte o bastante para retaliar. Os irmãos precisam buscar a ajuda de numerosos indivíduos de fora da família, sobretudo a de Aquiles.

Tomemos os dois principais incidentes, na *Ilíada*, envolvendo Menelau: quando este duela com Páris, no Livro 3, e quando é ferido por Pândaro, no Livro 4. O duelo, solução pré-política contra violações da ordem moral, é interrompido. Quando Menelau é ferido por Pândaro, Agamêmnon, que teme pela morte de Menelau, fica perturbado, sobretudo por pensar que o cerco a Troia terá então de ser abandonado. Agamêmnon só é capaz de conceber a guerra como ato pessoal de vingança, que deve cessar quando o indivíduo lesado morre. Essa é uma posição radical, mesmo dentro do sistema de valores da *Ilíada*, já que os parentes do morto têm obrigação de vingá-lo. Mas a reação tipicamente extremada de Agamêmnon à possibilidade da morte de Menelau mostra o quanto é difícil, para a mentalidade homérica, conceber uma "causa" que sustente um empreendimento tão político como a Guerra de Troia.

No momento em que um conjunto de grupos domésticos descobre como se organizar para formar um Estado, os membros dos outros grupos, dispersos, entram em uma situação de grande perigo, pois perdem a capacidade de defender seus interesses através de ameaças plausíveis de retaliação contra os violadores destes. O Estado surge para resolver o problema da segurança externa, não o da interna[36]. Os

---

36. De fato, esta parece ser a dinâmica básica segundo a qual as sociedades de grupos domésticos dispersos se transformam em Estados. Ver Robert Bigelow, *The Dawn Warriors: Man's Evolution toward Peace* 8, 13 (1969); Robert L. Carneiro, "A Theory of the Origin of the State", *Science* 733 (14 de agosto de 1970).

poemas homéricos descrevem uma fase intermediária, na qual o grupo doméstico isolado une-se aos grupos formados por parentes ou amigos convidados, formando uma aliança instável para vingar violações específicas do código moral (os gregos); ou então se expande internamente para formar o coração de um Estado (os troianos).

Individualismo homérico

Qualquer um que já tenha lido sobre sociedades primitivas julgará familiar a estrutura de instituições e valores que chamei de homérica. As trocas de presentes e os ritos de hospitalidade; os conflitos entre grupos domésticos; o chefe que comanda na guerra, mas não governa na paz e nem mesmo administra o direito penal interno[37]; a débil confederação que surge para enfrentar uma ameaça externa e se desintegra quando esta desaparece[38]; a construção de alianças pelo parentesco ou pela relação convidado-anfitrião[39]; a eliminação dos prisioneiros (homens) e a escravização e "concubinização" das prisioneiras[40]; a sucessão do chefe por seu filho como questão prática, em vez de jurídica[41]; o duelo[42]; o sentido de honra altamente desenvolvi-

---

37. Ver Max Gluckman, *Politics, Law and Ritual in Tribal Society* 86-7 (1965).

38. Ver Marshall D. Sahlins, "The Segmentary Linkage: An Organization of Predatory Expansion", em *Comparative Political Systems* 89, 95-6 (Ronald Cohen & John Middleton [orgs.], 1967).

39. Gluckman, nota 37 acima, cap. 3 (apropriadamente intitulado "Stateless Societies and the Maintenance of Order"); Lucy Mair, *Primitive Government* 51 (1962).

40. Ver Edward O. Wilson, *Sociobiology: The New Synthesis* 572-3 (1975). Essa prática, a exemplo do sistema de "dois pesos e duas medidas" supracitado, tem origem evidentemente genética. É um método de maximizar a proliferação dos genes do grupo vitorioso. A agressividade é um traço genético que a seleção natural tenderá a favorecer na luta pela sobrevivência, pois os grupos que a possuírem tenderão a propagar seus genes (inclusive aquele que carrega o atributo da agressividade) com maior intensidade que os outros.

41. Ver Gluckman, nota 37 acima, p. 88.

42. Ver Mair, nota 39 acima, p. 41.

do[43]; o sistema de "dois pesos e duas medidas", formalmente legitimado, que prescreve fidelidade à esposa, mas permite ao marido que tenha todas as amantes que desejar; todas estas são características familiares das sociedades primitivas e pré-políticas. Isso é prova contundente de que a sociedade descrita por Homero é "verdadeira", embora não tenha necessariamente existido em todos os detalhes, mas também propõe um enigma. Homero é o poeta do herói individual. Mas não costumamos associar o "individualismo" às sociedades primitivas, mesmo quando lhes faltam instituições estatais. Pensamos nos membros dessas sociedades como pessoas presas a uma rede de costumes, castas e relações de parentesco que dá pouco espaço a qualquer manifestação de individualidade.

Mas essa visão é equivocada. O sentido de honra pessoal e a disposição para lutar por ele é um traço altamente individualista registrado pela literatura antropológica[44]. Conforme mencionado, essa característica desempenha uma importante função dissuasiva em uma sociedade apoiada na reciprocidade e na retaliação e não em instituições públicas de coerção. Paradoxalmente, um traço caracterológico altamente individualista funciona como sucedâneo das instituições coletivas; mas também dificulta o funcionamento dessas instituições, e este é um importante tema da *Ilíada* (a preocupação com a honra, além de ser a ruína de Troia, posterga a vitória dos gregos), o que faz de Homero um cronista da transição das sociedades pré-políticas para as políticas.

O parentesco e o *status* de classe ou casta estão presentes nos poemas homéricos, mas não destituem o herói de sua liberdade e responsabilidade individuais. O fato de Menelau e Agamêmnon serem irmãos e o de a mãe de Aquiles ser uma deusa, ao contrário da de Heitor, são importantes na narrativa da *Ilíada*. Mas essas relações não determi-

---

43. Ver *id.*, p. 40.
44. Ver *id.*

nam um sentido de predeterminação dos acontecimentos. A função do parentesco divino de Aquiles é justificar sua grande força como guerreiro[45]. Dentro do *oîkos*, entretanto, a individualidade fica comprometida. A unidade social no mundo homérico não é o indivíduo, mas o grupo doméstico, uma coletividade. Mas o *oîkos* homérico tampouco é uma verdadeira coletividade. Ele é uma extensão do chefe (Odisseu, Agamêmnon ou qualquer outro), e os chefes dos grupos domésticos são os personagens principais de ambos os poemas. A individualidade deles não encontra barreiras.

A natureza das relações pessoais dentro do *oîkos* é indicada pela palavra *phílos*, que reúne as noções de "caro" e "próprio". Meu braço é *phílos*, assim como minha filha. Os integrantes do *oîkos* de uma pessoa são parte do ser dessa pessoa. É por isso que Odisseu sente com tanta intensidade a deslealdade de seus servos e que a morte de Pátroclo – que, embora não seja parente de Aquiles, é membro de seu grupo doméstico – afeta Aquiles tão violentamente. Também por isso é que uma palavra como "amizade" não encontra equivalente no grego homérico. As relações de troca de presentes são alianças de natureza pragmática, enquanto as relações dentro do *oîkos*, como, por exemplo, entre Aquiles e Pátroclo, possuem a intensidade de relações familiares íntimas, mesmo na ausência de laços de parentesco.

Alguns paralelos com o mundo moderno

O fato de as epopeias homéricas, mesmo retratando princípios de ordem social tão diferentes dos nossos, conti-

---

45. Para o homem homérico, todo fenômeno observado tem de ter uma causa externa, e a causa normalmente identificada é a obra de algum deus. Assim, ao observar-se um poderoso guerreiro, imediatamente se infere que há um deus em sua árvore genealógica. Por outro lado, se Agamêmnon se comporta como um tolo, deve ser porque algum deus o cegou. Isso, entretanto, não o exime de sua responsabilidade; do mesmo modo que a afirmação "Não sei o que me deu" não serve de justificativa ou desculpa para nada. Ver E. R. Dodds, *The Greeks and the Irrational*, cap. 1 (1951).

nuarem nos tocando tão profundamente através dos milênios sugere que esses princípios não podem estar totalmente ausentes de nossa sociedade. Se refletirmos, veremos que não estão ausentes, mas apenas ofuscados pelo vasto setor público, que nos ocupa todo o campo de visão. A coesão de muitas instituições sociais (as instituições religiosas, o comércio internacional, o crime organizado, as famílias, os clubes e os tribunais arbitrais mantidos por diversas associações de comércio e bolsas de valores) muitas vezes independe, ou depende minimamente, da ameaça coerciva do Estado. Um importante exemplo disso é o típico contrato comercial. Mesmo na ausência de sanções legais em caso de quebra, a maior parte desses contratos seriam respeitados simplesmente por existir a ameaça de a parte lesada se recusar a realizar, no futuro, transações mutuamente vantajosas com a parte lesante. A troca de presentes existe em nossa sociedade e o sentido de honra ainda é uma característica humana.

Esses traços "pré-políticos" da moderna ordem social podem ser elucidados pelo estudo de seus equivalentes, mais bem definidos, na sociedade retratada por Homero. Consideremos o presente que não seja dinheiro. Um economista observaria que, como o favorecido deve conhecer melhor que o doador as próprias necessidades, uma quantia em dinheiro equivalente ao valor do presente aumentaria o bem-estar do favorecido, sem custo adicional para o doador[46]. Entretanto, como nas trocas de presentes homéricas, o presente não pecuniário moderno tem função informacional e doadora; pois diz, ao favorecido, algo sobre os gostos e valores do doador. Por outro lado, a retribuição diz ao doador algo sobre os gostos e valores do favorecido.

O estudo da sociedade homérica revela não apenas um conjunto de instituições e valores alternativos em relação aos da sociedade política, mas também um sistema de

---

46. O custo para o doador seria, na verdade, menor, pois este não gastaria tempo escolhendo e comprando o presente.

vínculos entre eles. Hospitalidade, reciprocidade, honra, troca de presentes e vingança desempenham papéis mutuamente complementares na criação de uma comunidade coesa. Provavelmente se encontrarão conjuntos semelhantes de características e práticas naqueles cenários modernos em que, como na sociedade homérica em geral, o poder coercivo do Estado não seja o alicerce da ordem social. Por exemplo, suponho que, em transações comerciais sobre as quais as sanções legais por quebra de contrato forem ineficazes (devido ao custo ou por outras razões), os negociadores serão extremamente vulneráveis a acusações de trapaça, visto ser a reputação a única garantia de credibilidade entre as partes do contrato. O sentido de honra nos negócios seria altamente desenvolvido em uma transação dessas, o que não ocorreria em transações cujas partes se apoiassem no sistema judiciário para proteger-se de trapaças.

A teoria do Estado

A investigação conduzida neste capítulo deve lançar ao menos uma pequena luz sobre uma velha questão filosófica e antropológica: a origem do Estado. Os filósofos políticos, de Hobbes a Nozick, buscaram justificar o Estado (ao menos o Estado mínimo ou "vigia noturno") como uma solução para o problema da segurança interna[47]. É verdade que há uma diferença entre justificação e explicação. Pode-se justificar o Estado imaginando-se sua formação como produto de um contrato social, ou então explicá-lo como produto real de tal contrato. A primeira abordagem é a de Nozick e a segunda, a de Hobbes[48]. Em ambos os casos, porém, a visão do Estado como solução para o problema da segu-

---

47. Ver Thomas Hobbes, *Leviathan* 202, 223-8 (C. B. MacPherson [org.], 1968); John Locke, *The Second Treatise on Government* 70-3 (Thomas P. Peardon [org.], 1952); Robert Nozick, *Anarchy, State, and Utopia* 15-7 (1974).
48. Ver Hobbes, nota 47 acima, pp. 189-92; Nozick, nota 47 acima, pp. 5-6.

rança interna implica a inexistência de soluções melhores. Este capítulo deve levantar uma dúvida na mente do leitor: o Estado é sempre a única solução possível para o problema da preservação da ordem em uma sociedade? Costume, troca de presentes, honra, parentesco e outras instituições pré-políticas que encontramos nos poemas homéricos caracterizam-se como um sistema alternativo de manutenção da ordem, diferente do Estado. Essas instituições provavelmente não funcionariam bem no cenário moderno (as razões dessa hipótese são exploradas nos capítulos 7 e 8). Mas toda teoria rigorosa do Estado precisa explicar *por que* não funcionariam.

Os antropólogos e historiadores antigos não cometeram o erro de julgar que a origem do Estado está na busca pela ordem pública. Atualmente, são duas as teorias que dominam o debate histórico-antropológico sobre as origens do Estado. Uma ressalta o papel do Estado na coordenação de projetos econômicos de grande escala, como a irrigação. Esta é a teoria "hidráulica" do Estado[49]. A outra enfatiza as conquistas e a defesa contra tentativas de conquista como fatores de incentivo[50]. A análise realizada neste capítulo apoia a segunda teoria. Os poemas homéricos não retratam esforços públicos de tão grande escala, do tipo que demandaria a supervisão do Estado, mas retratam um problema de organização com vistas à retaliação contra um malfeitor protegido pelos muros de uma cidade.

É preciso mencionar ainda uma outra teoria positiva do Estado: a da exploração. Se a riqueza se distribui desigualmente em uma sociedade, os ricos se verão incentivados a contratar serviçais; e, a partir desses grupos armados, pode acabar surgindo um Estado. Logo, a preservação de uma sociedade sem Estado pode demandar a igualdade na distribuição da riqueza. Essa questão é abordada no capítulo seguinte.

---

[49] Ver Karl Wittfogel, *Oriental Despotism* 49 (1957).
[50] Ver Franz Oppenheimer, *The State* 15 (1914).

6. Uma teoria da sociedade primitiva

Neste capítulo, sustento que a melhor maneira de explicar muitas das instituições características da sociedade primitiva, incluindo-se a troca de presentes, as transações recíprocas, a poligamia, o preço da noiva, a dimensão dos grupos de parentesco e o valor atribuído a certos traços da personalidade, como a generosidade, é considerando-as como adaptações à incerteza[1]. Entretanto, muitos aspectos

---

1. Os antecedentes de minha teoria na obra de Clifford Geertz, Gary Becker e outros, bem como a questão geral da aplicabilidade de conceitos econômicos à sociedade primitiva (o debate entre o "formalismo" e o "substantivismo" na antropologia econômica), são discutidos em Richard A. Posner, "A Theory of Primitive Society, with Special Reference to Law", 23 *J. Law & Econ.* 1-4 (1980). Minha análise da sociedade primitiva foi recentemente expandida em um interessante texto de Reuven Brenner, "A Theory of Development, or Markets and Human Capital in Primitive Societies" (N.Y.U. Dept. Econ., jan. 1980).

Embora a investigação conduzida neste capítulo e no seguinte se limite, conforme definido na nota 1 do capítulo 5, às sociedades "primitivas", grande parte dela se aplica, *mutatis mutandis*, a sociedades relativamente mais avançadas: sociedades "camponesas", por exemplo. Comparar James C. Scott, *The Moral Economy of the Peasant* (1976), que discute a importância do "seguro contra a fome" nas sociedades camponesas; o trabalho de McCloskey sobre os *open fields* ("campos abertos") na literatura medieval inglesa, mencionado na nota 28, acima; Samuel L. Popkin, *The Rational Peasant* (1979), esforço recente e abrangente de aplicação do modelo econômico ao comportamento e às instituições do campesinato; Douglass C. North & Robert Paul Thomas, *The Rise of the Western World: A New Economic History* (1973); e a discussão sobre as execuções judiciais na Atenas do quinto e quarto séculos (a.C.), no capítulo 8 deste livro.

importantes da vida primitiva, como os esforços de guerra, a religião e a escravidão, são omitidos ou discutidos apenas de passagem[2].

O custo da informação

Os povos primitivos não compreendem bem as leis da natureza (a crença na magia e na bruxaria é quase universal entre eles), não possuem sistema de escrita e, consequentemente, não guardam registros[3]; nem contam com as tecnologias modernas de comunicação. Essas limitações, e tudo o que elas implicam, sugerem que os custos de obtenção de informações nas sociedades primitivas são mais altos que nas avançadas. Mais precisamente, é necessário um maior investimento de tempo e recursos para se obter o mesmo volume de informações. No caso da informação sobre os muitos princípios científicos e técnicos desconhecidos do mundo primitivo, esta é uma verdade óbvia. Mas isso também vale para a informação relativa à probabilidade de a outra parte de um contrato cumprir com o combinado (não há um sistema judiciário para forçá-la a isso) ou de o volume de mercadorias entregue no ato de uma compra ser igual ao negociado (não há sistema de medida nos mercados primitivos); para a causa de uma morte (não há polícia nem autópsias, e a possibilidade de a *causa mortis* ter sido a bruxaria não pode ser rejeitada *a priori*) e para o produto marginal do trabalho de um camponês.

É verdade que algumas fontes de ignorância são mais características da vida moderna que da primitiva. Uma de-

---

2. A guerra foi abordada no capítulo 5 e a religião, no capítulo 8. Essas discussões são, porém, incompletas. Ainda não se desenvolveu nenhuma teoria econômica adequada da guerra ou da religião.

3. Como acontece com a maioria das generalizações sobre as sociedades primitivas, esta não é universalmente válida. Algumas dessas sociedades desenvolveram engenhosos sistemas de registro independentes da escrita. Ver A. S. Diamond, *Primitive Law Past and Present* 203 (1971).

las é a especialização do conhecimento, que, no século XX, desenvolveu-se a ponto de transformar cada um de nós em um ignorante relativamente a vastas áreas do saber. Outra é representada pelas condições de vida e trabalho na sociedade urbana. Como resultado do anonimato, da impessoalidade e da privacidade, conhecemos menos, comparativamente aos membros de uma sociedade primitiva, nossos vizinhos, colegas de trabalho e até os amigos e a família. Ambas as fontes de ignorância, entretanto, longe de refletirem altos custos informacionais, são na verdade resultado de baixos custos informacionais, graças aos quais o conhecimento avançou a ponto de a especialização ter-se tornado eficiente e graças aos quais tornou-se possível preservar a ordem social sem a necessidade de vigiar permanentemente a população.

O segundo ponto, relativo à vigilância, precisa ser explicado. Independentemente da proporção da população em relação ao território (e geralmente ela é bem alta), os povos primitivos tendem ao gregarismo, porquanto lhes são negadas as condições necessárias à privacidade, como a existência de quartos separados e portas, oportunidades de solidão e anonimato e um certo grau de mobilidade ocupacional ou recreativa[4]. A falta de privacidade traz diversas implicações para os valores e as instituições das sociedades primitivas. Ela ajuda a explicar por que a taxa de criminalidade nas sociedades primitivas é aparentemente baixa, apesar da inexistência de um aparato investigativo formal (público ou privado) ou de penas severas em lugar disso. O exemplo da criminalidade sugere, entretanto, que essa falta de privacidade pode ser justamente uma adaptação aos altos custos informacionais em uma sociedade que não conta com instituições investigatórias públicas ou privadas nem com imprensa. Uma das maneiras de reduzir os custos informacionais é criar um ambiente de vida onde todos sai-

---

4. Para as provas disso, ver referências nas notas 16 e 31 ao capítulo 9, bem como na nota 17 ao capítulo 10, adiante.

bam tudo sobre os outros. A negação de privacidade nas sociedades primitivas transforma cada membro da população em um informante e policial[5].

Se, por um lado, a negação da privacidade intensifica a produção de informações, por outro, a reduz; e isso ajuda a explicar por que o acúmulo de conhecimento, e consequentemente o desenvolvimento econômico, é tão lento nas sociedades primitivas. Conforme examino mais detidamente na Parte III, é preciso haver um certo grau de privacidade para que se crie a tranquilidade necessária ao exercício contínuo da atividade mental (da qual poderá resultar um melhor entendimento do mundo) e para que os indivíduos possam ocultar dos outros suas ideias, apropriando-se assim dos benefícios sociais de suas descobertas e invenções. Na ausência de direitos de propriedade intelectual formalmente reconhecidos, como os criados pelas leis de patentes, assim como de subsídios públicos, a ocultação é o único método de garantir remuneração pelo desenvolvimento de novas técnicas de produção. Mesmo em nossa sociedade, os custos de determinação e execução dos direitos de propriedade intelectual são elevados e os segredos industriais continuam sendo um importante método para a obtenção dos benefícios da inovação. Nas sociedades primitivas, provavelmente esses custos são ainda maiores[6]. O financiamento público de inventores é impossível, devido ao caráter rudimentar das finanças públicas nas sociedades

---

5. Marshall Sahlins, em *Stone Age Economics* 204 (1972), chama a atenção para a "falta de privacidade da vida primitiva" como mecanismo de preservação da ordem pública. Donald W. Ball, em "Privacy, Publicity, Deviance and Control", 18 *Pac. Soc. Rev.* 259 (1975), cita diversos estudos interculturais que apontam uma relação inversa entre privacidade e severidade das penas em uma sociedade e entre a privacidade e a existência de instituições judiciais, embora a interpretação dada por ele a essas constatações destoe daquela implícita no texto. Ver ainda a discussão sobre as culturas da "vergonha" *versus* as da "culpa", no capítulo 7.

6. Há registros históricos da existência de direitos de propriedade sobre músicas, feitiços, penachos e nomes – ver, p. ex., Diamond, nota 3 acima, p. 188; Harold E. Driver, *Indians of North America* 269, 285 (2.ª ed. rev., 1969) – mas, até onde sei, não sobre ideias de produção e invenções.

primitivas, fator este que se deve justamente aos elevados custos informacionais em tais sociedades. Só resta então o sigilo, difícil de obter por causa da falta de privacidade.

Os custos informacionais resultantes da falta de um sistema de escrita merecem atenção especial. Mesmo sem escrita, a atividade mental complexa é possível, inclusive análises caracterológicas sutis e atos extraordinários de memorização, ambos ilustrados pelas circunstâncias em que os poemas homéricos foram originalmente compostos e recitados. O que em geral não é possível é a organização industrial ou governamental em grande escala. A burocracia está intimamente ligada à documentação. Isso vale para o Estado micênico retratado na escrita Linear B das tabuinhas de argila, para os impérios egípcios e sumérios, ainda mais antigos, assim como para o Estado moderno[7]. Entre os povos pré-literários, o Estado geralmente é fraco[8] e, por vezes, não existe[9]. A ausência de um Estado efetivo, que atribuo provisoriamente à inexistência da escrita[10], tem,

---

7. A conexão entre escrita e Estado já foi observada. Ver Diamond, nota 3 acima, p. 39; Jack Goody, "Introduction", em *Literacy in Traditional Societies* 1, 2 (Jack Goody [org.], 1968); Jack Goody & Ian Watt, "The Consequences of Literacy", em *id.*, pp. 27, 36; Maurice Bloch, "Astrology and Writing in Madagascar", em *id.*, pp. 277, 286.

8. Uma exceção, mas que prova a regra, é o império Ashanti do século XVIII, na África, que desenvolveu um sistema de documentação sem o uso da escrita. Ver Melville J. Herskovits, *Economic Anthropology* 420 (2.ª ed. rev., 1952).

9. Ver, além do capítulo 5 deste livro, Driver, nota 6 acima, cap. 17; Herskovits, nota 8 acima, pp. 399-405, 416-38; Lucy Mair, *Primitive Government* (1962); Max Gluckman, *Politics, Law and Ritual in Tribal Society* (1965); *African Political Systems* (M. Fortes & E. E. Evans-Pritchard [orgs.], 1940). I. Schapera, *Government and Politics in Tribal Societies* (1956), afirma que os estudiosos superestimaram a fragilidade do Estado primitivo, ao menos na sociedade africana, mas dá exemplos de Estados muito frágeis nessas sociedades. Ver *id.*, pp. 38, 85, 88.

10. A relação de causalidade poderia, contudo, ser a inversa. As sociedades primitivas não possuem instituições de grande porte porque não possuem escrita. Mas, por não possuírem tais instituições, não necessitam da documentação escrita. Para outras necessidades comunicativas, mesmo as extremamente sutis, a linguagem não escrita pode ser bastante adequada, conforme atestam os poemas homéricos.

como veremos, consequências profundas sobre as instituições sociais primitivas.

Um modelo de sociedade primitiva

Pressupostos

Apresentarei um modelo simples de sociedade primitiva. Embora o modelo derive da pressuposição de altos custos informacionais, pode ser igualmente visto e defendido como uma generalização feita por indução a partir da literatura antropológica descritiva sobre as sociedades primitivas, sem ligação com nenhuma premissa relativa ao ambiente informacional em tais sociedades.

O objetivo de meu modelo não é negar a variedade e complexidade das sociedades primitivas nem fornecer uma descrição fiel de uma determinada sociedade; mas explicar por que certas características institucionais, como a fragilidade do Estado, a hierarquia familiar como base para a atribuição de direitos e deveres e a oferta de presentes como mecanismo fundamental de troca, são encontradas com frequência tão maior nas sociedades primitivas e arcaicas que nas modernas[11]. Tenho consciência de que praticamen-

---

11. O melhor estudo geral das instituições sociais das sociedades arcaicas continua sendo Henry Sumner Maine, *Ancient Law* (1861), embora algumas de suas conclusões não sejam mais aceitas. Sobre a situação atual da teoria de Maine à luz das descobertas da antropologia moderna, ver Robert Redfield, "Maine's *Ancient Law* in the Light of Primitive Societies", 3 *W. Pol. Q.* 574 (1950), sobretudo pp. 585-7. M. I. Finley, *The World of Odysseus* (2.ª ed. rev., 1978), é um ótimo estudo sobre a sociedade descrita nos poemas homéricos. Sobre as sagas nórdicas, ver fontes fornecidas em David Friedman, "Private Creation and Enforcement of Law: A Historical Case", 8 *J. Legal Stud.* 399 (1979). A literatura socioantropológica moderna, por sua vez, é obviamente vasta. São exemplos dessa literatura: Driver, nota 6 acima, sobre as sociedades indígenas norte-americanas; Herskovits, nota 8 acima; Robert H. Lowie, *Primitive Society* (2.ª ed., 1947); Lucy Mair, *African Societies* (1974); Carleton S. Coon, *The Hunting Peoples* (1971); *African Systems of Kinship and Marriage* (A. R. Radcliffe-Brown & Daryll Forde [orgs.], 1950); Elman R. Service, *Primitive*

te todas as generalizações referentes às sociedades primitivas podem ser contestadas pela referência às práticas de uma ou mais dessas sociedades. Mas, se olhamos para as sociedades primevas como um todo e as comparamos com as modernas, encontramos diferenças institucionais recorrentes, e é com estas que desejo trabalhar em meu modelo.

Como objeção a meus esforços, o antropólogo poderia dizer também que minhas categorias analíticas, por serem extraídas da teoria econômica moderna, são etnocêntricas e desrespeitam o modo como os povos primitivos pensam sobre suas atividades e instituições. Mas essa objeção se aplicaria igualmente aos estudos econômicos de sociedades modernas. Assim como acontece com o homem primitivo, consumidores e homens de negócio não descrevem suas atividades com os termos que um economista utiliza. O poder explicativo da economia independe da consciência do sujeito econômico.

Os pressupostos específicos do modelo são os seguintes:
1. Não há Estado (efetivo). Essa afirmação superdimensiona a anarquia da vida primitiva, mas vale, em seus aspectos principais, para a maioria das sociedades primitivas (como a homérica, analisada no capítulo anterior). Pode haver um chefe que comanda na guerra, mas não tem atribuições em tempo de paz, e anciãos que esporadicamente exercem certa autoridade. Em geral, porém, não há tribunais, parlamentos, polícia, promotores públicos, cobradores de impostos ou outros cargos públicos notórios. Nesse nível de abstração, a diferença entre Estado inexistente e Estado insignificante é demasiado sutil para se mostrar relevante. Conforme mencionado, atribuo a ausência do Estado à inexistência da escrita, embora não se possa excluir a possibilidade de que a relação de causalidade se inverta.

Social Organization (2.ª ed., 1971). Há diversos estudos bastante interessantes sobre sociedades específicas, como E. E. Evans-Pritchard, *The Nuer: A Description of the Modes of Livelihood and Political Institutions of a Nilotic People* (1940); Bronislaw Malinowski, *Crime and Custom in Savage Society* (1926) [trad. bras. *Crime e costume na sociedade selvagem*, Brasília, Ed. da UnB, 2008]; e Leopold Pospisil, *Kapauku Papuans and Their Law* (1958).

2. A situação do conhecimento técnico é tal que a sociedade só é capaz de produzir uma variedade limitada de bens de consumo, sendo essa variedade medida pelo número de mercadorias distintas e pelas variações de qualidade de uma única mercadoria. Mas é preciso admitir que a falta de padronização pode gerar variações de qualidade consideráveis e que a variedade é, em certa medida, questão de ponto de vista.

3. Presume-se que a troca de mercadorias com outras sociedades seja bastante limitada. O comércio ilimitado possibilitaria a variedade ilimitada. Entretanto, os custos de transporte, juntamente com os custos de transação gerados pelas diferenças idiomáticas, a inexistência de moeda e a falta de mecanismos de execução contratual, em geral fazem do comércio exterior apenas uma pequena parcela da economia primitiva.

4. Presume-se que as mercadorias produzidas na sociedade sejam perecíveis e, portanto, consumidas logo depois de produzidas, o que novamente é um exagero. Mas a conservação dos alimentos é, de fato, um problema sério; e a comida é o produto mais importante dessas sociedades[12].

Para impedir que a sociedade adote técnicas mais eficientes de produção, um quinto pressuposto é necessário:

5. Os ganhos privados com inovações, como a redução dos custos (inclusive de transporte) ou o aumento da variedade de mercadorias produzidas, devem ser insignificantes, seja porque é impossível apropriar-se deles (devido ao problema da privacidade) ou por razões exógenas.

---

12. Sahlins, nota 5 acima, pp. 11-2, 31-2, explica a inter-relação, em economias de caça, entre falta de variedade e incapacidade de estocagem. Os grupos nômades precisam mudar constantemente de lugar em busca de caça. O transporte de haveres, inclusive de carne conservada, prejudicaria sua mobilidade. Portanto, percebe-se que os membros desses grupos não possuem muitos haveres nem conservam a carne. De modo semelhante, em sociedades agrárias primitivas, a maior parte das energias se direciona ao cultivo da terra. Mas não se estocam as colheitas nem se as converte em produtos estocáveis. As sociedades pastoris produzem os bens de consumo mais duráveis. Suas instituições são um tanto diferentes (e apontam para a direção que o modelo prevê).

O princípio da seguridade:
suas instituições e seus valores implícitos

O modelo esquematizado acima implica a forte ética "redistributiva" (embora o nome seja um tanto impróprio) observada por diversos estudiosos da sociedade primitiva[13]. É de esperar que o seguro, sobretudo contra a fome, seja um produto muito importante em uma sociedade como essa. As condições de produção, principalmente a dificuldade de estocar alimentos, geram bastante incerteza quanto à satisfatoriedade futura do suprimento de víveres de um indivíduo, e provocam assim variação significativa em sua riqueza[14]. Nessas circunstâncias, será atraente, para ambas as partes, uma transação por meio da qual A, dono de uma safra excedente, dê parte desse excedente a B em troca do compromisso, da parte de B, de retribuir, caso a situação algum dia se inverta. A opção de autosseguridade não existe para A devido à pressuposição de que a comida não é estocável.

O interesse de A em segurar-se aumenta ainda mais diante da pressuposta escassez de mercadorias pelas quais ele poderia trocar seu excedente de alimentos: A não se verá, assim, tão tentado a negociar seu excedente em troca de outros bens de consumo, em vez de usá-lo para segurar-se contra a fome. É verdade que ele será capaz de trocar seus alimentos excedentes por bens de produção ou de capital,

---

13. O termo "redistribuição", tal como empregado nos discursos econômico e ético, implica um esforço, através do Estado, de promoção de uma igualdade econômica *ex post* maior (às vezes menor) do que aquela que o mercado promoveria. Os antropólogos presumem, de modo geral, que as sociedades primitivas sejam redistributivas mais ou menos nesse sentido (isto é, no propósito de igualar *ex post* a riqueza em grau superior ao obtido pelo mercado ou ao que seria eficiente, no sentido de maximização da riqueza), mas eles tendem a reservar a palavra "redistribuição" para a alocação, por parte do chefe de uma tribo, do excedente de sua produção agrária.

14. Sobre a precariedade da vida primitiva, ver Manning Nash, *Primitive and Peasant Economic Systems* 22 (1960); M. Fortes, "The Political System of the Tallensi of the Northern Territories of the Gold Coast", em *African Political Systems*, nota 9 acima, pp. 239, 249.

dentre os quais destacam-se as mulheres. Mas estes são uma outra forma de "seguro-colheita", como o são as crianças devido às obrigações de parentesco. Ademais, a despeito de outras razões econômicas que limitam a incidência da poliginia mesmo em sociedades que a permitem, como acontece com muitas sociedades primitivas, um bem altamente durável e precioso como uma mulher é tão mais valioso que uma boa colheita ou uma boa caça, que são coisas limitadas e evanescentes, que se torna difícil amealhar o equivalente ao preço de compra. Logo, é de esperar que, em condições similares, a poliginia seja mais comum em sociedades pastoris que em outras sociedades primitivas; pois naquelas há mais bens duráveis para trocar por mulheres[15].

Em suma, mesmo sem se pressupor que o homem primitivo seja mais avesso a riscos ou menos individualista que o homem moderno, pode-se explicar economicamente a importância do seguro, como produto dotado de demanda e oferta, na sociedade primitiva. Com efeito, o homem primitivo pode ser menos avesso a riscos que o moderno e ainda assim desejar mais seguridade, tanto por viver em condições de maior risco quanto por carecer de mercadorias alternativas. Mas temos de considerar ainda a forma institucional que o fornecimento de seguridade tomará. O primeiro pressuposto do modelo (a ausência de Estado) exclui a possibilidade de o excedente de alimentos ser tributado e redistribuído aos pobres pelo Estado. Ademais, juntamente com as condições gerais de obtenção de infor-

---

15. Podem-se encontrar alguns indícios importantes disso em Frederic L. Pryor, *The Origins of the Economy: A Comparative Study of Distribution in Primitive and Peasant Economies* (1977). Desconsiderando-se suas amostras de sociedade (as quais, a meu ver, não são primitivas), que ele classifica como "voltadas para a economia" ou "voltadas para a política", pode-se comparar a incidência da poliginia: entre sociedades em que a criação de animais respondia por 10% da produção de alimentos, a poliginia se manifestou comum em 13 e incomum em 7; e entre sociedades em que a criação de animais respondia por menos de 10% da produção de alimentos, a poliginia se manifestou comum em 9 e incomum em 11. (Calculado a partir de Pryor, supracitado, p. 328, variável 5; pp. 333-4, variáveis 59, 61, 69; pp. 336-9.)

mações na sociedade primitiva, que tendem a retardar o surgimento de mercados formais, a ausência de um Estado efetivo impossibilita o surgimento de um mercado formal de seguridade privada, no qual se trocariam alimentos pela promessa juridicamente executável de retribuição, quando e caso necessário. Não há Estado para garantir judicialmente o cumprimento das promessas. É verdade que, mesmo não havendo sanções formais, a maioria das promessas serão cumpridas simplesmente porque o promitente quer que o promissário negocie com ele no futuro. Mas nem todas serão honradas: um homem idoso pode descumprir a promessa de compartilhar seu excedente, caso seja improvável que ele vá viver o bastante para ser "punido", em sua quebra de contrato, pela recusa de todos a vender-lhe seguro contra a fome no futuro[16].

Mas a seguridade social provida pelo Estado e o mercado formal de seguros não esgotam o repertório institucional. Por exemplo, a eficácia da reciprocidade como incentivo ao compartilhamento de alimentos excedentes com os outros pode ser fortalecida se as pesssoas se limitarem a compartilhar somente, ou ao menos principalmente, com grupos cujos membros se conheçam e interajam com frequência, e possuam habilidades, predisposições, personalidades e expectativas semelhantes. A instituição que mais provavelmente preenche os requisitos para essa "companhia de seguros mútuos" informal é a família. Esta entretanto, tal qual a conhecemos, é demasiado pequena para compor um fundo de risco adequado para fins de seguridade. Esta pode ser uma das razões pelas quais as sociedades primitivas dedicam uma parcela tão grande de seus recursos linguísticos,

---

16. Há registro de uma sociedade primitiva na qual os jovens hesitam em compartilhar sua comida com os idosos por ser improvável que estes estejam lá para retribuir no futuro. Ver Allan C. Holmberg, *Nomads of the Long Bow* 151-3 (1969).

Sobre as limitações dos acordos autoexecutáveis, ver o interessante trabalho de L. G. Telser, "A Theory of Self-Enforcing Agreements", 53 *J. Bus.* 27 (1980).

jurídicos e informacionais à concepção de grupos de parentesco muito maiores que a família moderna e o grupo doméstico primitivo[17]. A preocupação primitiva com a definição e delimitação cuidadosas do grupo de parentesco não se funda em alguma vã curiosidade genealógica, mas no fato de que, em uma sociedade primitiva, os deveres jurídicos e morais que nós modernos temos para com nossos parentes mais próximos (às vezes somente com nossos filhos pequenos) estendem-se a todos os membros de um grupo de parentesco. Atribuo isso à falta de mecanismos de seguridade alternativos na sociedade primitiva.

Até aqui, só expliquei por que as pessoas podem querer limitar seus acordos de seguridade ao círculo de seus parentes. Não expliquei por que elas deveriam *obrigatoriamente* fazer tais acordos. Os trabalhos mais recentes sobre economia da informação sugerem uma resposta a essa questão. Consideremos o seguro de vida moderno. Se presumirmos que os indivíduos conhecem melhor que as companhias de seguros sua expectativa de vida, os melhores riscos tenderão

---

17. O sistema de parentesco mais comum entre os povos primitivos é o patrilinear, no qual a descendência é definida pelo lado do pai. Em um sistema assim, um homem, seus filhos, os filhos destes etc., pertencem ao mesmo grupo de descendência, enquanto os filhos de suas filhas integrarão o grupo de descendência dos homens com quem as filhas se casarem. Mas os laços de parentesco frequentemente rompem as fronteiras dos diferentes grupos de descendência. Por exemplo, uma mulher casada pode continuar pertencendo ao grupo de descendência de seu pai, o que lhe dá direito a pedir-lhe ajuda, embora viva com outro grupo de descendência. O ponto principal, contudo, é que o grupo de parentesco primitivo é maior que as famílias moderna e primitiva; e, onde os laços de parentesco se cruzam, os grupos de descendência podem alcançar certo grau de diversidade geográfica. Essas características do grupo de parentesco provavelmente estão relacionadas a suas funções securitárias, como o estão as rígidas e exigentes obrigações entre os parentes – por exemplo, o sobrinho pode ter o direito de tomar uma das vacas do tio sem a necessidade de pedir-lhe permissão, muito menos de pagar-lhe por ela. Ver, p. ex., I. Schapera, *A Handbook of Tswana Law and Custom* 219-21 (1938). Como excelentes introduções à complexidade das determinações e estruturas de parentesco na sociedade primitiva, ver A. R. Radcliffe-Brown, "Introduction", em *African Systems of Kinship and Marriage*, nota 11 acima, p. 1; Robin Fox, *Kinship and Marriage: An Anthropological Perspective* (1967).

a sair do fundo de risco, por não estarem dispostos a pagar prêmios baseados na expectativa de vida média, que é menor que a deles. Isso fará com que o fundo de risco se reduza, possivelmente além do limite aceitável[18]. Uma das soluções para o problema é fornecer seguro de vida para os empregados como condição empregatícia. Assim, ninguém poderá se retirar do fundo de seguro sem desistir do emprego[19]. Problema e solução semelhantes são encontrados na sociedade primitiva. Se um homem conhecer, melhor que todos, a probabilidade de que algum dia venha a precisar da comida de um parente, os melhores riscos tenderão a fugir do sistema de seguro. Esse problema desapareceria se o prêmio convencional do seguro (por exemplo, ao longo da vida, um sobrinho pode requerer uma vaca ao tio) variasse conforme negociações nas quais as partes informassem uma à outra em que aspectos suas respectivas expectativas diferem da média. Se, porém, essa alternativa for impraticável devido aos altos custos informacionais, então é de esperar que os deveres de compartilhamento sejam compulsórios dentro do grupo de parentesco[20].

O que determina o tamanho de um grupo de parentesco no interior do qual se reconhece um dever de compartilhamento? Por um lado, quanto maior for o grupo, menor será a covariância na produção de alimentos dos membros individuais e, portanto, maior será o seguro fornecido. É essencial que o grupo de parentesco seja maior que o grupo doméstico, já que a covariância no interior deste é provavelmente muito alta. Além disso, quanto mais geograficamente disperso for o grupo de parentesco, me-

---

18. Ver George A. Akerlof, "The Market for 'Lemons': Quality Uncertainty and the Market Mechanism", 84 *Q. J. Econ.* 488 (1970).

19. Ver Yoram Barzel, "Some Fallacies in the Interpretation of Information Costs", 20 *J. Law & Econ.* 291, 303 (1977).

20. Isso abre a possibilidade de que o melhor risco simplesmente abdique de seu pertencimento ao grupo de parentesco. Mas esta é uma medida muito custosa, devido às funções de segurança do grupo de parentesco examinadas no capítulo seguinte.

nor será a covariância. Por outro lado, quanto menor e mais concentrado geograficamente for o grupo, menos grave será o problema do "perigo moral" (a tentação de um homem de não trabalhar e de viver às custas dos parentes)[21]. Presumivelmente, há um tamanho e um grau de dispersão ideais para o grupo de parentesco, dependendo das circunstâncias de determinada sociedade. O tamanho ideal é presumivelmente maior, quanto mais primitiva for a sociedade: quanto menores forem a variedade e as possibilidades de estocagem de bens de consumo, menor será a perda do homem rico ao compartilhar, com os parentes pobres, o excedente produzido e, portanto, menor será o efeito desestimulante de ter de fazê-lo. Na verdade, os efeitos desestimulantes podem ser desprezíveis se, como é de supor, o volume exato do excedente produzido estiver além de seu controle. Ademais, dada a impossibilidade de estocagem e a incerteza quanto à safra, o parente pobre que relaxar em seus esforços produtivos, esperando desfrutar de parte da colheita do parente rico, estará agindo com imprudência[22].

O dever de compartilhar comida com os parentes não é o único mecanismo pelo qual a sociedade primitiva, carecendo de contratos formais de seguro e de seus sucedâneos estatais, segura seus membros contra a fome. A generosidade para com os outros habitantes de um vilarejo ou membros de um grupo e com os parentes é um fator mais valorizado na sociedade primitiva que na moderna; aparentemente porque essa generosidade é um sucedâneo da seguridade formal[23]. O fato de que, em uma sociedade primitiva,

---

21. Cf. S. F. Nadel, "Dual Descent in the Nuba Hills", em *African Systems of Kinship and Marriage*, nota 11 acima, pp. 333, 358.

22. O tamanho ideal do grupo no interior do qual se compartilha a renda é discutido, em um outro contexto, em John Umbeck, "A Theory of Contract Choice and the California Gold Rush", 20 *J. Law & Econ.* 421 (1977).

23. Comparar E. E. Evans-Pritchard, nota 11 acima, p. 85: "Pode-se compreender facilmente esse hábito de compartilhamento equitativo em uma comunidade onde todo mundo está sujeito a passar por dificuldades de tempos em tempos. Pois é a escassez, e não a abastança, que torna as pessoas gene-

os homens obtêm prestígio doando, em vez de guardando, o que têm já foi considerado prova da inaplicabilidade do modelo econômico a esse tipo de sociedade (o *potlatch* dos índios do noroeste dos Estados Unidos é apenas o exemplo mais teatral da "compra" de prestígio pela doação de bens em quantidade aparentemente excessiva[24]). Mas, quando a variedade e a durabilidade dos bens de consumo são limitadas, dar o excedente que se tem (e, por excedente, refiro-me apenas à diferença entre produção e consumo normal) pode ser a coisa mais útil a se fazer, pelo menos do ponto de vista da sociedade. Não é de surpreender que isso traga o tipo de prestígio que conferimos a um grande investidor, cientista, industrial ou artista[25].

Se, por um lado, o prestígio estimula a generosidade, por outro, não deixam de existir métodos de coerção, como ilustra a prática dos esquimós de matar pessoas ricas e, ao

---

rosas, já que, por meio da generosidade, todos se seguram contra a fome. Aquele que hoje se encontra em dificuldade recebe ajuda daquele que amanhã poderá também se ver na mesma situação."

24. Ver Stuart Piddocke, "The Potlatch System of the Southern Kwakiutl: A New Perspective", em *Economic Anthropology: Readings in Theory and Analysis* 283 (Edward E. LeClair, Jr. & Harold K. Schneider [orgs.], 1968). Há também os objetivos informacionais e políticos da dissipação de excedentes. Nas sociedades primitivas tecnologicamente capacitadas à estocagem de alimentos, esses objetivos podem interferir na estocagem de excedentes e, logo, no fornecimento de seguridade contra a fome. A título de exemplo, ver S. F. Nadel, *The Nuba: An Anthropological Study of the Hill Tribes of Kordofan* 49-50 (1947).

25. O fato de que, tanto na sociedade primitiva quanto na moderna, o prestígio social está relacionado à produtividade social é indicado, acidentalmente, em uma passagem citada em Herskovits, nota 8 acima, p. 121, para ilustrar sua afirmação de que "o desejo de prestígio, que se provou tão vigorosa fonte de motivação para o trabalho em outros grupos, é mínimo" nas sociedades nômades. A passagem citada é a seguinte: "Quando a necessidade básica por comida foi suprida, uma pessoa não recebe muitas críticas por não fazer nada nem muitos elogios por comprar uma casa melhor ou construir um jardim maior, ambos os quais podem ter de ser abandonados em seguida." Nessas circunstâncias, porém, construir uma casa melhor ou um jardim maior *não* é algo produtivo. A sociedade se beneficiará mais se as pessoas conservarem suas energias (e, logo, suas necessidades alimentares), em vez de fazerem investimentos cujos frutos não verão.

mesmo tempo, avarentas[26]. Em nossa sociedade, esta seria uma visão canhestra. Como vimos no capítulo 3, um indivíduo produtivo, mesmo que egoísta, produz *superavit* do consumidor para os outros. Mas o *superavit* do consumidor reflete os benefícios da divisão do trabalho, da especialização e da comercialização da produção, fatores praticamente ausentes na sociedade primitiva. A principal mercadoria comercializada nas sociedades mais simples, como a dos esquimós, é o seguro; e, ao recusar-se a compartilhar seu excedente com os outros, o homem rico está se recusando a entrar nesse negócio. Ele, de fato, é de pouca ou nenhuma utilidade para os demais membros da sociedade. Matá-lo, portanto, não representa custos para eles, como representaria em uma sociedade avançada.

A perspectiva securitária também pode ajudar a explicar por que algumas sociedades primitivas não aceitam o empréstimo a juros. O "empréstimo", em uma sociedade primitiva, não raro corresponde, na sociedade moderna, ao pagamento de um sinistro pela seguradora; é o cumprimento do compromisso contratual do segurador. Por isso a cobrança de juros mudaria a natureza da transação. Outro costume semelhante é aquele segundo o qual um homem deve fornecer um empréstimo quando lhe pedirem[27]. O empréstimo compulsório representa uma outra dimensão do já mencionado dever de generosidade. Como meu modelo presume que o excedente de um homem tem relativamente pouco valor para ele (devido aos problemas de estocagem e à falta de mercadorias pelas quais possa ser trocado), a resistência que as pessoas ricas normalmente ofereceriam à obrigatoriedade de oferecer empréstimos fica atenuada.

---

26. Ver E. Adamson Hoebel, *The Law of Primitive Man: A Study in Comparative Legal Dynamics* 81 (1964). Fala-se pouco sobre o parentesco na cultura dos esquimós, provavelmente porque o ambiente em que habitam os força a viver em grupos muito pequenos e dispersos, que mantêm pouco contato entre si. Ver *idem*, p. 68. A ênfase na generosidade para com os não parentes dentro do grupo é um sucedâneo da seguridade por parentesco.

27. Ver R. F. Barton, *The Kalingas: Their Institutions and Custom Law* 132 (1949); Herskovits, nota 8 acima, p. 373.

A função securitária dos empréstimos é particularmente perceptível na prática do empréstimo de gado, elemento tão marcante da sociedade tribal africana. O principal objetivo de um indivíduo com esse tipo de empréstimo não é arrecadar juros, mas espalhar geograficamente seu gado para reduzir o risco de perdas decorrentes de epidemias[28].

Um empréstimo sem juros parece um presente, sobretudo se (como costuma ocorrer) a sociedade não oferece remédios judiciais contra a inadimplência[29]. Mas o dever moral de pagar os empréstimos é reconhecido na sociedade primitiva e imposto de várias formas. Analogamente, a oferta de presentes nesse tipo de sociedade é explicitamente recíproca: o indivíduo tem um forte dever moral de retribuir um presente com outro de valor equivalente[30]. Nessas circunstâncias, o termo "presente" é impróprio. Os presentes, empréstimos sem juros (às vezes compulsórios) e banquetes, bem como a generosidade e os demais mecanismos "re-

---

28. Ver, p. ex., E. H. Winter, "Livestock Markets among the Iraqw of Northern Tanganyika", em *Markets in Africa*, 457, 461 (Paul Bohannan & George Dalton [orgs.], 1962); Elisabeth Colson, "Trade and Wealth among the Tonga", em *idem*, pp. 601, 607; Nash, nota 14 acima, pp. 50-1. A evidente semelhança com a política agrícola dos "*open fields*" da Inglaterra medieval foi examinada por McCloskey. Ver Donald N. McCloskey, "English Open Fields as Behavior towards Risk", 1 *Res. in Econ. Hist.* 124 (1976), e "The Persistence of English Common Fields", em *European Peasants and Their Markets* 73 (William N. Parker & Eric L. Jones [orgs.], 1975). McCloskey observa a presença de políticas do tipo da dos *open fields* em algumas sociedades primitivas. Ver *idem*, p. 114. Também ressalta a possibilidade de a família agir como instituição securitária. Ver *idem*, p. 117.

29. A inexistência de tais remédios parece explicar por que a taxa de juros é frequentemente muito alta onde a usura é permitida: a probabilidade de inadimplência é altíssima. Ver Herskovits, nota 8 acima, p. 228.

30. A literatura sobre a troca de presentes nas sociedades primitivas e arcaicas é abundante. Para alguns exemplos, ver Finley, nota 11 acima, p. 62; Herskovits, nota 8 acima, cap. 8; Bronislaw Malinowski, "Tribal Economics in the Trobriands", em *Tribal and Peasant Economies: Readings in Economic Anthropology* 185 (George Dalton [org.], 1967); Marcel Mauss, *The Gift: Forms and Functions of Exchange in Archaic Societies* (traduzido por Ian Cunnison, 1954); V. A. Riasanovsky, *Customary Law of the Nomadic Tribes of Siberia* 144-5 (1938); Sahlins, nota 5 acima, cap. 5. Ver também cap. 5.

distributivos" da sociedade primitiva, não são produtos do altruísmo; ou, pelo menos, este não é necessário como pressuposto para explicá-los[31]. São pagamentos de sinistros[32]. O princípio da reciprocidade, que obriga um homem a, quando possível, pagar por um empréstimo, retribuir um presente ou oferecer um banquete a seus benfeitores, proporciona uma certa segurança contra os problemas do "carona" e do "perigo moral", os quais, de outro modo, seriam inevitáveis em um sistema securitário tão inclusivo e informal como o das sociedades primitivas.

Alguns autores afirmam que, ainda que seja recíproca, a troca de presentes na sociedade primitiva não é uma forma de comércio, pois frequentemente as mercadorias intercambiadas são similares, e, ademais, não há prazo para a retribuição. Mas essas constatações provam apenas que a troca de presentes não é o mesmo tipo de comércio que, em sociedades mais complexas, surge a partir da divisão do trabalho e da consequente especialização. Seu objetivo é a uniformização do consumo ao longo do tempo, não a exploração da divisão do trabalho, e ver-se-ia completamente frustrado se os presentes fossem trocados simultaneamente[33].

Também é incorreto afirmar, como na seguinte passagem sobre a sociedade da Alta Idade Média, que a ausên-

---

31. Os banquetes não são apenas um meio de alimentar várias pessoas. São também uma forma de "poupança forçada" – para que possa oferecer comida, o anfitrião do banquete deve acumulá-la. É claro que, no banquete, podem-se acabar gastando prematuramente os alimentos acumulados. Ver nota 24 acima.

32. Cyril S. Belshaw, *Traditional Exchange and Modern Markets* 38 (1965), descreve uma prática (de uma tribo) que ilustra bem esse ponto. A cria uma relação de troca de presentes ao dar um presente a B, o qual não tem liberdade para recusar esse presente. Daí em diante, A pode, a qualquer momento, exigir de B a retribuição do presente. Essa reciprocidade "sob demanda" representa, para A, uma salvaguarda contra a incerteza. Cf., sobre os empréstimos, S. C. Humphreys, *Anthropology and the Greeks* 152 (1978).

33. Na verdade, a troca simultânea de presentes ocorre nas sociedades primitivas, mas desempenha uma função que difere tanto da de seguridade quanto da de exploração da divisão do trabalho. Discuto isso no capítulo 5 e também mais adiante neste capítulo.

cia do "incentivo do lucro" distingue a troca de presentes das transações comerciais modernas:

> À primeira vista, essa troca mútua de presentes lembra o comércio, mas seu objetivo e seu *éthos* são totalmente diferentes. Seu objetivo não é o "lucro" material e tangível, derivado da diferença entre aquilo que o indivíduo dá e aquilo que recebe em troca; mas sim o prestígio social vinculado à generosidade, a capacidade de um indivíduo de ser pródigo com seus vizinhos e dependentes. O "lucro" consiste em deixar o outro moralmente em dívida, pois a retribuição com outro presente ou com a prestação de serviços faz-se necessária se o beneficiário deseja conservar sua dignidade.[34]

O autor considera a típica transação comercial moderna como unilateral, ou seja, A vende a B uma mercadoria ou um serviço que sabe que vale mais do que B pensa. Mas a transação típica é mutuamente vantajosa, pois, graças a ela, ambas as partes podem explorar a divisão do trabalho. A expectativa de que o presente seja um dia retribuído envolve o mesmo "incentivo do lucro" presente na transação comercial moderna, embora o fundamento aqui seja o desejo de segurança, em vez do desejo de explorar a divisão do trabalho[35].

---

34. Philip Grierson, "Commerce in the Dark Ages: A Critique of the Evidence", em *Studies in Economic Anthropology* 74, 79 (George Dalton [org.], 1971).

35. São também exemplos de mecanismos securitários da sociedade primitiva os dois seguintes princípios: (1) as dívidas nunca vencem (não há período de prescrição, embora se deva dizer que isso seria de considerável conveniência em uma sociedade oral) e (2) o indivíduo herda as dívidas do pai, mesmo que o montante destas exceda o valor da fortuna. Ver, p. ex., Barton, nota 27 acima, p. 126; Max Gluckman, *The Ideas in Barotse Jurisprudence* 195 (1965); R. S. Rattray, *Ashanti Law and Constitution* 370-1 (1929). O provérbio é "as dívidas nunca morrem". Ver Walter Goldschmidt, *Sebei Law* 62, 188, 204 (1967). Esses princípios ampliam o alcance do princípio da segurança. Se emprestarmos dinheiro a um homem velho e pobre, não o estaremos perdendo para sempre: seus descendentes herdarão a dívida. Mesmo assim, a dívida herdada não será um fardo excessivamente pesado para eles, visto que terão o dever de saldar o empréstimo, mas só se, e quando, sua sa-

O sistema de trocas recíprocas, que é como podemos definir a rede de instituições acima descrita, responsável pela alocação do excedente de alimentos em uma sociedade primitiva, parece frágil, dada a inexistência de sanções legais a quem deixe de retribuir pronta e adequadamente os benefícios recebidos[36]. Portanto, talvez se deva acrescentar um sexto pressuposto ao modelo:

6. A população é estática, no sentido de que um membro de um vilarejo, de um grupo ou de uma tribo não consegue juntar-se facilmente a outra unidade mais distante. A mobilidade tornaria grande o incentivo à "carona" e a relutância em compartilhar com os outros sem uma garantia executável de retribuição. Na maioria das sociedades primitivas, a mobilidade é, de fato, bastante limitada, o que não surpreende, dadas as condições informacionais em tais sociedades. Onde a mobilidade é grande, o sistema de trocas recíprocas tende a ruir[37].

Na tabela 1, apresentam-se algumas provas quantitativas baseadas na análise precedente.

A tabela mostra que, quanto menos desenvolvida uma sociedade primitiva for, e quanto mais, portanto, a economia desta se aproximar das condições de meu modelo, maior será a probabilidade de que, nela, as mercadorias se distribuam através da troca de presentes, dos empréstimos sem juros e do compartilhamento; e menos provável será a existência de transações de mercado. Pryor também constata que as trocas recíprocas são mais importantes em sociedades baseadas na caça, na pesca e na agricultura que

---

fra for boa, o que lhes permitirá saldar a dívida sem reduzir seu consumo abaixo do nível habitual.

36. Para alguns exemplos de tentativas de escapar das obrigações da troca recíproca, ver Sahlins, nota 5 acima, pp. 125, 128-9, e nota 16 acima.

37. Para sinais disso em um vilarejo de esquimós, ver Pryor, nota 15 acima, p. 91. Na literatura biológica sobre altruísmo recíproco, encontramos argumentação semelhante. Ver David P. Barash, *Sociobiology and Behavior* 314 (1977). O conceito biológico de altruísmo recíproco parece, na verdade, indiferenciável do conceito econômico de troca egoística, porém recíproca, que utilizo na elucidação das instituições sociais primitivas.

Tabela 1. Frequência relativa das formas de distribuição em
diferentes níveis de desenvolvimento econômico

	Frequência relativa da forma de distribuição	
Tipo de distribuição	15 sociedades no nível mais baixo	15 sociedades no nível mais alto
Mercadorias		
Transação de mercado	7	14
Compartilhamento	13	3
Troca recíproca	13	3
Redistribuição centralizada	3	10
Mão de obra		
Transação de mercado	2	14
Troca recíproca	10	9
Redistribuição centralizada	0	5
Outros		
Presença de juros	2	9,5

Fonte: Pryor, nota 15 acima, p. 309 (tab. 11.1).

naquelas baseadas na coleta e no pastoreio: coincidindo com o espírito de meu modelo, ele observa que, nos três primeiros tipos de sociedade, o abastecimento de alimentos é mais incerto, o que aumenta a demanda por um princípio de troca recíproca[38].

O item "redistribuição centralizada" da tabela 1 refere-se à redistribuição realizada por um poder público, como um chefe ou rei. A ausência de redistribuição centralizada nas sociedades menos desenvolvidas é sinal da debilidade do Estado nessas sociedades[39].

---

38. Ver Pryor, nota 15 acima, p. 195. Para referências a análises, na literatura antropológica, da função securitária da troca recíproca nas sociedades primitivas, ver Posner, nota 1 acima, pp. 18-9 n. 51.

39. A amostra de Pryor inclui sociedades camponesas, bem como primitivas. O predomínio das transações de mercado e da redistribuição estatal na segunda coluna sugere a presença de uma comparação entre sociedades primitivas (coluna 1) e sociedades que, em minha terminologia, seriam não primitivas (coluna 2).

Aspectos políticos da seguridade e da poligamia

A seguridade tende a uniformizar a distribuição *ex post* da riqueza, e há sinais de que isso seja um efeito dos acordos securitários da sociedade primitiva[40]. Mas a igualdade de riqueza não é apenas subproduto da seguridade. É também condição necessária à preservação de um equilíbrio político pré-estatal. Um homem que, ano após ano, produza excedentes – um homem rico – atrairá a atenção dos demais membros da sociedade. Ele poderia então usar sua riqueza para contratar capatazes, trocando parte de seu excedente pela lealdade deles, enquanto outros membros da sociedade tentariam minar a lealdade dos capatazes, prometendo-lhes uma parcela maior do excedente caso se virassem contra o chefe e se apropriassem de sua riqueza. Como resultado dessa disputa, poderia surgir, em torno do homem rico ou de algum outro indivíduo, um séquito numeroso a ponto de intimidar os outros indivíduos e grupos domésticos da sociedade. O líder do grupo poderia então fundar um Estado, do qual seria o chefe. Assim, ao se observar uma sociedade praticamente ou totalmente destituída de Estado, a despeito da limitada diversidade de bens de consumo (e, consequentemente, o incentivo à utilização de todo excedente para a contratação de mercenários e capatazes), pode-se presumir a existência de instituições que impeçam as pessoas mais aptas e dinâmicas de usar seus excedentes para fins políticos. As instituições securitárias da sociedade primitiva exercem esse efeito, pois tendem a dissipar os excedentes[41].

---

40. Pryor, nota 15 acima, pp. 200-1, constata uma relação direta entre a troca recíproca e a igualdade socioeconômica. Ver também *id.*, pp. 261, 276.

41. De acordo com essa análise, Pryor, nota 15 acima, pp. 426-7, verifica uma relação inversa entre igualdade socioeconômica e tamanho do Estado, assim como o fazem diversos estudos anteriores citados em Edwin E. Erickson, "Cultural Evolution", 20 *Am. Behavioral Scientist* 669, 673 (1977); e Robert A. LeVine, "The Internalization of Political Values in Stateless Societies", 19 *Human Organization* 51, 53 (1960), encontra uma relação inversa entre, por um lado, igualdade e compartilhamento e, por outro, a preocupação com valores políticos.

Uma comparação com o sistema feudal ajuda a elucidar a função política da seguridade nas sociedades primitivas. O feudalismo é um tipo de reação a uma situação na qual alguns indivíduos conseguem produzir um excedente, mas há poucas mercadorias para se comprar com este. Esse excedente é então usado para contratar serviçais e aumentar assim seu poder político[42]. A maioria das sociedades primitivas não são feudais. Nelas, o homem pobre tem direitos sobre as mercadorias do parente (rico), sem que a isso correspondam deveres de servidão. Essa relação unilateral seria intolerável em situações de grande e duradoura desigualdade de riqueza, como em um sistema de classes. Mas o nascimento de um sistema assim é obstruído pelos caprichos da lavoura e da caça, excessivos na economia primitiva, e pela dificuldade de estocar e conservar os excedentes da safra ou os produtos da caça, ou de trocá-los por bens duráveis. Devido a esses fatores, todos os membros da sociedade experimentam grande variação em sua expectativa de riqueza e estão, portanto, dispostos a sujeitar-se a um elaborado conjunto de acordos securitários, seja qual for sua condição financeira em dado momento. O resultado é a uniformização *ex post* da riqueza.

A poligamia, aparentemente uma fonte de grande desigualdade, pode, na verdade, promover a igualdade econômica e a consequente estabilidade política da sociedade primitiva. É verdade que, em sua forma mais comum, isto

---

Em minha análise das instituições que sustentam um equilíbrio pré-estatal na sociedade primitiva, não emito juízo de valor sobre a eficiência econômica dessas instituições. O Estado, provavelmente, é mais eficiente que instituições públicas alternativas. Mas o Estado eficaz pode ser impraticável em uma sociedade pré-literária. Nesse caso, as instituições substitutas podem representar a segunda melhor solução para o problema da ordem pública. Sobre a eficiência das instituições primitivas, ver, adiante, a conclusão do capítulo 7.

42. Esta é, mais ou menos, a teoria de Adam Smith para o feudalismo. Ver *The Wealth of Nations*, Livro 3, cap. 4 (1776). Cf. Mair, nota 9 acima, cap. 4, sobretudo p. 67. Sobre a importância dos serviçais armados, pelo menos nos estágios iniciais do feudalismo medieval europeu, ver 1 Marc Bloch, *Feudal Society* 154, 169 (traduzido por L. A. Manyon, 1961). Para uma análise econômica recente do feudalismo, ressaltando outros fatores, ver North & Thomas, pt. 2, nota 1 acima.

é, a poliginia (muitas esposas), a poligamia pressupõe certa desigualdade de riqueza[43]. Dados o caráter decrescente dos dividendos (não compensados por oportunidades de maior divisão do trabalho) resultantes da aquisição de esposas adicionais, a oferta mais ou menos fixa de mulheres proporcionalmente ao número de homens e o forte desejo da maioria dos homens de ter ao menos uma esposa, um indivíduo terá de ser muito mais rico que o outro para que esteja disposto e apto a pagar mais, por sua segunda, terceira ou enésima esposa, que um rival em busca da primeira esposa. Mesmo onde a poliginia é permitida, esta geralmente é rara[44], o que indica que a desigualdade de riqueza não é grande (como parece acontecer na maioria das sociedades primitivas) ou que os dividendos da aquisição de uma segunda esposa são de fato muito inferiores aos da aquisição da primeira (ou que ambos os fatores estão em ação). Seja como for, se a poliginia pressupõe certa desigualdade de riqueza, não intensifica necessariamente essa desigualdade. Onde a poliginia é comum, geralmente o noivo ou seus parentes devem pagar um considerável "preço da noiva" aos parentes desta[45]; e, acima de tudo, a poliginia, por au-

---

43. Ver Gary S. Becker, *The Economic Approach to Human Behavior* 240 (1976).
44. Ver, p. ex., *id.*, e bibliografia citada; A. S. Diamond, nota 3 acima, p. 246 n. 2.
45. Como o preço da noiva é dividido entre os parentes dela, este é mais um exemplo do princípio da seguridade em funcionamento. Lucy Mair, *Marriage*, cap. 4 (2.ª ed., 1977), é uma boa introdução ao complexo tema do preço da noiva. A poliginia parece estar intimamente associada ao pagamento de um preço considerável pela noiva. Ver Amyra Grossbard, "Toward a Marriage between Economics and Anthropology and a General Theory of Marriage", 68 *Am. Econ. Rev. Papers & Proceedings* 33, 36 (1978); Pryor, nota 15 acima, p. 364 (tab. B3). O estudo estatístico de Pryor sobre o preço da noiva (ver *idem*, pp. 348-68) avança um pouco rumo à solução do velho debate sobre se o pagamento do preço da noiva é uma forma verdadeira de comércio ou apenas algum tipo de gesto simbólico. Sua análise favorece o modelo comercial. Sobre o predomínio da compra de noivas nas sociedades arcaicas, ver Diamond, nota 3 acima, pp. 57, 69. Aqui, Diamond fala dos "códigos antigos", isto é, as leis das sociedades que recém adotaram a escrita. Esses códigos provavelmente registram um conjunto preexistente de leis orais. Para um maior aprofundamento no tema dos costumes matrimoniais primitivos, ver capítulo 7.

mentar o número de dependentes (esposas e filhos) que precisarão de sustento quando o marido morrer, tende a reduzir a desigualdade ao longo do tempo[46]. Com a maior divisão das propriedades dele[47], a desigualdade de riqueza na próxima geração diminui. Onde a poliginia não é aceita, a herança por primogenitura tenderia a perpetuar as desigualdades ao longo das gerações. Portanto, nas sociedades primitivas que proíbem a poliginia, espera-se encontrar normas de herança igualitárias ou outros desvios em relação à primogenitura. E, de fato, há exemplos que comprovam essa relação[48].

A poliginia certamente tende a intensificar a desigualdade entre as famílias, presumindo-se que a prole poligínica permaneça no seio da família do pai, como acontece com a prole masculina em uma sociedade patrilinear. Dada a importância do papel da família na preservação da ordem pública, uma força tão desigualadora poderia prejudicar o

---

46. Ver M. Fortes, nota 14 acima, p. 250; Jack Goody, "Bridewealth and Dowry in Africa and Eurasia", em Jack Goody & S. J. Tambiah, *Bridewealth and Dowry* 1, 13, 17-8, 32 (1973); Robert A. LeVine, "Wealth and Power in Gusiiland", em *Markets in Africa*, nota 28 acima, pp. 520, 522-3; Frederic L. Pryor, "Simulation of the Impact of Social and Economic Institutions on the Size Distribution of Income and Wealth", 63 *Am. Econ. Rev.* 50, 54 (1973). Ver também Jack Goody, *Production and Reproduction: A Comparative Study of the Domestic Domain* (1976), que defende a ligação entre, por um lado, poligamia, preço da noiva, igualdade de riqueza e Estado fraco e, por outro, monogamia, dote, desigualdade de riqueza e Estado forte. Para sinais de que a relação entre monogamia e Estado forte é direta e de que a relação entre poligamia e Estado forte é inversa, ver Mary Douglas, "Lele Economy Compared with the Bushong: A Study of Economic Backwardness", em *Markets in Africa*, nota 28, p. 211.

47. Ver discussão sobre direito de família no capítulo seguinte.

48. Dados do Arquivo de Relações Humanas por Área (*Human Relations Area Files*) indicam que, dentre as dezessete sociedades classificadas por Pryor, nota 15 acima, pp. 327-39, como sociedades nas quais inexiste orientação política concreta, mas nas quais a poliginia é também incomum; em uma, a primogenitura é a norma da sucessão hereditária; em outra, não há sucessão hereditária alguma; e, nas outras quinze, as propriedades do indivíduo são partilhadas mais ou menos equitativamente após sua morte (embora, às vezes, a herança vá apenas para a prole masculina). Por outro lado, nas sociedades primitivas poligínicas, a primogenitura é comum, o que significa que o filho mais velho de cada esposa herda a parcela que cabe a esta nas propriedades do marido. Ver nota 14, capítulo 7.

equilíbrio político de uma sociedade primitiva. Mas, nesse tipo de sociedade, o poder nos grupos de parentesco não é rigidamente centralizado. Ademais, os grupos tendem a se fragmentar quando crescem muito[49]. Assim, a partir de certo ponto, ao aumento do número de membros de um grupo pode não mais corresponder um crescimento significativo do poder deste – a força adicional pode ser anulada pela redução na coesão. O contraste com a estrutura hierárquica do feudalismo (ou das grandes empresas modernas) é evidente.

A fragmentação do poder político pela poliginia também se dá através do aumento dos custos de oportunidade dos serviçais[50]. A riqueza, assim, é canalizada para uma área politicamente inofensiva, pois as mulheres são inúteis como guerreiras na sociedade primitiva[51]. Em favor dessa análise,

---

49. Ver, p. ex., Daryll Forde, "Double Descent Among the Yako", em *African Systems of Kinship and Marriage*, nota 11 acima, pp. 285, 294.

50. Isto é, para contratar um serviçal, o homem rico precisa renunciar à oportunidade de comprar outra esposa. Outra opção de uso da riqueza seria o aluguel das terras excedentes ou a contratação de empregados para trabalhar nelas. Mas essa alternativa parece esbarrar em custos informacionais maiores que aqueles com os quais a sociedade primitiva é capaz de lidar. Ver notas 12 e 13 e texto correspondente, no capítulo 7.

51. Logo, o fato de o feudalismo ter surgido na Europa medieval, fortemente monogâmica, é totalmente acidental? Minha análise sugere que, sendo iguais todas as outras variáveis (ressalva obviamente essencial), é menos provável que o feudalismo surja em uma sociedade poligínica que em uma não poligínica. Diamond, nota 3 acima, p. 376, afirma que, com o crescimento do feudalismo, o preço da noiva diminui. Essa constatação faz sentido, pois o custo de oportunidade de uma esposa é maior em um sistema feudal que em um não feudal.

As esposas adicionais, é importante ressaltar, não vêm apenas proporcionar mais opções sexuais ao marido, mas também mais segurança, sobretudo através do aumento do número de filhos, que, como membros do grupo de parentesco do pai, deverão prestar ajuda a este na terceira idade. Assim, quando o principal bem de capital de uma sociedade é a mulher, é fácil entender por que um homem que venda mulheres em troca de outras mercadorias torna-se execrável, como acontece entre os tiv, por exemplo (ver Paul Bohannan, "Some Principles of Exchange and Investment among the Tiv", em *Economic Anthropology*, nota 24 acima, pp. 300, 304): ele está desperdiçando seu capital.

pode-se citar o seguinte relato. Em uma tribo africana onde o poder estatal tornou-se forte a ponto de o direito à redistribuição do excedente de alimentos aos membros mais necessitados ter-se tornado monopólio do chefe, este incentivava os homens ricos a comprar esposas adicionais. Ele temia que, se não gastassem a riqueza desse modo, poderiam usá-la para alimentar os necessitados e ameaçar assim o domínio dele[52].

A tabela 2 confronta duas das variáveis de Pryor: poliginia e orientação política da sociedade. A tabela mostra que a poliginia é mais comum em sociedades de orientação política negativa (isto é, que tendem à ausência do Estado). Isso coincide com minha alegação de que a poliginia exerce a função de fragmentação do poder político, sustentando assim o equilíbrio político pré-estatal da sociedade primitiva.

Tabela 2. Orientação política e poliginia

Orientação política	Número de sociedades	
	Poliginia é comum	Poliginia não é comum
Positiva[a]	4	12
Negativa[b]	7	1

Fonte: Calculado de Pryor, nota 15 acima, pp. 318, 333-4 (variáveis em 6,69), 336-9.
a. Marcação 1 em col. 61, p. 339 de Pryor.
b. Marcação -1 em *idem*.

Outras formas primitivas de adaptação ao alto custo da informação

1. No que diz respeito à mais visível das instituições primitivas resultantes do alto custo da informação, ou seja, a crença na magia, na feitiçaria e na bruxaria, contento-me

---

52. Ver I. Schapera, "Economic Changes in South African Native Life", em *Tribal and Peasant Economies*, nota 30 acima, pp. 136, 142.

em observar quão frequentemente as superstições parecem promover o bem-estar econômico da sociedade. Em muitas sociedades, por exemplo, aquele que se torna excessivamente rico (que, em outras palavras, deixa de cumprir com o dever social de compartilhar seu excedente com os outros) pode vir a ser considerado um bruxo[53]. Isso pode ser visto como resultado da inveja de que se torna alvo qualquer um que se erga acima da média (de fato, tais sentimentos podem ser descritos como inveja e despeito), mas também pode ser visto como reação racional (fruto de juízo causal, não de um estado de espírito) à demanda por segurança e à ausência dos mecanismos convencionais modernos para supri-la. Consideremos a crença de uma tribo de que aquele que vender suas mercadorias a caminho do mercado ficará amaldiçoado[54]. Esta parece uma crença tola, mas não se observarmos que a eficiência de um mercado aumenta na proporção direta da quantidade de ofertas de compra e venda reunidas em seu interior. Ou consideremos o costume, comum nas sociedades primitivas e arcaicas, de enterrar as pessoas com seus objetos pessoais ou de destruir esses objetos quando de sua morte[55]. Estes são métodos de uniformização da riqueza das gerações subsequentes[56], cujos benefícios já discuti.

2. A distribuição por idade (*age grading*), isto é, a distribuição de tarefas ou funções de acordo com a idade, é mais comum nas sociedades primitivas que nas modernas. Por exemplo, todos os homens de uma comunidade primitiva que tivessem entre sete e dez anos de idade poderiam receber a função de pastor; todos os que tivessem de onze a quatorze, a de guerreiro mirim; os que tivessem de quinze a trinta anos, a de guerreiro; e todos acima de trinta, a de sábio da tribo. A atribuição de tarefas profissionais por sexo também é mais comum que nas sociedades modernas. Uma

---

53. Ver, p. ex., Driver, nota 6 acima, p. 444.
54. Ver Herskovits, nota 8 acima, p. 205.
55. Ver, p. ex., *id.*, pp. 491-2.
56. Ver T. Scarlett Epstein, *Capitalism, Primitive and Modern* 31 (1968).

explicação simples para esse tipo de distribuição por idade e sexo é que as diferenças entre os indivíduos são irrelevantes para o desempenho das tarefas. Outra explicação, baseada em trabalhos recentes sobre economia da informação, é que idade e sexo são sucedâneos da adequação individual a uma determinada tarefa. Avaliar essa adequação exigiria muito mais informações relativas à força, à habilidade e ao caráter dos indivíduos[57]. Apesar de os membros das sociedades primitivas conhecerem-se muito bem devido à falta de privacidade, problemas de avaliação e supervisão podem tornar o cálculo do produto marginal de um indivíduo, nessas sociedades, mais dispendioso que nas modernas, o que leva aquelas a se apoiarem mais em sucedâneos grosseiros, mas baratos, da habilidade individual.

3. Como já mencionei, os presentes desempenham um papel mais importante nas sociedades primitivas que nas modernas. Esse papel se explica em parte como o de seguridade mútua, mas também tem seus aspectos informacionais, examinados no capítulo anterior. Dentro do grupo de parentesco ou do vilarejo, os presentes são, em geral, uma variável do sistema de seguridade anteriormente explicado; pois, no interior de um pequeno grupo, conhece-se tudo sobre a personalidade de cada um, nada restando que se possa comunicar por meio de presentes. Mas a troca de presentes entre estranhos, como a que acompanha o noivado entre membros de grupos de parentesco de vilarejos diferentes, provavelmente possui uma função informacional (esses presentes de noivado, é importante ressaltar, distinguem-se do preço da noiva, que é o preço de compra)[58]. Visto como ferramenta de sinalização, o presente não precisa ser de fato

---

57. Ver, p. ex., Edmund Phelps, "The Statistical Theory of Racism and Sexism", 62 *Am. Econ. Rev.* 659 (1972). Esse argumento é o cerne da análise que faço da discriminação racial, na Parte IV.

58. Ver, p. ex., Barton, nota 27 acima, p. 40. O princípio da exogamia (ver capítulo 7), o tamanho do grupo de parentesco e a probabilidade de que a maior parte dos habitantes de um vilarejo sejam parentes são fatores que, combinados, frequentemente tornam necessário buscar o cônjuge em outro vilarejo, o que provavelmente significará buscá-lo entre estranhos.

recebido ou utilizado pelo donatário. A forma de expressão do *potlatch* dos índios do noroeste dos Estados Unidos, rito em que os bens são destruídos, em vez de doados, é às vezes considerada patológica; mas pode muito bem ser interpretada como um método de sinalização da posse de riquezas e de quaisquer qualidades relacionadas a essa posse[59].

4. Quanto ao comércio em seu sentido comum, isto é, a troca de artigos diferentes entre estranhos, os custos de transação na sociedade primitiva são altos devido ao custo das informações relativas à confiabilidade do vendedor, à qualidade do produto e às opções de comercialização (o preço de mercado). Entretanto, há instituições que reduzem esses custos de transação. Uma delas é a troca de presentes, que fornece informações sobre o caráter e as intenções do indivíduo. A troca de presentes é, não raro, um complemento ao comércio primitivo[60]. Por exemplo, o círculo *kula*, sofisticado sistema de intercâmbio de artefatos entre membros de diferentes comunidades das ilhas Trobriand, embora não fosse comércio no sentido usual (consistia basicamente no intercâmbio de objetos decorativos similares), facilitava a prática deste. Explica Cyril Belshaw:

> A cerimônia do *kula* em si não estava voltada ao comércio entre os indivíduos. Mas, paralelamente ao *kula*, as pessoas, ao visitarem seus parceiros, aproveitavam a oportunidade para fazer negócios. Malinowski argumenta que, juntamente com os *vaygu'a* [os objetos decorativos intercambiados no círculo *kula*], os parceiros *kula* trocariam presentes comercialmente e que a segurança garantida pela parceria tornaria possível, ao visitante, entrar em contato com outros habitantes do vilarejo e fazer comércio com eles.[61]

---

59. Ver Edward O. Wilson, *Sociobiology* 561 (1975).

60. Ver, p. ex., Herskovits, nota 8 acima, p. 196. A oficialização de uma dívida por meio da troca de presentes é uma prática semelhante a essa. Ver Gluckman, nota 35 acima, pp. 197-8.

61. Belshaw, nota 32 acima, p. 16. Para uma interessante análise econômica recente do círculo *kula*, ver Janet T. Landa, "Primitive Public Choice and Exchange: An Explanation of the Enigma of the Kula Ring" (U. Toronto, Dept. Econ. Pol., s/d).

Além disso, em muitas sociedades primitivas, os bens comercializados têm preços "costumeiros", em vez de preços definidos por negociação entre as partes[62]. Preços costumeiros não mudam tão rapidamente quanto as condições de oferta e demanda. São, portanto, fonte de ineficiência. Mas, dados os altos custos das atividades mercadológicas nas sociedades primitivas, esses preços podem ser mais eficientes que os livremente negociados, sobretudo porque as pessoas têm direitos sobre os bens de seus parentes[63]. As transações multilaterais são, em geral, mais dispendiosas que as bilaterais. Esta talvez seja uma das razões da relativa raridade do comércio nas sociedades primitivas[64]. Entretanto, se o comércio existir, os preços "costumeiros" podem facilitá-lo, reduzindo os custos de transação por eliminarem a necessidade de negociações multilaterais de preços.

Outra forma de adaptação aos custos das transações de mercado é a transformação de relações meramente contratuais em relações íntimas. Em algumas sociedades primitivas, se dois homens travam relações comerciais frequentemente, tornam-se irmãos de sangue e passam a ter, entre si, o mesmo dever de generosidade e honestidade nos negócios que teriam para com um parente[65]. Essa "amizade de

---

62. Ver exemplos em Herskovits, nota 8 acima, pp. 206-10; Sahlins, nota 5 acima, pp. 295, 299-300, 308-9, e Pospisil, nota 11 acima, pp. 121-2. Note-se que tanto a prática de pechinchar (ver Clifford Geertz, "The Bazaar Economy: Information and Search in Peasant Marketing", 68 *Am. Econ. Rev. Papers & Proceedings* 28 [1978]) quanto a de fixar preços costumeiros, embora aparentemente estejam em extremos opostos do espectro da flexibilidade de preços, explicam-se a partir do alto custo da informação nas sociedades primitivas. Nenhum desses métodos de fixação de preços é tão comum nas sociedades modernas.

63. Provavelmente, é por isso que, em pelo menos uma sociedade, é costume o comprador dar presentes aos parentes do vendedor. Ver Barton, nota 27 acima, p. 107.

64. Ver *idem*, pp. 110-1; Maine, nota 11 acima, p. 271 (Ed. Beacon, 1970); e tabela 1, acima.

65. Ver Gluckman, nota 35 acima, p. 174. Raymond Firth fala da "personalização" das relações econômicas na sociedade primitiva, *Primitive Polynesian Economy*, 315, 350 (1939). Nash, nota 14 acima, p. 49, descreve o uso de um "idioma (...) de parentesco ficcional" nas transações de mercado.

escambo" é uma forma de levar reciprocidade ao processo de intercâmbio e aumentar assim a probabilidade de cumprimento das promessas, a despeito da falta de um poder coercitivo estatal[66].

5. O formalismo e o decoro do discurso e dos costumes primitivos são bem documentados. Nos capítulos 9 e 10, relacionarei essas características à falta de privacidade nas sociedades primitivas. O raciocínio, em resumo, é que as pessoas que não têm privacidade para conversar precisam aprender a se expressar de maneira precisa e cautelosa, pois muitas de suas conversas serão escutadas, o que abre amplo espaço para recriminações e equívocos. A análise econômica da retórica primitiva pode ser aprofundada, mas farei aqui apenas um esboço.

A arte da retórica, tão desenvolvida nas culturas primitivas e antigas, e tão negligenciada (exceto pelos políticos) nas modernas, parece ser uma reação ao alto custo da informação[67]. Nas palavras de um dos poucos livros didáticos modernos sobre o assunto,

> Ao lidarmos com os problemas reais do cotidiano, nem sempre somos capazes de descobrir ou provar a verdade (...). Frequentemente, porém, para seguir adiante na vida, preci-

---

66. Marshall Sahlins observou a existência de outro mecanismo de intensificação da segurança do comércio primitivo. Ele o chama de "bônus" econômico: o comprador, deliberadamente, paga um preço maior ao vendedor, para induzi-lo a negociar honestamente com ele no futuro. Ver Sahlins, nota 5 acima, pp. 303-4. O bônus aumenta, para o vendedor, o custo de uma eventual desonestidade, pois esta induziria o comprador a suspender o tratamento preferencial. Sobre os fundamentos econômicos dessa prática, ver Gary S. Becker & George J. Stigler, "Law Enforcement, Malfeasance, and Compensation of Enforcers", 3 *J. Legal Stud.* 1, 6-13 (1974).

Por último, a própria feira pode ser vista como uma adaptação aos altos custos da informação e da comunicação. Esses custos dificultam a reunião de ofertas de compra e de venda, a não ser quando todos os compradores e vendedores se encontram em um mesmo lugar.

67. J. L. Hermessen, "A Journey on the River Zamora, Ecuador", 4 *Geo. Rev.* 434, 446 (1917), compara os circunlóquios dos índios jivaro aos "cautelosos rodeios dos políticos modernos, ao discutirem questões delicadas".

samos tomar decisões baseando-nos na incerteza e na probabilidade. A função da retórica é persuadir a plateia quando não for possível convencê-la. E, em questões nas quais a verdade não for imediatamente apreensível, a retórica pode persuadir a plateia a adotar um ponto de vista com base na mera probabilidade.[68]

Consideremos a conhecida ferramenta retórica do apelo ético, através da qual o orador busca conquistar a simpatia da plateia. Como observa Corbett, "Toda a destreza do orador na persuasão intelectual e manipulação volitiva da plateia seria inútil se esta não o estimasse, não confiasse nele."[69] Se, porém, a verdade das palavras do orador fosse imediatamente verificável, ninguém se interessaria pelo caráter dele e por sua confiabilidade. O caráter é um sucedâneo da credibilidade e só adquire importância quando os custos informacionais são altos. Acredito então que a importância atribuída às habilidades retóricas nas culturas primitivas e antigas reflete não apenas a falta de privacidade, característica dessas culturas, mas também o alto custo da informação, o que cria a necessidade de que os oradores utilizem técnicas de retórica para dar credibilidade a suas declarações[70].

---

68. Edward P. J. Corbett, *Classical Rhetoric for the Modern Student* 73 (2.ª ed., 1971).

69. *Idem*, p. 35.

70. Outra ferramenta de sinalização no repertório primitivo é a noção de honra (ou, menos grandiosamente, a sensibilidade), examinada no capítulo anterior. Ver também Gluckman, nota 35 acima, p. 232; E. E. Evans-Pritchard, nota 11 acima, p. 151; Mair, nota 9 acima, p. 40. A prontidão para a retaliação, sinalizada por uma sensibilidade a insultos altamente desenvolvida, é um importante fator de coibição de agressões em sociedades desprovidas de instituições jurídicas formais. Para alguns elementos que comprovam essa tese, ver Robert A. LeVine, nota 46 acima, p. 54, que enxerga uma proporção inversa entre preocupação com valores políticos e forte noção de honra.

7. A teoria econômica do direito primitivo

Neste capítulo, estendo minha análise da sociedade primitiva às suas instituições jurídicas, com ênfase sobretudo no sistema de responsabilidade objetiva, que, nelas, domina o direito da responsabilidade civil e o direito penal[1]. Advirto novamente o leitor de que minha análise é um tanto generalizante. Meu interesse é elucidar as tendências centrais do direito primitivo, não suas nuanças.

---

1. Sobre as sociedades antigas, minhas principais fontes são Henry Sumner Maine, *Ancient Law* (1861; ed. Beacon, 1970); A. S. Diamond, *Primitive Law Past and Present*, pt. 1 (1971). Ver também Harold J. Berman, "The Background of the Western Legal Tradition in the Folklaw of the Peoples of Europe", 45 *U. Chi. L. Rev.* 553 (1978). Sobre as sociedades primitivas, minhas principais fontes são R. F. Barton, *The Kalingas: Their Institutions and Custom Law* (1949); Max Gluckman, *The Ideas of Barotse Jurisprudence* (1965), e seu livro *Politics, Law, and Ritual in Tribal Society* (1965); Walter Goldschmidt, *Sebei Law* (1967); P. H. Gulliver, *Social Control in an African Society: A Study of the Arusha: Agricultural Masai of Northern Tanganyika* (1963); E. Adamson Hoebel, *The Law of Primitive Man: A Study in Comparative Legal Dynamics* (1954); P. P. Howell, *A Manual of Nuer Law: Being an Account of Customary Law, Its Evolution and Development in the Courts Established by the Sudan Government* (1954); Leopold Pospisil, *Anthropology of Law: A Comparative Theory* (1971); Valentin A. Riasanovsky, *The Customary Law of the Nomadic Tribes of Siberia* (1965); John Philip Reid, *A Law of Blood* (1970); Simon Roberts, *Order and Dispute* (1979); I. Schapera, *A Handbook of Tswana Law and Custom* (1938); *Ideas and Procedures in African Customary Law* (Max Gluckman [org.], 1969); *Law and Warfare* (Paul Bohannan [org.], 1967); *Readings in African Law* (E. Cotran & N. N. Rubin [orgs.], 1970).

O processo

Resolução de conflitos

Suponhamos que haja uma regra (por ora, não precisamos nos preocupar com sua origem) que proíba um homem de pegar as batatas-doces de seu vizinho sem a permissão deste. Mesmo assim, ele as pega, ou ao menos é o que alega o vizinho. Como se resolverá a disputa e que sanção se aplicará caso se constate a violação da regra? Uma das possibilidades é a retaliação por parte do vizinho. Mas este pode ser um procedimento dispendioso, dada a organização da sociedade primitiva em grupos de parentesco que protegem seus membros, além de outras limitações da retaliação como método de preservação da ordem social (discutidos no capítulo seguinte). O vizinho prejudicado pode, portanto, decidir procurar um transeunte, um ancião ou sábio do vilarejo, ou outro indivíduo supostamente imparcial que possa julgar o caso[2]. O suposto infrator também possui um incentivo para se submeter ao julgamento ("arbitragem" é provavelmente o termo ideal, dada a natureza privada do caso), pois a recusa em fazê-lo pode provocar a retaliação do vizinho. É verdade que, se o suposto ladrão for claramente culpado e estiver certo de que será assim julgado por um árbitro imparcial, possivelmente preferirá não se submeter à arbitragem ou não obedecer à decisão desfavorável do árbitro. Seu grupo de parentesco, porém, representa uma influência moderadora. Seus parentes podem exortá-lo a submeter-se à arbitragem para evitar o surgimento de uma querela entre os dois grupos, o que provavelmente acontecerá devido à responsabilidade coletiva deles. E ele provavelmente aquiescerá, pois, do contrário, poderá ser deserdado quando o vizinho ou os parentes revidarem sua recusa em submeter-se à arbitragem ou em obedecer à sentença do árbitro.

---

2. Ver, p. ex., Maine, nota 1 acima, p. 364.

O sistema que acabo de descrever é totalmente informal. Mas algumas sociedades primitivas (por exemplo, os índios Yurok, da Califórnia) possuíam sistemas de arbitragem mais formais[3]. Um Yurok que desejasse levar a juízo uma queixa deveria contratar de dois a quatro homens, os quais não poderiam ser parentes seus nem residir no mesmo vilarejo. O réu, por sua vez, faria o mesmo. Esses árbitros, chamados de "intercessores", deveriam intermediar os litigantes, registrando as queixas e defesas, e coletando provas. Depois de recolherem todas as provas, os intercessores fariam um julgamento da ação de perdas e danos. Cada litigante então pagaria pelo trabalho de seus intercessores com a moeda corrente, ou seja, conchas.

A exigência de que ambas as partes escolhessem ao menos dois intercessores, que não poderiam ser parentes nem vizinhos, presumivelmente refletia a preocupação com a obtenção de um julgamento imparcial. Essa exigência reduzia a probabilidade de conflitos de interesses entre os árbitros. A recusa em cumprir a sentença dos intercessores era punida da seguinte forma: o réu desobediente tornava-se servo assalariado do demandante e, caso se recusasse a cumprir essa pena, tornar-se-ia um fora da lei, e qualquer um poderia matá-lo sem incorrer em nenhum tipo de responsabilidade civil pelo ato.

Procedimentos probatórios

O alto custo da informação se reflete no recurso a juramentos, ordálios e outros métodos duvidosos ou irracionais de determinação dos fatos, por vezes utilizados nos julgamentos primitivos. Mesmo assim, o elemento de superstição na determinação factual primitiva é sem dúvida superdimensionado. O ordálio e o duelo judicial, entre outros

---

3. Ver William M. Landes & Richard A. Posner, "Adjudication as a Private Good", 8 *J. Legal Stud.* 235, 242-5 (1979).

métodos curiosos de avaliação da veracidade dos fatos, são menos comuns nas sociedades tribais africanas que na Europa medieval[4]. Estudiosos do direito tribal geralmente se impressionam com a competência dos tribunais e com as distinções – às vezes feitas com mais inteligência que no direito probatório norte-americano moderno, concebido para controlar o júri – entre testemunho indireto, prova circunstancial, testemunho direto e outros tipos de prova[5]. Apesar disso, a capacidade dos tribunais primitivos para buscar os fatos é limitada, devido à inexistência de polícia e outros órgãos e técnicas de investigação (como a autópsia), bem como à atribuição de causas sobrenaturais a fenômenos naturais (como a atribuição de uma morte por causa natural à feitiçaria de um inimigo). Veremos que esses custos informacionais parecem ter determinado decisivamente a forma do direito substantivo.

A fonte das normas

O pressuposto da ausência de Estado na sociedade primitiva, apresentado no capítulo anterior, força-nos a excluir de nossa análise duas fontes comuns de normas jurídicas: a legislação e os decretos do executivo. Ao que parece, entretanto, a terceira fonte usual de direito – as sentenças judiciais, vistas como precedentes que orientam decisões futuras – pode funcionar na sociedade primitiva, já que o árbitro, embora exerça um poder privado, é uma espécie

---

4. Ver Diamond, nota 1 acima, cap. 21. Mesmo esses métodos curiosos são talvez racionais em um cenário onde os custos de transação são tão altos que as pessoas não se dispõem a tentar verificar os fatos por conta própria, isto é, sem a ajuda divina.

5. Ver Max Gluckman, *The Judicial Process among the Barotse of Northern Rhodesia*, cap. 3, pp. 107-8 (1955); e seu "Reasonableness and Responsibility in the Law of Segmentary Societies", em *African Law: Adaptation and Development* 120 (Hilda Kuper & Leo Kuper [orgs.], 1965); Pospisil, nota 1 acima, pp. 236-8.

de juiz. Porém, mesmo se pusermos de lado o problema que a inexistência da escrita representaria para qualquer sistema de jurisprudência semelhante ao do *common law* anglo-americano (a engenhosidade do homem primitivo talvez fosse capaz de superar o problema[6]), ainda precisamos descobrir que motivos o árbitro teria para emitir pareceres que abrirão precedentes. Nossos juízes recebem salários do Estado, e deles se espera que justifiquem suas sentenças por meio de pareceres, os quais se tornam precedentes. Mas o típico juiz primitivo, como o árbitro moderno, é cidadão privado. Sua remuneração depende dos litigantes, não da sociedade como um todo[7]. Geralmente, os árbitros modernos não redigem um parecer para justificar sua decisão, porque, via de regra, as partes num litígio só obtêm uma fração mínima dos benefícios gerados por um precedente (os benefícios são acumulados por todos aqueles cuja conduta o precedente ajuda a orientar melhor) e, portanto, não estão dispostos a pagar para que o árbitro abra precedentes. Analogamente, é pouco provável que os juízes primitivos emitam pareceres orais utilizáveis como precedentes.

A última fonte de direito, e a que domina o direito primitivo, é o costume. É este que determina a compensação a ser paga em caso de assassinato, as formalidades dos contratos, as normas de sucessão hereditária, as obrigações de parentesco, as restrições quanto a quem pode casar com quem etc. O costume (assim como o direito consuetudinário) as-

---

6. Ver discussão sobre os "memorizadores" em I. Schapera, "The Sources of Law in Tswana Tribal Courts: Legislation and Precedent", 1 *J. Afr. Law* 150 (1957).

7. Ver, p. ex., Barton, nota 1 acima, pp. 164-7. Um exemplo famoso é o "episódio do escudo", no Livro 18 da *Ilíada*. A interpretação de Maine, segundo a qual os dois talentos de ouro mencionados no episódio são uma taxa paga aos juízes, teve ampla aceitação. Ver Maine, nota 1 acima, p. 364; Robert J. Bonner e Gertrude Smith, *The Administration of Justice from Homer to Aristotle* 38-40 (1930). Mesmo em sociedades primitivas timidamente estatizadas, os juízes tendem a ser, no máximo, funcionários semipúblicos, cuja remuneração, quando existe, provém de taxas cobradas dos litigantes. Ver, p. ex., Riasanovsky, nota 1 acima, p. 12.

semelha-se à linguagem, por ser um sistema complexo de normas precisas altamente descentralizado e que se modifica lentamente. A precisão das normas é um sucedâneo para um sistema de normas gerais, particularizadas pelos juízes através da abertura de precedentes. E a precisão das normas consuetudinárias que estabelecem preços para certas ações (como assassinar) também se explica pelos altos custos de uma negociação que afeta, o mais das vezes, todo um grupo de parentesco ou, mais provavelmente, dois grupos, o que faz dela uma transação multilateral.

Quanto mais exata, porém, for uma norma, menos adaptável às circunstâncias ela será. Seria de esperar, portanto, que um sistema de normas exatas possuísse algum recurso que possibilitasse mudanças rápidas das normas. Sistemas de direito consuetudinários não possuem esse recurso. Mas este não é um problema grave em sociedades estáticas, onde há pouco risco de o ritmo das transformações jurídicas ser ultrapassado pelo das sociais, produzindo-se os anacronismos que, no caso do *common law* inglês e do direito romano, criaram uma demanda por ficções jurídicas, equidade e legislação, tudo para manter o direito em dia com as mudanças da sociedade. Esses mecanismos são menos frequentes nos sistemas jurídicos primitivos[8].

---

8. Sobre ficções jurídicas nos direitos romano e inglês, ver Maine, nota 1 acima, cap. 2. A existência da equidade e da legislação pressupõe uma estrutura estatal mais elaborada que aquela encontrada nas sociedades primitivas comuns. Ficções legais também parecem ser algo raro nas sociedades primitivas. Para uma análise interessante, ver T. O. Beidelman, "Kaguru Justice and the Concept of Legal Fictions", 5 *J. Afr. Law* (1961). Entretanto, às vezes se verifica a existência do parentesco fictício, assim como do raciocínio artificial e "legalista". Em uma tribo africana, por exemplo, se um homem mata um membro de seu clã, paga uma compensação menor que aquela que pagaria se matasse um estrangeiro; pois, como membro do clã, tem direito a uma parcela de qualquer compensação recebida por este. Ver Robert Redfield, "Primitive Law", em *Law and Warfare*, nota 1 acima, pp. 3, 12. O raciocínio é absurdo, mas, economicamente, a norma faz sentido. Quando assassino e vítima são membros do mesmo clã, a probabilidade de descobrir-se o culpado é maior e, portanto, a pena ideal é menor. Mas este não é um exemplo de ficção jurídica no sentido aqui apresentado, ou seja, como forma de contornar normas anacrônicas e deficientes.

Evidentemente, o ritmo de transformação das sociedades romana e inglesa superava as possibilidades adaptativas de um sistema puramente consuetudinário (sem ficções jurídicas ou equidade), o que significa que era mais acelerado que o da sociedade primitiva típica.

A propriedade

Em um estudo sobre os sistemas de direitos de propriedade dos índios norte-americanos, Harold Demsetz observa que a conveniência de se reconhecer um direito de propriedade sobre um recurso depende da relação entre a escassez desse recurso (e, portanto, de seu valor de mercado) e os custos de execução desse direito[9]. Nos lugares onde as terras, proporcionalmente à população, forem demasiado abundantes, seu preço de mercado será inferior ao custo do cercamento dos terrenos ou da imposição de direitos de propriedade sobre estes. Nesse caso, não se afirmarão direitos individuais sobre a terra e esta será tratada como propriedade comum. Mas, à medida que as terras se tornem escassas – devido ao aumento da população, decorrente, por exemplo, da introdução da medicina ocidental ou da elevação da demanda por produtos agropecuários (por sua vez, um resultado do acesso aos mercados ocidentais) –, um sistema de direitos de propriedade individuais tende a se desenvolver[10]. Porém, mesmo em uma sociedade agrária muito primitiva, algumas terras certamente terão mais valor que outras, por serem mais férteis, lavráveis ou bem localizadas (próximas a vilarejos, o que as torna mais seguras contra ataques inimigos), e possuiriam valor real de mercado, caso

---

9. Ver Harold Demsetz, "Toward a Theory of Property Rights", 57 *Am. Econ. Rev. Papers & Proceedings* 347, 351-3 (1967).

10. Ver, p. ex., David E. Ault & Gilbert L. Rutman, "The Development of Individual Rights to Property in Tribal Africa", 22 *J. Law & Econ.* 163 (1979). Cf. Douglass C. North & Robert Paul Thomas, *The Rise of the Western World: A New Economic History* (1973).

pudessem ser comercializadas. Ademais, a imposição de um direito de propriedade sobre essas terras não seria dispendiosa se tal direito fosse apenas de posse (um direito baseado no uso), o que autorizaria o proprietário a mandar em suas terras apenas se estas fossem efetivamente produtivas. Na verdade, tais direitos possessórios são comuns no direito primitivo e possuem dois elementos adicionais: (1) o proprietário pode transferir seu direito a membros da família ou deixá-lo para os herdeiros, mas (2) não pode vender as terras[11].

Meu modelo de sociedade primitiva pode ajudar a explicar essa estrutura dos direitos de propriedade. Os benefícios são políticos e econômicos. O homem que obtenha uma boa safra está proibido de usar seu excedente para comprar as terras de outro e reduzi-lo à dependência; essa transação, em uma sociedade pré-estatal, seria politicamente desestabilizante. Ele é levado, em vez disso, a dar seu excedente ao outro. Dessa forma, também se reduz a demanda real por terras, aumentando-se a possibilidade de um homem pobre encontrar terras razoáveis em alguma outra parte dentro da comunidade. Ao mesmo tempo, a posse (no sentido de cultivar-se realmente um pedaço de terra ou de matar-se um animal selvagem e apoderar-se dele) deixa bem claras a realidade e as restrições da situação. As outras opções são o cercamento ou um sistema de registros. A primeira pode ser bastante dispendiosa em uma sociedade pouco desenvolvida tecnicamente, e a segunda está excluída pelo pressuposto da inexistência de escrita.

Na medida em que impede a comercialização de terras e intervém na alocação de recursos destinados ao desenvolvimento agrícola ao longo do tempo, o sistema primitivo de direito fundiário, de caráter possessório, é menos dispendioso do que seria em uma sociedade avançada.

---

11. Ver, p. ex., Melville J. Herskovits, *Economic Anthropology* 368-70 (2.ª ed. rev., 1952); Barton, nota 1 acima, pp. 89-98; Schapera, nota 1 acima, pp. 201, 205, 207; Maine, nota 1 acima, cap. 8.

Primeiramente, a venda de terras nas sociedades primitivas seria dificultada, de qualquer modo, pela existência de uma rede de obrigações de parentesco. Um indivíduo não poderia vender uma terra de cuja produção algum parente dependesse, ou vender as vacas que seriam usadas para comprar uma esposa para seu irmão mais novo, sem consultar os envolvidos ou, pelo menos, distribuir entre estes o dinheiro apurado com a venda. Isso multiplicaria a quantidade de partes envolvidas e, portanto, os custos da transação. Assim, mesmo se a terra fosse plenamente alienável, o mercado primitivo provavelmente funcionaria mal. Além disso, se, em sociedades avançadas, a inalienabilidade evitaria a concentração de terras nas mãos de grandes *holdings*, capazes de explorar até economias caracterizadas pela produção em grande escala, tal exploração é praticamente inviável na sociedade primitiva, pois pressupõe uma capacidade de organização e de coordenação centralizada do trabalho de diversas pessoas, impossibilitada pelo alto custo da informação[12]. Os benefícios sociais de se permitir que um homem acumule mais terras do que seria capaz de explorar produtivamente seriam, portanto, mínimos. Além disso, a poliginia, graças à qual um homem pode adquirir várias esposas para trabalhar em suas propriedades, oferece a ele a possibilidade de expandir suas pos-

---

12. Pryor fornece algumas provas empíricas para essa afirmação. O autor observa que, em geral, o aluguel de terras e os contratos de trabalho surgem mais tarde, no desenvolvimento de uma sociedade, comparativamente ao comércio de produtos. Ver Frederic L. Pryor, *The Origins of the Economy: A Comparative Study of Distribution in Primitive and Peasant Economies* 126-7, 141 (1977). Além disso, note-se, na tabela 1 do capítulo 6, como a troca recíproca de mão de obra persiste depois de a troca recíproca de mercadorias ter, em grande medida, dado lugar à transação mercadológica de produtos. Presumivelmente, os custos das transações mercadológicas de aluguel de terras ou contratação de mão de obra (para trabalhar na terra ou em qualquer outro lugar) são mais altos que os da simples venda de mercadorias, dada a dificuldade de mensuração do produto marginal do locatário ou do trabalhador e de monitoramento de seus esforços. Cf. M. I. Finley, *The Ancient Economy* 65 (1973).

ses[13]. Como mostrei no capítulo anterior, o efeito potencialmente desestabilizante da poliginia sobre a igualdade de riqueza e poder é compensado pela grande quantidade de filhos, que leva a uma maior divisão das terras na geração subsequente[14]. Quando os direitos de propriedade são obtidos somente pela apropriação ou pelo uso (isto é, quando só se reconhecem direitos possessórios), a tendência é que as pessoas se apropriem de muita coisa, rapidamente. Mas, novamente, este não é um problema frequente nas sociedades menos complexas. É mais barato, para um grupo, ir embora de um lugar quando não há mais animais para serem caçados do que controlar a população de animais por meio da criação de direitos de pleno domínio sobre territórios de caça. Analogamente, para uma comunidade agrícola primitiva que desconheça quaisquer técnicas de recuperação da terra, abandonar, por vários anos, as terras exauridas até que recuperem naturalmente sua fertilidade é mais barato do que executar direitos de pleno domínio na esperança de incentivar os proprietários a recuperar a ter-

---

13. Nessa mesma linha, Pryor, nota 12 acima, p. 137, observa uma relação inversa entre a existência do aluguel de terras e a presença da poliginia. Uma das razões pelas quais supervisionar esposas seria mais barato que supervisionar (outros) trabalhadores rurais é que os alimentos que a esposa cultiva, em parte para alimentar seu filho, são um tipo de consumo conjunto do marido e da esposa. Logo, a alimentação do filho é um benefício que o marido obtém sem ter de monitorar o trabalho da esposa.

14. No direito tribal sul-africano, por exemplo, a terra onde trabalha cada uma das esposas de um poliginista é uma propriedade separada, que, após a morte deste, é herdada pelo filho mais velho do respectivo casamento. Assim, o conjunto de suas posses se fragmenta após sua morte. Ver A. J. Kerr, *The Native Law of Succession in South Africa* 35, 54 (1961); 4 N. J. van Warmelo, *Venda Law* 815, 899 (1949). Note-se que a combinação de poliginia e primogenitura atinge resultados semelhantes aos da repartição da herança em quinhões iguais, a qual seria menos eficiente porque, não raro, forçaria a divisão das propriedades em unidades pequenas e pouco produtivas. Entre os nômades, cuja principal fonte de riqueza (os rebanhos) é quase perfeitamente divisível, frequentemente se constata a presença da repartição em quinhões iguais. Ver Austin Kennett, *Bedouin Justice: Law and Custom among the Egyptian Bedouin*, cap. 10 (1925).

ra mais rapidamente. Quando o investimento é viável nas sociedades primitivas (um exemplo disso é a montagem de armadilhas), este é, muitas vezes, protegido pela garantia de um direito de propriedade desvinculado da posse. O animal capturado pertence a quem montou a armadilha, mesmo que outra pessoa o encontre e se "aproprie" dele primeiro[15].

Contratos

No direito primitivo, como no moderno, intercâmbio comercial e contrato não são sinônimos. Casamentos, trocas no interior do grupo doméstico ou do grupo de parentesco e troca de presentes são as formas mais importantes de intercâmbio nas economias primitivas (ou seja, nessas economias, o papel dos mercados explícitos na organização produtiva e na distribuição é menor que nas modernas). Isso limita, portanto, o campo de ação do direito contratual, isto é, do direito que regula o comércio com estranhos.

Dentre as características do direito contratual primitivo, as que ocorrem com bastante frequência para serem consideradas típicas são as seguintes. (1) Contratos contingentes (aqueles que, no momento de sua quebra, ainda não foram cumpridos por nenhuma das partes) não são executados. (2) O remédio judicial padrão para a perda dos ganhos esperados com uma transação não é a indenização,

---

15. Ver, p. ex., Diamond, nota 1 acima, p. 189; Goldschmidt, nota 1 acima, p. 157. Cf. Vernon L. Smith, "The Primitive Hunter Cultures, Pleistocene Extinction, and the Rise of Agriculture", 83 *J. Pol. Econ.* 727, 742-3 (1975).

Esta seção trata do direito fundiário. No que diz respeito a outros tipos de propriedade, sua situação é mais próxima da verificada no direito moderno: estão sempre sujeitos à "relativização" imposta pelos direitos dos parentes. Um dos poucos bens sobre os quais os parentes não têm direito é a esposa de um homem (embora, em caso de necessidade, um parente possa reivindicar uma parcela do excedente agrícola dela e de seus filhos, o qual, de outro modo, poderia ficar com o marido/pai). A (relativa) imunidade das mulheres às reivindicações dos parentes é outro elemento que faz delas bens tão valiosos nas sociedades primitivas, a julgar pelo "preço da noiva".

mas a restituição. (3) A quebra de um contrato já cumprido pelo promissário – isto é, de um contrato parcialmente executado, em vez de contingente – é frequentemente tratada como uma forma de roubo. (4) O vendedor tem responsabilidade por qualquer defeito no produto vendido (*caveat venditor*).

Essas características, tomadas em conjunto, sugerem que, mesmo em sua limitada esfera de ação, o direito contratual primitivo mal existe. Para criar a regra segundo a qual um comprador inadimplente deve devolver o produto comprado ao vendedor, não é preciso que exista um direito contratual. E, exceto pela responsabilidade por produtos defeituosos, esse parece ser o único dever importante que o direito contratual primitivo impõe. A razão disso fica clara se compreendermos que a função econômica do direito contratual moderno é facilitar transações nas quais uma ou ambas as partes levam um tempo considerável para cumprir sua obrigação. Acontecimentos imprevistos nesse intervalo de tempo podem prejudicar a atuação de uma das partes. Além disso, o fato de o cumprimento do contrato não ser simultâneo de ambas as partes pode incentivar uma delas a explorar as oportunidades estratégicas que isso implica. O tempo que um contrato leva para ser cumprido é, presumivelmente, uma consequência real da complexidade da atividade econômica por ele regulada. Mas, nas sociedades primitivas, essa atividade não é complexa. Portanto, se, nas transações reguladas pelo direito contratual, a atuação de ambas as partes for praticamente simultânea, a função desse direito fica reduzida à atribuição da responsabilidade por defeitos posteriores nos produtos. Se considerarmos apenas um elemento de não simultaneidade, a saber, que o pagamento às vezes vem depois do recebimento da mercadoria, então basta que haja um princípio de restituição que force o comprador a devolver a mercadoria. Este não seria um remédio judicial adequado em uma economia moderna, na qual os contratos se estabelecem muito antes de sua devida execução, em que os preços podem mudar rapidamente e na qual, portanto, uma importante função dos contratos é fazer recair sobre uma das partes o risco das variações de preço[16]. Mas os preços mudam lentamente nas sociedades primitivas, em parte porque muitos são "costumeiros", e não é necessário que os contratos se estabeleçam muito antes de sua execução.

Um tipo de contrato com variação de risco que poderia, obviamente, ser útil na sociedade primitiva seria aquele que distribuísse os riscos da fome. Um contrato assim facilitaria aquele que, conforme mostrei no capítulo anterior, é um dos produtos mais importantes em uma sociedade primitiva: o seguro contra a fome. Entretanto, a quantidade de informação envolvida em um contrato explícito de seguridade é assombrosa; e, em uma sociedade de pequena escala, a seguridade informal advinda do parentesco representa uma alternativa aceitável, de administração menos dispendiosa.

A regra do *caveat venditor* no direito comercial primitivo pode ser derivada do custo da informação nos mercados primitivos. É verdade que os produtos tendem a ser simples, fato que, por si só, sugeriria que os custos de inspeção são iguais para o comprador e para o vendedor. Esse raciocínio foi usado, no século XIX, para explicar a regra do *caveat emptor* no *common law* anglo-americano, a qual vem perdendo terreno para o *caveat venditor*, devido à crescente complexidade dos produtos e, portanto, aos custos de inspeção, cada vez mais altos para os compradores, em relação aos vendedores. A infrequência do comércio nos mercados primitivos é, entretanto, uma importante diferença destes

---

16. Por exemplo, se A concorda em vender artigos a B por $2 cada e entrega a mercadoria conforme combinado, mas B se recusa a pagar porque, imediatamente após a entrega, o preço daqueles artigos cai para $1, um remédio judicial puramente restituitório (p. ex., a devolução dos artigos a A) não dá conta da função contratual de previsão de variação de risco. Sobre os aspectos essenciais da economia do direito contratual, ver *The Economics of Contract Law* (Anthony T. Kronman & Richard A. Posner [orgs.], 1979); Richard A. Posner, *Economic Analysis of Law*, cap. 4 (2ª ed., 1977).

em relação aos do século XIX. Devido ao caráter atípico do intercâmbio com estranhos, os indivíduos podem não desenvolver as habilidades do consumidor experiente e bem informado. Assim, a despeito da simplicidade do produto, os custos de inspeção para o comprador, em relação aos do vendedor, podem ser altos. Além disso, o vendedor é o maior segurador do defeito de um produto, já que é capaz de distribuir por toda a sua produção os custos desse produto defeituoso. Embora esse raciocínio também esteja presente nas discussões modernas sobre os méritos relativos do *caveat venditor* e do *caveat emptor*, pode ser considerado superficial no contexto moderno, em que o comprador conta com diversas opções de seguridade, tão boas quanto o autosseguro e o seguro de mercado do comprador, ou ainda melhores. As opções de seguridade do consumidor primitivo são mais limitadas.

Direito de família

Na maioria das sociedades primitivas, o mais sofisticado corpo de princípios jurídicos é o direito de família, o que não é de surpreender. As normas que regem as relações no interior do grupo doméstico correspondem, quanto à função e à importância, ao direito que rege a sociedade anônima e a representação nas sociedades modernas. E, como as mulheres são a mais importante mercadoria de troca na maior parte das sociedades primitivas, as normas que regulam o casamento e o divórcio ofuscam o direito contratual.

Discutirei então quatro aspectos do direito primitivo: o nível de detalhamento desse direito, seu caráter liberal no que se refere ao divórcio, o preço da noiva e a exogamia[17].

---

17. Analisei a poligamia e a sucessão hereditária no capítulo 6 e não me aprofundarei mais nesses temas aqui.

Nível de detalhamento

Poderíamos imaginar o direito de família primitivo como um sistema constituído de uns poucos princípios fundamentais (o direito de um parente a ser pago por dar a mão de sua filha em casamento, o direito de adquirir mais de uma esposa e assim por diante) que deixaria a cargo das partes afetadas a negociação dos detalhes. O que encontramos, porém, é uma multiplicidade de transações de família, reguladas, nos mínimos detalhes, pelos costumes[18], e, muitas vezes, até os preços são definidos. As possibilidades de variação individual, seja por meio de testamentos ou de acordos, são restritas e, por vezes, inexistentes. Dentre as razões levantadas no capítulo anterior para a precisão no direito primitivo, a mais significativa, no contexto do direito de família, é o alto custo das transações voluntárias envolvendo muitas partes (potencialmente, todos os membros de dois grupos de parentesco). Por exemplo, como o "preço da noiva" é propriedade do grupo de parentesco da noiva, se a negociação acerca da quantia a ser cobrada e de sua distribuição entre os parentes fosse deixada a cargo dos grupos de parentesco, a transação com o noivo seria extremamente dispendiosa. De fato, há registros de longas negociações nos lugares onde o costume não define o preço da noiva e sua distribuição[19]. Para evitar esses custos, o direito de família primitivo geralmente buscará especificar não apenas o preço da noiva, mas também de que forma será este repartido entre os parentes da noiva. Espera-se que, sendo iguais as demais variáveis, quanto maior for o grupo de parentesco a dividir o preço da noiva, mais provável será que o valor e a alocação deste sejam fixados por costume, em vez de negociados caso a caso[20].

---

18. Para uma noção da complexidade do direito de família primitivo, ver 5 N. J. van Warmelo, *Venda Law* (1967).

19. Ver Lucy Mair, *Marriage* 57 (2.ª ed., 1977).

20. Para alguns exemplos que sustentam esse argumento, comparar A. R. Radcliffe-Brown, "Introduction", em *African Systems of Kinship and Mar-*

Preço da noiva

É comum, na sociedade primitiva, a prática do pagamento do preço da noiva (em vez de nenhum pagamento ou do pagamento inverso, o dote) aos parentes dela, em vez de a ela mesma. Esse costume talvez esteja relacionado a uma suposta evolução histórica, em três estágios, dos métodos de obtenção de esposas: do sequestro ao moderno sistema de promessa de carinho e sustento, passando pelo pagamento[21]. Em todos os estágios, a iniciativa é do homem, fato que parece ter origem genética[22]. Devido à capa-

---

riage 17 (A. R. Radcliffe-Brown & Daryll Forde [orgs.], 1950), sobre grandes grupos de parentesco e fixação de compensações e quinhões; com Max Gluckman, "Kinship and Marriage among the Lozi of Northern Rhodesia and the Zulu of Natal", em *idem*, pp. 166, 194, sobre flexibilidade no preço da noiva e pequena quantidade de parentes envolvidos; e também com S. F. Nadel, "Dual Descent in the Nuba Hills", em *idem*, pp. 331, 341-2. Cf. Günter Wagner, "The Political Organization of the Bantu of Kavirondo", em *African Political Systems* 197, 222-3 (M. Fortes & E. E. Evans-Pritchard [orgs.], 1940), sobre o tamanho ideal de um clã.

A relação entre coletivização de direitos de propriedade e fixação consuetudinária de preços ou quinhões é amplamente difundida. Por exemplo, nos lugares onde se caça em bandos ou (um paralelo ainda mais próximo com o caso do preço da noiva) onde os princípios securitários da sociedade ordenam que o fruto da caça seja repartido entre os parentes, ou em alguns casos, entre todos os habitantes do vilarejo, o direito primitivo geralmente determina a divisão em quinhões iguais, evitando-se assim uma negociação multilateral. Ver, p. ex., Barton, nota 1 acima, pp. 85-6. A multilateralidade também seria evitada se, em cada grupo de parentesco ou vilarejo, houvesse um chefe incumbido da negociação e distribuição dos ganhos entre os parentes ou habitantes. Esses indivíduos de fato surgem em algumas sociedades primitivas, mas, quando isso acontece, pode significar que a sociedade esteja a caminho de se tornar um Estado. Onde quase não há liderança nem nos grupos de parentesco ou nos vilarejos, a fixação consuetudinária de preços e quinhões desempenha um importante papel distributivo.

21. O primeiro estágio é fruto de conjectura. Para alguns exemplos disso, ver Mair, nota 19 acima, pp. 110-1. Diversas formas de troca não pecuniária precedem o preço da noiva historicamente. Entre elas, está o intercâmbio de irmãs, o costume de trabalhar para o futuro sogro e o de ir viver com os parentes da noiva. Em alguns casamentos, paga-se o dote (em geral, como forma de herança antecipada da família para a noiva), e não o preço da noiva. Adiante, tratarei de alguns desses exemplos.

22. Ver, p. ex., David P. Barash, *Sociobiology and Behavior* 147-50 (1977); Edward O. Wilson, *On Human Nature* 125-6 (1978).

cidade reprodutiva limitada da mulher, a relação sexual representa para ela um custo de oportunidade considerável, do ponto de vista da perpetuação de seus genes. Por outro lado, a fecundidade do homem é tão grande que, para ele, o correspondente custo de oportunidade é mínimo. Logo, a mulher busca, pela seleção cuidadosa de seus parceiros, preservar sua capacidade reprodutiva, enquanto o homem é muito menos rigoroso em suas escolhas. Nos lugares onde as esposas são obtidas por sequestro, os esforços das mulheres para evitar que isso aconteça têm o efeito de excluir os homens menos viris, que também têm menor chance de gerar um grande número de descendentes que sobreviverão até a idade adulta. Um mecanismo alternativo de seleção é o preço da noiva, que implica um gasto menor de recursos reais se comparado ao combate e, ainda assim, é eficaz do ponto de vista da mulher, desde que haja uma relação satisfatória entre a disposição e a capacidade do homem para pagar por uma esposa, de um lado, e a probabilidade de ele lhe dar filhos e protegê-los, de outro[23]. Uma vez que, em minha análise, parto do pressuposto de que os seres humanos pré-históricos eram racionais, atribuo a transição do sequestro para o escambo a um crescimento da riqueza, e não da racionalidade: a compra de esposas pressupõe a produção de um excedente grande o bastante para poder ser trocado por uma mulher.

De acordo com essa análise, observa-se que, em algumas sociedades, o homem que for pobre demais para pagar o preço da noiva pode ir trabalhar para seu futuro sogro por um determinado período de tempo[24]. Através de seus hábitos de trabalho, ele prova que merece a garota. Outra solução semelhante é a matrilocalidade: o noivo não paga o

---

23. Cf. Barash, nota 22 acima, p. 294. Isso não quer dizer que sejam necessariamente as mulheres que tomam a iniciativa de fundar um sistema baseado no preço da noiva. Meu pressuposto é que não o fazem. Mas, em um sentido genético, os homens se beneficiam de uma instituição que garanta parceiros mais adequados para suas filhas.

24. Ver, p. ex., Harold E. Driver, *Indians of North America* 225 (2.ª ed. rev., 1969).

preço da noiva, mas vai morar com a família dela após o casamento[25]. Nesse caso, há menos necessidade de se averiguar a adequação do noivo. Ademais, em vez de deixar a função de proteção totalmente a cargo do marido e de seus parentes, como no casamento patrilocal, no matrilocal a família da esposa está presente para auxiliar o casal a proteger seus filhos.

Isso não explica o porquê da adoção do preço da noiva como método de seleção, em vez do namoro ou cortejo, como ocorre hoje. Uma explicação possível é que, na sociedade primitiva, as moças se casam na puberdade, idade em que lhes falta maturidade para fazer escolhas. O namoro, portanto, pode não ser um método eficiente de selecionar os pretendentes. Os pais da moça poderiam arranjar o casamento sem um preço da noiva, mas pode ser difícil, para eles, tomar conhecimento das qualidades de um estranho, frequentemente um forasteiro (devido à regra da exogamia), senão por meio da informação transmitida por sua capacidade de efetuar um pagamento vultoso.

Também com base nos custos informacionais, o preço da noiva pode ser interpretado ainda como uma forma de compensar antecipadamente a esposa por seu trabalho doméstico. Em uma sociedade primitiva, pode ser difícil, para a esposa, exigir uma compensação justa por seus serviços. Logo, ela exigiria o pagamento antecipado, na forma do preço da noiva. Essa explicação, porém, só faz sentido onde o montante é pago à própria noiva. Mas o preço da noiva costuma ser pago aos parentes, caso em que, como já observei, torna-se um mecanismo de seguridade[26]. Como beneficiários do pagamento, os parentes da noiva têm um motivo para incentivá-la a desempenhar bem o papel de esposa (como, por exemplo, recusando-lhe abrigo se ela fu-

---

25. Ver Harold K. Schneider, *Economic Man: The Anthropology of Economics* 145 (1974).
26. Ver Becker, "Marriage: Monogamy, Polygamy, and Assortative Mating" (mimeo., Dept. Econ. U. Chi., outubro de 1978).

gir do marido), pois, se ela se comportar mal, o marido pode exigir a devolução do preço da noiva. Este, por outro lado, tem um motivo para tratá-la bem, pois, do contrário, ela pode ter o direito de abandoná-lo, e seus parentes não teriam obrigação de devolver o preço da noiva[27].

Note-se a tensão entre a existência de um direito de família preciso e pormenorizado e a prática do preço da noiva como mecanismo de seleção de pretendentes. Se o preço da noiva é fixado pelo costume, reduzem-se os custos da negociação multilateral entre os grupos de parentes do pretendente e da noiva. Mas, nesse caso, enfraquece-se sua função distributiva, pois o caráter fixo do preço impede a realização de um leilão entre os pretendentes.

O direito que rege o divórcio

De modo geral, o direito primitivo, se comparado ao direito ocidental vigente até bem recentemente, é mais liberal com relação ao divórcio, como iniciativa quer do marido, quer da mulher[28]. Com efeito, o divórcio é comum em muitas sociedades primitivas[29]. Essa liberalidade pode advir do fato de que o custo do divórcio para os filhos é menor

---

27. Outra possível explicação para o preço da noiva é que este compensaria os parentes da moça (1) pelos custos de seleção de pretendentes para ela, já que, conforme mencionei, ela geralmente é jovem e, portanto, inapta a comparar as ofertas que recebe; e (2) pelo investimento deles no treinamento da moça para ser uma boa esposa.

Minha análise é incapaz de explicar o pagamento do dote ou preço da noiva negativo. Talvez o dote seja, o mais das vezes, um presente oferecido à noiva por seus (prósperos) parentes. Isso coincide com o fato de que o pagamento de dotes geralmente ocorre em sociedades mais ricas se comparado ao do preço da noiva. Ver Pryor, nota 12 acima, pp. 357, 364-6.

28. Ver Diamond, nota 1 acima, pp. 183, 249; Mair, nota 19 acima, cap. 11. Até meados do século XIX, o divórcio, na Inglaterra, só era possível por decreto do parlamento. Os países católicos, por sua vez, proibiam tradicionalmente qualquer tipo de divórcio, embora a anulação fosse um sucedâneo às vezes permitido.

29. Ver, p. ex., *id.*, p. 189; Pryor, nota 12 acima, p. 430.

quando existem outras instituições, além do grupo doméstico, que possam assumir a criação deles. Nas sociedades primitivas, as crianças crescem em convívio com muitos parentes, e estes podem ter interesse (por partilharem os mesmos genes) em proteger as crianças às quais estão ligados por parentesco. Essa "creche" pré-pronta reduz a importância dos pais na criação dos filhos[30].

A frequência dos divórcios na sociedade primitiva pode ser reflexo, ainda, da inferioridade do preço da noiva como método de seleção se comparado ao cortejo, em que a própria mulher tem maturidade para escolher, dentre os pretendentes, o marido[31]. Nesse tipo de sociedade, o custo da informação pode ser tão alto que não há um método satisfatório de seleção de esposas e maridos. Consequentemente, as afinidades entre os cônjuges são poucas e a instabilidade do casamento, alta. Em compensação, como os pais gastam menos tempo com os filhos (já que os parentes também participam da criação destes), há menos necessidade de um mecanismo de seleção que una pessoas com atributos genéticos semelhantes (acasalamento seletivo positivo). A vantagem do acasalamento seletivo positivo está na redução da diversidade caracterológica entre pais e filhos, o que resulta em maior harmonia no lar[32]. Se essa harmonia é relativamente secundária na sociedade primitiva, um mecanismo projetado para produzi-la também o será, e um método rudimentar e barato como o preço da noiva pode revelar-se um sucedâneo eficiente[33]. Além disso, o acasala-

---

30. Ver Barash, nota 22 acima, pp. 295, 308.

31. Ademais, como as mulheres, nas sociedades primitivas, geralmente realizam algum tipo de trabalho fora de casa (sobretudo na lavoura), estão mais aptas a se sustentarem que muitas mulheres das sociedades modernas.

32. Ver Gary S. Becker, *The Economic Approach to Human Behavior* 225-6 (1976).

33. É claro que o preço da noiva não é barato para o grupo de parentesco do noivo, mas o é para a sociedade como um todo, pois não passa de uma transferência de fundos entre dois grupos de parentesco. Um ganha o que o outro perde. Note-se que, nos lugares onde é pago com gado ou outro produ-

mento seletivo positivo alimenta a desigualdade entre as famílias[34], o que poderia comprometer o equilíbrio social primitivo. Logo, a expressiva ineficiência do preço da noiva como método de acasalamento seletivo positivo pode não ser uma falha, mas uma vantagem.

Outra justificativa possível para a relativa instabilidade do casamento primitivo é que, nesse estágio do desenvolvimento social, a própria função securitária do casamento é menos importante que em estágios posteriores. Essa função securitária nasce do fato de que a correlação entre a saúde dos cônjuges e os demais fatores de bem-estar é inferior a 1. Assim, como obrigação mútua de apoio e amparo, o casamento funciona como uma espécie de seguro contra a fome, seguro-saúde e seguro de vida (se um dos cônjuges morrer, o outro tomará conta das crianças). Na sociedade primitiva, a rede de obrigações de parentesco torna menos importante essa forma específica de seguridade, e portanto menor o custo da dissolução do matrimônio, que em um estágio posterior do desenvolvimento social, no qual as obrigações de parentesco tenham-se enfraquecido, mas as seguridades particular e social ainda não sejam comuns. Em princípio, a função securitária do casamento é compatível com o divórcio consentido (embora não com o unilateral), já que o cônjuge só concordará com o divórcio se for totalmente compensado por todos os benefícios perdidos, inclusive a seguridade. Entretanto, se presumirmos que, nesse estágio intermediário do desenvolvimento social, os custos de monitoramento da espontaneidade do consentimento de uma esposa em relação ao divórcio são al-

---

to comestível, o preço da noiva adquire a função circunstancial de induzir a acumulação de tais produtos, o que, por sua vez, representa uma forma importante de seguridade contra a fome. Ver Marguerite Dupire, "Trade and Markets in the Economy of the Nomadic Fulani of Niger (Bororo)", em *Markets in Africa* 333, 338-9, 359 (Paul Bohannan & George Dalton [orgs.], 1962), sobre o "acúmulo" de gado como forma de seguridade.

34. Ver Becker, nota 32 acima, p. 241.

tos[35], perceberemos por que a exigência de uma justificativa para o divórcio, ou mesmo a proibição deste, seria uma medida social racional[36].

Exogamia

Na maioria das sociedades primitivas, é comum um homem se casar com uma mulher de fora de seu grupo, normalmente um grupo de parentesco. Ao contrário do tabu do incesto, a exogamia parece ser um fenômeno cultural, em vez de genético. Isso é demonstrado pelos seguintes fatos. (1) As regras da exogamia variam muito de uma cultura para outra, e algumas culturas promovem a exogamia, enquanto nenhuma de que se tenha notícia permite o incesto. Além disso, (2) as regras frequentemente proíbem o casamento com parentes (mesmo geneticamente distantes) e, às vezes, com pessoas que não sejam parentes, mas que tenham sido adotadas pelo grupo de parentesco do pretendente; enquanto alguns tipos de união incestuosa (por exemplo, entre um homem e a filha de sua irmã) podem não ser proibidos pelas regras da exogamia, mesmo sendo contrários ao tabu do incesto vigente na tribo. Por fim, (3) o tabu do incesto proíbe as relações sexuais fora do casamento, enquanto a exogamia impõe restrições ao casamento, e não às relações sexuais em si.

Uma explicação cultural da exogamia faz-se então necessária. Nos casos (bastante comuns) em que as obriga-

---

35. Para forçá-la a "concordar" com o divórcio, o marido poderia tornar insuportável a vida da esposa. É difícil determinar se o consentimento é voluntário, e esta é uma das razões pelas quais critérios jurídicos baseados no estado de espírito tendem a surgir tardiamente na evolução de um sistema de direito.

36. Leis de divórcio mais rígidas reduzem a instabilidade matrimonial e portanto reforçam a função securitária do casamento, mas de uma maneira diferente: elevam o nível ideal de investimento na seleção do futuro cônjuge por compatibilidade, já que os custos da incompatibilidade são maiores quando o divórcio é proibido.

ções de parentesco extrapolam os limites entre os grupos aos quais pertencem os cônjuges, a exogamia desempenha uma função securitária. Assim, em um sistema patrilinear, um homem não é membro do grupo de parentesco de sua mãe, mas pode, mesmo assim, ter direito à ajuda dos parentes desta[37]. Dessa maneira, a exogamia expande o fundo de seguro, efeito particularmente importante quando os grupos residem em áreas pequenas (o que também é bastante comum), pois, nesses casos, possibilita a diversificação geográfica dos riscos. Ademais, por criar relações pessoais entre famílias e vilarejos, a exogamia também facilita o comércio e a criação de alianças; além do que pode reduzir a violência da retaliação por atos ilícitos praticados por membros de um grupo de parentesco contra os de outro.

O sistema da responsabilidade objetiva no direito civil

Nas sociedades modernas, o direito da responsabilidade civil abarca diversos delitos, sejam eles intencionais ou não: matar, ferir, tomar a propriedade alheia, difamar oralmente e assim por diante. Em geral, a responsabilidade se impõe apenas se o dano foi causado intencionalmente ou de forma culposa. Se o acidente não pôde ser evitado mediante o exercício do cuidado necessário, então não há responsabilidade. Aquele que cometeu um delito intencionalmente pode ser culpado tanto de um crime quanto de um ilícito civil. Essa categoria de delitos é tratada, em geral, de forma bem diversa nos direitos primitivo e moderno, embora não invariavelmente. Pode-se resumir a forma de tratamento do direito primitivo nas seguintes proposições[38]:

---

37. Ver, p. ex., Robin Fox, *Kinship and Marriage: An Anthropological Perspective* 132-3 (1967), sobre "filiação complementar"; Daryll Forde, "Double Descent among the Yakö", em *African Systems of Kinship and Marriage*, nota 20 acima, p. 329.

38. Outras fontes, além das listadas na nota 1 acima, são L. T. Hobhouse, "Development of Justice", em 2 *Evolution of Law* 128 (Albert Kocourek &

1. *Praticamente todo o ônus da dissuasão cabe ao direito da responsabilidade civil (privada).* Não há direito penal para punir atos como o assassinato e o roubo[39], porque não há Estado. O direito penal, tal qual o conhecemos, é um ramo do direito público.

2. *O remédio judicial evolui da retaliação para a compensação.* O antigo remédio judicial para ilícitos civis – a retaliação, que frequentemente levava à rixa entre grupos – cede lugar, com o tempo, a um sistema de compensações (indenização por assassinato, composição e *wergeld**) pagas à vítima ou aos parentes desta pelo lesante ou pelos parentes deste. De início, a aceitação da compensação é opcional, sendo reconhecido o direito de optar-se pela retaliação contra o lesante. Posteriormente, porém, a aceitação da compensação torna-se costumeira e a retaliação, imprópria. Para a sociedade como um todo, a compensação é um remédio jurídico mais barato que a retaliação, pois envolve apenas uma transferência de recursos, em vez da aniquilação de uma pessoa ou de sua propriedade. Mais uma vez, essa transição da retaliação à compensação, não a atribuo ao crescimento da racionalidade, à diminuição da sede de sangue ou outros fatores que pressuponham diferenças fundamentais de inteligência ou de gosto entre o homem primitivo e o moderno, mas apenas ao crescimento da riqueza. Nenhum sistema de compensação funcionará, a menos que os lesantes e os parentes destes produzam além do

---

John W. Wigmore [orgs.], 1915); Richard R. Cherry, "Primitive Criminal Law", em *idem*, p. 122; Austin Kennett, *Bedouin Justice*, cap. 6 (1925); T. P. Ellis, *Wealsh Tribal Law and Custom in the Middle Ages* (1926); David Friedman, "Private Creation and Enforcement of Law: A Historical Case", 8 *J. Legal Stud.* 399 (1979); Marc Bloch, *Feudal Society* 123-30 (traduzido por L. A. Manyon, 1961); Sally Falk Moore, *Law as Process*, cap. 3 (1978); *The Lombard Laws* 7-11 (traduzido por Katherine Fischer Drew, 1973). Alguns dos tópicos aqui abordados ressurgem no capítulo 8.

39. Mas ver a seção sobre o direito penal, adiante.

* O termo *wergeld* possui duas raízes etimológicas principais. Pelo inglês arcaico, sua tradução literal seria "preço do homem", já que é uma junção das palavras *were*, que significa "homem", e *geld*, "pagamento". Pelo latim, encontra tradução em italiano como *guidrigildo*, ou "contrarrecompensa". (N. do T.)

necessário à subsistência, acumulando um excedente de bens com o qual poderão compensar os outros pelos danos sofridos[40].

A ideia de que a única sanção para um dano ou assassinato deva ser o pagamento de uma indenização em dinheiro é coerente com a teoria econômica. Mas a análise econômica prefere a pena de multa à de prisão e a outras penas não pecuniárias, conquanto isso não se reflita tanto nos sistemas penais modernos. A justificativa para essa preferência é que a multa é uma pena menos dispendiosa do ponto de vista social, pois representa apenas uma transferência de recursos, enquanto a prisão implica custos líquidos diretos, incluindo-se a produção do condenado, que, apesar de legítima, é sacrificada durante o período de encarceramento[41]. É verdade que a viabilidade das sanções pecuniárias depende de certas condições. Veremos até que ponto essas condições são encontradas na sociedade primitiva.

3. *A responsabilidade é coletiva*. Quando uma pessoa inflige dano a outra na fase retaliativa da ordem social, os parentes da vítima possuem um dever para com esta, o qual só podem cumprir matando ou ferindo o lesante ou um dos parentes deste. Na fase da compensação, se o lesante não puder ou não estiver disposto a pagar a compensação devida, seus parentes têm de fazê-lo. Se a compensação não for paga pelo lesante nem por seus parentes, os parentes da vítima têm então o dever de praticar a retaliação contra o lesante, ou os parentes deste, por sua recusa em reparar o dano.

---

40. Assim, em algumas sociedades, o lesante que não for capaz de pagar o *wergeld* com mercadorias pode pagá-lo com uma criança. Ver Diamond, nota 1 acima, p. 265.

O duelo, modalidade de desagravo na qual se empregam menos recursos no combate, é um estágio intermediário entre a rixa de famílias e a compensação. Ver Redfield, nota 8 acima, p. 9. No direito da responsabilidade civil primitivo, o duelo está para a rixa entre famílias como, no direito de família, o casamento matrilocal está para o casamento por sequestro.

41. Ver Gary S. Becker, "Crime and Punishment: An Economic Approach", 76 *J. Pol. Econ.* 169 (1968); Richard A. Posner, "Optimal Sentences for White Collar Criminals", 17 *Am. Crim. L. Rev.* 409 (1980).

A importância do grupo de parentesco na imposição do direito da responsabilidade civil primitivo deriva da ausência de um Estado efetivo. Quando a ameaça de retaliação é a única forma de dissuasão da má conduta, é importante que essa ameaça imponha respeito, o que frequentemente não aconteceria se houvesse apenas um vingador em potencial. Mesmo depois que a retaliação é substituída pela compensação, ainda é preciso que subsista uma ameaça de retaliação capaz de impor o pagamento da compensação. Essa necessidade, além da de formação de um fundo de risco, ajuda a explicar por que o grupo reconhecido como de parentesco é maior nas sociedades primitivas que nas modernas.

O princípio da responsabilidade coletiva, tão repugnante à sensibilidade moderna, pode ser eficiente nas condições da sociedade primitiva. O fato de que cada parente de um assassino é um alvo de vingança para os parentes da vítima ou de que, no estágio posterior do desenvolvimento social, os parentes do assassino são coletivamente responsáveis perante os da vítima caso ele não honre o pagamento da compensação devida, representa, para esses parentes, um incentivo para policiarem a conduta dele. Eles mesmos podem decidir matá-lo, para se prevenir do perigo que representa; e também podem ter interesse em expulsar de sua comunidade os assassinos em potencial, para evitar os custos com retaliações e compensações caso um deles se revele como tal[42]. Assim, a possibilidade de o homicida não ser o alvo inicial da retaliação não reduz a probabilidade de que a sanção recaia, em última instância, sobre ele; pelo contrário, aumenta essa possibilidade, pois dá a seus parentes um incentivo para "entregá-lo"[43]. A res-

---

42. Ver, p. ex., Barton, nota 1 acima, p. 244; Diamond, nota 1 acima, pp. 264-5; Moore, nota 38 acima, p. 120; Reid, nota 1 acima, pp. 83-4; Wagner, nota 20 acima, pp. 218-9.

43. Há paralelos no direito moderno. Por exemplo, na doutrina do *respondeat superior*, o empregador é responsável pelos ilícitos civis cometidos por seus empregados no desempenho de seu trabalho. A explicação (econô-

ponsabilidade coletiva, assim como a falta de privacidade, é um engenhoso mecanismo por meio do qual a sociedade primitiva cria sucedâneos da máquina investigativa pública que lhe falta[44].

4. *A coletividade relevante é o grupo de parentesco.* A análise precedente pressupõe que, no sistema de direito civil primitivo, os direitos e deveres coletivos sejam direitos e deveres de parentesco. Essa pressuposição deve agora ser examinada. Por que não encontramos, em vez de grupos de parentesco, grupos voluntários – as associações de proteção a que se refere Robert Nozick[45]? Em primeiro lugar, organizar um grupo numeroso de indivíduos em torno de objetivos comuns implica custos de transação provavelmente mais baixos se os integrantes já forem relativamente homogêneos e já estiverem ligados uns aos outros por um sistema de direitos e deveres, devido à função securitária do grupo de parentesco. A autodefesa se torna então apenas mais um desses direitos e deveres. Em segundo lugar, a adoção do parentesco como princípio de organização restringe o tamanho do grupo de autodefesa. Um sistema de associações de proteção puramente voluntário seria instável, devido às grandes vantagens que teria qualquer associação que, superando seus problemas internos de coordenação e controle, crescesse a ponto de ofuscar todas as demais. Tal associação se transformaria em Estado. Esta é uma razão para esperar que, em uma sociedade que logrou sobreviver sem a presença do Estado, a autodefesa seja uma obrigação de parentesco. Em terceiro lugar, quando um indivíduo é lesado ou assassinado, o ato representa um dano a todos os membros do grupo reconhecido como de parentesco, porque estes têm direitos sobre a renda dele, que agora se re-

---

mica) dessa responsabilidade é que ela incentiva o empregador a monitorar o comportamento dos empregados. Ver Richard A. Posner, "A Theory of Negligence", 1 *J. Legal Stud.* 29, 42-3 (1972).

44. Cf. J. C. Vergouwen, *The Social Organization and Customary Law of the Toba-Batak of Northern Sumatra* 365 (1964).

45. Ver Robert Nozick, *Anarchy, State, and Utopia* 118-9 (1974).

duziu. São eles, portanto, que têm legitimidade para exigir direitos.

Mas qual a forma ideal de parentesco para garantir a imposição da lei? Comparemos um sistema unilinear, como o patrilinear, a um sistema bilinear ou por afinidade. Em um sistema patrilinear, o grupo de parentesco de um homem inclui seus parentes pelo lado do pai, por um número determinado de gerações. Esse sistema vincula automaticamente cada indivíduo a um grupo de parentes independente. Ao contrário, em um grupo de parentesco por afinidade, no qual um homem está ligado aos parentes tanto pelo lado do pai quanto pelo da mãe, não há um padrão definido de grupos de parentesco independentes. Isso dificulta a atribuição de responsabilidade coletiva e, consequentemente, a imposição da lei[46]. Em um sistema patrilinear, se A mata B, que é parente de sua esposa, o grupo de parentesco de B não incluiria A e teria o dever de tomar providências contra A ou os parentes deste. Em um sistema de parentesco consanguíneo e por afinidade, porém, A e B seriam parentes, e não estaria claro de que forma se deveria proceder com relação a A[47]. Nas tribos africanas, o sistema de compensação se baseava nos grupos de parentesco patrilineares e era estável.

Como observei no capítulo anterior, grupos de parentesco patrilineares não são o ideal, do ponto de vista securitário. Quando os membros do grupo moram no mesmo vilarejo, o que é comum nesse tipo de sistema, costuma haver uma grande covariância de riqueza entre eles. Uma solução é a exogamia com filiação complementar ou algum outro tipo de vínculo de obrigação entre parentes através do casamento. Nesse caso, o princípio da seguridade passa a abarcar grupos que vivem em diferentes localidades e, consequentemente, apresentam menor covariância de riqueza, mas a distinção entre os grupos de parentesco permanece para fins de execução da lei.

---

46. Ver Fox, nota 37 acima, pp. 47-9, 150.
47. Ver Bloch, nota 38 acima, pp. 137-8, 142.

5. *A compensação por morte ou outros danos é definida com exatidão*. O direito consuetudinário especificará, por exemplo, que se deve pagar quarenta cabeças de gado pelo assassinato de um homem livre, vinte pelo de um escravo, duas por arrancar-se um olho e assim por diante[48]. Esse padrão, muito comum no direito primitivo, difere daquele encontrado no moderno direito da responsabilidade civil, no qual os danos e prejuízos são fixados caso a caso. No estágio do desenvolvimento social no qual a aceitação da compensação (pelos parentes da vítima) é opcional, é fácil enxergar por que quantias compensatórias fixas seriam preferíveis a transações multilaterais entre os membros de ambos os grupos de parentesco. Mesmo quando aquela aceitação se torna compulsória, os custos informacionais que a determinação individualizada de perdas e danos implicaria podem fazer da compensação fixa a abordagem mais viável para a sociedade primitiva.

A adoção exclusiva de penalidades pecuniárias (em espécie ou por equivalência) pode parecer questionável diante do fato de que, em uma sociedade primitiva, muitos dos indivíduos provavelmente são pobres demais para pagar a quantia estipulada como equivalente ao valor de uma vida, mesmo que esse valor seja ínfimo devido à baixa expectativa de vida. Graças ao princípio da responsabilidade coletiva, porém, a sociedade pode estabelecer um nível de compensação mais alto que aquele com o qual a média dos indivíduos é capaz de arcar, pois seus parentes também são responsáveis pelo pagamento[49]. Ainda que problemas de liquidez reduzissem a severidade real das penas pecuniárias a um nível inferior à das penas físicas adotadas na fase retaliativa da ordem social, isso não significaria redução da ex-

---

48. Ver, p. ex., Diamond, nota 1 acima, pp. 58-9, 65, 269-70; Howell, nota 1 acima, p. 70; Charles Dundas, "The Organization and Laws of Some Bantu Tribes in East Africa", 45 *J. Royal Anthro. Inst.* 234, 279-83 (1915).
49. Vê-se, novamente, uma analogia com o princípio do *respondeat superior*, do direito civil moderno. Ver Posner, nota 43 acima.

pectativa de custos das penas para os infratores. A severidade do castigo seria menor, mas a probabilidade de ser aplicado seria maior, já que a compensação representa, para os parentes da vítima (ou para ela própria, caso sobrevivesse), mais um incentivo, além da vingança, para buscar a punição do lesante.

Até aqui, pressupus que a multa, para ser um meio adequado de dissuasão, deve ter valor igual ao do custo da infração. Entretanto, se a probabilidade de punição for menor que um, a multa tem de ser aumentada, para que a expectativa de custo da pena continue igual ao custo da infração. Como não há, nas sociedades primitivas, polícia ou outros órgãos públicos de investigação, e como o custo da informação é geralmente alto de qualquer forma, seria de esperar que a probabilidade de punição fosse muito baixa e, consequentemente, que o valor ideal da indenização por assassinato fosse bem alto. Ao que parece, porém, as penalidades não são, em média, mais altas que nas sociedades modernas[50]; a probabilidade de punição é alta[51]; e as taxas de criminalidade, quando a comparação é possível, parecem comparáveis às das sociedades avançadas[52]. A inexistência de polícia e de outras instituições públicas de imposição da lei é compensada por diversos fatores:

a. A falta de privacidade dificulta a ocultação das infrações[53].
b. O princípio da responsabilidade coletiva incentiva os grupos de parentesco a identificar e eliminar membros perigosamente propensos ao crime.
c. Tentativas de esconder um crime costumam ser punidas separadamente[54].

---

50. Sobretudo onde a compensação substituiu a retaliação como sanção característica. Para alguns exemplos, ver Friedman, nota 38 acima, Apêndice I.
51. Ver Gulliver, nota 1 acima, pp. 127-34.
52. Ver *African Homicide and Suicide* 237, 256 (Paul Bohannan [org.], 1960).
53. Ver também a nota 5 do capítulo 6, acima.
54. Ver Diamond, nota 1 acima, pp. 63-4, 76.

d. A crença religiosa muitas vezes inibe a ocultação dos crimes[55].

e. A ampla "seguridade social" da sociedade primitiva torna menos vantajosos os crimes de apropriação indébita e, presumivelmente, sua incidência. Se o indivíduo tem liberdade para reclamar, junto aos parentes, a comida de que precisa e está proibido de "acumular" mais do que o necessário, torna-se inútil, para ele, roubar alimentos, a não ser que nenhum de seus parentes, ou qualquer outra pessoa a quem ele possa recorrer, possua alimentos para dar. Em muitas sociedades primitivas, o roubo parece, de fato, um crime irrelevante[56].

A combinação de alta probabilidade de punição e penas não tão severas faz sentido economicamente, ao contrário do que aconteceria se a combinação fosse de alta probabilidade de punição e penas muito severas. Se essa combinação é a *ideal*, esta é outra questão. A análise econômica sugere que a concomitância de baixa probabilidade e penalidades muito severas frequentemente é eficaz, porque, contanto que os custos de cobrança de multas ou in-

---

55. Por exemplo, um assassino pode considerar que sentar à mesa com os parentes de sua vítima traga má sorte. Por outro lado, o parente de uma vítima pode considerar que dê azar cear com o assassino. Se um homem mata um estranho, não saberá quem são os parentes deste. A única forma de assegurar-se de que nunca comerá com um deles é tornando público seu ato, para que os parentes da vítima evitem sentar-se à mesa com ele. Ver Barton, nota 1 acima, p. 241; Gluckman, *The Ideas of Barotse Jurisprudence*, nota 1 acima, p. 219. Em outra sociedade, acredita-se que aquele que, após matar alguém, não se submeter a um ritual (público) de purificação será acometido por uma sarna, a qual coçará até a morte. Ver Goldschmidt, nota 1 acima, p. 97. A existência de mecanismos que induzam o homicida a revelar sua identidade é importante sobretudo porque, se esta permanecer desconhecida, o mesmo acontecerá com a de seu grupo de parentesco, e será portanto impossível fazer valer o princípio da responsabilidade coletiva.

56. Ver Diamond, nota 1 acima, p. 222. Entretanto, essa aparente irrelevância pode ser, até certo ponto, subproduto da natureza coletiva que, em grande medida, caracteriza a propriedade nas sociedades primitivas: a perda sofrida por qualquer dos coproprietários de um bem é pequena demais para incentivá-lo a despender grandes esforços na captura e punição do ladrão.

denizações por perdas e danos sejam baixos, a redução da probabilidade de punição, graças à qual se economizam recursos com investigação e julgamento, pode ser compensada, sem maiores despesas, pela intensificação da severidade da pena para os (poucos) infratores capturados[57]. Entretanto, independentemente dos problemas de liquidez, a abordagem de baixa probabilidade e alta severidade provavelmente não seria a mais adequada às condições da sociedade primitiva. Em um sistema assim, a variabilidade das punições seria maior em comparação com sistemas que combinassem alta probabilidade de punição e penas menos severas. A variabilidade dos riscos, por sua vez, representa um custo para pessoas avessas ao risco; e a preponderância de acordos de seguridade nas sociedades primitivas sugere que seus membros, assim como o homem moderno, são, de fato, avessos a riscos. Ademais, em uma sociedade primitiva, o fator de risco inerente a um esquema de alta severidade e baixa probabilidade seria ainda maior, uma vez que a responsabilidade civil primitiva se funda no princípio da responsabilidade objetiva, o que significa que as pessoas não serão capazes de eliminar o risco de serem punidas simplesmente se comportando cautelosamente.

6. *A responsabilidade é objetiva*. A responsabilidade objetiva é forma habitual com que a sociedade primitiva lida com atos que causem morte ou dano. Se um homem prejudica ou mata outro, mesmo em um acidente que não poderia ser evitado pelo exercício do cuidado necessário, deve compensar a vítima ou os parentes dela. Em alguns sistemas jurídicos primitivos, a compensação exigida é menor se a morte ou o dano for acidental. Em outros, não. Mas, quase sempre, deve-se pagar algum tipo de compensação, independentemente de o lesante ser ou não "culpado" no sentido do moderno direito da responsabilidade civil[58].

---

57. Ver Becker, nota 41 acima.
58. Moore, nota 38 acima, pp. 93-4, questiona até que ponto as sociedades primitiva e moderna diferem no tocante à oposição entre responsabili-

A literatura econômica identifica quatro fatores que pesam na escolha entre responsabilidade objetiva e responsabilidade mediante culpa e que podem ser importantes no cenário primitivo[59]. O primeiro deles é o custo da informação. É mais dispendioso determinar se o réu tem culpa (pois isso envolve um maior número de fatores a serem considerados) do que simplesmente verificar se este causou dano ao demandante.

O segundo fator é a proporção dos danos evitáveis, em relação aos inevitáveis[60]. Se os inevitáveis forem muito mais numerosos, a regra da responsabilidade objetiva será pouco vantajosa porque requererá intensa e dispendiosa atividade judicial sem efeitos distributivos. A ameaça de um julgamento que imponha uma indenização por perdas e danos à vítima de um dano inevitável não terá efeito sobre a conduta dos lesantes em potencial, já que, por definição, em casos desse tipo, o custo do julgamento é menor que o custo de se evitar o acidente.

O terceiro fator é o custo, para a vítima, de se evitar o acidente. A responsabilidade objetiva exime totalmente as vítimas em potencial da responsabilidade de evitar o acidente, colocando-a nas mãos dos lesantes em potencial. Se estivermos certos de que a vítima jamais poderá evitar o dano a um custo menor que o assumido pelo lesante com o mesmo objetivo, não precisamos temer que a responsabilidade objetiva reduza, abaixo do nível ideal, o estímulo das vítimas em potencial para evitar os acidentes; tampou-

---

dade objetiva e responsabilidade mediante culpa, observando que há muitos exemplos de responsabilidade objetiva no direito moderno. Entretanto, a autora não parece questionar a tese de que a responsabilidade objetiva é mais comum no direito primitivo que no moderno. Um exemplo radical de responsabilidade objetiva primitiva é a recusa da sociedade homérica em distinguir o homicídio acidental do intencional; em ambos, o lesante é considerado culpado. Ver A. W. H. Adkins, *Merit and Responsibility* 52-3 (1960).

59. Ver Posner, nota 16 acima, pp. 137-42, 441-2.

60. Por dano "evitável" entende-se aquele que se poderia ter evitado a um custo inferior à expectativa de seu custo. Nesse sentido, tanto o dano doloso quanto o culposo seriam evitáveis.

co será necessária qualquer intervenção da defesa no sentido de alegar culpa da vítima, nos casos em que a prevenção for mais barata para esta última.

O quarto fator é a correlação entre os custos de seguridade para a parte lesante e a parte lesada. A responsabilidade objetiva transforma o lesante em segurador do lesado. Isso pode ou não ser uma forma de seguridade menos dispendiosa que um sistema de responsabilidade no qual o lesado seja induzido a fazer um seguro, por só poder exigir indenização do lesante se este for culpado.

Todos esses fatores sugerem que, nas sociedades primitivas, a responsabilidade objetiva é mais eficiente que a responsabilidade mediante culpa.

Em uma sociedade desprovida de um poder judiciário profissional e de noções claras acerca dos fenômenos naturais, é de esperar que seja dispendioso julgar casos e sentenciar culpados (embora a simplicidade das tecnologias na sociedade primitiva seja um fator que sugere a conclusão contrária). Sem uma compreensão clara dos fenômenos naturais, o árbitro primitivo frequentemente teria dificuldade para distinguir entre conduta intencional e acidental (e, ainda mais, para diferenciar a conduta negligente da inevitável)[61]. Suponhamos que A e B, membros de um mesmo grupo de caça, atirem flechas em um porco-do-mato, e que a flecha atirada por A se desvie nas costas do porco, atingindo B. O acontecimento parece acidental, mas A pode tê-lo causado mediante um feitiço. O árbitro primitivo não poderia descartar, de imediato, tal possibilidade.

É verdade que a incerteza também pode corromper a atribuição de responsabilidade mediante causa e efeito. Isso pode explicar a curiosa norma do direito arcaico, que determina uma pena mais severa que a normal, se o infrator for pego em flagrante[62]. A explicação geralmente é psi-

---

61. Ver, p. ex., J. Walter Jones, *The Law and Legal Theory of the Greeks* 261 (1956); Roberts, nota 1 acima, p. 46, 108-9.
62. Ver Diamond, nota 1 acima, p. 78; Maine, nota 1 acima, p. 366.

cológica: algum tempo depois de o delito ser cometido, o desejo de vingança da vítima ou dos parentes dela se arrefece[63]. Também é possível uma explicação econômica. Quando a prisão resulta de investigação realizada após a ocorrência, a probabilidade de se prender a pessoa errada é maior, devido à dificuldade de determinar relações de causa e efeito quando a ação e o dano não são observados simultaneamente. A redução da severidade da pena quando o criminoso não é pego em flagrante caracteriza-se, portanto, como método de redução dos custos de punição assumidos por indivíduos inocentes.

O uso generalizado de pressuposições factuais incontestáveis é mais uma prova dos altos custos de determinação dos fatos na sociedade primitiva. Por exemplo, em algumas tribos, o fato de um homem e uma mulher terem ficado a sós, ainda que por pouquíssimo tempo, é considerado prova conclusiva da ocorrência de relações sexuais[64]. Em uma outra tribo, se uma mulher tem relações sexuais extraconjugais em uma área habitada, mas ninguém a ouviu gritar, conclui-se que sua queixa de estupro é infundada[65]. Da mesma forma, por trás da preferência do direito primitivo pela responsabilidade objetiva pode estar uma lógica de custos informacionais.

Essa análise pode explicar também por que, em algumas sociedades, se a vítima for um membro do mesmo grupo de parentesco do assassino, este não é responsabilizado pelo crime[66]. A isenção de responsabilidade se assemelha à responsabilidade objetiva, na medida em que elimina a ne-

---

63. Ver *id.*, p. 367.
64. Ver Max Gluckman, *The Ideas in Barotse Jurisprudence*, nota 1 acima, p. 223.
65. Ver A. L. Epstein, "Injury and Liability in African Customary Law in Zambia", em *Ideas and Procedures in African Customary Law* 292, 300-1 (Max Gluckman [org.], 1969).
66. Ver, p. ex., Goldschmidt, nota 1 acima, pp. 91, 98, 107-8. Mas isso pode ser mero resultado do fato de a imposição da lei, nessas sociedades, fundar-se no parentesco.

cessidade de esclarecer questões sutis de justificação, dever e zelo. Supostamente, o homicídio no seio da família seria justificável (por exemplo, para eliminar um assassino que poderia sujeitar a família a retaliações ou fazer com que fosse juridicamente responsabilizada). A transformação disso em uma pressuposição incontestável evita um dispendioso esforço de determinação dos fatos[67].

O segundo fator de peso na escolha entre responsabilidade objetiva e responsabilidade mediante culpa – a proporção dos danos evitáveis, em relação aos inevitáveis – também favorece, no cenário primitivo, a responsabilidade objetiva. A julgar pelos relatos dos antropólogos, na sociedade primitiva, a maioria dos danos que os indivíduos infligem é evitável no sentido econômico. Na verdade, na maior parte das vezes, são deliberadamente infligidos. Logo, a responsabilidade objetiva dificilmente provocará deslocamento de prejuízos sem que haja ganho distributivo, pois raramente o custo assumido pelo lesante para evitar o dano excederá a expectativa de custo desse dano.

A grande quantidade de danos deliberados também sugere que o custo de evitá-los é maior para as vítimas que para os lesantes (embora, sem dúvida, haja um certo grau de provocação evitável em muitas das desavenças que originam os danos). Nessas circunstâncias, é eficiente fazer todos os custos recaírem sobre o lesante, como o faz a responsabilidade objetiva.

O derradeiro fator, a seguridade, guarda certa tensão com os outros dois. Se todos os acidentes sujeitos à responsabilidade objetiva também ensejassem responsabilidade no âmbito de um sistema de responsabilidade mediante culpa, a responsabilidade objetiva não proveria nenhuma seguridade adicional. Mesmo assim, a responsabilidade objetiva ainda seria defensável: socialmente, a determinação

---

67. Ademais, nos casos em que o dano é infligido dentro da família, a seguridade independe da responsabilidade, pois a vítima e sua família já têm direito à ajuda dos parentes.

de culpados, com todos os custos envolvidos, seria um completo desperdício, pois não serviria para identificar acidentes nos quais a imposição de responsabilidade sobre o lesante seria inútil do ponto de vista distributivo. Presumindo-se que, em uma parcela expressiva dos acidentes na sociedade primitiva, não haja culpados, um sistema baseado na responsabilidade objetiva desempenha, efetivamente, uma modesta função securitária, maior que aquela que um sistema baseado na responsabilidade mediante culpa desempenharia. Já a *eficiência* da responsabilidade objetiva como mecanismo securitário depende de se o lesante é melhor segurador que a vítima. Nas duas hipóteses mais prováveis, a resposta é "sim". Em primeiro lugar, se os lesantes forem, em média, mais ricos que as vítimas, a responsabilidade do lesante fará sentido do ponto de vista securitário (desde que as funções de utilidade não se correlacionem com a riqueza). É provável que os lesantes sejam, em geral, mais ricos que as vítimas – homens mais fortes e ativos e que possuam mais gado, mais cães e mais ferramentas estão mais sujeitos a causar danos que a sofrê-los (refiro-me a danos acidentais). Em segundo lugar, quando a compensação não é totalmente satisfatória, a responsabilidade do lesante, em vez de fazer as perdas recaírem unicamente sobre este, acaba adquirindo a função de dividi-las entre ele e a vítima[68]. No que se refere aos danos mais graves, os mais importantes do ponto de vista securitário, o exemplo de nossa sociedade demonstra que as indenizações por perdas e danos são insatisfatórias[69], e o mesmo provavelmente ocorre na sociedade primitiva.

---

68. Sabe-se de uma tribo em que os custos de um acidente são divididos, meio a meio, entre o lesante e a vítima. Ver Riasanovsky, nota 1 acima, pp. 146-7.

69. Ver Dept. de Transporte dos Estados Unidos, *Motor Vehicle Crash Losses and their Compensation in the United States* 90 (1971); Alfred F. Conard *et al.*, *Automobile Accident Costs and Payments* 178-9 (1964).

Direito penal

Observei anteriormente que, por lhes faltar um Estado, os povos primitivos não possuem direito penal. Mas isso é um exagero. Mesmo nas sociedades em que inexistem órgãos estatais, alguns fenômenos, como a bruxaria e o incesto, são considerados ofensas contra a comunidade, puníveis mesmo que a vítima ou seus parentes não apresentem queixa contra o infrator[70]. As justificativas para sanções por parte da comunidade parecem claras no caso do incesto, um crime "sem vítimas", mas que prejudica a coletividade. A bruxaria, por sua vez, talvez seja considerada uma prática cuja dificuldade de detecção e magnitude em potencial justifiquem um remédio judicial compensatório mais severo que o aplicado nos casos comuns de homicídio e lesão corporal.

Com o surgimento do Estado, o direito penal, no sentido estrito supramencionado, isto é, como sistema penal distinto do sistema compensatório, tende a se expandir para abarcar atos convencionalmente considerados criminosos, como o homicídio, a tentativa de agressão e o roubo[71]. Mas por que o poder soberano considera crimes contra si os atos de violência contra cidadãos privados? Uma razão possível é que o soberano, na verdade, vende segurança aos cidadãos, em troca dos tributos que recolhe. Mas essa explicação ignora o fato de que os cidadãos já estão protegidos pelo sistema compensatório, e razoavelmente bem, a julgar pelo exemplo das sociedades pré-políticas. Uma razão mais sólida, fundada na teoria econômica, é que os homicídios e agressões impõem custos ao soberano, por reduzir os impostos arrecadados das vítimas. O soberano "possui" participação nos lucros dos súditos, a qual se vê prejudicada por atos que reduzam a riqueza deles. O sistema compensatório privado não leva em conta

---

70. Ver, p. ex., Diamond, nota 1 acima, p. 260.
71. Ver *id.*, pp. 74-5, 85, 92, 273, 293.

essa participação econômica. O soberano, portanto, funda um sistema penal como forma de internalizar essa externalidade.

Encerrarei este capítulo tratando de duas questões gerais. Primeiramente, se, tal como argumentei, é verdade que, além de outras instituições sociais da sociedade primitiva, as jurídicas são economicamente racionais ou eficientes, que mecanismo conduz a sociedade primitiva a esse surpreendente resultado[72]? Como vimos no capítulo 4, a mesma pergunta se aplica à constatação de que o *common law* anglo--americano é eficiente. E, naquele contexto, a questão está longe de se resolver. É mais fácil, contudo, explicar o grande valor da eficiência para a sobrevivência da sociedade no mundo primitivo do que fazê-lo em relação ao nosso mundo. As sociedades eficientes são mais ricas que as ineficientes (esse é o significado de eficiência), e uma sociedade mais rica comporta uma população maior, fator possivelmente decisivo na competição entre as sociedades primitivas, caracterizada por estratégias de guerra elementares, em que o contingente de indivíduos é mais importante que nas sociedades modernas. É de esperar, portanto, que sociedades arcaicas que duraram o bastante para deixar vestígios literários e arqueológicos significativos e sociedades primitivas que lograram sobreviver até o século XIX (quando surgiram os primeiros estudos antropológicos sérios) possuam costumes eficientes.

Deve-se observar, como fator adicional, que uma sociedade primitiva é, por definição, uma sociedade que teve muito tempo para se adaptar ao ambiente em que se inse-

---

72. O resultado não é surpreendente para todos os antropólogos. Ver, p. ex., Manning Nash, *Primitive and Peasant Economic Systems* 49 (1966). Novamente ressalto que, ao atribuir racionalidade econômica aos povos primitivos, não me refiro a seu estado de consciência. Para um economista, o comportamento racional diz respeito a consequências, em vez de intenções; e nisso assemelha-se ao conceito de funcionalidade da antropologia tradicional. Ver, p. ex., Radcliffe-Brown, nota 20 acima, pp. 62, 83; A. R. Radcliffe-Brown, *Structure and Function in Primitive Society: Essays and Addresses*, cap. 9 (1952).

re. O intervalo em que essa adaptação ocorre depende, ademais, do ritmo de transformação da sociedade. Se esse ritmo é muito lento, a sociedade tem tempo mais que suficiente para criar adaptações eficientes.

Entretanto, nas sociedades primitivas, o equilíbrio social é nitidamente menos eficiente que nas avançadas, pelo menos no longo prazo. Prova disso é que apenas uma pequena parcela da população mundial atual vive em sociedades primitivas. Essa situação se deve, parcialmente, à coerção das sociedades avançadas, não à competição pacífica (inclusive de modo trágico, como no caso dos índios norte-americanos). Mas, de modo geral, deve-se às soluções apresentadas pelas sociedades primitivas aos desafios impostos pelo ambiente econômico no qual se inserem. Entre essas soluções, estão fatores hostis ao progresso econômico e, consequentemente, ao crescimento populacional, como a falta de privacidade e a proibição do acúmulo de riquezas.

Isso nos conduz à segunda questão geral. Avaliar se as instituições de uma sociedade são eficientes – ou, na terminologia da Parte I, maximizadoras da riqueza – depende de quais fatores são considerados como exógenos, isto é, fatores aos quais as instituições sociais devem-se adaptar tanto quanto possível, por não serem capazes de mudá-los; e quais, como endógenos, isto é, que elas são capazes de alterar. Na análise da eficiência do *common law*, invariavelmente se trata como imutável toda uma malha de restrições impostas pela Constituição e pela legislação infraconstitucional, bem como pelas instituições sociais e econômicas, analisando-se então se o *common law* é uma adaptação eficiente a essa malha. Por exemplo, eu e o professor Landes argumentamos que as normas que regem os resgates não marítimos são eficientes, dada a sofisticação da infraestrutura pública de serviços de resgate em terra. Seria possível, porém, que se vislumbrasse um sistema ainda mais eficiente, regido por outros princípios de *common law* combinados a uma outra estrutura de serviços públicos[73]. Do mesmo modo, se se tratarem os altos custos informacionais como parte inalterável do ambiente primitivo, então provavelmente as instituições primitivas descritas neste capítulo e no anterior são eficientes. Instituições diferentes, entretanto, poderiam dar à sociedade primitiva a capacidade de superar esses custos e chegar a um nível mais alto de eficiência. Acredito que faça sentido falar de eficiência, tanto das instituições do *common law* quanto de seus equivalentes na sociedade primitiva, reconhecendo-se, ao mesmo tempo, que ordens institucionais alternativas poderiam ser ainda mais eficientes.

---

[73]. Ver William M. Landes & Richard A. Posner, "Salvors, Finders, Good Samaritans, and Other Rescuers: An Economic Study of Law and Altruism", 7 *J. Legal Stud.* 83, 118-9 e n. 88 (1978).

8. Retribuição e outros conceitos penais afins

Este capítulo analisa diversos conceitos penais inter-relacionados, associados principalmente às sociedades primitivas e antigas. Segundo o conceito retributivo de punição,

a justificativa da pena está em que os atos danosos merecem punição. É moralmente apropriado que uma pessoa que inflija um dano passe por um sofrimento proporcional à sua culpa, e a severidade da pena cabível depende da perversão do ato. Um estado de coisas no qual os delinquentes são penalizados é moralmente superior a um outro no qual não são; e o é independentemente das consequências da punição.[1]

---

1. John Rawls, "Two Concepts of Rules", 1 *Philosophical Rev.* 3, 4-5 (1955). Para uma definição semelhante, ver A. C. Ewing, *The Morality of Punishment* 13 (1929); e para outras análises do significado e dos fundamentos éticos da teoria retributiva, por seus defensores e por seus oponentes, ver K. G. Armstrong, "The Retributivist Hits Back", 70 *Mind* 471 (nova série, 1961); Max Atkinson, "Justified and Deserved Punishment", 78 *Mind* 354 (nova série, 1969); Sidney Glendin, "A Plausible Theory of Retribution", 5 *J. Value Inquiry* 1 (1970); H. L. A. Hart, *Punishment and Responsibility* 230-7 (1968); Donald Clark Hodges, "Punishment", 18 *Philosophy & Phenomenological Research* 209 (1957-59); John Kleinig, *Punishment and Desert* (1973); John Laird, "The Justification of Punishment", 41 *The Monist* 352 (1931); Herbert Morris, "Persons and Punishment", 52 *idem* 475 (1968); C. W. K. Mundle, "Punishment and Desert", 4 *Philosophical Q.* 216, 221 (1954); Lisa H. Perkins, "Suggestion for a Theory of Punishment", 81 *Ethics* 55 (1970); John Plamenatz, "Responsibility, Blame, and Punishment", em *Philosophy, Politics & Society* 173 (Peter Laslett & W. C. Runcimann [orgs.], 3.ª série, 1967). Para uma defesa particularmente entusiástica da abordagem retributiva, ver C. S. Lewis,

A história da visão retributiva no direito e na filosofia é antiga. Pode-se encontrá-la na *lex talionis* do direito romano antigo, no preceito do "olho por olho, dente por dente" do Antigo Testamento (e que aparece, quase idêntico, no Corão) e em muitos outros códigos antigos. Entre seus expoentes filosóficos, está Immanuel Kant[2].

O conceito que define a punição como retaliação ou vingança assemelha-se ao que a define como retribuição, na medida em que trata a pena como recompensa paga pelo delinquente; mas diverge, na medida em que enxerga a punição do ponto de vista da vítima. Enquanto a retribuição centra-se no dano infligido pelo agressor, a retaliação centra-se no impulso da vítima (ou dos simpatizantes desta) para dar o troco ao agressor. Um conceito mais familiar aos classicistas e antropólogos que aos advogados e filósofos é o de "poluição": a crença de que forças sobrenaturais punem os vizinhos e descendentes do agressor quando ele mesmo escapa do castigo. Embora alguns retributivistas tenham argumentado que um conceito adequado de retribuição não deve permitir a imposição de responsabilidade a ninguém, exceto ao agressor, os conceitos de poluição e retribuição frequentemente se mesclam. O Antigo Testamento, por exemplo, afirma que o agressor deve pagar com olho por olho e dente por dente e, ao mesmo tempo, que os pecados do pai recairão sobre os filhos.

The Humanitarian Theory of Punishment", em *Theories of Punishment* 301 (Stanley E. Grupp [org.], 1971). Conheço apenas uma análise econômica da retribuição: Donald Wittman, "Punishment and Retribution", 4 *Theory & Decision* 209 (1974). Para Wittman, diversas características do direito penal contemporâneo denotam a sobrevivência do conceito de retribuição.

2. As visões de Kant sobre a retribuição são analisadas em Hodges, nota 1 acima. É extensa a literatura que analisa as práticas retributivas reais das sociedades primitivas e antigas. São exemplos Paul Bohannan, *Law and Warfare* (1967), *passim*; David Daube, *Studies in Biblical Law*, cap. 3 (1969); E. Adamson Hoebel, *The Law of Primitive Man* (1954), *passim*.

Da vingança à retribuição, e além

Vimos que a ameaça de retaliação é o mecanismo fundamental de preservação da ordem pública nas sociedades primitivas. Passo então a investigar os motivos que um indivíduo ou um membro de seu grupo de parentesco teriam para vingar-se de um dano sofrido. Um deles poderia ser a dissuasão. A prontidão com que se vinga um dano pode diminuir a probabilidade de futuras agressões. Uma das razões de a vingança ser uma obrigação familiar nas sociedades primitivas pode ser exatamente a necessidade de envolver, no processo de imposição da lei, uma instituição duradoura o bastante para se interessar pela dissuasão.

Em alguns casos, porém, a dissuasão pode não ser um motivo suficientemente forte para convencer um indivíduo economicamente racional a sujeitar-se aos custos da retaliação. Um exemplo disso seria uma situação em que as condições informacionais impedissem que o futuro agressor previsse a intensidade de retaliação da vítima (ou da família desta). Pode ser que ainda subsistisse um interesse em retaliar, mas não um interesse dissuasivo: a retaliação poderia envolver a obtenção de algo de valor junto ao agressor, um benefício privado diferente da dissuasão. No capítulo anterior, vimos que sociedades primitivas podem determinar compensações pecuniárias, em espécie ou por equivalência, por danos (inclusive para crimes como o assassinato), assim como ocorre no moderno direito da responsabilidade civil; e, provavelmente, uma importante razão para a existência e sobrevivência desses costumes é que estimulam as pessoas a retaliar, reforçando assim a credibilidade da ameaça de retaliação e, consequentemente, a ordem pública. Mas a viabilidade de um esquema compensatório depende da posse, por parte do agressor (ou de sua família ou de seu vilarejo, caso exista um princípio de responsabilidade coletiva), de riquezas proporcionais à gravidade do dano; e, durante a maior parte da história da humanidade, as pessoas provavelmente não dispuseram de riqueza suficiente (pelo menos de riqueza transferível) para fazer da esperança de compensação um estímulo para uma vítima, ou sua família, assumir os custos da retaliação.

Outro exemplo em que a preocupação consciente com a dissuasão não gerará vingança é quando os custos desta forem inferiores aos benefícios obtidos com a redução da expectativa de custos de agressões futuras. Se o agressor estiver bem protegido, o vingador, para lesá-lo, terá de correr sério risco de vida, além de arcar com outros tipos de custo. Em outra hipótese, o agressor poderá tornar a vítima e sua família muito pobres, a ponto de o valor da dissuasão de futuras agressões tornar-se desprezível para elas (por não possuírem mais nada passível de ser roubado).

Nos casos em que os benefícios da retaliação forem inferiores aos custos, esta pode se tornar, aos olhos do indivíduo, um ato irracional. Mas pode não ser irracional, para o indivíduo, a adoção, *ex ante*, de uma *política* inabalável de retaliação que não seja revista sempre que ele sofra uma agressão, e que todos conheçam (talvez através de suas maneiras e de sua postura). Se todos souberem que determinado indivíduo, quando atacado, retaliará sem pensar duas vezes, talvez se sintam menos encorajados a agredi-lo do que se a fama dele fosse de alguém que reagisse "racionalmente" a todos os atos de agressão e calculasse, caso a caso, os custos e os benefícios de uma retaliação. É verdade que, apesar de trazer maiores benefícios, essa política implicará maiores custos; pois, se de fato ocorrer um ato de agressão, a retaliação ocorrerá a despeito dos riscos e demais custos. Mas os ganhos dessa estratégia podem superar as perdas *ex ante*.

O problema de uma política assim é a credibilidade. De algum modo, o indivíduo precisa, por antecedência, comprometer-se consigo mesmo a não ceder à tentação de ser oportunista quando atacado (e pesar os custos e benefícios da retaliação conforme a ocasião). O problema do comprometimento já foi discutido em muitos outros contextos[3]. Mas os métodos mais comuns de comprometimento, como o compromisso exigível judicialmente, não estão disponíveis na sociedade primitiva. Há, entretanto, dois métodos disponíveis nesse cenário. Um deles é genético. Se a adesão do indivíduo a uma política inabalável de retaliação resultar no aumento de seu vigor físico, poderiam se desenvolver, por seleção natural, características psicológicas que garantiriam a retaliação independentemente da relação custo-benefício verificada no momento da agressão; características que colocariam a vítima em um estado de fúria que impossibilitaria o cálculo ponderado. O segundo método de comprometimento é cultural: a garantia de aprovação da sociedade ao "homem honrado", aquele que, ao mínimo sinal de afronta, está pronto para retaliar. Como observei em outros capítulos, essa característica cultural é mais acentuada em sociedades desprovidas de instituições públicas de imposição da lei. Mas as relações de causa e efeito podem, nesse caso, inverter-se: a presença de indivíduos altamente individualistas, ultrassensíveis e irritadiços pode dificultar a criação e a preservação de instituições públicas eficazes.

O desejo de retaliação desvinculado da esperança de compensação e do interesse em construir-se uma reputação que previna futuras agressões é uma forma de altruísmo negativo. A vítima, ou sua família, assume os custos (arriscando até sua segurança pessoal) da vingança de um dano porque lesar o delinquente aumenta a utilidade do vingador. Entretanto, a simples ênfase nos efeitos da retaliação sobre a utilidade da vítima não constitui uma *justificação* utilitária da retribuição. Essa justificação pressupõe que o aumento da utilidade da vítima (ou da de sua família) exceda a redução da utilidade do delinquente causada pela punição. E isso é dificílimo de medir. Meu argumento é apenas que,

---

3. Ver, p. ex., Thomas C. Schelling, *The Strategy of Conflict*, cap. 5 (1960); Richard A. Posner, "Gratuitous Promises in Economics and Law", 6 J. Legal Stud. 411 (1977).

para sentir-se incentivado a agir na ausência de compensação, o vingador precisa derivar utilidade de seu ato.

A pressuposição da interdependência de utilidades não é nova na ciência econômica; sobre ela assenta-se grande parte dos trabalhos sobre economia da família[4]. A presunção da interdependência de utilidades *negativas* é que é um tanto nova[5]. O fundamento último de ambos os tipos de interdependência parece ser biológico. Além de relacionarem o altruísmo (positivo) dentro da família à aptidão genética, chegando a usar o termo "solidariedade familiar"[6], os biólogos enfatizaram o valor que um gene de retaliação contra agressões teria para a sobrevivência[7]. A análise se complica quando, da auferição dos custos e benefícios dissuasórios do ato de retaliação tal como se apresentam no momento da realização deste, demonstra-se que a retaliação é "irracional". Mas mesmo aqui, como vimos, o ato pode ser racional e contribuir para a sobrevivência se visto não isoladamente, mas como o preço que o indivíduo paga por ter uma política de retaliação geneticamente determinada[8]. Se aceitarmos esse argumento, fica fácil enxergar como a disposi-

---

4. Ver Gary S. Becker, "Altruism, Egoism, and Genetic Fitness: Economics and Sociobiology", 14 *J. Econ. Lit.* 817 (1976).

5. Não inteiramente nova. Há análises de economistas sobre a inveja. Para um exame recente e rigoroso da inveja no interior da família, ver Gary S. Becker, "Altruism in the Family" (Dept. Econ. U. Chi., junho de 1979).

6. Donald T. Campbell, "On the Genetics of Altruism and the Counter-Hedonic Components of Human Behavior", 28 *J. Soc. Issues* n. 3, pp. 21, 27 (1972). Ver também referências em Becker, nota 5 acima.

7. Ver Robert L. Trivers, "The Evolution of Reciprocal Altruism", 46 *Q. Rev. Biology* 35, 49 (1971); J. Hirshleifer, "Natural Economy *versus* Political Economy", 1 *J. Soc. & Biological Structures* 319, 332, 334 (1978). Hirshleifer fala de "reações automáticas cujo desencadeamento é garantido pela emoção". *Id.*, p. 332.

8. Assim, Trivers, nota 7 acima, p. 49, observa que a retaliação "muitas vezes parece totalmente desproporcional diante da agressão. Disputas aparentemente banais resultam até no assassinato de amigos. Mas, uma vez que a repetição constante de pequenas injustiças ao longo de uma vida pode afetar seriamente a aptidão relativa do indivíduo, a seleção natural pode favorecer uma demonstração vigorosa de agressividade quando ele descobre que está sendo enganado.

ção de um indivíduo para retaliar por um dano infligido não a ele, mas a um membro de sua família também poderia contribuir para a sobrevivência dele. O componente vingativo de nosso código genético continua sendo um importante fator na dissuasão de agressões. A dissuasão nuclear tem como premissa a certeza de que os líderes de uma nação retaliarão em circunstâncias nas quais a retaliação não traria benefícios concretos (a destruição completa da nação). Outro exemplo é a convicção de que as pessoas cortarão as relações comerciais com quem as enganar, sem calcular os custos e benefícios de mantê-las, isto é, sem tratar os custos como irrecuperáveis. Um artigo recente sugere que a descoberta de fraude pode fazer com que os compradores fraudados não realizem futuros negócios com o vendedor, devido ao altruísmo negativo[9]. Outro artigo afirma: "Embora possa não ser de interesse imediato de uma das partes (...) de uma relação de reciprocidade a punição da outra, posto que o rompimento acarretará prejuízo a ambas, a adoção dessa função de reação pode ser racional para otimizar a prevenção de fraudes futuras."[10] Essa afirmação parece falar da adoção, por livre e espontânea vontade, de uma postura retaliatória. Se, porém, o desejo de retaliação for geneticamente determinado, a vontade torna-se desnecessária.

O tipo de "retribuição" que descrevi no caso do consumidor não costuma ser qualificado com termos ameaçadores, como retribuição ou vingança, nem visto com maus olhos como algo primitivo ou irracional. Mesmo assim, aqueles que buscam fundamentar a punição de um crime no desejo de vingança são vistos como indivíduos sanguinários e arcaicos. Parece haver duas razões para a diferença entre as

---

9. Ver Benjamin Klein & Keith B. Leffler, "The Role of Price in Guaranteeing Quality", 35 n. 40 (s/d, apostila n. 149, U.C.L.A., Dept. Econ.).

10. Benjamin Klein, Robert Crawford, & Armen A. Alchian, "Vertical Integration, Appropriable Rents, and the Competitive Contracting Process", 21 *J. Law & Econ.* 297, 305 n. 18 (1978).

reações nesses dois casos. Em primeiro lugar, contamos mais com o Estado para garantir a imposição de leis penais que para garantir os direitos do consumidor. Embora exista uma Comissão Federal do Comércio (*Federal Trade Comission*)*, a perspectiva de perda de futuros negócios é mais importante para inibir fraudes que a expectativa de custos com ações judiciais da FTC. Até o século XIX, a justiça criminal também era, em sua maior parte, privada[11]. Hoje, porém, punir os criminosos é uma função que cabe, em primeiro lugar, a servidores públicos, e não às vítimas dos crimes ou às famílias destas. Quanto menor é o papel do setor privado na imposição da lei, menos a vingança entra em cena. Policiais e outros servidores empregados pela justiça criminal não são movidos por sentimentos de vingança; são pagos para conduzir um sistema penal baseado sobretudo em uma lógica de dissuasão. É verdade que mesmo um sistema público de justiça fia-se, em certa medida, na "sede de vingança" para estimular as vítimas e, às vezes, as testemunhas a cooperarem com a polícia. A alta probabilidade de que a vítima de um crime procure a polícia e testemunhe no julgamento de seu agressor, sem receber nenhuma compensação, é, em certa medida, prova da sobrevivência de uma pré-disposição para a retaliação; pois é improvável que sua cooperação tenha efeito significativo sobre a dissuasão de futuros crimes contra ela. Não obstante, devido à redução de seu papel na justiça criminal, a vingança passou a ser vista como uma emoção arcaica no contexto penal.

O segundo motivo da atual rejeição da ideia de vingança como fundamento da pena é a cisão que se cria entre crime e punição quando a probabilidade de imposição da pena é menor que 1. Essa cisão se funda em considera-

---

* O autor se refere ao contexto dos Estados Unidos. (N. do T.)

11. Ver, p. ex., Douglas M. MacDowell, *The Law in Classical Athens*, cap. 4 (1978); 2 Leon Radzinowicz, *A History of English Criminal Law and Its Administration from 1750* (1957).

ções econômicas legítimas[12], mas tem o efeito colateral de tornar a pena por um crime mais severa, *ex post*, que o próprio crime. Em um sistema cujas penas são frequentemente mais severas que os crimes aos quais se aplicam, aquele que tentar justificá-las pela igualdade ou proporcionalidade entre o sofrimento da vítima e o do criminoso ao ser punido, de fato parecerá sanguinário; pois estará, inadvertidamente, defendendo que o delinquente receba uma pena desproporcional ao crime. É possível justificar a desproporção, mas não segundo critérios retributivos.

Essa dificuldade tende a estar ausente das sociedades primitivas, as quais possuem mecanismos que elevam a probabilidade de prisão e punição para quase 1. Problemas de liquidez e aversão a riscos podem, como vimos, tornar esse padrão o ideal para tais sociedades. Seu efeito indireto é tornar a pena ideal tão severa quanto o crime. Isso pode explicar por que os primeiros teóricos da retribuição, como os autores do Antigo Testamento e do Corão, descrevem-na como igualdade entre crime e pena. Pode explicar também por que a punição era tradicionalmente comparada ao pagamento de uma dívida[13]. Em um sistema penal moderno, não é necessário haver correspondência exata entre a gravidade do crime e a severidade da pena. Um crime menos grave pode ser punido com maior severidade que um mais grave, se o primeiro for de mais fácil ocultação. A analogia da dívida perde então o sentido.

Em uma versão mais sofisticada, concebe-se a retribuição não como consequência do desejo de vingança da vítima, mas como sucedâneo ou fator limitador da vingança. A ideia é que, sem restrições consuetudinárias ou jurídicas, as pessoas poderiam reagir a um dano vingando-se desproporcionalmente do agressor, o que, por sua vez, levaria o agres-

---

12. Analisadas na seção sobre responsabilidade objetiva, no capítulo 7.
13. Ver, p. ex., Lucien Lévy-Bruhl, *The "Soul" of the Primitive* 104 (traduzido por Lilian A. Clare, 1928); Morris, nota 1 acima, p. 478; Friedrich Nietzsche, "On the Genealogy of Morals", em Friedrich Nietzsche, *On the Genealogy of Morals and Ecce Homo* 63 (traduzido para o inglês por Walter Kaufmann, 1967).

sor ou sua família a retaliar o vingador ou a família *deste*. Para evitar um ciclo interminável de agressões, retaliações e contrarretaliações (um dispendioso sistema de controle de agressões), o costume pode proibir que os vingadores inflijam danos mais severos que os recebidos (dente por dente, em vez de olho por dente) e que os agressores, por sua vez, busquem vingança contra os vingadores. Nessa visão, a retribuição limita a severidade da pena em um sistema inteiramente baseado na retaliação[14] e distingue-se desta tanto pela noção de proporcionalidade, que restringe a intensidade da retaliação, como pela de justiça, que veta a contrarretaliação por parte do agressor original (se aquele que desempenha o papel de vítima-vingador respeitar a proporcionalidade).

Essa visão é importante por revelar uma grave deficiência, ou ineficiência, de uma teoria das penas fundada meramente na vingança. Não há nada no conceito de vingança ou em seus alicerces psicológicos (genéticos) que sugira restrições à magnitude da retaliação. Uma vez que um indivíduo sofre um dano, desencadeando-se o desejo de retaliação, por que não desejaria ele infligir um *dano maior* ao agressor? Há pelo menos um caso em que ele desejará infligir ao agressor um dano superior ao que este lhe infligiu: quando for menos dispendioso infligir um dano maior que um menor, como frequentemente acontece. Em muitos casos, por exemplo, matar o delinquente é mais barato que feri-lo. Sua eliminação reduz a probabilidade de que *ele* retalie (embora aumente a de que sua família o faça) e, por significar uma testemunha a menos, reduz a probabilidade de a retaliação ser descoberta.

Logo, nada garante que um sistema fundado puramente na retaliação ou vingança resultaria na imposição de

---

14. Para algumas exposições representativas dessa visão, ver M. J. L. Hardy, *Blood Feuds and the Payment of Blood Money in the Middle East* 32 (1963); Geoffrey MacCormack, "Revenge and Compensation in Early Law", 21 *Am. J. Comp. Law* 69, 74 (1976); Perkins, nota 1 acima, p. 56; Leopold Pospisil, "Feud", em 5 *International Encyclopedia of the Social Sciences* 389 (1968). Comparar com Armstrong, nota 1 acima, p. 487.

penas ideais. Mas isso não significa dizer que a criminalidade seria alta, muito pelo contrário. Em uma sociedade na qual uma pessoa possa matar outra como vingança por ter levado uma cusparada, a incidência de cusparadas provavelmente será menor que em outra, na qual esse tipo de vingança seja proibido. Entretanto, um esquema penal em que a pena seja muito mais grave que o crime não será ideal, a menos que a probabilidade de detecção e punição seja muito baixa; e isso, como observei, é o contrário do que geralmente se vê nas sociedades primitivas. Quanto mais próxima de 1 for aquela probabilidade, mais próxima a severidade da pena estará da gravidade do crime. Um sistema puramente baseado na vingança muitas vezes não satisfará essa condição.

Se é possível fundamentar geneticamente a retaliação, o mesmo não acontece com as limitações a ela impostas pelo elemento de proporcionalidade contido na retribuição. Essas limitações são provavelmente culturais, com apenas uma exceção, parcial. A exogamia, comum na sociedade primitiva, cria vínculos familiares entre grupos mutuamente hostis em potencial. Devido ao gene do altruísmo familiar, esse efeito pode reduzir a ferocidade da retaliação de um desses grupos por um dano infligido a um de seus membros por um membro do outro grupo; isto é, pode instaurar o princípio de proporcionalidade determinado pelo conceito de retribuição.

Em suma, em circunstâncias nas quais a imposição da lei seja privada e a probabilidade de detecção e punição de agressões seja alta, condições amplamente verificadas nas sociedades primitivas e arcaicas, é improvável que um sistema fundado na vingança revele-se o ideal, pois resultará em punições excessivas. A velha desaprovação das rixas de família tem fundamento econômico, no fim das contas, embora não o fundamento convencional de que geram violência demais. Da mesma forma, a visão de que a teoria retributiva das penas, se comparada a uma teoria fundada apenas na vingança, representa um avanço no pensamento sociológico sobre o crime é economicamente correta, porque a retribuição, por implicar proporcionalidade, é superior à vingança como fundamento penal, sob as condições supracitadas. Mas a justiça retributiva de nada serve quando não se preenchem aquelas condições, ou seja, quando a imposição da lei não é privada e a probabilidade de detecção e punição não é alta. E isso explica por que a teoria retributiva das penas entrou em declínio com a ascensão dos Estados modernos e a crescente possibilidade de ocultação da atividade criminosa, possibilitada pelo aumento da privacidade.

Poluição: retribuição contra os vizinhos e descendentes

Até aqui, falei de retaliação contra o próprio agressor. No entanto, os costumes das sociedades primitivas e arcaicas não raro autorizam a retaliação contra um terceiro, como um vizinho ou um membro da família do agressor (responsabilidade coletiva). Meu interesse aqui é a forma particular de responsabilidade coletiva conhecida como "poluição"[15]. Na Grécia Antiga, considerava-se que um assassino poluía a cidade e que, se não fosse expulso ou morto, a praga ou outro infortúnio qualquer acometeria os cidadãos. A peça *Édipo Tirano*, de Sófocles, descreve a poluição de Tebas como resultado de Édipo ter matado seu pai. No pensamento grego, o homicídio, entre outros atos danosos, também po-

---

15. Sobre a poluição na Grécia Antiga ("*miasma*"), ver Arthur W. H. Adkins, *Merit and Responsibility*, cap. 5 (1960); 1 Robert J. Bonner & Gertrude Smith, *The Administration of Justice from Homer to Aristotle* 53-5 (1930); E. R. Dodds, *The Greeks and the Irrational* 35-7 (1951); J. Walter Jones, *The Law and Legal Theory of the Greeks: An Introduction* 254-7 (1952); Douglas M. MacDowell, *Athenian Homicide Law* (1963), sobretudo cap. 14; Erwin Rhode, *Psyche* 176-9, 294-7 (1925). Sobre a poluição em diversas sociedades primitivas e arcaicas, ver Mary Douglas, *Purity and Danger* (1966). Minha análise da poluição na Atenas dos séculos V e IV (a.C.) amplia o alcance desta parte do livro para além das sociedades primitivas e arcaicas tal como definidas no capítulo 5, pois Atenas, naquela época, não era uma sociedade pré-literária.

luía os descendentes de um homem. Por exemplo, na peça *Agamêmnon*, de Ésquilo, somos levados a concluir que o ato danoso de Atreu contaminou seus descendentes por várias gerações[16]. Essas crenças gregas encontram paralelo no Antigo Testamento, e crenças semelhantes podem ser encontradas em culturas primitivas, na África e alhures[17].

São duas as diferenças entre a poluição e a responsabilidade coletiva familiar. Naquela, a pena opera sem o concurso da ação humana. Não é um membro da família da vítima que pratica a vingança, mas sim os deuses que levam infortúnio aos vizinhos ou parentes do agressor. Em segundo lugar, a poluição costuma ser "vertical" em vez de "horizontal", ou seja, afeta os descendentes do agressor e não seus contemporâneos. Essa diferença está ligada à primeira porque a vingança humana geralmente é mais ou menos contemporânea do ato de agressão; logo, se for dirigida a um parente do agressor, tende a atingir um parente vivo e não um descendente ainda não nascido. A punição sobrenatural, ao contrário, não precisa agir tão rapidamente.

Como explicação para essa curiosa forma de punição coletiva e sua proeminência na Atenas antiga, ressalto (1) o fato de a família ser o agente responsável por processar os agressores; (2) a reduzida dimensão das famílias atenienses e a ausência de grupos de parentesco fortes; e (3) a escassez de outros mecanismos capazes de manter elevada a expectativa de custo dos crimes.

---

16. Para uma visão cética da culpa hereditária em *Agamêmnon*, ver Michael Gagarin, *Aeschylean Drama* 62-4 (1976).

17. Ver alguns exemplos em Douglas, nota 15 acima; também Elisabeth Colson, *The Plateau Tonga* 107-9 (1962); Meyer Fortes, "The Political System of the Tallensi of the Northern Territories of the Gold Coast", em *African Political Systems* 239, 253 (Meyer Fortes & E. E. Evans-Pritchard [orgs.], 1940); E. Adamson Hoebel, *The Law of Primitive Man* 156-9 (1954); E. H. Meek, "Ibo Law", em *Essays Presented to C. G. Seligman* 221 (E. E. Evans-Pritchard *et al.* [orgs.], 1934); E. L. Peters, "Some Structural Aspects of Feud among the Camel-Herding Bedouin of Cyrenaica", 37 *Africa* 261, 264-5 (1967); J. M. Powis Smith, *The Origin and History of Hebrew Law* 49 (1931). Para exemplos bíblicos, ver Nm 35, 31-33; Dt 19, 13; 21, 8-9; 2 Rs 24, 4.

Nos relatos sobre a poluição, esta geralmente se encontra ligada a um homicídio dentro da família, como quando Édipo mata seu pai. Além disso, quando a vítima do assassinato é um parente e não um estranho, a purificação da poluição é mais difícil[18] – na peça *Sete contra Tebas*, de Ésquilo, o coro diz ser impossível a purificação. A relação entre poluição e assassinato de parentes já foi observada tanto por estudiosos da Antiguidade Clássica quanto por antropólogos, e a explicação sugerida condiz com a análise econômica. Quando um homicídio, ou qualquer outro dano, ocorre dentro da família, o mecanismo da vingança, que opera por meio da ação de um membro da família da vítima, falha: o filho que mata o pai é, por natureza, o vingador do assassinato[19]. Mesmo na Atenas do século V, quando o antigo sistema (que se vê em Homero) de vingança direta por parte da vítima ou de sua família já fora substituído por um sistema público de julgamento e punição, somente à família da vítima cabia o poder de acionar a justiça por ocasião de atos que, em sua maioria, consideramos criminosos, inclusive o homicídio[20]. Assim, como esse sistema era ineficaz em casos de homicídio dentro da família, criou-se outro remédio judicial: a pena automática da poluição[21]. A crença na poluição, provavelmente compartilhada por muitas pessoas, funcionava como um empecilho à prática de crimes que o sistema penal comum não teria prevenido.

---

18. Ver Hubert J. Treston, *Poiné* 307, 316, 318 (1923).

19. Ver Adkins, nota 15 acima, pp. 110-1 n. 18; Colson, nota 17 acima; Douglas, nota 15 acima, pp. 133-4; Lévy-Bruhl, nota 13 acima, p. 93; MacCormack, nota 14 acima, pp. 81-2; Peters, nota 17 acima; Treston, nota 18 acima, p. 339; Meek, nota 17 acima.

20. Ver MacDowell, nota 11 acima, pp. 110-1. O homicídio era considerado um dano privado, em vez de público. Ver, p. ex., George M. Calhoun, *The Growth of Criminal Law in Ancient Greece* 109 (1927). Contrariamente à posição tradicional dos estudiosos da Grécia Antiga, MacDowell afirma que, além dos parentes (ou dos mestres, no caso dos escravos), outras pessoas podiam acionar a justiça em caso de assassinato (ver MacDowell, nota 15 acima, p. 95; cf. *idem*, pp. 17-8, 133-4); entretanto, como não se pagava nenhuma compensação para quem o fazia, esse tipo de iniciativa da parte de pessoas de fora da família deve ter sido raro. Ademais, MacDowell não cita exemplos.

21. Ver 1 Bonner e Smith, nota 15 acima, p. 55.

Há ainda um segundo aspecto importante sobre a poluição, sobretudo para explicar a extensão desta a crimes fora da família: a mais avançada concepção de polução por homicídio é encontrada na antiga Atenas, conhecida por suas pequenas famílias[22]. Um sistema de responsabilidade familiar coletiva pressupõe que a família do agressor seja grande o bastante para que seus membros possam ser facilmente localizados, pois o risco de ser alvo de retaliação representa, para cada um deles, um incentivo para policiar a conduta dos outros. Mas a reduzida dimensão das famílias, tanto para os padrões primitivos quanto para os do século XIX, é um traço marcante da Grécia Antiga. Refiro-me ao grupo doméstico, e é verdade que se reconheciam grupos de parentesco maiores que este (o *génos* e a fratria). Mas eles eram fracos e difusos se comparados aos grupos de parentesco das sociedades tribais africanas[23]. Ao contrário dos membros dos grupos de parentesco africanos, os da fratria ou os do *génos* não se encontravam em boas condições para monitorar mutuamente suas condutas. O princípio da responsabilidade coletiva familiar está bem consolidado nas sociedades tribais africanas, e nestas, geralmente, *não* se pensa que o assassino tenha poluído seus descendentes. O tamanho reduzido do grupo de parentesco em Atenas era um motivo para a imposição vertical da responsabilidade familiar, já que o agrupamento de um homem e seus descendentes formava um grande conjunto de alvos potenciais de retaliação, humana ou divina, contra atos danosos[24].

---

22. Para provas indiretas (mas persuasivas por sua profusão) da reduzida dimensão das famílias atenienses do século V, ver W. K. Lacey, *The Family in Classical Greece* 130, 165 (1968); Zygmunt Niedzielski, *The Athenian Family from Aeschylus to Aristotle* 4, 60, 106 (1955) (dissertação de Ph.D. não publicada, U. Chi.). Comparar com L. P. Wilkinson, "Classical Approaches to Population & Family Planning", *Encounter* 22 (abril de 1978).

23. Ver Dodds, nota 15 acima, p. 34; Victor Ehrenberg, *The People of Aristophanes* 156 (1943); G. Glotz, *The Greek City and Its Institutions* 122 (traduzido por N. Mallinson, 1930).

24. Da mesma forma, uma forte crença na poluição *tribal* por homicídio é encontrada entre os Cheyennes, cujos laços de parentesco são muito fracos

É interessante observar que a crença na poluição, em Atenas, pode estar associada à abolição do direito da família da vítima de buscar compensação (a *poiné* a que se refere Homero) junto ao assassino[25]. O fim desse direito reduziu a probabilidade de punição, bem como a expectativa de custo das penas; e a crença na poluição, aumentando a severidade da punição, serviu de contrapeso (em parte, ao menos) à segunda consequência.

Em muitas sociedades primitivas, a poluição encontra um paralelo no princípio de que as dívidas comuns transmitem-se por herança. Como às vezes se diz, "as dívidas nunca morrem"[26]. A dificuldade de cobrar dívidas em uma sociedade sem juízes nem polícia torna necessário que os herdeiros do devedor sejam os fiadores dele. A hereditariedade da responsabilidade por crimes também pode ser prática. Certamente, não se pode esperar que os filhos pequenos de um homem ou seus descendentes que ainda nem nasceram policiem a conduta dele, por mais severamente que possam ser punidos pelas contravenções alheias. Mas a responsabilidade penal deles também tinha a função de controlar esse indivíduo, elevando os custos que eventuais contravenções lhe trariam. Arthur Adkins explica: "Para um homem, a ameaça de que sua família será aniquilada caso ele pratique certos atos danosos representa a perspectiva de uma vida miserável após a morte, já que não restará ninguém para celebrar-lhe rituais. Portanto, a ameaça aos descendentes significa uma ameaça a si próprio: garantia suficiente de bom comportamento, desde que se acredite na teoria."[27] Em outras palavras, a crença "supersticiosa" de que os mortos são abençoados pelos ritos celebrados pelos vi-

---

se comparados aos das tribos africanas. Ver K. N. Llewellyn & E. Adamson Hoebel, *The Cheyenne Way*, cap. 6 (1941).

25. Ver Treston, nota 18 acima, pp. 143-5. Sobre a abolição da *poiné*, ver também MacDowell, nota 11 acima, p. 110.

26. Ver nota 34 do capítulo 5, acima.

27. Adkins, nota 15 acima, pp. 68-9.

vos em memória deles[28] dá aos homens um motivo para não fazerem nada que comprometa a segurança dos descendentes (pois quem mais celebrará rituais em sua homenagem?). Isso, por sua vez, transforma a ameaça da poluição em uma sanção eficaz contra infrações em casos nos quais o método comum das ações penais movidas pela família não funcionaria bem[29].

Assim como a ideia da poluição dos descendentes, a ideia de que um homicídio poluía uma cidade inteira também foi associada ao tamanho diminuto da família grega. Nos lugares onde as pessoas não vivem em grandes famílias, é preciso adotar uma unidade de responsabilidade coletiva diferente da família (viva) – se não os descendentes, então a vizinhança, o vilarejo ou a cidade. Em Atenas, "o *génos* deixou de significar algo além de um grande círculo familiar, mais ou menos irrelevante. Seus membros ou os membros da fratria raramente se encontravam. No cotidiano, portanto, essas comunidades eram menos importantes *que os vizinhos com quem o indivíduo mantinha contato direto*"[30]. Note-se que, enquanto a poluição dos descendentes

---

28. Ver também Robert Flacelière, *Daily Life in Ancient Greece* 57, 196-7 (traduzido por Peter Green, 1965); Wesley E. Thompson, "The Marriage of First Cousins in Athenian Society", 21 *Phoenix* 273, 280-1 (1967).

29. Por muito tempo, a Inglaterra utilizou um mecanismo semelhante a esse para punir seus traidores. Estes eram executados e, além disso, o Estado confiscava-lhes as terras. Ao integrar-se efetivamente à função de utilidade do traidor, a utilidade dos herdeiros passaria a impor-lhe custos, contribuindo assim para dissuadi-lo da traição. Mas esse método de punição de um homem através de seus herdeiros exige que ele tenha propriedades. Em sociedades mais pobres, a crença na poluição por homicídio poderia ser um substituto mais eficiente para o confisco, sobretudo porque, em sociedades primitivas e antigas, o alto custo da informação acerca dos fenômenos naturais torna a punição divina mais crível que nas sociedades modernas. Outra diferença entre os modelos grego e inglês de punição vertical está em que a eficácia do modelo inglês dependia do entrecruzamento das funções de utilidade do ancestral e dos descendentes, enquanto o modelo grego (mais "prático" nesse aspecto), para estimular os indivíduos a se preocuparem com o bem-estar de seus descendentes, valia-se das homenagens que os descendentes prestavam a seus ancestrais.

30. Ehrenberg, nota 23 acima (grifo meu).

elevava o *custo* da punição para o agressor, a dos vizinhos, aumentando os incentivos a que estes o entregassem, elevava a *probabilidade* de que fosse punido[31]. Com o crescimento da mobilidade, é de esperar que a função de imposição da lei passe da mão dos vizinhos para a da polícia[32].

A análise acima ajuda a explicar por que, embora a sociedade retratada nos poemas homéricos seja mais primitiva que a da Atenas do século V, é praticamente impossível encontrar naqueles poemas algum traço de uma crença na poluição[33]. Esse fato intrigou os estudiosos da Antiguidade Clássica. Considerou-se até a hipótese de que Homero tenha suprimido deliberadamente as menções à poluição[34]. Mas é consenso geral que, na sociedade homérica, acreditava-se menos na poluição; e a razão disso talvez seja que, em uma sociedade tão primitiva, o sistema baseado na vingança não precisava da ajuda adicional de nenhuma crença. É verdade que, como na Atenas do século V, os núcleos familiares em Homero geralmente são pequenos e, aparentemente, os grupos de parentesco maiores são irrelevantes. Mas a sociedade homérica não enfrentava o problema do "anonimato urbano". Na Atenas do século V, onde este era um problema presente, prender agressores teria sido algo possivelmente mais difícil, não fosse o temor da poluição, graças ao qual a vizinhança poderia se virar contra eles[35]. Além disso, como havia bastante migração entre as cidades gregas nessa época, um assassino fugitivo poderia se instalar alhures. Embora não fosse incomum, o autoexílio era mais perigoso no período homérico. Por último, como observei anteriormente, na sociedade homérica as vítimas de crimes (ou suas famílias) tinham incentivos monetários para

---

31. "Pois os olhos dos vizinhos são mais atentos que os das raposas."*Id.*, p. 157. Ver também T. B. L. Webster, *Athenian Culture and Society* 40 (1974).
32. Ver Joel Feinberg, *Doing and Deserving* 238-41 (1970).
33. Ver, p. ex., Gagarin, nota 16 acima, p. 188 n. 27.
34. Ver, p. ex., Adkins, nota 15 acima, p. 91.
35. A população de Atenas no século V era de aproximadamente 52 mil habitantes. Ver Webster, nota 31 acima.

buscar reparação, o que, no século V, já não existia. Em suma, é possível que a expectativa de custo do crime fosse maior, na sociedade retratada por Homero, do que na Atenas do século V, exceto pela crença na poluição, que pode ter surgido justamente para impedir a queda daquele custo.

Nessa mesma linha, alguns estudiosos da Antiguidade Clássica atribuíram o aumento da crença na poluição à diminuição da segurança entre o período retratado por Homero e o período arcaico, no qual a crença posteriormente floresceu[36]. Uma diminuição da segurança das pessoas também pode ser descrita como redução da probabilidade de que os crimes sejam punidos; e é de esperar que tal redução estimule a busca de meios alternativos de elevação da probabilidade de punição ou da severidade da pena. A poluição agia sobre ambas as variáveis.

Uma das justificativas dadas para a defesa da teoria retributiva da pena é que ela impede a imposição de penas coletivas[37], das quais a poluição é um exemplo. Mas, do ponto de vista econômico, a retribuição (a visão de que a pena é justa somente quando corresponde, e proporcionalmente, à condição de culpa de um criminoso) pressupõe que a probabilidade de punição já seja elevada. Se não for, devem-se encontrar mecanismos de elevação da probabilidade de punição ou da severidade da pena. Um desses mecanismos é a poluição. Se a teoria retributiva não é capaz de explicá-la, isso mostra que a retribuição não provê uma explicação adequada para o fenômeno da punição.

Não quero dar a impressão de que a crença na poluição seja típica de todas as sociedades cuja origem esteja nas circunstâncias características da sociedade primitiva, na qual predominam a agricultura e as grandes famílias. A ordem social ateniense possui um traço específico que pode expli-

---

36. Ver Dodds, nota 15 acima, p. 44. Para Dodds, isso é apenas parte da explicação. O restante ele atribui a transformações na instituição familiar. A meu ver, porém, essas transformações são os efeitos e não as causas das transformações sociais.

37. Ver Laird, nota 1 acima, pp. 373-4.

car, naquele contexto, a importância da polução, sobretudo em crimes dentro da família: a despeito do caráter público dos julgamentos e da penalização, a sociedade continuava a depender da responsabilidade familiar para punir. Essa responsabilidade não se limitava à notificação das autoridades judiciais; a própria família tinha de levar o agressor a julgamento[38]. Ademais, ao contrário do que acontece nos sistemas mais recentes de tutela privada do direito (incluindo-se o romano e o inglês, este vigente até o século XIX), apenas os parentes da vítima tinham o poder de impor a lei. E, caso lograssem fazê-lo com sucesso, não recebiam nenhum tipo de recompensa por isso[39]. Entretanto, devido à reduzida dimensão das famílias, a responsabilidade familiar como mecanismo de punição dos infratores nem sempre funcionava, já que nem sempre havia, na família, indivíduos capazes de honrar o dever de levar o agressor a julgamento. Nessas circunstâncias, pode-se compreender a necessidade de algum outro método de punição, automático. Essa necessidade era suprida pelo conceito de poluição[40].

Culpa *versus* responsabilidade

Nos casos de vingança contra pessoas inocentes (os descendentes ou os vizinhos de um assassino), encontramos, mais uma vez, aquele traço característico da mentali-

---

38. Ver MacDowell, nota 15 acima, p. 29.
39. Sobre a tutela privada do direito em Roma, ver Alan F. Westin, *Privacy in Western History: From the Age of Pericles to the American Republic* 51 (Relatório à Comissão Especial de Ciência e Direito da Associação dos Advogados de Nova York, 15 de fevereiro de 1965); na Inglaterra, 2 Leon Radzinowicz, nota 11 acima. Na Grécia, porém, havia recompensa para os indivíduos privados que fizessem valer a lei em casos de delitos menores. Ver MacDowell, nota 11 acima, pp. 62, 64.
40. Minha análise, obviamente, não explica aquelas formas de poluição – comuns nas sociedades primitivas – vinculadas a atos que não são perigosos ou criminosos, no sentido que esses termos têm para nós. Ver Mary Douglas, "Pollution", 12 *International Encyclopedia of the Social Sciences* 336 (1968).

dade "primitiva": o divórcio entre culpa e responsabilidade, ou entre culpabilidade e responsabilidade. Para o homem moderno, devem-se punir os atos danosos quando infligidos deliberadamente ou por negligência, em que negligência se refere a um ato cujo custo não se justifica. Há, no direito moderno, áreas regidas pela responsabilidade objetiva, e cada vez em maior número. Mas a poluição é um conceito moral, em vez de jurídico, e é mais difícil compreender a ideia de responsabilidade objetiva no campo da moral que no do direito. No direito, seja no moderno, seja no primitivo, a lógica da responsabilidade objetiva tem a ver com os custos de utilização do sistema judiciário. No capítulo anterior, vimos que as circunstâncias econômicas da sociedade primitiva, sobretudo o alto custo da informação, parecem explicar a preferência pela responsabilidade objetiva. Mas será que os custos informacionais também moldam as crenças morais? Uma das características marcantes dos gregos antigos é justamente a frequência com que separam culpa de responsabilidade[41]. É recorrente, naquela sociedade, a atribuição de culpa por atos não intencionais, que tampouco foram fruto de negligência; e, às vezes, também por atos inevitáveis. Em *Sete contra Tebas*, conta-se que Etéocles e Polinice matam um ao outro porque seu pai, Édipo, lançara uma maldição sobre eles. O próprio Édipo experimentara a desgraça, a despeito de seus enormes esforços para livrar-se da maldição que se abatera sobre ele por causa do ato ilícito de um ancestral. De fato, aparentemente, o infortúnio e a pena são duas categorias que frequentemente se confundem no pensamento grego e no primitivo em geral. No mínimo, se compararmos as sociedades antigas às modernas, veremos que, nas primeiras, as consequências

---

41. Ver, p. ex., Adkins, nota 15 acima, pp. 88-91, p. 120 ss., 129 nota 8; Gagarin, nota 16 acima, cap. 1. Adkins questiona se a poluição é uma categoria moral. Obviamente, porém, ela representa uma consequência indesejável que se impõe às pessoas como fruto de sua conduta, embora nem sempre de uma conduta culpável. A dúvida de Adkins sugere o quão intimamente a responsabilidade está associada à culpabilidade na mente moderna.

contam muito mais que as intenções. A condenação de Édipo e o sofrimento que esta faz recair sobre sua cidade advêm do fato de ele ter matado o pai e se casado com a mãe, e não do estado de espírito que marcara a ocorrência desses eventos.

Essa diferença nas concepções morais pode ser reflexo de uma diferença no custo da informação. A intenção e a negligência são, de fato, elementos importantes no julgamento da conduta de alguém, porque determinam se essa conduta é coercível. A punição por atos que só poderiam ser evitados a um alto custo só trará consequências nulas ou negativas (ineficientes). Portanto, à medida que, com o crescente conhecimento das leis da natureza e a criação de instituições eficazes de investigação dos fatos, reduz-se o custo da informação, podemos esperar que o conceito moral e jurídico de responsabilidade se distancie da responsabilidade objetiva, ou ao menos daquela modalidade mais simples de responsabilidade objetiva, que rejeita as desculpas e as justificativas. Há traços dessa tendência na própria Grécia Antiga. Enquanto a sociedade retratada por Homero não distinguia nem mesmo entre homicídio voluntário e homicídio involuntário[42], essa diferença já estava bem estabelecida no direito penal grego no século V; embora fosse ainda muito mais rudimentar que no direito moderno[43]. Uma contínua tendência contrária à responsabilidade objetiva é previsível sobretudo em esferas nas quais a pena derivada de uma condenação criminal, e talvez moral, pode extrapolar a simples indenização por perdas e danos. Se uma pessoa, ao lesar outra, for obrigada a pagar a esta apenas uma quantia equivalente ao dano causado, não se reprimirá a prática de atos cujos benefícios superem os custos (incluindo-se os custos com indenização)[44]. Mas, se a pena

---

42. Ver, p. ex., Calhoun, nota 20 acima, pp. 16-7; Treston, nota 18 acima, p. 75.
43. Ver MacDowell, nota 11 acima, pp. 114-5. Em Jones, nota 15 acima, cap. 14, realiza-se uma análise interessante do elemento mental no direito penal grego.
44. Ver Richard A. Posner, *Economic Analysis of Law* 137-8 (2.ª ed., 1977).

for mais severa que a simples indenização por perdas e danos[45], como acontece na justiça criminal, a responsabilidade objetiva reprimirá excessivamente; e o mesmo acontecerá com a condenação moral se esta trouxer prejuízos consideráveis ao condenado, sendo este inocente.

A peça *As Eumênides*, de Ésquilo, fornece um conveniente aparato para compreender as nuanças dessa análise. Orestes mata sua mãe, Clitemnestra, como vingança por ela ter assassinado o pai dele (e marido dela), Agamêmnon. Clitemnestra, por sua vez, vingava sua filha, Ifigênia, a quem Agamêmnon (pai dela) sacrificara a caminho de Troia. As fúrias então atormentam Orestes por causa do assassinato de Clitemnestra. Este se refugia em Atenas, é julgado pelo Areópago e absolvido por diferença de um voto.

A peça ilustra diversos problemas de retaliação, retribuição, poluição e responsabilidade objetiva. Como Clitemnestra foi assassinada por seu filho único (com a ajuda de sua única filha sobrevivente, Electra), não há, entre os seres humanos, um vingador natural do crime[46]. O papel de "executor da lei" cabe então a forças sobrenaturais, as Fúrias. Estas, por sua vez, seguem um rígido princípio de responsabilidade objetiva, segundo o qual Orestes é culpado de homicídio, ainda que estivesse cumprindo o dever de vingar o pai[47]. Ainda que justificável, o homicídio, aos olhos das Fúrias, é indesculpável.

A absolvição de Orestes pelo Areópago, embora fundada no insidioso argumento de Apolo, segundo o qual o papel da mulher na criação dos filhos é menos importante

---

45. Se exceder a intensidade necessária para a simples compensação de uma probabilidade de execução da pena inferior a 100%. Para uma explicação de por que a punição por um crime deve exceder a mera indenização por perdas e danos, mesmo se a probabilidade de imposição da pena for de 100%, ver Guido Calabresi & Douglas Melamed, "Property Rules, Liability Rules, and Inalienability: One View of the Cathedral", 85 *Harv. L. Rev.* 1089, 1125-7 (1972).

46. Conforme ressaltou Gagarin, nota 16 acima, p. 65.

47. Conforme se verifica na peça anterior da Oresteia, *As Coéforas*. É importante ressaltar, mais uma vez, que *dikephóros*, palavra grega para vingança, significa, literalmente, "aquele que traz justiça".

que o do pai, mostra como uma doutrina de justificativas é capaz de atenuar o princípio da responsabilidade objetiva e, ao mesmo tempo, transformar a retaliação pura e simples em justiça retributiva. Por ser um revide contra alguém que lesou outrem, independentemente das razões que tenha tido para fazê-lo, a retaliação assemelha-se a um sistema de responsabilidade objetiva sem justificativas. Por outro lado, a retribuição (o princípio de que quem deve ser punido é aquele que age com dolo, e não o que simplesmente age) é um passo a mais em direção a um sistema de justiça no qual a responsabilidade seja fundada na culpa e um sistema moral no qual a condenação se sustente na culpabilidade. Esse passo não poderia ser dado até que surgissem instituições responsáveis por averiguar a culpabilidade, ou seja, por distinguir o homicídio justificável do injustificável. Logo, compreende-se perfeitamente por que o Areópago deveria ser apresentado, em *As Eumênides*, como um conselho criado com o propósito bem definido de averiguar a culpa de Orestes. Instituições assim inexistem na sociedade homérica, motivo pelo qual a briga incipiente entre Odisseu e os parentes dos pretendentes que ele matou precisa ser resolvida pelo raio de Zeus, em vez de julgada por um tribunal a partir das possíveis justificativas do ato em questão. À medida que diminuem os custos de investigação e averiguação dos fatos relacionados à justificação de atos danosos, a sociedade abandona a retaliação, passando a adotar a retribuição. Analogamente, a responsabilidade objetiva cede espaço à responsabilidade mediante culpa.

Resumindo bastante, demonstrei, nesta Parte II, que a análise econômica fornece importantes contribuições para a compreensão das instituições e do comportamento das sociedades primitivas e antigas. Os conceitos econômicos que perpassam minha argumentação são a incerteza e o custo da informação. Esses fatores explicam por que as sociedades primitivas e antigas dão tanta importância à segurida. Explicam também as formas assumidas pela seguridade e por que tais sociedades dão mais importância à responsabilidade objetiva que as modernas. Além disso, ajudam na compreensão de uma série de valores e instituições da sociedade primitiva. Embora a consolidação e o aprofundamento das ideias deste capítulo ainda dependam de muito trabalho, acredito que essas ideias demonstrem o alcance e a força do modelo econômico para explicar o comportamento humano e as instituições sociais.

III. A privacidade e os interesses a ela vinculados

9. Privacidade como sigilo

Os três capítulos da Parte III tratam do direito e da economia da privacidade e dos interesses que a esta se vinculam do ponto de vista econômico[1]. Embora a mudança de foco em relação ao direito e à sociedade primitivos pareça abrupta, uma ponte é fornecida, sobretudo para o presente capítulo, pela economia da informação, que desempenha um papel fundamental em minhas teorias da privacidade e da sociedade primitiva.

A palavra "privacidade" é rica em ambiguidades e extremamente carregada de significados[2]. Discutirei três destes: sigilo, reclusão e autonomia. O primeiro, tema deste capítulo, é o mais interessante. Por ora, definirei privacidade como a restrição ou ocultação de informações, sobretudo

---

1. Exceto por um estudo de Greenawalt e Noam sobre privacidade nos negócios, que discuto e critico abaixo, e de dois estudos mencionados em Richard A. Posner, "Privacy, Secrecy and Reputation", 28 *Buff. L. Rev.* 1, 2 n. 7 (1979), que definem privacidade como uma condição de indivíduos e núcleos familiares que vivem isolados (e constata um crescimento muito acelerado dessa condição desde a Segunda Guerra Mundial), não conheço nenhuma outra análise econômica da privacidade anterior aos artigos que originaram estes capítulos. Desde a publicação deles, uma edição especial do *J. Legal Stud.* (vol. 9, n. 3, dezembro de 1980) trouxe diversos textos sobre a economia da privacidade, e farei referência a alguns deles neste e no capítulo seguinte.
2. Para esforços no sentido de defini-la, ver, p. ex., Hyman Gross, "The Concept of Privacy", 42 *N.Y.U. L. Rev.* 34 (1967); Judith Jarvis Thomson, "The Right to Privacy", 4 *Philos. & Pub. Aff.* 295 (1975).

pessoais, mas discutirei sucintamente as informações relacionadas aos negócios. Depois de explicar a economia da privacidade como sigilo, investigarei até que ponto o tratamento dado pelo *common law* à privacidade é coerente com a abordagem econômica do tema.

A economia da informação privada e as comunicações

Ocultação de dados da vida pessoal

A questão sobre se, e até que ponto, a lei deveria garantir às pessoas um direito à ocultação de informações pessoais surge apenas porque algumas pessoas desejam pôr a nu tais informações sobre os outros – resumindo, querem bisbilhotar. Portanto, a primeira questão de que tratarei é a de por que as pessoas têm necessidade de bisbilhotar. Será apenas por curiosidade vã ou lúbrica? Ou será possível encontrar uma explicação funcional, isto é, econômica?

Acredito na possibilidade de uma explicação desse tipo, sobretudo quando uma relação real ou potencial, seja de negócios, seja pessoal, cria para alguém a oportunidade de tirar proveito (financeiro ou não) da posse de informações sobre outrem. É isso que estimula a demanda de informações pessoais por parte do cobrador de impostos, do noivo, do parceiro de negócios, do credor e do concorrente. Menos óbvio é o fato de que, em grande medida, a bisbilhotice (termo aqui usado sem conotação pejorativa) da vida pessoal dos amigos e colegas, traço tão marcante da vida social, também pode ser motivada por considerações racionais de interesse pessoal. Graças à bisbilhotice, um indivíduo é capaz de formar uma imagem mais precisa dos amigos ou colegas, e esse conhecimento acumulado será útil em suas relações sociais e profissionais com eles. Por exemplo, ao escolhermos um amigo, queremos saber se ele é discreto ou indiscreto, egoísta ou generoso, qualidades que não são aparentes à primeira vista. Mesmo o maior dos altruístas, ao escolher um possível beneficiário de seu altruísmo, precisa ter uma noção aproximada da riqueza deste, para poder medir o valor que a contribuição terá para ele.

Por outro lado, no convívio social, assim como nos negócios, surgem oportunidades para o emprego de apresentações enganosas (*misrepresentation*). Psicólogos e sociólogos ressaltaram aquilo que todo o mundo sabe: mesmo no dia a dia, as pessoas frequentemente recorrem a apresentações enganosas (de sua renda, suas perspectivas financeiras, opiniões etc.) para manipular a opinião das outras pessoas sobre elas[3]. A "vontade de privacidade expressa um desejo (...), por parte da pessoa que se oculta, de controlar a percepção e as crenças dos outros em relação a ela"[4]. Mesmo os mais enérgicos defensores da privacidade descrevem o direito a esta como o direito do indivíduo "a controlar o fluxo de informações sobre ele"[5], e é preciso acrescentar que, entre estas, podem estar informações sobre atividades criminosas do passado e do presente ou sobre atos moralmente incoerentes com os padrões morais professados pelo indivíduo. Ademais, a ocultação não raro visa a enganar aqueles com quem o indivíduo se relaciona. Há ainda os casos em que, embora a ocultação de uma informação privada não chegue a ser moralmente reprovável, a revelação dessa informação mostraria que o indivíduo pretendia explorar o desconhecimento dos outros sobre ela, como quando um empregado esconde do patrão um sério problema de

---

3. O termo, definido explicitamente como "descrição enganosa", mas empregado sem nenhuma conotação pejorativa, é usado por Erving Goffman para defender esse argumento, em seu livro *The Presentation of Self in Everyday Life* 58 (1959). Ver também Roger Ingham, "Privacy and Psychology", em *Privacy* 35 (John B. Young [org.], 1978).

4. Sidney M. Jourard, "Some Psychological Aspects of Privacy", 31 *Law & Contemp. Prob.* 307 (1966).

5. Geoffrey R. Stone, "The Scope of the Fourth Amendment: Privacy and the Police Use of Spies, Secret Agents and Informers", 1976 *Am. Bar Found. Research J.* 1193, 1207. Ver também as fontes citadas nesse trabalho e Edward A. Shils, *The Torment of Secrecy: The Background and Consequences of American Security Policies* 26 (1956).

saúde ou quando o futuro marido esconde da noiva que ele é estéril. É difícil dizer por que a sociedade deveria atribuir o direito de propriedade sobre esse tipo de informação ao indivíduo que a possui. O *common law*, como veremos, geralmente não o faz. (Há uma questão distinta, que retomarei mais adiante: a decisão de destituir de seu direito de propriedade o portador de um segredo que, se revelado, apontará o culpado por um determinado delito, implica que o direito deva apoiar todo e qualquer método de desvelamento desse tipo de segredo?)

Se a lei permitisse a um feirante vender seus artigos proferindo juízos falsos ou incompletos sobre a qualidade destes, isso nos pareceria errado (e ineficiente). Mas as pessoas não vendem apenas produtos. Também vendem a si mesmas, professando altos padrões de conduta para convencer os outros de que será vantajoso estabelecer relações sociais ou comerciais com elas, ao mesmo tempo que ocultam informações que seriam necessárias para uma avaliação do caráter delas. Há razões práticas para não se impor generalizadamente sobre os indivíduos o dever de revelarem, franca e plenamente, suas deficiências pessoais no campo material. Não deveria o indivíduo, porém, ter o direito de se proteger contra transações desvantajosas, indo atrás de informações pessoais pertinentes à descrição que os outros fazem das próprias qualidades morais? Não adianta dizer que as pessoas têm "o direito de não serem importunadas"[6], pois poucas pessoas almejam a privacidade. Em vez disso, desejam manipular o mundo à sua volta, escolhendo quais informações revelarão sobre si mesmas.

É verdade que há certas informações que as pessoas desejam ocultar, independentemente de serem ou não de-

---

6. *Olmstead vs. Estados Unidos*, 277 U.S. 438, 478 (1928), voto divergente do juiz Brandeis. Essa resposta é satisfatória para a questão de se as pessoas têm o direito de se pouparem de apelos indesejados, carros de propaganda barulhentos ou telefonemas obscenos. Esses eventos violam um tipo de privacidade diferente da que aqui se discute, pois não envolvem nenhum esforço de obtenção de informação.

sonrosas. Em nossa cultura, por exemplo, as pessoas, em sua maioria, não gostam de ficar nuas em público, e isso não tem nada a ver com qualquer informação desonrosa que a visão de sua nudez possa revelar[7]. Como esse pudor, ao contrário da ocultação de informações desonrosas, não prejudica a sociedade, e como os custos de transação são baixos, a atribuição ao indivíduo do direito de propriedade sobre a informação encontra, nesse setor da informação privada, uma justificativa econômica; e a lei de fato garante esse direito. Poucas pessoas possuem, entretanto, um sentimento *geral* de reserva que as faça ocultar informações pessoais não desonrosas. Quem quer que já tenha se sentado ao lado de um estranho em um avião ou ônibus sabe o prazer que as pessoas têm em contar sua vida a desconhecidos. A reserva caracteriza mais provavelmente as conversas com amigos, parentes, conhecidos ou sócios que poderiam valer-se de informações pessoais para tirar vantagem (ou para não serem passados para trás) em uma relação de negócios ou de amizade.

A relutância das pessoas em dizer aos outros o quanto ganham pode parecer um bom exemplo de um desejo de privacidade inexplicável segundo critérios puramente funcionais. A meu ver, porém, quando o salário de uma pessoa é surpreendentemente *baixo*, ela o esconde sobretudo porque a crença de que seu salário é alto lhe trará crédito no mercado, entre outros benefícios. Por outro lado, quando o salário de uma pessoa é surpreendentemente *alto*, ela o esconde para não chamar a atenção do fisco, dos sequestradores e dos ladrões; para livrar-se do assédio das instituições de caridade e dos parentes e preservar a reputação de generosidade, a qual poderia ruir se os outros soubessem que parcela de sua renda foi doada (os dois primeiros fato-

---

[7]. O surgimento desse pudor parece ser relativamente recente, mesmo na sociedade ocidental. Sobre as posturas diante da nudez na Europa medieval, ver Norbert Elias, *The Civilizing Process: The History of Manners* 163-5 (tradução de Edmund Jephcott, 1978).

res podem explicar a filantropia anônima). Mas é preciso distinguir entre a ocultação do valor do salário perante sequestradores e outros criminosos, por um lado, e do fisco, dos parentes e dos credores, por outro. O primeiro tipo de ocultação tem a função perfeitamente legítima de autodefesa.

Diante da minha afirmação de que as pessoas escondem informações sobre si mesmas para enganar os outros, poder-se-ia replicar que essa ocultação, pesando-se os prós e os contras, fomentaria a eficiência nas transações, pois muitos dos fatos ocultados pelas pessoas (homossexualidade, raízes étnicas, antipatias, simpatia pelo comunismo ou pelo fascismo, deficiências mentais leves, pequenas passagens pela justiça, brigas conjugais, hábito de enfiar o dedo no nariz) provocariam, se revelados, reações irracionais por parte de possíveis empregadores, amigos, credores, amantes e assim por diante. Mas essa objeção ignora os custos de oportunidade que surgem quando se rejeita alguém estupidamente; ou, em outras palavras, as vantagens de se negociar com alguém que foi rejeitado irracionalmente pelos outros. Se os ex-presidiários forem bons trabalhadores, mas a maioria dos empregadores não souber disso, quem souber poderá contratá-los por um salário abaixo da média, devido à escassez de oportunidades de trabalho vivida por eles, e obterá, desse modo, uma vantagem competitiva sobre os intolerantes. Em uma sociedade diversificada, descentralizada e competitiva, a rejeição irracional será eliminada com o tempo[8].

Uma analogia comercial ajudará a ressaltar a importância desse argumento. Por muitos anos, a Comissão Federal do Comércio exigia que os importadores de determinados produtos, sobretudo os fabricados no Japão, pusessem no rótulo o país de origem. A razão disso era a opinião

---

8. Esse processo já foi amplamente analisado no contexto da discriminação racial; ver, p. ex., Gary S. Becker, *The Economics of Discrimination* (2.ª ed., 1971); Harold Demsetz, "Minorities in the Market Place", 43 *N. C. L. Rev.* 271 (1965); e capítulo 12. Aparentemente, o mesmo se aplicaria à discriminação contra presidiários, homossexuais e assim por diante.

generalizada, cuja racionalidade a comissão não se dispunha a confirmar ou negar, de que certas mercadorias estrangeiras (sobretudo as japonesas) eram inferiores. Acreditava-se também na subsistência de certo ódio relativo a Pearl Harbor. Como se sabe, porém, os produtos japoneses conquistaram seu lugar no mercado. O preconceito contra esses produtos diminuiu paulatinamente e acabou desaparecendo, e hoje a procedência japonesa é um sinal de valor e qualidade exibido com orgulho. Esse é um exemplo de como a concorrência pode, com o tempo, acabar com o preconceito. Um exemplo semelhante, o dos indivíduos nipo-americanos, ilustra o processo competitivo que opera na esfera do mercado de trabalho e das relações pessoais.

As diferenças na forma como se trata a ficha criminal de um indivíduo no direito da responsabilidade civil e nas normas relativas às provas pode esclarecer melhor esse ponto. Em nenhum lugar, exceto na Califórnia, um indivíduo possui direito de ação contra alguém que torne pública sua ficha criminal, mesmo que o crime tenha sido cometido há muito tempo; mas a apresentação de crimes anteriores para impugnar o depoimento de uma testemunha em um processo penal limita-se a crimes relativamente recentes (segundo os critérios do juiz)[9]. Em ambos os casos, pode-se dizer que as pessoas provavelmente descontarão informações pessoais negativas menos recentes. Mas, no caso da responsabilidade civil, as pessoas que farão o desconto (amigos, credores, empregadores, entre outros parceiros de transação reais e potenciais) pagam um preço, na forma de perda de oportunidades de transações vantajosas, caso atribuam excessiva importância a informações sobre o passado remoto. Sentem-se, portanto, incentivadas a não reagir irracionalmente a esse tipo de informação. Os membros de um júri, ao contrário, não pagam preço algum caso se comportem irracionalmente. Nesse caso, a analogia com

---

9. Ver Charles T. McCormick, *McCormick's Handbook of the Law of Evidence* § 43 (Edward W. Clearly [org.], 2.ª ed., 1972).

o mercado não serve, o que pode justificar uma abordagem paternalista da questão da racionalidade das decisões dos jurados.

Não se devem confundir preconceitos irracionais, os quais o sistema de mercado tende a eliminar, com a tomada de decisões a partir de informações incompletas. O indivíduo ou a empresa racionais cessarão sua procura por um amigo ou parceiro de negócios quando o ganho marginal de conhecimento com a continuidade da busca se igualar ao custo marginal com tempo ou dinheiro. Consequentemente, se o valor de transacionar com um indivíduo em detrimento de outro for pequeno, ou se custar caro ir atrás de outras informações, o processo de busca racional pode terminar em um estágio para muitos bastante incipiente. Se os ex-presidiários possuírem, em geral, históricos de trabalho insatisfatórios; se, ademais, custar caro descobrir se isso não se aplica a um determinado ex-presidiário que esteja concorrendo a um emprego; e se houver outros candidatos, sem passagem pela justiça, dispostos a aceitar um salário não muito mais alto, pode ser então que os empregadores considerem racional adotar uma postura de não contratar ninguém que tenha passagem pela justiça[10].

Nada indica que as pessoas sejam, em geral, menos racionais sobre até onde devem ir em sua busca por empregados, cônjuges e amigos do que o são nas atividades tradicionais de mercado (entre as quais se inclui o emprego). Conforme constata a crescente literatura sobre o comportamento não mercadológico (incluindo o casamento, a procriação e o crime), as pessoas se comportam, nessas áreas, tão racionalmente quanto o fazem as empresas e os consu-

---

10. Note-se como as leis que estipulam um salário mínimo retardam o processo pelo qual os membros de diferentes grupos sociais obtêm acesso ao mercado de trabalho. Essa observação dá margem ao conhecido argumento de que, para corrigir as consequências de intervenções estatais equivocadas, é necessário intervir novamente. Mas a nova intervenção também pode se revelar equivocada. Por isso as falhas anteriores do Estado não são fundamento suficiente para a exigência de mais intervenção estatal.

midores no mercado propriamente dito[11]. Tais constatações pesam a favor do argumento de que as pessoas devem ter liberdade para fazer suas próprias ponderações sobre os fatos desonrosos que os outros tentam esconder. Essa abordagem "de livre-mercado" sugere que as regras mais eficientes em um mercado de produtos, sejam quais forem, devem, a princípio, reger também o mercado de trabalho e o de crédito, assim como o "mercado" das relações puramente pessoais. Assim, se, de acordo com a análise econômica, a recusa em revelar determinado tipo de informação no mercado de produtos constitui fraude, tal recusa deveria ser igualmente considerada fraudulenta quando feita por alguém em busca de um emprego, um empréstimo ou uma esposa. A anulação de um casamento por motivo de fraude é, portanto, estritamente análoga à rescisão de um contrato comercial fraudulento. É claro que, em diversos setores das relações pessoais, o custo de uma eventual fraude é demasiado baixo para justificar a aplicação de remédios judiciais formais. E onde o custo é alto, como no casamento, há remédios alternativos. No período de namoro, os futuros cônjuges podem conhecer suficientemente um ao outro para que se esclareçam quaisquer equívocos. Talvez por isso se exijam provas mais graves de fraude em casos de divórcio que em casos de rescisão de contratos comerciais comuns[12].

Sugeri, até aqui, que grande parte da demanda por informações pessoais sobre os outros é, em realidade, uma forma de defesa pessoal. Mas isso não explica a demanda por informações sobre a vida de estranhos, suprida pelas colunas sociais e pelos tablóides. As colunas sociais, entre-

---

11. Ver, p. ex., Gary S. Becker, *The Economic Approach to Human Behavior* (1976); e o capítulo 1 deste livro. A Parte II contém muitos e contundentes exemplos de comportamento econômico em ambientes não mercadológicos. Por não haver salário mínimo no setor não mercadológico, a eliminação das antipatias irracionais pode ser mais provável nesse setor que no mercadológico. Cf. nota 10 acima.
12. Ver, p. ex., *Bilowit vs. Dolitsky*, 124 N. J. Super. 101, 304 A.2d 774 (1973).

tanto, fornecem informações que têm outro tipo de valor: descrevem a vida de pessoas ricas e bem-sucedidas, cujos gostos e hábitos servem de modelo para as pessoas comuns em suas decisões sobre consumo, carreira etc. Os modelos nem sempre são edificantes. A história de Howard Hughes, por exemplo, é uma peça moral sobre as armadilhas do sucesso. As histórias de famosos e criminosos – de um Profumo ou de um Leopold – desempenham função semelhante.

Por que a vida dos ricos é alvo de maior curiosidade que a dos pobres, a julgar, por exemplo, pela pouca frequência com que pessoas pobres são personagens principais em romances[13]? A razão disso, imagino, é que a vida dos pobres não fornece tantas informações úteis para moldarmos nossa própria vida. Quando alguém se interessa pelos pobres, esse interesse se concentra em indivíduos que são (ou eram) ricos, mas que se tornam pobres, e não naqueles que sempre foram pobres. A função profilática desse tipo de informação é evidente.

Warren e Brandeis, em um famoso artigo sobre a privacidade, atribuem aos excessos da imprensa o crescimento da curiosidade sobre a vida das pessoas[14]. Para os economistas, entretanto, oferta não gera demanda[15]. Uma explicação mais convincente para a ascensão da coluna social é o contínuo crescimento da renda pessoal. Na maioria das sociedades pobres, há pouca privacidade[16]. Consequente-

---

13. Certamente não é porque os escritores conheçam mais intimamente a vida dos ricos que a dos pobres: os protagonistas das peças de Shakespeare são reis e nobres, mas o autor não era um aristocrata.

14. "A imprensa ultrapassa, em todas as direções, os limites óbvios do decoro e da decência. A fofoca deixou de ser coisa de vadios e corrompidos, para se tornar uma atividade comercial, empreendida com diligência e atrevimento (...). Para preencher a vida dos indolentes, colunas e mais colunas se enchem de fofocas inúteis, que só podem ser obtidas por intrusão no círculo doméstico." Samuel D. Warren & Louis D. Brandeis, "The Right to Privacy", 4 *Harv. L. Rev.* 193, 196 (1890).

15. "Neste, como em outros ramos do comércio, a oferta cria a demanda." *Idem.*

16. Ver David H. Flaherty, *Privacy in Colonial New England* 83 (1972); Thomas Gregor, *Mehinakui: The Drama of Daily Life in a Brazilian Indian Village*

mente, as pessoas podem facilmente observar, em primeira mão, a vida íntima dos outros. Nas sociedades mais ricas, é mais caro vigiar as pessoas, porque há mais privacidade e porque o valor (e, consequentemente, o custo de oportunidade) do tempo é maior[17] – tão maior que se torna desvantajoso gastar muito tempo observando os vizinhos. Em sociedades nas quais os custos de obtenção de informações tornam-se altos demais para os fofoqueiros de plantão, a imprensa desempenha, entre outras funções, a de especialista em bisbilhotice. Ademais, a imprensa também desmascara os artifícios descritivos que as pessoas empregam para convencer os outros de que realizar transações com elas é algo vantajoso. Utilizo "transação" aqui num sentido abrangente, que inclui, por exemplo, o indivíduo que quer ser vice-presidente sem que ninguém tome conhecimento de seu histórico de deficiência mental (Thomas Eagleton em 1972).

A ideia de que as colunas sociais desempenham uma função informacional é uma das implicações mais fortemente rejeitadas da análise econômica da privacidade. De que outra forma, entretanto, pode-se explicar a correlação aparentemente direta entre a privacidade física e o interesse "despudorado" na vida privada dos ricos e famosos? O florescimento de colunas sociais e revistas de fofoca é mais intenso nos Estados Unidos que na Europa, onde há menos privacidade física (espaço, anonimidade). E, embora as co-

---

89-90, 360-1 (1977); Alan F. Westin, *Privacy and Freedom*, cap. 1 (1967); nota 31 adiante; além da análise e da bibliografia do capítulo 10. As constatações de Gregor sobre a privacidade são resumidas em Marvin Harris, *Cannibals and Kings: the Origins of Cultures* 12 (1977), como se segue: "A busca do indivíduo por privacidade é um tema que permeia a vida cotidiana dos habitantes de pequenos vilarejos. Os mehinacu aparentemente sabem demais sobre a vida dos outros, em benefício próprio. Eles sabem, pelas pegadas ou pela marca das nádegas no chão, onde um casal se desviou de uma trilha para fazer sexo. Flechas perdidas revelam o lugar onde seu dono costuma pescar; um machado escorado em uma árvore denota trabalho interrompido. Ninguém sai do vilarejo ou entra neste sem ser notado. Se alguém quiser privacidade, precisa cochichar (como os telhados são de sapê, não há portas fechadas)."

17. Ver Staffan Burenstam Linder, *The Harried Leisure Class,* cap. 7 (1970).

lunas de fofoca, revistas de cinema e outros veículos de bisbilhotice pública sejam considerados a província dos vulgares e ignorantes, o crescimento de sua popularidade neste país coincide com um nível crescente de educação, pois, como sugeri, o aumento da privacidade física inviabilizou a observação direta da vida alheia[18].

As apresentações enganosas são um importante fator na ocultação de informações pessoais, mas há outros[19]. Em primeiro lugar, às vezes a ocultação, em vez de impedir, fomenta a transmissão de informações exatas. Em muitos momentos, é provável que a mente de um indivíduo esteja repleta de pensamentos excêntricos, incompletos e precipitados que, se transmitidos a alguém, revelariam menos sobre as intenções e habilidades dele que os pensamentos selecionados para figurar em seu discurso. A ocultação dos "pensamentos mais íntimos" por parte de um indivíduo não passa de uma forma de este selecionar certos pensamentos para serem expressos e, assim, comunicar aos outros as próprias intenções e os próprios valores. Analogamente, usamos roupas não apenas para nos protegermos das intempéries, mas também para declararmos publicamente nossos valores e gostos. Se andássemos por aí pelados, falando a primeira coisa que viesse à cabeça, estaríamos revelando menos sobre nós mesmos do que quando nos vestimos com esmero e falamos com reserva. Não quero dizer com isso que a hipocrisia seja o combustível essencial das relações sociais, afirmação esta que não possui interpretação econômica evidente. A questão é que, se A valoriza B como possível parceiro de negócios, contar a B que

---

18. Compare-se a descrição que Westin faz das casas dos ricos na Roma antiga, lado a lado com as habitações dos pobres. Alan F. Westin, *Privacy in Western Society: From the Age of Pericles to the American Republic* 44 (Relatório à Comissão Especial de Ciência e Direito da Associação dos Advogados de Nova York, 15 de fevereiro de 1965). Esse modelo persiste até hoje em muitas cidades europeias, mas é raro nos Estados Unidos.

19. Já discuti os temas da autoproteção e da reserva (sem relação com as apresentações enganosas) como razões para a ocultação.

A se parece com um sapo só tornará mais obscura a visão sincera que A tem de B, a qual consiste em considerá-lo como parceiro de negócios em potencial[20]. (A fronteira entre a ocultação como informação e como apresentação enganosa pode ser exemplificada pelo ato de tingir os cabelos, cujo propósito pode ser o de dizer algo sobre a personalidade do indivíduo, ou então o de esconder sua idade, se não ambas as coisas.)

O fato de a vestimenta, os adornos, a cosmética, o sotaque e coisas do gênero servirem não apenas para comunicar, mas também para enganar[21] pode talvez explicar algumas tentativas esporádicas de controle do luxo no vestir-se. No século XIV,

> nada provocava mais indignação nos nobres de berço que a imitação de sua vestimenta pelos novos ricos, o que obscurecia as linhas divisórias da eterna hierarquia social. A magnificência no vestir-se era considerada uma prerrogativa dos nobres, os quais deveriam ser identificáveis através de uma vestimenta proibida aos demais. Na tentativa de traduzir esse princípio em lei e vetar a "vestimenta ultrajante e exagerada de diversas pessoas, incompatível com suas posses e seu título", as leis suntuárias anunciavam-se repetidas vezes, com a intenção de determinar que tipo de vestimenta as pessoas poderiam usar e quanto poderiam gastar com roupas.[22]

Uma segunda ressalva é que, do ponto de vista da eficiência, a concorrência no fornecimento de informações

---

20. Se a análise acima estiver correta, as tentativas de aperfeiçoamento das interações sociais através do nudismo, da franqueza extrema de expressão, entre outras técnicas de terapia grupal em voga, estão fundamentalmente equivocadas. Sobre a vestimenta como sinalização, ver Irwin Altman, *The Environment and Social Behavior: Privacy, Personal Space, Territory, Crowding* 36-7 (1975).

21. Em relação a isso, ver Laurel Leff, "A Secret of Success: Be Good at Getting Wrinkles Ironed Out", *Wall St. J.*, 15 de novembro de 1979, p. 1, sobre plástica facial para executivos do sexo masculino.

22. Barbara W. Tuchman, *A Distant Mirror: The Calamitous 14th Century* 19 (1978).

pode levar a uma superprodução informacional[23]. Parte da publicidade de uma empresa tem a função de neutralizar a das empresas rivais, e o mesmo pode ser dito das diversas formas de autopublicidade, como a vestimenta, os costumes e outras formas de sinalização. Mesmo quando os sinais são fidedignos, o esforço de cada indivíduo em emiti-los com clareza pode resultar na produção de informações sobre características pessoais em quantidade excessiva, no sentido de que, se os custos transacionais fossem nulos, todos sairiam beneficiados se sinalizassem menos[24]. Embora os códigos de vestimenta que às vezes encontramos em empresas e escolas tenham como objetivo declarado a elevação dos padrões de vestimenta, seu resultado pode acabar sendo o oposto, ou seja, uma redução do nível e do preço das roupas. E esta pode ser a verdadeira intenção. Com a restrição da variedade de formas de vestimenta, reduz-se a quantidade de recursos dedicada a esse tipo de autopublicidade.

Sigilo e inovação

As mais importantes ressalvas necessárias à visão da privacidade como manipulação ou apresentação enganosa envolvem as ideias inovadoras e as conversas privadas. O caráter público da informação facilita sua rápida apropriação por outros. Mas essa apropriação impede que o produtor original recupere os investimentos realizados em sua produção e, portanto, reduz os incentivos à realização de tais investimentos. Para solucionar esse problema, há dois métodos compatíveis com o sistema de mercado tal como normalmente entendido. O primeiro é a criação explícita de

---

23. Ver Jack Hirshleifer, "The Private and Social Value of Information and the Reward to Inventive Activity", 61 *Am. Econ. Rev.* 561 (1971).
24. Sobre a economia da sinalização, ver A. Michael Spence, *Market Signaling* (1974).

direitos de propriedade sobre a informação, como no caso das leis relativas às patentes e aos direitos de autor. O segundo é o sigilo: o produtor utiliza a informação, mas não a divulga antes de ter a chance de lucrar com a posse exclusiva dela.

Para escolher um desses métodos, é preciso pesar os custos e os benefícios em cada circunstância. Quanto aos benefícios, comparemos os direitos de autor no *common law* e no direito legislado. Este último concede ao autor o direito de propriedade sobre seu trabalho, o qual ninguém pode copiar sem a autorização dele. No *common law*, por sua vez, os direitos autorais seguiam o método do sigilo: desde que o autor não tivesse publicado seu texto, a lei o protegeria contra a distribuição não autorizada[25]. Obviamente, o método do sigilo seria autodestrutivo se um autor desejasse publicar seu trabalho ou se a execução de uma invenção imediatamente revelasse a inovação nela contida. Mesmo quando o sigilo fornecesse certo grau de proteção (uma editora poderia auferir lucros significativos com determinado livro, antes que uma edição pirata deste pudesse ser impressa e distribuída), poderia custar muito caro mantê-lo. Isso poderia implicar, por exemplo, a publicação rápida e secreta de livros, a um custo mais elevado que aquele com o qual a editora teria de arcar se tivesse o direito de propriedade sobre a obra após a publicação. Em outro exemplo, um processo industrial poderia revelar-se valioso por ser utilizável em outra área, mas seu proprietário temeria vendê-lo porque o segredo poderia vazar para a concorrência.

---

25. No *common law*, os direitos de autor não eram um mero aspecto das normas que regem a invasão de propriedade. Se A, tendo entrado legalmente no domicílio de B, fez uma fotocópia de um manuscrito de B mas não levou consigo nem danificou o manuscrito, não houve furto nem apropriação indébita, mas houve violação dos direitos de autor de B.
A recente emenda da lei de direitos autorais prevê proteção legal à obra a partir do momento em que esta é "fixada em qualquer meio de expressão tangível". Lei dos Direitos de Autor (*Copyright Act*), 1976, 17 U.S.C. § 102(a).

Por outro lado, fazer valer o direito de propriedade sobre a informação implicaria, em muitos casos, custos desproporcionalmente elevados em relação ao valor da informação a ser protegida: o sistema de patentes não poderia ser usado para proteger as receitas de pratos para o jantar criadas por um anfitrião muito popular. Muitas vezes, os custos de investigação da origem de uma informação também inviabilizam o recurso ao sistema de direitos de propriedade: se ideias como essa – tão diferentes das ideias concretamente sistematizadas que a lei de patentes e a de direitos autorais protegem – pudessem ser patenteadas e ter seus direitos de autor protegidos, a violação dessas normas seria algo excessivamente abrangente e difícil de determinar. Consequentemente, o sigilo é um importante instrumento social de estímulo à produção de informações, sobretudo em ambientes onde o sistema formal de direitos de propriedade intelectual não se desenvolveu. Assim, a lei não obriga o negociador sagaz a revelar à outra parte sua verdadeira opinião sobre o valor da mercadoria negociada. Por "negociador sagaz" entende-se, ao menos em parte, o indivíduo que investe na aquisição de informações sobre o verdadeiro valor das coisas. Se ele fosse obrigado a divulgar essas informações aos vendedores em potencial, não obteria o retorno de seu investimento; e a transferência de mercadorias, por troca voluntária e para aplicações gradativamente mais valiosas, sairia prejudicada. Assim, ele não é obrigado a fazê-lo, ainda que a consequente falta de transparência no processo de negociação destitua este, em parte, de sua natureza "voluntária". Da mesma forma, a lei não pune o comprador de um grande número de ações de determinada empresa, quando este realiza a compra através de uma série de pequenos pedidos, feitos em nome de falsos compradores para que sua atividade não revele aos vendedores que o valor da ação foi subestimado[26]. O método do

---

26. A probabilidade de uma única e vultosa compra ser um evento aleatório é baixa, comparativamente a uma série de pequenas compras, as quais poderiam representar ajustes de carteira, não movidos por informações privilegiadas.

sigilo é indispensável não apenas para proteger o investimento do especulador que obtém informações vitais ao rápido ajuste dos mercados a novos cenários, mas também para proteger o investimento em informação realizado pelo grande *chef* ou pela dona de casa que "compra" a estima dos amigos com sua criatividade culinária. Do mesmo modo, na minha opinião, a doutrina do "produto do trabalho do advogado" deve ser entendida como o uso do sigilo para proteger o investimento feito pelo advogado (e, logo, pelo cliente) na pesquisa e análise do caso.

Até aqui falei como se toda informação devesse ser propriedade inviolável de seu criador. Mas não é isso que a teoria econômica implica. A finalidade do direito de propriedade ou da proteção legal do sigilo, em lugar de um direito de propriedade explícito, é incentivar os investimentos na criação de informações. Quando a informação não é produto de um investimento significativo, faz menos sentido defender sua proteção. É grande a importância dessa consideração na definição dos limites entre a confidencialidade fraudulenta e a socialmente desejável[27]. Ela pode explicar por que o *common law* frequentemente exige que o proprietário de uma casa divulgue aos compradores os defeitos latentes desta (isto é, os não óbvios)[28]. Possuir e manter uma casa são atividades produtivas, nas quais custa caro ingressar, mas adquirir conhecimento dos defeitos da casa não representa custos para o proprietário (ou custa muito pouco). Logo, a exigência de divulgação desses defeitos não fará com que ele precise gastar dinheiro para encontrá-los.

Privacidade na comunicação

Uma comunicação (carta, ligação telefônica, conversa cara a cara etc.) é um meio de divulgação de fatos. À pri-

---

27. Ver Anthony T. Kronman, "Mistake, Disclosure, Information, and the Law of Contracts", 7 *J. Legal Stud.* 1 (1978).
28. Ver William L. Prosser, *Handbook of the Law of Torts* 698 (4.ª ed., 1971).

meira vista, se os fatos são tais que sua ocultação seja desejável como forma de incentivo à inovação, a comunicação deveria ser sigilosa; e, se forem demeritórios, não. Mas essa abordagem é demasiado simplista. Além de revelar fatos sobre o falante ou o ouvinte, uma comunicação pode referir-se a um terceiro. Se esse terceiro estivesse presente, o falante modificaria a comunicação. Essa modificação representaria custos, na forma de tempo de deliberação e na de redução da clareza comunicativa. Por exemplo, se A, ao conversar com B, refere-se a C de forma depreciativa, e C escuta a conversa, é provável que C fique bravo ou desapontado. Se A não deseja provocar essa reação em C (por gostar deste ou por temer retaliação de sua parte), então, se souber que C pode estar escutando, medirá suas palavras com mais cautela e evitará depreciá-lo. A conversa se tornará então menos espontânea e mais vaga, o que reduzirá seu valor e elevará seu custo. Certamente que isso trará um benefício se a referência depreciativa não tiver fundamento e for prejudicial a C. Mas não há razão para crer que, em média, as acusações improcedentes sejam mais comuns que as procedentes, nas conversas privadas; e a perspectiva de divulgação pode levar à supressão tanto destas quanto daquelas. Se A, ao dizer a B que C é mentiroso, não aufere dessa observação nenhum benefício substancial e ainda provoca a ira de C, a consciência de que C poderá escutar a conversa pode levar A a reter informações que seriam valiosas para B. Daí, por exemplo, a prática de garantir anonimato aos responsáveis pela seleção dos artigos enviados às revistas acadêmicas.

    Segundo essa análise, a escuta clandestina não é um meio eficiente de descobrir os fatos. Se os indivíduos souberem que pode haver escuta, modificarão suas conversas (a despeito dos custos sociais disso), reduzindo o conteúdo informativo destas para terceiros. Um exemplo análogo, no campo da informação não oral, seria o indivíduo que, sendo portador de uma ficha criminal que a lei o proíbe de esconder, faz de tudo para não ser descoberto: modifica seu nome, muda de trabalho, de casa e talvez até de aparência física. Se o não reconhecimento do direito de propriedade dos indivíduos sobre informações demeritórias tivesse principalmente o efeito de levá-los a buscar métodos eficazes, mesmo que dispendiosos, de disfarce, a sociedade pouco ou nada ganharia com isso. Mas esse efeito provavelmente não seria o principal. Quando foi nomeado candidato à vice--presidência pelo Partido Democrata nas eleições de 1972, Thomas Eagleton não teria conseguido esconder seu histórico de deficiência mental. Poderia, entretanto, ter ocultado suas opiniões de terceiros, dada a privacidade nas conversações[29].

Essa análise encontra algum apoio na experiência, bem conhecida dos administradores acadêmicos, adquirida com a Emenda Buckley[30]. Essa lei garante aos estudantes o acesso às cartas de recomendação relativas a eles, exceto quando renunciem previamente a esse direito; e quase todos os estudantes o fazem, por saberem que o valor informacional da carta de recomendação privada é bem maior que o daquela à qual o recomendado tenha tido acesso.

Outra prova em favor de minha análise da privacidade na conversação é o fato de que, com a evolução da sociedade, o discurso se torna mais informal. Como observei no capítulo 6, a linguagem dos povos primitivos é mais elaborada, cerimoniosa e cortês que a linguagem dos norte-americanos do século XX. Um dos motivos disso pode ser a falta de privacidade nas sociedades primitivas. Há poucas conversas efetivamente privadas, pois geralmente há a presença de terceiros, e é preciso levar em conta os efeitos da conversa sobre estes. (Mesmo hoje, costuma-se usar uma

---

29. Um exemplo intermediário seria o impacto da revelação obrigatória dos elementos de prova (*pretrial discovery*) sobre a política de arquivamento das empresas. Estas procuram guardar cada vez menos documentos, e documentos cada vez menos importantes. Mas uma organização (principalmente se for grande) não consegue operar sem manter ao menos *alguns* documentos.

30. Lei dos Direitos Educacionais da Família e da Privacidade (*Family Educational Rights and Privacy Act*) de 1974, § 513, 20 U.S.C. § 1232g (1974).

linguagem mais formal na presença de mais gente.) Com o aumento da privacidade, tornou-se mais fácil conversar de forma privada, e graças a isso podemos economizar na comunicação – podemos conversar com uma concisão e informalidade raras entre os povos primitivos[31]. E a liberação de escutas clandestinas comprometeria essa valiosa economia na comunicação[32].

---

31. Clifford Geertz observa: "Em Java, as pessoas vivem em pequenas casas com paredes de bambu, cada uma das quais quase sempre abriga um único núcleo familiar (...). Não há muros nem cercas ao redor das casas, os bambus das paredes são presos por cordas finas e frouxas, e normalmente nem há portas. Dentro da casa, as pessoas transitam livremente, a qualquer hora, por todos os cômodos; e até estranhos têm bastante liberdade para entrar, a qualquer hora do dia e ao cair da noite. Em suma, a privacidade como a conhecemos é praticamente inexistente (...). Mesmo no âmbito do grupo doméstico, as relações pessoais são muito restritas. As pessoas falam baixo, escondem os sentimentos; e, mesmo no seio de uma família javanesa, temos a impressão de que estamos em praça pública e que devemos nos comportar adequadamente. O javanês se isola das pessoas por um muro de formalidade (os padrões de etiqueta são altamente desenvolvidos), pelo controle emocional e por uma falta de franqueza generalizada tanto no discurso quanto no comportamento (...). Portanto, não há, em realidade, grande diferença entre o público e o privado em Java: as pessoas se comportam mais ou menos da mesma maneira na esfera pública e na privada, uma maneira que poderíamos chamar, na melhor das hipóteses, de tacanha." Texto inédito citado por Westin, nota 16 acima, pp. 16-7.

A relação entre formalidade linguística e publicidade também encontra sustentação no fato de que a linguagem escrita geralmente é mais decorosa, gramaticalmente correta e formal que a linguagem oral. Isso ocorre, em parte, porque a fala envolve outros níveis de significação (gesticulação e entonação de voz), graças aos quais o falante consegue obter a mesma clareza com menos precisão semântica e gramatical. Mas isso ocorre também porque o discurso oral se dirige, tipicamente, a menos ouvintes e a pessoas mais íntimas, o que reduz o custo da ambiguidade e, consequentemente, o investimento adequado (tendo-se em vista os custos) na obtenção da precisão através dos diversos recursos formais da linguagem. Esse potencial de ambiguidade é uma das razões pelas quais as pessoas, ao se dirigirem a grandes plateias, geralmente proferem discursos previamente escritos.

32. Certamente que algumas comunicações, como as conspirações entre criminosos, podem não estar relacionadas à atividade socialmente produtiva. Nesses casos, nos quais de fato se permite a escuta clandestina limitada, esta tem como efeito a redução da comunicação; do ponto de vista da sociedade, isso não constitui um empecilho, mas sim uma vantagem, pois torna mais dispendiosa a atividade criminosa.

Pode-se estender facilmente essa análise a qualquer tentativa de obtenção de documentos pessoais de outros, como anotações, cartas etc. Esforços desse tipo inibem a comunicação. De fato, um dos objetivos dos direitos autorais no *common law* era proteger o sigilo dos diários e das cartas[33]. A defesa da privacidade contra a vigilância fotográfica – por exemplo, do interior da casa de alguém – também é altamente justificável. Graças à privacidade, as pessoas podem, quando estão em casa, vestir-se e portar-se como quiserem, sem se preocuparem com os outros. Essa informalidade, que representa economia de recursos, perder-se-ia se o ambiente doméstico passasse à esfera pública. As pessoas se vestem não apenas devido ao efeito que isso exercerá sobre os outros, mas também, como observei anteriormente, por causa do pudor relativo à nudez; esse sentimento de reserva é mais um motivo para que tenham direito à privacidade em locais onde seria dispendioso evitar a nudez ocasional.

Tendências da legislação no campo da privacidade

Nos últimos anos, houve uma enxurrada de leis estaduais e federais relacionadas à privacidade, as quais examino nos capítulos 10 e 11. Quero apenas chamar a atenção aqui para uma ironia nas transformações sofridas pela legislação.

Segundo minha análise econômica, a informação empresarial deveria receber, em geral, mais proteção legal que a informação na esfera pessoal. O sigilo é importante para os empresários, por ser um método através do qual se apropriam dos benefícios sociais que criam. Na vida privada, porém, a função mais provável do sigilo é ocultar informações demeritórias. Ademais, as comunicações dentro das

---

33. Conforme ressaltado em Warren & Brandeis, nota 14 acima, pp. 200-1.

empresas e demais organizações privadas (o Estado é um caso à parte, conforme mostro no capítulo 11) parecem merecer proteção, tanto quanto as comunicações entre indivíduos; pois, em ambos os casos, o efeito da divulgação seria o de obstruir e retardar a comunicação. Ainda assim, com algumas exceções discutidas no capítulo 11, a tendência, tanto no âmbito federal quanto no estadual, tem sido a criação de leis que protegem cada vez mais a privacidade dos indivíduos tanto no campo da informação quanto no da comunicação, enquanto as empresas e outras organizações privadas têm sua privacidade cada vez menos protegida. Enquanto os fatos sobre os indivíduos – ficha criminal, saúde, credibilidade, estado civil, inclinação sexual – são cada vez mais protegidos contra a divulgação desautorizada[34], as informações sobre grandes empresas são colocadas em domínio público pelas infindáveis exigências de divulgação impostas pelas leis federais que regulam os mercados de valores mobiliários (a ponto de algumas empresas estarem "fechando seu capital", para garantir a confidencialidade de seus projetos e de suas operações), pelas leis de direitos civis, pela obrigatoriedade de emissão de relatórios segmentados, entre outras regulamentações.

Do ponto de vista econômico, a tendência de aumento da privacidade pessoal e diminuição da privacidade organizacional é um mistério. As justificativas econômicas para a privacidade nas comunicações independem de o comunicador ser um indivíduo privado ou um empregado de uma universidade ou empresa; e, no que concerne à privacidade das informações, há argumentos mais fortes pela proteção da privacidade empresarial que pela proteção da privacidade individual.

Greenawalt e Noam chegam à conclusão oposta[35]. Para eles, há duas distinções entre o interesse de uma empresa

---

34. A Emenda Buckley, anteriormente discutida, ilustra essa tendência. Outras leis semelhantes são analisadas no capítulo seguinte.

35. Ver Kent Greenawalt & Eli Noam, "Confidentiality Claims of Business Organizations", em *Business Disclosure: Government's Need to Know* 378 (Harvey J. Goldschmid [org.], 1979).

(ou organização) e o de um indivíduo pela privacidade. Primeiramente, os autores afirmam que este último é uma questão de direitos, enquanto o primeiro se funda pura e simplesmente em considerações instrumentais, ou seja, utilitárias. Entretanto, os motivos por que reconhecem a legitimidade do direito à privacidade pessoal são utilitários: que as pessoas deveriam ter a oportunidade de "começar de novo", escondendo fatos embaraçosos ou demeritórios sobre seu passado, e que é impossível conservar a sanidade mental sem um mínimo de privacidade. Incoerentemente, recusam-se a aceitar a justificativa utilitária do sigilo como incentivo ao investimento em atividades produtivas, um fator importante principalmente no contexto empresarial.

A segunda distinção que fazem entre as demandas empresarial e pessoal por privacidade é uma versão distorcida de meu argumento pelo sigilo do empreendedor ou produtor. Afirmam eles que é difícil definir direitos de propriedade sobre a informação, e chegam a observar que o sigilo é uma maneira de fazê-lo. Mas, em vez de aprovar o sigilo como meio de criação de direitos de propriedade sobre a informação, apresentam o fato de que há imperfeições no mercado de informações como justificativa para que o Estado extraia, por coerção, informações privadas junto às empresas. Ademais, não explicam como o governo usaria essas informações de forma mais produtiva que as empresas, nem provam que isso ocorreria. Tampouco examinam que impacto essa forma de bisbilhotice pública tem sobre os estímulos à produção de informações.

Outras teorias da privacidade

Um apanhado breve, quiçá tendencioso, de algumas teorias da privacidade situará melhor a teoria econômica no panorama geral. Começarei pela mais famosa delas, a teoria de Warren e Brandeis, os quais escrevem:

> A imprensa ultrapassa, em todas as direções, os limites óbvios do decoro e da decência. A fofoca deixou de ser coisa

de vadios e corrompidos, para se tornar uma atividade comercial, empreendida com diligência e atrevimento. Para satisfazer um gosto lúbrico, detalhes de relações sexuais são amplamente veiculados nas colunas dos periódicos diários. Para preencher a vida dos indolentes, colunas e mais colunas se enchem de fofocas inúteis, que só podem ser obtidas pela intromissão no círculo doméstico. A intensidade e complexidade da vida, resultado do avanço da civilização, tornou necessário um certo alheamento do mundo. Assim, o indivíduo, sob a influência purificadora da cultura, tornou-se mais sensível à publicidade, de forma que o isolamento e a privacidade lhe passaram a ser mais essenciais. Mas a diligência e inventividade modernas, invadindo a privacidade dele, sujeitaram-no a uma angústia e a um sofrimento muito superiores aos que o mero castigo físico seria capaz de impor. E os danos produzidos por tais invasões não se restringem ao sofrimento daqueles que venham a ser tema de matérias jornalísticas ou de qualquer outro tipo. Neste, como em outros ramos do comércio, a oferta cria a demanda. Cada safra de fofocas indecorosas, uma vez colhida, semeia outras e, na proporção direta de sua circulação, resulta na degradação dos padrões sociais e da moral.[36]

Estritamente concentrados na justificação de um direito do indivíduo de não ser mencionado nas colunas de fofocas dos jornais, a análise de Warren e Brandeis se apoia em uma série de proposições empíricas infundadas e implausíveis: (1) os jornais lutam deliberadamente pela degradação do gosto dos leitores; (2) as fofocas publicadas causam muito mais dano a seus alvos do que a agressão física causaria; (3) quanto mais fofocas a imprensa oferecer, maior será a demanda dos leitores; (4) ler colunas de fofoca prejudica a inteligência e a moral[37].

---

36. Warren & Brandeis, nota 14 acima, p. 196.
37. Esse último argumento vem apresentado com afetação vitoriana, no seguinte trecho: "Mesmo as fofocas aparentemente inofensivas possuem potencial para o mal, quando ampla e persistentemente propagadas. Elas rebaixam e pervertem. Rebaixam porque invertem a importância relativa das coisas, mediocrizando os pensamentos e as aspirações de um povo. Quando fofocas pessoais alcançam a dignidade da impressão gráfica e ocupam o espaço

O exemplo típico de um teórico que vincula privacidade a individualidade é Edward Bloustein:

> O homem que é obrigado a viver cada minuto da vida na presença de outros e a submeter ao exame da coletividade todas as suas necessidades, fantasias e satisfações, todos os seus pensamentos e desejos, foi destituído de sua individualidade e de sua dignidade humana. Tal indivíduo se funde à massa. Suas opiniões, por serem públicas, jamais tendem à diferença; suas aspirações, por serem conhecidas, tendem sempre a ser aquelas socialmente aceitas; seus sentimentos, por serem exibidos abertamente, tendem a perder a qualidade de afeição pessoal singular, e se transformam nos sentimentos de todos. Um ser assim, embora senciente, é substituível; não é um indivíduo.[38]

Por um lado, Bloustein está dizendo que, se não tivessem privacidade, as pessoas se comportariam mais de acordo com as regras usuais de comportamento. Isto é (simplificando um pouco), as pessoas se comportariam melhor se tivessem menos privacidade. Esse resultado, ele o considera refutável, aparentemente porque uma maior adequação aos padrões de comportamento socialmente aceitos geraria (por definição) mais conformistas, um tipo que ele despreza por razões que deve considerar autoevidentes, já que não tenta explicá-las.

Bloustein sugere que a falta de privacidade reduz não apenas os desvios dos padrões morais aceitos, como tam-

---

outrora dedicado às questões de real interesse da comunidade, quem admirará se os ignorantes e fracos de pensamento equivocarem-se sobre a importância relativa dos temas? Por ser ela objeto de fácil compreensão, que apela àquele lado fraco da natureza humana que jamais se deprime completamente com os infortúnios e as falhas de nossos vizinhos, ninguém se surpreenderá se a fofoca se instaurar como principal interesse em cérebros capazes de outras coisas. A futilidade destrói, de uma vez só, o vigor do pensamento e a delicadeza do sentimento. Sob sua influência maléfica, nenhum entusiasmo pode florescer e nenhum impulso generoso é capaz de sobreviver." *Idem*, p. 196.

38. Edward J. Bloustein, "Privacy as an Aspect of Human Dignity: An Answer to Dean Prosser", 39 *N.Y.U. L. Rev.* 962, 1003 (1964).

bém a criatividade para fugir do pensamento e do comportamento convencionais. Embora um pouco de privacidade possa de fato ser um pré-requisito para a criatividade intelectual, qualidades como essa floresceram em sociedades onde havia bem menos privacidade que nos Estados Unidos de hoje, como a Itália do Renascimento, a Inglaterra elizabetana e inclusive a Grécia Antiga.

Para Charles Fried, a privacidade é indispensável para os valores fundamentais do amor, da amizade e da confiança. O amor e a amizade são inconcebíveis "sem a intimidade da partilha de informações privadas"[39], e a confiança pressupõe uma certa ignorância sobre as intenções da pessoa em quem se confia – se nada é ignorado, não há do que desconfiar. Mas a confiança não é algo que valha por si só e que, portanto, desaparecerá quando se tornar desnecessária. É antes um substituto imperfeito da informação. Além disso, o amor e a amizade também florescem em sociedades onde há pouca privacidade. As teorias de Bloustein e Fried sobre a privacidade são, portanto, etnocêntricas.

Mesmo dentro de nossa própria cultura, algumas pessoas questionam se a privacidade não seria mais prejudicial que benéfica para a conservação dos valores. Se o pré-requisito da confiança é a falta de informação, também é verdade que o do perdão é a aquisição de informação, coisa que a privacidade dificulta. A suposta anomia, impessoalidade e falta de sentimento de comunidade do homem moderno pode, na medida em que de fato exista, estar relacionada ao alto grau de privacidade atingido por nossa sociedade.

Fried declara abertamente que não deseja fundamentar o direito de privacidade em considerações utilitárias. Mas a busca por fundamentos não utilitários, até aqui, falhou. A própria possibilidade de aplicar à privacidade o tipo de análise que busca definir os direitos segundo critérios não uti-

---

39. *An Anatomy of Values: Problems of Personal and Social Choice* 142 (1970). Fried volta atrás em algumas de suas posições em seu texto "Privacy: Economics and Ethics: A Comment on Posner", 12 *Ga. L. Rev.* 423 (1978).

litários ou não econômicos é duvidosa. Não faz sentido tratar a reputação como um "direito". A reputação é aquilo que os outros pensam de nós, e não temos o direito de controlar o pensamento dos outros[40]. Da mesma forma, não temos o direito de, controlando as informações que têm de nós, manipular a opinião de outras pessoas sobre nós. E é justamente esse controle que se busca em nome da privacidade.

Greenawalt e Noam ainda mencionam outros argumentos em favor da privacidade: o do "novo começo" e o da "saúde mental". O primeiro sustenta que as pessoas que cometeram crimes ou transgrediram de alguma forma os padrões morais da sociedade têm direito a um novo começo, e para isso precisam poder ocultar seus erros passados. O segundo afirma, como característico da psicologia humana, o fato de que a pessoa humana não consegue funcionar eficazmente se não desfrutar de uma esfera privada onde possa ter um comportamento bastante distinto, não raro escandalosamente distinto, daquele que tem em público. Um exemplo disso seria o dos garçons que amaldiçoam os clientes na cozinha e os bajulam quando os encontram lá fora. O primeiro argumento se apoia na pressuposição, popular mas infundada, de que as pessoas não avaliam racionalmente os crimes passados. Apenas se elas se recusassem irracionalmente a aceitar as provas de uma reabilitação é que se poderia afirmar que a sociedade negou injustamente ao ex-criminoso um novo começo. O segundo argumento tem um certo encanto intuitivo, mas parece exagerado e etnocêntrico. Além disso, apresenta-se como pura expressão de uma opinião, contra a qual há diversos indícios, conforme demonstro no capítulo seguinte.

Outra sugestão infundada é a de Steven Shavell[41], segundo a qual os indivíduos, agindo sob um "véu de ignorân-

---

40. Ver Walter Block, *Defending the Undefendable: The Pimp, Prostitute, Scab, Slumlord, Libeler, Moneylender, and Other Scapegoats in the Rogue's Gallery of American Society* 60 (1976).
41. Em comentários não publicados, que este fez recentemente em uma conferência sobre privacidade.

cia" rawlsiano[42], poderiam consentir com a ocultação de fatos pessoais demeritórios, não por considerarem que *praticariam* atos demeritórios, mas por desejarem se proteger das consequências desses atos, caso precisassem praticá-los. É possível que as pessoas optem por isso. Mas, sem especificar as funções de preferência dos indivíduos na posição original, bem como as demais opções de seguridade privada e social, é impossível concluir que um acordo assim seria o resultado provável das decisões tomadas naquela posição.

Responsabilidade civil por violação da privacidade

Embora o artigo de Warren e Brandeis tenha estimulado o desenvolvimento do direito da responsabilidade civil por violação da privacidade, este evoluiu segundo um padrão muito diferente daquele que eles sugerem. Bloustein apresenta sua teoria da privacidade como crítica ao respeitado artigo de Prosser que define o ilícito civil contra a privacidade[43]. Estaria o direito da responsabilidade civil mais próximo do pensamento econômico sobre a privacidade que do não econômico? O restante do capítulo explora essa pergunta.

Privacidade comercial

As características gerais do direito da responsabilidade civil são aquelas subentendidas em minha análise daquilo que seria um direito de privacidade economicamente saudável: (1) significativa proteção da confidencialidade das ideias criativas; (2) liberdade para "bisbilhotar" a maior parte dos fatos sobre os indivíduos; mas (3) limitações à escuta clandestina como forma de obtenção dessas informações. O

---

42. Ver discussão sobre Rawls no capítulo 4.
43. William L. Prosser, "Privacy", 48 *Calif. L. Rev.* 383 (1960).

primeiro item pertence ao domínio do direito da propriedade industrial, um ramo da responsabilidade civil por concorrência desleal. Embora o tipo mais conhecido de segredo industrial seja a fórmula secreta ou o processo secreto, a definição de sua proteção legal é mais abrangente: "o indivíduo pode manter em segredo quase todo conhecimento ou quase toda informação que utilize na condução de seus negócios"[44]. Em um caso notório, a corte decidiu que tirar fotos aéreas da fábrica de um concorrente, enquanto esta estava em construção, configurava ilícito civil, e usou o termo "privacidade comercial" para descrever o interesse a ser protegido[45]. A decisão mostra o quão dispostos estão os juízes a defender os segredos graças aos quais as empresas podem recolher os benefícios sociais criados por suas atividades.

Mas quais seriam os limites da responsabilidade civil por violação da privacidade comercial? É considerado lícito que uma empresa compre o produto da concorrência e o desconstrua para descobrir como foi fabricado, ainda que esse tipo de "engenharia reversa" possa revelar segredos sobre o processo produtivo do concorrente. Como se pode distinguir entre esse tipo de bisbilhotice e a fotografia aérea? Uma das diferenças é que, se a lei permitisse aos concorrentes tirar fotografias aéreas de uma fábrica em construção, o principal efeito não seria a geração de informações, mas o estímulo ao gasto de recursos, por parte do empresário, para tentar esconder o interior da fábrica. Esses recursos, assim como aqueles despendidos com a fotografia aérea que os motivou, seriam um desperdício para a sociedade (compare-se isso à discussão anterior sobre a vigilância fotográfica dentro do lar). É improvável, por outro lado, que a possibilidade da engenharia reversa leve um fabricante a gastar recursos alterando seu produto. Outra diferença é que a fotografia aérea pode desvelar segredos cuja

---

44. *Smith vs. Dravo Corp.*, 203 F.2d 369, 373 (7th Cir. 1953).
45. *E. I. duPont de Nemours & Co. vs. Christopher*, 431 F.2d 1012, 1016 (5th Cir. 1970). Ver também *Smith vs. Dravo Corp.*, nota 44 acima.

proteção alternativa através do sistema de patentes seria mais difícil, se comparados aos que a engenharia reversa é capaz de descobrir.

Privacidade pessoal

A responsabilidade civil por violação da privacidade pessoal possui quatro aspectos: uso indevido da imagem ou do nome, publicidade indevida, *false light* e violação ostensiva da privacidade[46].

Uso indevido da imagem ou do nome ("appropriation"). Um dos primeiros casos a envolver um direito de privacidade bem definido é o do anunciante que utiliza o nome ou a fotografia de um indivíduo sem a autorização deste[47]. Classificar casos como esse como casos "de violação da privacidade" é algo muitas vezes considerado inadequado, pois, frequentemente, o que a lei protege nessas situações não é a aversão à publicidade, mas sim a ausência de remuneração por esta: muitos dos casos envolvem celebridades ávidas por fama. Esse fato, porém, só representa obstáculo a uma teoria do direito civil que busque fundar o direito à privacidade em um suposto interesse social pela ocultação de informações pessoais. Há uma boa razão econômica para atribuir ao indivíduo o direito de propriedade sobre uma fotografia sua, utilizada para fins publicitários: isso garante a compra da fotografia pelo anunciante para o qual esta for mais valiosa. Esse objetivo não seria alcançado mediante a transformação da foto em propriedade comum de todos os anunciantes.

O professor Bloustein nega qualquer fundamento econômico para o "direito ao uso publicitário da imagem ou do nome" e tenta fazer desse ramo do direito da privacidade uma crítica ao mercado, em vez de uma justificação deste:

---

46. Para um bom resumo dos princípios jurídicos nessa área, ver Prosser, nota 28 acima, cap. 20.

47. Ver, p. ex., *Pavesich vs. New England Life Ins. Co.*, 122 Ga. 190, 50 S.E. 68 (1905).

"O uso de uma fotografia para fins comerciais transforma o homem em uma mercadoria, submetendo-o às necessidades e aos interesses econômicos dos outros."[48] Mas esta não é a teoria do direito da responsabilidade civil. A lei não proíbe um homem de usar uma fotografia sua "para fins comerciais"; ela lhe dá o direito de propriedade sobre tal uso. Por exemplo, em *Haelan Laboratories vs. Topps Chewing Gum*[49], a corte decidiu que, tendo um jogador de beisebol cedido a um fabricante de gomas de mascar o direito exclusivo de usar uma foto dele em anúncios publicitários, nenhum outro fabricante de gomas de mascar poderia utilizar a foto sem a permissão do cedente. "Um homem tem um direito sobre o valor de publicidade de sua fotografia, isto é, tem o direito de escolher a quem dará o privilégio exclusivo de publicação de sua imagem."[50]

Diante disso, pode parecer incoerente que a lei permita a uma revista vender a outra a lista de seus assinantes sem o consentimento destes[51]. Entretanto, se comparado ao valor da lista, o custo de obtenção da aprovação dos assinantes seria tão alto que inviabilizaria a solução transacional do caso *Haelan*[52]. Ademais, o uso diversificado de uma lista de assinantes não reduz o valor desta, ao passo que a utilização da mesma fotografia em diferentes anúncios (sobretudo de produtos concorrentes) poderia reduzir o valor dela a zero. Logo, é importante que o indivíduo fotografado tenha um direito de propriedade mediante o qual possa restringir o número de usuários de sua foto. Os assinantes de uma revista não possuem interesse comparável.

---

48. Bloustein, nota 38 acima, p. 988.
49. 202 F.2d 866 (2d Cir.), cert. negada, 346 U.S. 816 (1953).
50. *Id.*, p. 868. Para casos semelhantes, ver "Note: The Right of Publicity – Protection for Public Figures and Celebrities", 42 *Brooklyn L. Rev.* 527, 534-41 (1976).
51. Ver *Shibley vs. Time, Inc.*, 45 Ohio App. 2d 69, 341 N.E. 2d 337 (1975).
52. Algumas poucas revistas oferecem ao assinante a opção de retirar seu nome da lista que é vendida às outras revistas. Mas essa solução é insatisfatória para os assinantes (que provavelmente são maioria) avessos a receber propaganda de *algumas* revistas, mas não a receber propaganda de *todas* elas.

Publicidade indevida ("publicity"). Se um anunciante utiliza a imagem de um indivíduo sem seu consentimento, ele está infringindo os direitos deste. Se a mesma imagem, porém, aparece em uma notícia de jornal, não há infração (desde que a foto não seja constrangedora nem exponha a pessoa sob uma luz desfavorável, aspectos da responsabilidade civil que discutirei mais adiante). A diferença de tratamento parece, à primeira vista, arbitrária. Se a publicação de uma determinada fotografia de um indivíduo representa a mais valiosa utilização de sua imagem, por que não se deve exigir que o jornal compre dele o direito de publicá-la?

Uma resposta superficial é que a mesma fotografia, quando colocada num jornal, adquire uma função de utilidade pública que está ausente de seu uso publicitário. Um jornal que invista recursos na descoberta de notícias de amplo interesse pode não conseguir apropriar-se dos benefícios sociais de uma descoberta (e recuperar assim o investimento realizado), pois outro jornal pode obter a mesma notícia e publicá-la um pouco antes, sem ter de compensar o primeiro. Em outras palavras, a pesquisa do primeiro jornal gera benefícios externos, e uma das maneiras de recompensar o jornal por isso é permitir que também externalize parte de seus custos (se esta é a melhor maneira, isso é uma outra questão). Mas, embora isso possa explicar por que um jornal não tem de pagar nada às pessoas sobre as quais escreve, não explica seu direito de imprimir *fotografias* delas sem lhes pagar nada. O jornal pode adquirir os direitos autorais da foto, e então nenhuma publicação concorrente poderá publicá-la sem sua permissão[53].

---

53. Isso continua valendo, mesmo depois do caso *Time, Inc. vs. Bernard Geis Assoc.*, 293 F. Supp. 130 (S.D.N.Y. 1968), quando se decidiu que o "uso justo", como exceção ao direito autoral, aplicava-se à publicação de esboços detalhados do filme que Zapruder fez do assassinato do Presidente Kennedy, desenhados com carvão, em um livro sobre o assunto. A corte enfatizou a ausência de concorrência entre a acusação e a defesa, pois esta não publicava nenhuma revista. Ademais, o livro não reproduzia nenhuma fotografia propriamente dita. Outra consideração econômica é que, dadas as circunstâncias sob as quais o filme de Zapruder foi feito (um amador que, por acaso, filmou

Duas outras razões podem explicar a diferença entre o tratamento jurídico dado a uma fotografia usada como publicidade e à mesma fotografia usada no noticiário jornalístico. Primeiro, no caso da publicidade, o custo social da anulação dos direitos de propriedade é maior que no do jornalismo. Como observei anteriormente, se qualquer anunciante puder usar a foto de uma pessoa famosa, o valor publicitário desta pode sair prejudicado. Assim, se a marca de cerveja X lucra com o uso da foto da celebridade A em sua campanha publicitária, as marcas concorrentes poderiam usar a mesma foto, até esta perder todo o seu valor publicitário. Diferentemente, é improvável que o uso diversificado da fotografia de uma celebridade por jornais concorrentes reduzirá o valor desta para o público leitor. Em segundo lugar, no caso do jornal, a celebridade poderia usar o direito de propriedade sobre sua imagem (caso possuísse esse direito) para falsear sua aparência em público – poderia permitir que o jornal publicasse apenas uma determinada foto em que tivesse saído bem. É difícil prevenir essa forma de propaganda enganosa, a não ser pela socialização do direito de propriedade.

A concessão de um direito de propriedade ao indivíduo parece ainda menos defensável quando o que se divulga sobre ele é alguma característica agressiva ou digna de vergonha. Nesse caso, a publicidade aparentemente desempenharia aquela função de bisbilhotice institucionalizada que, como já observei, é importante em uma sociedade marcada por um alto grau de privacidade, o qual facilita a ocultação de fatos demeritórios. Essa conclusão está correta em termos gerais e é, em geral, o resultado a que se chega nas decisões judiciais. Mas há uma classe de fatos cuja publicação o indivíduo não deseja e cuja publicidade tem um valor social bastante limitado. Imagine uma pessoa de nariz deformado. Esse fato, obviamente, é de conheci-

---

o assassinato de um presidente), é improvável que a não concessão da plena proteção ao direito de propriedade desestimulasse a produção de filmes semelhantes no futuro.

mento daqueles que com ela convivem. Certo dia, o fotógrafo de um jornal tira uma foto dessa pessoa e a publica em uma matéria sobre a feiura humana. Como a deformidade não é ocultável, ou ocultada, das pessoas com quem esse indivíduo convive, a publicação da fotografia não corrige uma falsa impressão que ele porventura explorasse. É verdade que os leitores do jornal beneficiam-se da oportunidade de ver a fotografia, de outro modo o jornal não a publicaria. Entretanto, como o desejo do indivíduo de vetar a veiculação da foto não se relaciona a nenhum tipo de apresentação enganosa perante uma sociedade ou um mercado, não há por que pressupor que o valor social da divulgação supere o da ocultação. Em casos assim, o impulso social adequado é dar ao indivíduo o direito de propriedade sobre sua imagem e deixar que o jornal compre dele esse direito, caso deseje publicar uma foto de seu nariz[54].

O caso *Daily Times Democrat vs. Graham*[55] encaixa-se nessa categoria. Em um parque de diversões, uma mulher foi fotografada no momento em que um jato de ar levantava seu vestido à altura da cintura. O jornal local então publicou a fotografia sem o consentimento dela. A corte, ao decidir que o jornal invadira o direito de privacidade da mulher, ressaltou que esta entrara no brinquedo apenas para acompanhar os filhos e não sabia nada sobre os jatos de ar. Naquelas circunstâncias, a fotografia não transmitia nenhuma informação capaz de corrigir, junto aos amigos e colegas, alguma falsa representação de seu caráter; muito pelo contrário, a foto é que dava uma ideia errada deste.

Pode parecer que a análise precedente defenda o reconhecimento de um direito de propriedade sobre a privaci-

---

54. Esse caso hipotético inspirou-se nos fatos de *Griffin vs. Medical Society of State of New York*, 11 N.Y.S. 2d 109 (Sup. Ct. 1939), em que, contudo, a publicação não foi em um jornal, mas em uma revista médica, e a ação judicial baseou-se na alegação de uso indevido da imagem para fins publicitários. *Lambert vs. Dow Chem. Co.*, 215 So. 2d 673 (La. App. 1968), assemelha-se mais ao caso hipotético.

55. 162 So. 2d 474 (Ala. 1964).

dade sempre que (1) não houver nada que indique apresentação enganosa e (2) a informação estiver contida em uma fotografia, cujos direitos autorais podem ser adquiridos pelo comprador do direito de propriedade, eliminando-se assim qualquer externalidade. Entretanto, uma exceção a essa regra faz-se necessária, a saber, caso a natureza do acontecimento fotografado torne proibitivos os custos transacionais. Seria ineficiente garantir a um indivíduo o direito de propriedade sobre sua imagem se este fosse fotografado como figura anônima de uma multidão que assistisse a um desfile comemorativo; ou, talvez, a uma vítima de acidente com quem fosse impraticável negociar, dado o intervalo de tempo dentro do qual a foto teria de ser publicada para que não perdesse seu valor noticioso. No primeiro caso, o direito de propriedade é, de forma geral, nitidamente mais valioso para o fotógrafo que para o sujeito fotografado. No segundo caso, essa conclusão é menos óbvia. Logo, pondo-se de lado quaisquer considerações sobre a Primeira Emenda, a qual não discutirei aqui, é necessário algum tipo de equilíbrio entre custos e benefícios. Um pouco mais adiante, mostrarei como se obtém esse equilíbrio.

Os casos acima discutidos diferem daqueles em que, por exemplo, um jornal revela informações sobre atividades ilícitas ou imorais do passado de um indivíduo, que este tentou ocultar de seus amigos e conhecidos. Como esse tipo de informação é inegavelmente importante para se avaliar quanto um indivíduo merece amizade, respeito e confiança, a proteção legal de sua ocultação seria incoerente com o tratamento dado à propaganda enganosa no contexto mercadológico. Não obstante, no caso *Melvin vs. Reid*[56], na Califórnia, decidiu-se que o direito de privacidade abarcava esse tipo de informação. O caso era especialmente delicado, pois, no recurso, a autora pedia que a corte aceitasse como verdadeiras suas alegações, segundo as quais a exposição de seu passado comprometedor não revelava infor-

---
56. 112 Cal. App. 285, 297 P. 91 (1931).

mações úteis a ninguém[57]. Posteriormente, em *Briscoe vs. Reader's Digest Association*[58], também na Califórnia, a corte decidiu que o direito de privacidade não abarca informações sobre atividade criminal recente, por oposição à que se deu em um passado remoto. Juridicamente, essa distinção aponta para a direção certa, mas não vai longe o suficiente do ponto de vista econômico. Para prever crimes futuros, a atividade criminal distante no passado é menos relevante que a recente (e aqueles que tomarem conhecimento dela darão o devido desconto), mas não o é, de modo algum, para quem estiver pensando em travar relações sociais ou comerciais com o indivíduo em questão, ou em dar continuidade a estas. Se fosse irrelevante, sua divulgação não lesaria o indivíduo[59]. Não é por acanhamento que um indiví-

---

57. Entre os argumentos apresentados, estava o fato "de que, depois de absolvida, ela abandonou sua vida de desonra e se reabilitou completamente; de que, no ano de 1919, ela se casou com Bernard Melvin, assumiu o dever de cuidar do lar e a partir de então levou sempre uma vida exemplar, virtuosa, honrada e honesta". 112 Cal. App., p. 286, 297 P., p. 91.

58. 4 Cal. 3d 529, 483 P. 2d 34, 93 Cal. Rptr. 866 (1971).

59. Seria possível basear o direito de privacidade em relação a crimes passados em uma política social de estímulo à reabilitação dos delinquentes? Há um traço dessa visão na decisão da corte em *Melvin vs. Reid*. Mas, se a reabilitação pode reduzir a reincidência, também pode reduzir a expectativa de custo da punição. Assim, não está claro se haverá menos ou mais crimes em um sistema que privilegie a reabilitação. Além disso, pode-se questionar se a ocultação é uma forma "justa" de reabilitação, já que representa custos potencialmente significativos para quem estabelece relações com o ex-criminoso sem conhecer seu passado.

Outro fator por trás da decisão do caso *Melvin* pode ser a crença, incompatível com a análise econômica, de que as pessoas reagem irracionalmente a informações sobre crimes passados. O *Restatement of Torts* dá o exemplo de Valjean, um ex-criminoso completamente reabilitado, cuja vida é arruinada quando informações sobre seu passado vêm à tona. American Law Institute, *Restatement (Second) of Torts* § 652D, ilustração 26 (Tent. Draft n. 22, 1976). Presumindo-se a *completa* reabilitação de Valjean, a sugestão de que a informação arruinaria a carreira dele atribui irracionalidade às pessoas com quem travava relações. Talvez os elaboradores do *Restatement* estivessem se referindo não à irracionalidade, mas à fundamentação racional dos juízos em informações incompletas. Não há nada de irracional ou de mal-intencionado em atribuir peso desfavorável a crimes passados sem conduzir investigações mais profundas que, em alguns casos, minimizariam a importância deles. Este é um méto-

duo esconde seus crimes passados, mas porque as pessoas veem um passado de crimes como sinal negativo do valor de se relacionar com alguém, no que são bastante prudentes. À luz dessa análise, não é de surpreender que, fora da Califórnia, o princípio de *Melvin vs. Reid* não é aceito[60].

Sidis vs. F-R Publishing Corp.[61] é um importante exemplo de caso em que, apesar de não haver apresentação enganosa em potencial, a corte recusou-se a reconhecer invasão do direito de privacidade. A revista *New Yorker* publicou um artigo do tipo "onde está ele hoje", sobre um menino-prodígio da matemática que, depois de adulto, tornara-se um excêntrico solitário. Poder-se-ia afirmar que a reportagem da *New Yorker* divulgou informações úteis a quem estivesse pensando em travar relações com Sidis, mas o argumento seria bastante forçado, pois seu impulso por privacidade era tão grande que o levava a manter pouquíssimas relações com outras pessoas. Era tão grande que a *New Yorker* poderia não estar disposta a pagar o preço que Sidis teria exigido em troca de sua história de vida[62]. Mas uma expli-

---

do de economizar nos custos informacionais. Ver Parte IV deste livro, adiante. [Os *Restatements*, também conhecidos como *Restatements of Law*, são publicações do *American Law Institute* que obtiveram grande prestígio e repercussão no meio jurídico. São considerados quase como "repositórios oficiais" da jurisprudência e doutrina, em relação aos assuntos específicos de que tratam. Embora suas opiniões e julgados transcritos não sejam aceitos pelas cortes na formação dos precedentes, são bastante citados nos julgamentos e pela doutrina em geral. Os *Restatements* dividem-se por temas (contratos de seguro, responsabilidade civil, conflitos legislativos, propriedade e direitos reais etc.). (N. do R. T.)]

60. Ver *Rawlins vs. Hutchinson Co.*, 218 Kan. 295, 543 P.2d 988 (1975); Don R. Pember & Dwight L. Teeter, Jr., "Privacy and the Press since Time, Inc. v. Hill", 50 *Wash. L. Rev.* 57, 81-2 (1974). Essa decisão, fundada na responsabilidade civil, foi reafirmada pela da Suprema Corte em *Cox Broadcasting Corp. vs. Cohn*, 420 U.S. 469 (1975), segundo a qual a Primeira Emenda pode priorizar a publicação (ou, naquele caso, a transmissão) de qualquer matéria contida nos arquivos do Estado, por mais remota que seja. Essa decisão, questionável em seus argumentos, é discutida no capítulo 11.

61. 113 F.2d 806 (2d Cir. 1940).

62. Como argumento em contrário, porém, está o fato de que Sidis concordara em dar uma entrevista ao repórter da *New Yorker* que escrevera a matéria.

cação econômica distinta, que mencionei anteriormente, ajuda a fundamentar a conclusão da corte, segundo a qual a publicação não violou os direitos de Sidis. O tema era notícia por causa do grande interesse do público por crianças--prodígio. Mas, depois que a *New Yorker* publicou a história, qualquer outro jornal ou periódico poderia, sem ressarcir a revista, publicar os fatos que esta reunira (quiçá através de uma dispendiosa atividade de pesquisa), desde que a nova publicação não contivesse o texto exato da matéria original. Dado o número de "republicadores" em potencial, não há mecanismo de mercado através do qual a totalidade do valor social da informação gerada pela *New Yorker* pudesse integrar as possíveis negociações com Sidis a respeito da compra do direito sobre sua história de vida. Nessas circunstâncias, há uma justificativa para não dar a ele esse direito, ou seja, para deixar a *New Yorker* externalizar uma parte dos custos sociais de sua pesquisa (aqueles impostos a Sidis): isso também significa, obrigatoriamente, a externalização de uma parte dos benefícios.

Essa análise aparentemente não atenta para um método simples de reduzir os custos que a divulgação da informação representa para Sidis, sem prejudicar significativamente o valor da publicação para os leitores da *New Yorker* ou de outras revistas que apresentassem a história: não usar o nome verdadeiro dele. Mas a revista, para realmente ocultar a identidade de Sidis, também teria de mudar outros detalhes, e as mudanças reduziriam significativamente o valor jornalístico do texto (os leitores poriam em dúvida a veracidade da informação). Em *Barber vs. Time, Inc.*[63], entretanto, a corte decidiu que uma revista violara o direito de privacidade de uma mulher, ao citar seu nome em uma matéria sobre uma doença desagradável que ela teve. O valor jornalístico do texto independia da utilização do nome verdadeiro.

Isso tudo não significa que a decisão do caso *Sidis* tenha sido necessariamente a correta, sobretudo em um sen-

---

63. 348 Mo. 1199, 159 S.W. 2d 291 (1942).

tido econômico global. A simples possibilidade de a matéria da *New Yorker* ter gerado benefícios externos não implica que a soma total de seus benefícios tenha ultrapassado a dos custos, incluindo-se aqueles que recaíram sobre Sidis. Obviamente, essa é uma comparação difícil para os juízes. Mas eles tentam. Para auferir a ilicitude da publicação de algo em um jornal, atentam para o caráter ofensivo dos detalhes publicados e para a relevância jornalística da publicação. O caráter ofensivo e a relevância jornalística funcionam como critérios substitutos, respectivamente, dos custos e dos benefícios da publicação da matéria[64].

Esses substitutos, porém, são extremamente rudimentares. E isso levanta a seguinte questão: em vez de se eliminarem os direitos de propriedade em uma área (a privacidade), para compensar as consequências negativas do não reconhecimento desses direitos em outra área (o jornalismo), por que não se reconheceu um direito de propriedade sobre as notícias? A resposta a essa pergunta nos levaria para bem longe do campo da privacidade e nos envolveria em difíceis questões jurídicas e programáticas no campo do direito autoral. Nem poderíamos parar por aí. Se as dificuldades práticas inviabilizam a extensão da proteção do direito autoral às ideias, ainda há que considerar a possibilidade de dar a Sidis um direito de propriedade sobre certos fatos a ele concernentes, os quais a *New Yorker*, tendo-os comprado dele, poderia usar contra qualquer jornal ou revista que publicasse versão própria da história de Sidis. Essa solução aproximaria o caso de Sidis do caso do homem de nariz deformado, mas também envolveria grandes dificuldades práticas, que é impossível abordar adequadamente aqui. Tampouco cabe avaliar aqui os outros privilégios que o direito garante aos jornais, quiçá como compen-

---

64. Para poder ser objeto de uma ação, o tema levado ao conhecimento do público deve ser, na linguagem do *Restatement*, "tal que (a) seria altamente ofensivo para um indivíduo em seu juízo perfeito, e (b) não é de legítimo interesse do público". *Restatement*, nota 59 acima, p. 20.

sação por não terem direitos sobre as notícias. Entretanto, uma teoria dos direitos e responsabilidades legais dos veículos de comunicação jornalística, para ser completa, teria claramente de avaliar em que medida a produção de notícias confere benefícios externos, e se o reconhecimento de direitos autorais sobre estas não seria algo mais eficiente que as muitas imunidades concedidas à imprensa pela sociedade – em prejuízo dos Sidis deste mundo – para compensá-la por não possuir direitos de propriedade sobre os frutos de seu trabalho.

Para resumir o que foi dito, o direito distingue, de forma rudimentar, entre informação privada demeritória e não demeritória, conferindo à primeira muito menos proteção do que, de um ponto de vista econômico, deveria conferir; embora, na Califórnia, desse ponto de vista, ainda haja demasiada proteção. Nos casos em que a privacidade não envolve apresentação enganosa, a proteção é mais ampla, embora seja limitada por problemas de externalidade e de custos transacionais, que pesam contra a plena proteção legal da privacidade mesmo em relação a fatos não demeritórios, como no exemplo das listas de assinantes das revistas[65]. De forma geral, o critério do *Restatement*, que envolve

---

65. Naquele caso, há que considerar ainda que o fato divulgado, isto é, o de que o indivíduo listado é assinante de uma determinada revista, não é o tipo de informação altamente pessoal cuja revelação ofenderia a maioria das pessoas. O dano pode ocorrer se a lista for vendida para uma revista que os assinantes da outra vejam como ofensiva, mas é improvável que disso resultem problemas mais sérios. Sem dúvida, muitos dos leitores da *Christian Motherhood* se sentiriam ofendidos se recebessem uma proposta para assinar a *Playboy*. Mas é improvável que a editora da *Playboy* queira comprar a lista dos assinantes da *Christian Motherhood*.

Outro caso mais ou menos análogo é o do censo. Deveria o órgão responsável pelo censo comprar, das empresas e dos lares que entrevista, as informações desejadas? Se os preços fossem uniformes, a exigência de pagamento produziria uma amostragem tendenciosa. Para conseguir, a despeito dos diferentes custos de divulgação (e, logo, diferentes preços para a cooperação), uma amostragem representativa, o órgão responsável pelo censo teria de empregar um complexo sistema de discriminação de preços, que, ainda assim, poderia falhar em seu objetivo. Nessas circunstâncias, a coerção parece bem mais barata. E os custos que a divulgação representa para as pessoas e empre-

o equilíbrio entre caráter ofensivo e valor noticioso, capta os elementos econômicos essenciais do problema; mas seria um critério econômico melhor se se restringisse aos casos nos quais a divulgação da informação não desempenha nenhuma função de desmascaramento. Se os fatos revelados forem algo que o indivíduo tenha escondido para dar uma descrição falsa de si para os outros, o fato de a divulgação ofendê-lo e ser de pouco interesse do público em geral não serve de justificativa para a proteção de sua privacidade. Um vendedor estaria fazendo o mesmo se apresentasse tais argumentos como justificativa para fazer propaganda enganosa de seus produtos.

False light. Algumas vezes, o autor da ação por violação da privacidade busca indenização por perdas e danos porque o jornal ou outro veículo de comunicação distorceu as informações sobre ele. Pode parecer que a existência do ilícito civil por difamação – que, como observam os especialistas, cobre grande parte do raio de ação do ilícito civil contra a privacidade conhecido como *false light* – conduza necessariamente à conclusão de que a exposição de alguém sob uma luz desfavorável deveria poder ser objeto de uma ação. Mas, segundo outro argumento econômico, não seria necessário, nem cabível, nenhum remédio judicial, pois o direito pode e deve deixar que a concorrência no mercado das ideias determine a veracidade da informação. Esse argumento, porém, não leva em consideração que os veículos de comunicação, no processo de concorrência, podem não levar em conta, em sua totalidade, os custos da exposição de alguém sob uma luz desfavorável. Suponhamos que um artigo da *Life* sobre uma família mantida como refém apre-

---

sas entrevistadas são baixos, pois o Estado toma precauções contra a divulgação das informações para credores, para o fisco, ou outras entidades que poderiam usar as informações para tirar vantagem dos indivíduos. Este é outro caso em que considerações sobre custos transacionais, juntamente com a relativa insignificância do dano causado ao indivíduo pela divulgação de suas informações pessoais, pesam contra a proteção legal da privacidade, mesmo que essas informações não tenham a ver com nenhum tipo de conduta demeritória.

sente, de forma incorreta, os sequestradores sujeitando a família a espancamentos, agressões sexuais verbais, entre outras humilhações. O artigo gera custos privados e sociais, pois transmite informações falsas sobre a família, as quais podem dissuadir os outros de estabelecer relações sociais ou de qualquer outro tipo com os membros daquela. Se houver demanda do público pela exposição fiel das características da família, uma revista concorrente *pode* publicar uma matéria que corrija a falsa impressão dada pela matéria da *Life*, mas isso não é garantido. Para decidir se publica o artigo, o concorrente não se baseará nos benefícios que a retificação trará à família e às pessoas que poderiam se relacionar com esta, mas apenas no interesse dos leitores pelo assunto[66]. À luz da observação anterior, de que a publicação de artigos de valor noticioso gera benefícios externos que poderiam justificar a externalização de parte dos custos do jornal ou da revista, o argumento econômico pode não parecer decisivo. Entretanto, estimular a externalização de custos através da distorção da verdade seria algo ineficiente, pois essa distorção reduziria, além dos custos, os benefícios sociais da publicação.

A análise desta seção sugere, incidentalmente, uma razão econômica pela qual a lei restringe o direito dos funcionários públicos e das demais personalidades públicas a buscar reparação judicial por difamação. A condição de figura pública facilita o acesso de um indivíduo à mídia, por transformar suas refutações em notícia. Graças a isso, o mercado, por oposição ao sistema jurídico, pode, mais facilmente, tornar-se o juiz da veracidade das difamações. A mesma análise explica ainda, por motivos semelhantes, a clássica relutância do *common law* em reconhecer o direito

---

66. Ver, p. ex., *Time, Inc. vs. Hill*, 385 U.S. 374, 407-8 (1967), voto divergente do juiz Harlan. É verdade que a família poderia, ao menos em princípio, pagar à *Life* a veiculação de uma errata; mas, comparada à responsabilidade civil, essa solução tem a lamentável característica de fomentar a negligência jornalística. *Hill*, assim como *Cox* (nota 60 acima), ilustra a violação do ilícito civil contra a privacidade, próprio do *common law*, pela Primeira Emenda, um tema discutido no capítulo 11.

de se cobrar indenização de um concorrente, por depreciação (*disparagement*) injusta do produto do adversário[67]; pois o concorrente lesado pode refutar as falsas acusações através de um anúncio no mesmo veículo que as divulgou.

Violação ostensiva da privacidade ("intrusion"). São ilícitos civis a escuta clandestina, a vigilância fotográfica do interior de uma casa, a devassa de arquivos pessoais em busca de informações sobre um indivíduo e outros métodos semelhantes de violação ostensiva do muro de privacidade que as pessoas erguem em torno de si[68]. Isso é coerente com a análise econômica, mas os casos de "vigilância ostensiva", como o de um investigador que siga alguém por toda parte, introduzem uma questão mais difícil. Em todos os casos nos quais a corte decidiu que a vigilância ostensiva configurava ilícito civil, uma característica comum foi o fato de a vigilância ter sido mais ostensiva que o aceitável e necessário para descobrir informações privadas, transformando-se em um método de intimidação, constrangimento ou diversão. Um exemplo disso é o caso da Sra. Onassis e o agressivo fotógrafo Ron Galella[69]. A corte garantiu a Galella o direito de fotografar a Sra. Onassis, mas exigiu dele, literalmente, que mantivesse distância. Os métodos por ele empregados na obtenção das fotografias restringiam tanto a liberdade de ir e vir da fotografada, que se tornou impossível justificá-los em função das informações adicionais que se poderiam obter com aquilo[70].

Na mesma trilha da análise econômica feita nesta seção, o *common law* não restringe o direito de bisbilhotar por

---

67. Ver *American Washboard Co. vs. Saginaw Mfg. Co.*, 103 F. 281 (6th Cir. 1900), e a discussão sobre a depreciação, no capítulo 10.

68. Ver, p. ex., *Roach vs. Harper*, 143 W. Va. 869, 105 S.E. 2d 564 (1958); *Dietemann vs. Time, Inc.*, 449 F.2d 245 (9th Cir. 1971).

69. *Galella vs. Onassis*, 487 F.2d 986 (2d Cir. 1973).

70. Dizer que ela poderia pagar-lhe para que mantivesse distância não é uma resposta aceitável. Se ela não tinha nenhum direito de propriedade, pagar para ele desistir seria nada mais que um convite a que outros a assediassem, na esperança de também receber pagamento.

meios que não interfiram na liberdade de ir e vir do sujeito. Assim, na ação de Ralph Nader contra a General Motors, a corte defendeu o direito da empresa de contratar alguém para seguir Nader, interrogar seus conhecidos e, em suma, perscrutar obstinadamente informações pessoais sobre ele, as quais a General Motors poderia ter usado para prejudicar sua credibilidade na praça[71]. Não obstante, creio que qualquer corte proibiria o uso desses mesmos métodos para, com o objetivo de plagiar suas ideias, descobrir o que Nader tinha a dizer sobre determinado assunto[72].

---

71. *Nader vs. General Motors Corp.*, 25 N.Y. 2d 560, 255 N.E. 2d 765, 307 N.Y.S. 2d 647 (1970).

72. Edward J. Bloustein, "Privacy Is Dear at Any Price: A Response to Professor Posner's Economic Theory", 12 *Ga. L. Rev.* 429 (1978), critica diversos aspectos de minha análise do ilícito civil contra a privacidade. Em primeiro lugar, afirma que, em algumas ações, o que se protege é um tipo de timidez do indivíduo (p. ex., relativamente à nudez) nem sempre movida pelo desejo de ocultar fatos demeritórios. Ver *idem*, pp. 442-7. Mas a proteção a tal timidez não é incoerente com a teoria econômica do ilícito civil contra a privacidade. O enigma, do ponto de vista econômico, é a timidez em si. O argumento maior de Bloustein, com o qual concordo, é que o termo "privacidade" vai além da mera ocultação de informações; seus demais sentidos, discuto-os no capítulo seguinte. Bloustein também critica minha análise sobre o uso indevido da imagem ou do nome. Ver *idem*, pp. 447-9. É difícil, porém, compreender sua crítica, pois sua conclusão é, ao mesmo tempo, um argumento econômico e o cerne de minha análise dos casos de uso indevido da imagem ou do nome: "Uma vez garantido o direito do indivíduo sobre o próprio nome e a própria imagem (...) cresce e floresce um mercado em torno desses atributos. Somente em uma sociedade na qual as pessoas possam controlar as condições sob as quais usarão seu nome e sua imagem para fins comerciais é que esses atributos podem ter um preço de mercado." *Idem*, p. 449. Outra crítica feita por Bloustein é a de que eu deveria ter comprovado empiricamente minha afirmação de que os pobres aparecem menos frequentemente que os ricos, na literatura, como personagens principais de romances. *Idem*. p. 451. Uma vez que Bloustein não comprova empiricamente nenhuma de suas afirmações, sua exigência soa um tanto vazia. Em todo caso, nenhum leitor de romances negaria que, proporcionalmente à parcela que compõem da população total, os ricos estão sobrerrepresentados na literatura.

10. Uma visão mais ampla da privacidade

Este capítulo, de uma maneira inevitavelmente heterogênea, expande minha análise econômica da privacidade em várias direções. Examino a etimologia da palavra privacidade, com ênfase sobretudo em dois de seus sentidos: reclusão e autonomia; forneço provas empíricas para a abordagem econômica da privacidade e analiso ainda muitas outras doutrinas relacionadas, além da proteção da reputação através do ilícito civil da difamação e as tendências mais recentes, nos estados, da legislação relativa à privacidade.

A etimologia da privacidade: reclusão e autonomia

No capítulo anterior, examinei a privacidade somente no sentido mais recente, de ocultação de informações pessoais. O significado original da palavra "privado" na Antiguidade Clássica era "não público", no sentido de algo que não diz respeito ao Estado[1]. Sua raiz, ademais, é a mesma de palavras como "privação" e "destituição"*. Nos primórdios,

---

1. Ver 8 *Oxford English Dictionary* 1388 (1933) (s.v. "privacy"). Ver também Edward Shils, "Privacy: Its Constitution and Vicissitudes", 31 *Law & Contemp. Prob.* 281 (1966). Vale ressaltar ainda que a palavra "idiota" vem do grego *idios*, que significa "privado".

* *Privation* e *deprivation*, no original em inglês, respectivamente. As palavras equivalentes em português não possuem a mesma raiz. (N. do T.)

quem não estava envolvido nos assuntos de interesse público era um destituído. Naquela época, não seria lisonjeiro (como ocorre em alguns lugares hoje) dizer de uma pessoa que ela "gosta de privacidade". Essa etimologia aponta para uma questão importante, embora controversa: o conceito de privacidade, no sentido que usamos hoje, é, acima de tudo, uma criação do Ocidente. A ideia de que estar ausente da esfera pública possa ser algo agradável dificilmente faria sentido em uma sociedade na qual a privacidade física era praticamente inexistente (além de extremamente dispendiosa, também deixaria a pessoa em perigo). A privacidade, então, era o destino dos párias[2].

Gradativamente, a palavra foi perdendo as conotações desfavoráveis porque, creio eu, graças à crescente diferenciação entre as instituições, ao aumento da saúde e ao aperfeiçoamento da ordem pública, a posse de uma certa privacidade física (ainda que inicialmente pequena) tornou-se algo economicamente viável e fisicamente seguro para as pessoas. No século XVII, já existe um conceito de privacidade como alheamento do indivíduo em relação às obrigações da vida pública através do deslocamento físico para um jardim reservado ou uma casa de campo. Esse aspecto da privacidade pode ser chamado de reclusão, e sua característica distintiva é a redução da quantidade de interações sociais. Outros termos equivalentes são as palavras modernas "reserva" e "aposentadoria". Falamos de alguém que age com reserva (discrição) e também de alguém que se aposenta* (de um trabalho).

A privacidade no sentido de reclusão foi extremamente influente na literatura sobre a privacidade. É nesse senti-

---

[2]. O sentido primordial de "privado" também tem a ver com o caráter indistinto das instituições primitivas, que discuti na Parte II. Não há diferenciação entre o setor público e o privado nas sociedades primitivas e arcaicas. Pode-se ver essas sociedades como pré-políticas ou pré-estatais, mas também como sociedades desprovidas de um "setor privado" claramente definido.

* *Retiring* e *retired*, no original. Os termos correspondem, respectivamente, a "reservado" (discreto) e "aposentado". (N. do T.)

do que Warren e Brandeis usam o termo no artigo sobre privacidade discutido no capítulo anterior. Não obstante, é um conceito arcaico, pertencente a um período em que a privacidade física era muito restrita; uma época na qual as pessoas viviam tão agrupadas[3] que, para adquirir um pouco de privacidade, tinham de se retirar para algum lugar no campo. As oportunidades de privacidade física são tão maiores na sociedade moderna, que poucas pessoas ainda sonham com a solidão do lago Walden. Quando escreveram (bem antes da era da escuta eletrônica) que o homem moderno tem menos privacidade que seus antepassados, Warren e Brandeis não atentaram para o enorme crescimento da privacidade física.

Pode-se, entretanto, atribuir à reclusão um significado mais amplo que o de um alheamento metódico, sugerido por Warren e Brandeis. A palavra "retiro"* pode novamente ser útil à minha explicação. Um indivíduo pode se alhear dos afazeres da vida, afastando-se para algum retiro pastoral; e também pode se retirar para estudar, escrever um artigo ou planejar uma campanha de vendas. O primeiro sentido implica a redução da quantidade de interações sociais e, consequentemente, da produção mercadológica e não mercadológica. No segundo sentido, retirar-se é, ao contrário, parte do processo criativo ou preparatório de produção. Como exemplo dessa distinção, uma pessoa pode se incomodar com as ligações telefônicas recebidas porque não quer contato com ninguém ou porque está empenhada em uma interação social mais valiosa que aquela que o telefonema pode lhe proporcionar.

Essa "reclusão gregária" parece mais importante que a reclusão no sentido de solidão. É improvável que o isolamento seja uma pré-condição para a estabilidade mental ou

---

3. Sobre o paradoxo da superpopulação em épocas (ou áreas) de pouco povoamento, ver a próxima seção deste capítulo.

* O verbo *retire*, em inglês, possui ainda outra acepção, usada aqui: a de "retirar-se". (N. do T.)

até mesmo para a felicidade, pois, na maior parte das épocas e dos lugares, as pessoas não desfrutaram dele. Considerando-se o percurso completo da evolução humana, apenas muito recentemente é que se tornou seguro, para as pessoas, permanecerem sozinhas mesmo por curtos intervalos de tempo. Mesmo nos dias de hoje, em que os intelectuais se orgulham de levar, ou de querer levar, uma vida de retiro e contemplação, a grande maioria das pessoas continua preferindo viver, trabalhar, viajar, descansar e divertir-se em grupo. Mesmo quando estão "sós", as pessoas comuns normalmente estão escutando rádio ou assistindo à televisão. A solidão, na maior parte das vezes, é involuntária. E a loucura é associada ao isolamento, não à falta deste[4].

Entretanto, as pessoas cujo trabalho é mais mental que físico precisam, mais que as outras, de um ambiente tranquilo; e isso não raro implica mais isolamento. É por isso que os indivíduos que se dedicam a tarefas mentais geralmente têm escritórios particulares, ao contrário dos demais. A análise também se aplica ao ócio: as pessoas cujo ócio envolve atividades mentais (não necessariamente superiores) preferem ambientes tranquilos.

Como curiosidade, devo observar que, se existe um gosto pela solidão pura, isto é, pela reclusão não relacionada à interação social, este é um sentimento *egocêntrico*, em um sentido que deveria estar claro a partir da discussão sobre ética e maximização da riqueza, no capítulo 3. A atividade solitária (ou a interrupção da atividade) beneficia apenas o agente. Por outro lado, o trabalho e as atividades não mercadológicas, como o amar, o cuidar de crianças e mesmo a socialização casual, rendem benefícios aos outros. A produção para o mercado gera *superavit* para o consumidor, enquanto as atividades de interação não mercadológicas presumivelmente geram um tipo não mercadológico de *su-*

---

4. Ver, p. ex., Cary L. Cooper & Martin C. Green, "Coping with Occupational Stress among Royal Air Force Personnel on Isolated Island Bases", 39 *Psych. Rep.* 731 (1976). Ver também referências na nota 30, adiante.

peravit do consumidor[5]. Logo, em certo sentido, a pessoa que trabalha é sempre "altruísta", mesmo se movida exclusivamente pela ganância, enquanto a pessoa que se afasta do mundo, como o homem preguiçoso (que troca a renda mercadológica pela redução da desutilidade do trabalho), reduz sua contribuição para a riqueza dos outros integrantes da sociedade.

A reclusão criativa ou gregária, por oposição à solitária ou isolacionista, é um tema de crescente importância no campo da privacidade, devido à crescente universalização da educação, do trabalho administrativo e da informação, além de outros fatores que aumentaram a presença do componente cerebral no trabalho e no ócio. Mesmo assim, quando as pessoas hoje em dia se queixam de falta de privacidade, o que desejam, creio eu, é em geral algo bem diferente da reclusão: querem mais poder para esconder informações pessoais que os outros poderiam usar contra elas. Esse é o significado de privacidade por trás da Lei de Privacidade federal (*Privacy Act*)[6], que restringe a posse e a disseminação de informações pessoais demeritórias contidas nos arquivos do Estado. É importante ressaltar a distância que separa esse significado de privacidade do seu sentido arcaico e inclusive da ideia de reclusão apresentada por Warren e Brandeis.

---

5. Por exemplo, os "resultados" de um jogo informal de tênis provavelmente superam o custo de oportunidade (ou preço) da atividade para os jogadores. Cada jogador proporciona um benefício líquido ao outro. Ver George C. Homans, "Social Behavior as Exchange", 63 *Am. J. Soc.* 597 (1958), para uma perspectiva sociológica do fator "comércio" no comportamento social não mercadológico. Não estou afirmando que, ao escolher a atividade solitária em vez da gregária, o indivíduo reduzirá assim a riqueza da sociedade. Provavelmente ele a aumentará, pois deve auferir maiores ganhos (não pecuniários) com o isolamento que com a interação social, do contrário não o teria escolhido. Mas a escolha não beneficia os outros; esse tipo de produção não mercadológica não gera *superavit* do consumidor. Uma situação análoga, em microeconomia, seria a conversão da totalidade do *superavit* dos consumidores de um mercado em *superavit* para os produtores, através da discriminação perfeita dos preços.

6. 5 U.S.C. § 552(a) (1976).

Os defensores de um amplo direito à privacidade no sentido de sigilo costumam mesclar os dois conceitos: reclusão e sigilo. Buscam apropriar-se das conotações positivas da palavra privacidade na expressão "uma pessoa muito reservada", para defender o direito do indivíduo de esconder do empregador sua ficha criminal. Mas, como mostro no capítulo seguinte, não protestam contra interpretações flexíveis da Primeira Emenda que aprovam violações da reclusão, no sentido verdadeiro, pelos carros de som das Testemunhas de Jeová, por exemplo. Como observou o professor Freund alguns anos atrás, "Em termos gerais, os interesses dos proselitistas de plantão foram mais defendidos que as virtudes da quietude ou o direito de privacidade."[7]

A ocultação está intimamente relacionada a outro conceito, e a relação assinala a continuidade entre difamação e violação da privacidade como ilícitos civis. Refiro-me à "reputação". A reputação de uma pessoa é a avaliação que os outros fazem dela como parceira comercial, social, conjugal ou de qualquer outro tipo. É um ativo de valor potencialmente alto, que pode ser lesado pela difamação, seja esta baseada em informações falsas ou verdadeiras. Essas possibilidades são a base do estímulo que as pessoas têm para buscar reparação contra difamações escritas e orais, e para esconder informações verdadeiras que denigram sua imagem – o primeiro caso pertence ao domínio da responsabilidade civil por difamação e o segundo, ao dos ilícitos civis contra a privacidade. O conceito de reputação não está tão ligado ao de privacidade quanto o de reclusão. De fato, um indivíduo interessado em reduzir suas interações com os outros não dará muita importância ao que estes pensam dele.

Para resumir o que se discutiu até aqui, a palavra "privacidade" parece abranger dois interesses diferentes. Um deles é o de não ser importunado, e que é violado pela li-

---

[7]. Paul A. Freund, *The Supreme Court of the United States: Its Business, Purposes, and Performance* 40 (1961).

gação telefônica indesejada, por um carro de som barulhento, pelas músicas de elevador, pelo esbarrão na rua e mesmo pelo cartaz obsceno de alguma peça de teatro ou por um palavrão proferido por alguém. Esse interesse é invadido mesmo quando o invasor não busca nem obtém informação alguma, pessoal ou não, sobre o indivíduo cuja paz e cuja reclusão, no sentido em que emprego o termo aqui, são invadidas. O indivíduo pode ser um solitário, mas não precisa sê-lo necessariamente; e geralmente não é. Mesmo que esteja perfeitamente integrado à sociedade e seja até sociável, pode não desejar certos tipos de interrupção, por estar se preparando (mental ou fisicamente) para alguma interação social, seja no trabalho ou fora deste.

O outro interesse relativo à privacidade, a ocultação de informações, é invadido sempre que se obtêm informações privadas contra a vontade do indivíduo a quem estas pertencem. Se a invasão prejudica ou não a paz e a tranquilidade dele, isso é irrelevante. Algumas vezes isso acontecerá, como quando a polícia aborda e revista um homem, em busca das provas de um crime; outras, não, como quando se instala uma escuta telefônica sem invasão do domicílio do assinante da linha, ou quando se abre a correspondência de alguém sem que haja interferência no conteúdo ou no tempo de entrega. É verdade que, ao saber que informações pessoais suas foram ou podem ser divulgadas, uma pessoa poderia sentir-se perturbada em sua paz. Mas isso significa apenas que as pessoas valorizam a privacidade tanto quanto valorizam o serem deixadas em paz, e não que sigilo seja o mesmo que paz e tranquilidade.

A discussão acima é um esforço de identificação de interesses relativamente bem definidos, que o conceito de privacidade possa talvez abarcar. Tal análise é incapaz, entretanto, de fazer jus aos usos persuasivo e emotivo da palavra "privacidade". A palavra, que originalmente tinha a conotação desfavorável de exclusão da esfera pública, passou a conotar, para o homem moderno, um valor que as pessoas civilizadas têm em alta estima. É verdade que essa estima não é unânime. Críticos coletivistas chamam a privacidade de "angústia privatista", opondo-a a características como receptividade, franqueza e altruísmo, estimuladas, segundo afirmam, por um estilo de vida mais comunitário[8]. O valor dessa crítica reside em nos lembrar que a privacidade é uma característica cultural, e não uma necessidade humana congênita. A maioria das culturas viveu relativamente bem sem o conceito ou a realidade da privacidade, tanto no sentido de reclusão quanto no de sigilo. Devemos, portanto, considerar esse fato antes de concluirmos que a privacidade é condição prévia para a existência de qualidades humanas valiosas, como o amor e a amizade; e, mais ainda, antes de afirmar, como às vezes se afirma, que ela é um pré-requisito para a sanidade. Mas a visão cética da privacidade não é amplamente aceita e nem mesmo compreendida. Escrevendo, em um texto recente, sobre os artigos em que se baseiam este capítulo e o anterior, Ruth Gavison me inclui no grupo dos estudiosos "reducionistas" da privacidade, que, nas palavras dela, "unem-se na negação da utilidade de pensar e discutir a privacidade como um direito legal"[9]. Eu sou o "mais radical" dos reducionistas, porque nego a "utilidade de todos os 'valores intermediários'"[10]. Mas essas afirmações são inexatas. Eu considero o direito de privacidade como um direito legal legítimo, cujas nuanças tentei descrever no capítulo anterior. Quanto à privacidade em si, considero-a, a exemplo de Gavison[11], um valor intermediário. Mas, da mesma forma que ela, não consi-

---

8. Esta é a visão do movimento da "psicologia humanista". Ver Mordechai Rotenberg, "'Alienating Individualism' and 'Reciprocal Individualism': A Cross-Cultural Conceptualization", 17 *J. Humanistic Psych.* 3 (1977). Ver também Richard A. Wasserstrom, "Privacy: Some Arguments and Assumptions", em *Philosophical Law: Authority Equality Adjudication Privacy* 148, 162-6 (Richard Bronaugh [org.], 1978); Michael A. Weinstein, "The Uses of Privacy in the Good Life", em *Nomos XIII: Privacy* 88, 89-93 (J. Roland Pennock & John W. Chapman [orgs.], 1971). Cf. Edward A. Shils, *The Torment of Secrecy* 102 (1956).
9. "Privacy and the Limits of the Law", 89 *Yale L. J.* 421, 422 (1980).
10. *Id.*, p. 422, n. 9.
11. *Id.*, p. 423, n. 11.

dero que valores intermediários ou instrumentais careçam de utilidade. A questão é a adequação do instrumento.

A maneira imprecisa e pejorativa com que Gavison caracteriza minhas visões, aliada à sua conclusão de que "o direito deveria se comprometer explicitamente com a privacidade"[12], sugere que o objetivo principal dela é pregar a veneração à privacidade, e não a compreensão desse conceito. Pelo menos, a autora resiste à tentação de explorar, através da expansão do significado de privacidade, as conotações favoráveis de que a palavra desfruta atualmente. Ao contrário, a Suprema Corte[13], alguns estudiosos de direito constitucional[14] e, agora, um eminente economista[15] são unânimes em considerar a privacidade como sinônimo de liberdade ou autonomia. Já possuímos palavras perfeitamente satisfatórias (liberdade e autonomia) para descrever o interesse pelo direito de fazermos aquilo que nos aprouver, sem interferência. Não deveríamos atribuir à privacidade esse mesmo significado, obscurecendo assim seus outros significados.

Outro exemplo do caráter polêmico do debate sobre a privacidade é o encolhimento arbitrário do termo para excluir a privacidade empresarial, a despeito da força da defesa econômica desse tipo de privacidade. Além de raramente se usar a palavra privacidade em relação às informações privadas de empresas e universidades, raramente se considera que haja interesses de privacidade envolvidos quando se ocultam informações no contexto de uma atividade comercial, ainda que a ocultação tenha sido obra de um indivíduo.

Quero lançar um breve olhar sobre o conceito de privacidade *física*, que diz respeito às condições de vida, não ape-

---

12. *Id.*, p. 459.
13. Ver capítulo 11.
14. Ver, p. ex., Edward J. Bloustein, "Privacy Is Dear at Any Price: A Response to Professor Posner's Economic Theory", 12 *Ga. L. Rev.* 429, 447 (1978).
15. Ver Jack Hirshleifer, "Privacy: Its Origin, Function, and Future", 9 *J. Legal Stud.* (1980).

nas às arquitetônicas, que proporcionam às pessoas um grau maior ou menor de distanciamento dos outros. Portas, apartamentos privados, casas onde vive apenas uma família, automóveis particulares, tudo isso facilita a privacidade em seus sentidos menos tangíveis, de reclusão e sigilo. Também a facilitam as condições sociais mais amplas, como a urbanização e a mobilidade ocupacional, que, ao reduzirem os contatos repetitivos entre as pessoas, também reduzem as oportunidades de observação, imposição, entre outras intromissões. Os avanços modernos no campo da vigilância eletrônica funcionam na direção oposta. Embora provavelmente não haja escutas eletrônicas nos locais públicos, é sistemática a preocupação, nesses lugares, em remover as condições de privacidade, por vezes ao ponto de se removerem as portas![16]

Uma das implicações dessa discussão é a inadequação de restringir o conceito de privacidade física a atividades desempenhadas em um local privado, como a casa ou o escritório de alguém. Quando um indivíduo anda pelas ruas, está circundado por um "espaço privado", no sentido de que, embora os demais transeuntes possam vê-lo e ouvi-lo, ele pode levar adiante uma conversa com um colega sem ser interrompido ou, se está sozinho, pode refletir sobre um problema, observar o ambiente ou empenhar-se em chegar aonde está indo. Se alguém o abordar agressivamente, trombar ou gritar com ele, estará perturbando sua privacidade do mesmo modo que uma batida forte na porta ou um carro de som perturba a privacidade de uma pessoa sentada no conforto de sua casa ou de seu escritório. A intromissão na rua pode ser menos perturbadora e tornar-se aceitável na medida em que é resultado inevitável do congestionamento urbano. Mas não há por que negar a aplicabilida-

---

16. Nas dependências das faculdades da Universidade Estadual Governors, em Park Forest South, Illinois, não há portas nem forro no teto, porque tais obstáculos à visão e à audição seriam incoerentes com a política de "abertura" defendida pela universidade.

de do conceito de privacidade a atividades desempenhadas em público, com o máximo de reclusão possível nessas circunstâncias.

Provas da teoria econômica da privacidade

A teoria da privacidade desenvolvida neste capítulo e no anterior é dedutiva. Isso levanta a seguinte questão: quais são as comprovações empíricas da teoria? Algumas destas, relacionadas principalmente à Emenda Buckley e à retórica dos povos primitivos, foram apresentadas no capítulo 9. Outras, no capítulo 6. Aqui, examinarei as provas do modelo econômico da privacidade encontradas nos estudos comparativos e psicológicos.

1. Embora não exista um sistema de medida adequado para a classificação das sociedades segundo o grau de privacidade que proporcionam, algumas distinções rudimentares são possíveis e interessantes. Conforme já demonstrei, há pouca privacidade nas sociedades primitivas[17]. Se minha análise econômica estiver correta, isso implica que o discurso tende a ser mais formal nas sociedades primitivas e arcaicas que nas modernas; exatamente da mesma forma que o homem moderno pronuncia-se de modo mais formal, quanto maior o público (o que também ajuda a comprovar o modelo econômico)[18]. A maior prova da precisão e

---

17. Ver, além das referências nos capítulos 6 e 9, John Beard Haviland, *Gossip, Reputation, and Knowledge in Zinacantan* (1977); John M. Roberts & Thomas Gregor, "Privacy: a Cultural View", em *Nomos XIII: Privacy*, nota 8 acima, p. 199; E. E. Evans-Pritchard, *The Nuer: A Description of the Modes of Livelihood and Political Institutions of a Nilotic People* 15 (1940).

Por exemplo, os índios ianomâmi moram em grandes habitações coletivas de até 91 metros de diâmetro, onde vivem até 250 pessoas, agrupadas em famílias, cada uma em torno de sua própria lareira. Não há paredes dentro das habitações. Embora suas aldeias sejam cercadas por milhares de quilômetros de floresta virgem, os ianomâmi consideram perigoso deixá-las. Ver Napoleon A. Chagnon, *Yanomamo: The Fierce People* (2d ed. 1977); William J. Smole, *The Yanomama Indians: A Cultural Geography* (1976).

18. E as discussões em reuniões de professores universitários são mais formais quando se permite a participação de estudantes como observadores.

do decoro da linguagem primitiva – tão contrastante com a rudimentariedade da tecnologia primitiva – está nas epopeias homéricas[19]. Na época de Aristóteles (na verdade, muito antes), a retórica era um importante campo da educação. Hoje, porém, praticamente desapareceu. Concomitantemente com o aumento da privacidade e possivelmente relacionada a este, parece haver uma contínua tendência rumo à informalidade dos discursos oral e escrito, bem como na direção oposta da precisão vocabular e gramatical e da destreza retórica.

Outra implicação da análise econômica da privacidade é que a mendacidade encontrará menos reprovação nas sociedades primitivas que nas avançadas. Em uma sociedade em que, por não terem privacidade, as pessoas conhecem-se muito bem, a mentira é menos eficaz como instrumento de manipulação (e provavelmente desempenhará uma função mais dramática, diplomática ou metafórica) que em uma sociedade moderna e altamente diferenciada, em que se tem relativamente pouca informação sobre as outras pessoas, e as informações ausentes precisam ser compensadas pela confiança. A diferença de postura diante da mendacidade na sociedade primitiva e na moderna foi há muito explicada, de maneira semelhante, por um eminente sociólogo[20].

A análise econômica da privacidade também é capaz de explicar a transição da "cultura da vergonha" para a "cultura da culpa". Esses termos foram usados por antropólogos e estudiosos da antiguidade clássica como forma de distinguir entre culturas nas quais a autoestima se funda

---

19. Outras provas são discutidas nos capítulos 6 e 9. Ver também Clifford Geertz, *Person, Time and Conduct in Bali: An Essay in Cultural Analysis* (1966); Felix M. Keesing & Marie M. Keesing, *Elite Communication in Samoa: A Study in Leadership* (1956); *Language in Culture and Society*, pt. II (Dell Hymes [org.], 1964); *Political Language and Oratory in Traditional Society* (M. Bloch [org.], 1975).

20. Ver G. Simmel, "The Sociology of Secrecy and of Secret Societies", 11 *Am. J. Soc.* 441, 446, 450 (1906).

exclusivamente na obediência a certos padrões externos de conduta e culturas nas quais ela se funda também (ou em vez disso) na posse de uma consciência limpa[21]. As sociedades primitivas e arcaicas tendem a se aproximar mais do modelo baseado na vergonha, e as sociedades mais avançadas (incluindo a nossa), do modelo baseado na culpa. Esse padrão possivelmente reflete a falta de privacidade nas sociedades primitivas e arcaicas. Se o indivíduo é observado, a todo momento, pelos vizinhos e parentes, não há por que existir um sentimento de ser permanentemente observado por Deus. A partir do momento em que as pessoas obtêm privacidade e, com ela, a oportunidade de ocultar condutas ilícitas, surge a demanda por uma forma de vigilância imune à privacidade; demanda essa que é satisfeita pelas ideias de consciência e culpa, e pelas crenças religiosas que estimulam o florescimento dessas ideias[22].

No capítulo 6, examinei outros dois pontos de relação entre a privacidade e a cultura primitiva. Em primeiro lugar, na ausência de uma instituição pública que imponha a lei, a privacidade será suprimida, aumentando-se assim a probabilidade de detecção de delitos. Em segundo lugar, as sociedades primitivas não avançam tecnologicamente porque, por inexistir um sistema bem desenvolvido de direitos de propriedade sobre as ideias nessas sociedades, o sigilo é essencial para garantir que as pessoas colham os benefícios sociais de suas ideias. Em uma sociedade que, para controlar o crime, rejeita a privacidade haverá pouco estímulo ao desenvolvimento de novas ideias.

Mas o grau de privacidade necessário à conservação de uma atividade inovadora de alto nível pode ser menor do que pensamos. Por exemplo, na Roma antiga, apenas os muito ricos desfrutavam do grau de privacidade física de

---

21. Ver, p. ex., E. R. Dodds, *The Greeks and the Irrational* 17-8, 36-7 (1951).
22. Roberts & Gregor, nota 17 acima, p. 212, afirmam: "À diminuição da vigilância humana quiçá se segue o aumento da vigilância sobrenatural."

que a maioria das pessoas desfruta hoje nos países desenvolvidos. Além disso, a privacidade deles era altamente comprometida pela presença constante dos servos, muitos dos quais, aparentemente, eram desleais (muitas vezes os servos eram informantes pagos pela polícia). Na Idade Média, era comum todos os integrantes do grupo doméstico dormirem juntos no saguão da casa senhorial, com o senhor e a senhora, possivelmente acompanhados de um ou dois convidados, em uma única cama. Até o século XVII, era comum, entre os mais favorecidos, dormir com servos no quarto para se proteger de possíveis invasores; e, até o século XVIII, os quartos davam um para o outro, em vez de para um corredor[23].

Creio que há muito tempo, na sociedade ocidental, chegou-se a um determinado ponto a partir do qual o aumento da privacidade passou a não mais estimular significativamente as pessoas a inovar, mas continuou a aumentar sua capacidade de ocultar as próprias atividades para fins de manipulação. A pesquisa e identificação desse ponto de declínio dos dividendos sociais da privacidade é obviamente uma tarefa de enorme dificuldade. Não buscarei realizá-la aqui; desejo apenas mencionar, como mais um indício da associação entre privacidade e inovação e como possível indicação do momento em que aquele ponto foi alcançado, a descoberta de Lawrence Stone de que as ideias

---

23. Minha principal fonte para os fatos contados neste parágrafo é o interessante estudo de Alan F. Westin, *Privacy in Western Society: From the Age of Pericles to the Roman Republic* (Relatório à Comissão Especial de Ciência e Direito da Associação dos Advogados de Nova York, 15 de fevereiro de 1965). Para uma breve e excelente análise, ver Lawrence Stone, *The Family, Sex and Marriage in England 1500-1800*, pp. 253-6 (1977). Ver também Norbert Elias, *The Civilizing Process: The History of Manners* 163 (traduzido por Edmund Jephcott, 1978); Richard A. Goldthwaite, "The Florentine Palace as Domestic Architecture", 77 *Am. Hist. Rev.* 977 (1972). Stone, p. 254, enfatiza, como estímulo à demanda por privacidade, o desejo de escapar dos servos bisbilhoteiros, os quais frequentemente testemunhavam contra seus mestres em julgamentos por adultério. Esta é mais uma comprovação da teoria instrumental da privacidade que defendo aqui.

modernas de privacidade remontam aos primórdios do capitalismo[24]. Stone sugere a existência de uma afinidade ideológica entre privacidade e empreendedorismo; eu sugiro uma relação econômica.

Outra comparação interessante é entre os Estados Unidos e a Europa de hoje[25]. Nos Estados Unidos, há mais privacidade física. Os europeus vivem mais aglomerados; casas onde habita uma só família são coisa mais rara; a "expansão em direção à periferia" (*suburban sprawl*) permanece um fenômeno sobretudo americano[26]; muitos europeus ainda vivem em vilarejos; e, nos Estados Unidos, há mais mobilidade ocupacional e geográfica que na Europa. Essas características concernentes à privacidade física são reafirmadas pelo fato de o Estado europeu intervir mais que o americano na vida dos cidadãos (através dos passaportes internos etc.). Do ponto de vista econômico, a falta de privacidade resulta, e isso é perceptível, em que os europeus são mais formais no uso da linguagem, além de mais reservados e circunspectos diante de estranhos – mais zelosos da "privacidade". (O comportamento dos japoneses, que, para os padrões americanos, também têm pouca privacidade, sustenta esse argumento.) O americano tagarela livremente diante de estranhos; o europeu e o japonês, não. O americano está em condições tão favoráveis para ocultar informações sobre si mesmo que revelar-se para um estranho não lhe traz maiores prejuízos. No cenário americano, a pro-

---

24. Ver Stone, nota 23 acima, pp. 259-60.
25. Ver Herbert J. Spiro, "Privacy in Comparative Perspective", em *Nomos XIII: Privacy*, nota 8 acima, p. 121; e, para os fundamentos factuais deste parágrafo, Edward T. Hall, *The Hidden Dimension* 123-53 (1966) [trad. bras. *A dimensão oculta*, São Paulo, Martins Fontes, 2005]. Em Irwin Altman, *The Environment and Social Behavior: Privacy, Personal Space, Territory, Crowding* 63-4 (1975), apresenta-se um apanhado das pesquisas que seguem a mesma linha de Hall.
26. O indivíduo que vive em uma comunidade, trabalha em outra e transita entre elas de carro tem muito mais privacidade que aquele que vive e trabalha em uma pequena comunidade e caminha ou toma um transporte público de casa até o trabalho. Os vizinhos e colegas de trabalho do segundo indivíduo contam com oportunidades muito maiores de vigiá-lo.

babilidade de que esse estranho vá se encontrar com ele novamente, ou de que conheça alguém que o conheça ou seja candidato a futuras interações com ele, é menor que no europeu e no japonês.

Segundo essa análise, dentro dos Estados Unidos, as pessoas que vivem mais aglomeradas (como os negros que vivem em cortiços) deveriam ter habilidades retóricas de alto nível. Dadas as deficiências educacionais dessas pessoas, entretanto, seria de surpreender se elas dominassem bem as técnicas de expressão. Ainda assim, segundo os sociolinguistas, o "inglês negro espontâneo", ou "dialeto inglês negro", além de apresentar diferenças significativas com relação ao léxico e à gramática do inglês convencional, é um instrumento expressivo de uma sutileza e de um poder consideráveis. A falta de privacidade pode explicar a presença da arte retórica nessa cultura de excluídos[27].

2. Assim como os estudos comparativos, os psicológicos revelam maior circunspecção onde os custos da franqueza são mais altos. Revelam, por exemplo, que um homem abordado por um estranho tenderá a ser mais reservado com ele que uma mulher na mesma situação[28]. Não é necessário atribuir essa diferença à distinção biológica entre os sexos. Uma explicação econômica é possível. Tradicionalmente, os homens se envolviam em mais atividades

---

27. Ver, p. ex., William Labov, *Language in the Inner City: Studies in the Black English Vernacular* (1972); Edith Folb, *Runnin' Down Some Lines* (1980). Para análises resumidas, ver Susan M. Ervin-Tripp, *Language Acquisition and Communicative Choice* 351 (1973), e Peter Trudgill, *Sociolinguistics: An Introduction* 65-83 (1974). Em outro trabalho, Labov afirma: "Nosso trabalho na comunidade hispânica revela a cruel realidade de que, em muitos aspectos, os integrantes da classe trabalhadora narram histórias, debatem e conduzem um raciocínio com mais eficácia que muitos indivíduos de classe média, que procuram rodeios, fazem retificações e se perdem em uma enxurrada de detalhes irrelevantes." "A Linguistic Viewpoint toward Black English", em *Language, Society, and Education: A Profile of Black English* 10, 21 (Johanna S. DeStefano [org.], 1973).

28. Ver Zick Rubin, "Disclosing Oneself to a Stranger: Reciprocity and Its Limits", 11 *J. Experimental Soc. Psych.* 233 (1975), e os estudos aqui mencionados.

mercadológicas que as mulheres e deviam se beneficiar mais que elas da ocultação de informações possivelmente demeritórias. Isso pode explicar o tom tradicionalmente mais reservado dos homens, em comparação com as mulheres que não trabalham fora. O mesmo estudo mostrou que, em geral, um homem falará de si mesmo com mais franqueza diante de um estranho se este for do sexo feminino. Esse comportamento é coerente com o fato de que, com exceção de um eventual Don Juan, é mais provável que um homem tenha como candidato a futuras transações outro homem (um agente do fisco, um investigador ou o empregado de um concorrente), em vez de uma mulher.

Outra descoberta desse estudo foi que, quando abordados por um estranho no aeroporto de Boston, forasteiros mostraram-se mais dispostos que os residentes daquela cidade a revelar informações pessoais. O autor do experimento ofereceu uma explicação coerente com a abordagem econômica: "Para os cidadãos de Boston, havia a possibilidade de algum dia cruzarem novamente com o estranho em Beacon Hill ou em Copley Square. Para os forasteiros, por outro lado, era praticamente certo que seus caminhos jamais se cruzariam de novo."[29]

Os estudos psicológicos sobre a privacidade também tendem a rejeitar a ideia da privacidade como necessidade psicológica. Estudos sobre as aglomerações, um equivalente da falta de privacidade, indicam que o efeito da aglomeração sobre a saúde e a estabilidade mental, em seus vários níveis, é insignificante[30]. A privacidade não é algo de que "necessitamos", como necessitamos de comida e água; é

---

29. *Idem*, pp. 255-6. Nessa mesma linha, George Stigler especula que a franqueza, surpreendente para o leitor moderno, com que os personagens dos romances do século XIX revelam sua renda reflete a inexistência do imposto de renda.

30. Ver, p. ex., Jonathan L. Freedman, Stanley Heshka & Alan Levy, "Population Density and Pathology: Is There a Relationship?" 11 *J. Experimental Soc. Psych.* 539 (1975); Robert Edward Mitchell, "Some Social Implications of High--Density Housing", 36 *Am. Soc. Rev.* 18 (1971); Altman, nota 25 acima, p. 193.

algo que desejamos como meio para realizar planos de ordem bem diversa dos imperativos biológicos. O fato de que as pessoas agem racionalmente quando o tema é a privacidade também se demonstra pela forma como recorrem à atitude de reserva quando lhes falta privacidade física[31]. Essa substituição está relacionada ao uso de modos de expressão mais formais diante de públicos maiores (menos privacidade)[32].

O *common law* e a teoria econômica da privacidade

No último capítulo, examinei o ilícito civil contra a privacidade e, muito por alto, os segredos industriais e os direitos de autor no *common law*. Aqui, examino resumidamente três outras doutrinas do *common law* à luz da análise econômica da privacidade. São elas as comunicações confidenciais, a chantagem e a agressão física.

Comunicações confidenciais

Suponhamos que A, durante uma conversa com B, difame C. B então conta o fato a C, e este processa A por difamação. Será que A, sob a alegação de quebra de sigilo, tem direito a processar B para reaver eventuais indenizações por perdas e danos pagas a C? A resposta geral é não, a menos que A e B tenham feito um contrato obrigando B a respeitar as confidências de A. Raramente se fazem contratos desse tipo, provavelmente porque os custos do vaza-

---

31. Ver, p. ex., Carl I. Greenberg & Ira J. Firestone, "Compensatory Responses to Crowding: Effects of Personal Space Intrusion and Privacy Reduction", 35 *J. Personality & Soc. Psych.* 637 (1977); Altman, nota 25 acima, pp. 41-2; e o comportamento dos árabes, analisado em Hall, nota 25 acima, p. 148.

32. Para mais indícios que comprovam a abordagem econômica, ver, no capítulo 9, a discussão sobre a Emenda Buckley, o trabalho de Goffman sobre a apresentação enganosa na vida cotidiana e os estudos sobre o aumento da quantidade de pessoas que moram sozinhas.

mento de uma confidência geralmente são baixos se comparados aos da negociação e execução de um contrato. Além disso, a natureza duradoura do relacionamento cria sanções extrajudiciais eficazes contra a quebra de promessas por parte de um amigo ou membro de uma família. Mas há uma exceção, a saber, quando a confidência é divulgada durante uma negociacão, sobretudo se a informação for um valioso segredo industrial. Nesse caso, é comum haver contratos explícitos proibindo a quebra de sigilo.

Mas se A confessa um crime a B e obtém deste a promessa de não revelar a confissão a ninguém, a promessa não é um compromisso exigível judicialmente, sejam quais forem as formalidades contratuais empregadas. Há, contudo, uma série de exceções a esse princípio: no *common law*, confidências trocadas nas conversas entre cônjuges, entre advogado e cliente e entre certos funcionários públicos ("privilégio executivo") recebem proteção excepcional[33]. Por exemplo, o marido que tenha confessado um crime à esposa pode impedi-la de testemunhar contra ele em uma ação criminal. Do ponto de vista econômico, esta é uma situação desconcertante. É verdade que as relações entre marido e mulher e entre cliente e advogado ficariam prejudicadas se o cônjuge e o cliente, respectivamente, tivessem de ser extremamente reservados na comunicação, pois a natureza desses relacionamentos faz com que seja fácil, para o cônjuge ou o advogado, detectar a culpa a partir de algum comentário descuidado. Mas por que a sociedade desejaria fortalecer os laços do matrimônio e da representação legal em benefício dos criminosos?[34]

Uma justificativa possível no caso da imunidade conjugal é que, se houver, da parte da sociedade, um interesse

---

33. Ver Charles T. McCormick, *McCormick's Handbook of the Law of Evidence*, caps. 9, 10, 12 (2.ª ed., Edward W. Cleary [org.], 1972). O sigilo profissional do médico é previsto em lei.

34. No caso do sigilo profissional do advogado, costuma-se alegar que, se se sujeitasse o advogado a testemunhar no processo, sua capacidade de representar o cliente sairia prejudicada. O argumento não cabe, porém, no caso da imunidade conjugal.

suficientemente forte pela preservação da instituição do matrimônio, a imunidade, embora eleve os custos da criminalidade, pode ser justificável por estimular os cônjuges à comunicação mútua sem preocupação com a possibilidade de que as informações trocadas sejam usadas posteriormente contra eles no tribunal. Portanto, é normal, em uma época que dá menos importância ao casamento, haver uma forte tendência contra a imunidade[35].

Chantagem

Chantagem é a ameaça de divulgar informações demeritórias sobre uma pessoa, a menos que esta pague ao chantagista para que este não o faça. Se estou certo em crer que os fatos sobre uma pessoa (ao contrário de suas comunicações) deveriam ser de domínio público, para que aqueles que precisam decidir se dão início ou continuidade a relações sociais ou comerciais com ela possam conhecê-la plenamente, não seria natural concluir que os bisbilhoteiros deveriam ter o direito de vender de volta aos indivíduos as informações que obtêm sobre eles? Alguém cuja profissão fosse investigar o passado das pessoas e vender as descobertas aos jornais não estaria sujeito a nenhuma sanção. Por que deveria então ser culpado de chantagem por tentar vender o resultado da pesquisa à pessoa investigada?

Quando um consumidor processa um anunciante por propaganda enganosa, o objetivo provavelmente é obter um acordo de indenização, e não simplesmente tornar pública a farsa. Não obstante, os acordos não são considerados um objetivo impróprio e são absolutamente permitidos. Aparentemente, a chantagem teria uma função semelhante à da ação judicial por propaganda enganosa: a de inibir nas pessoas a aquisição ou ocultação de características que desagradem aqueles com quem desejam se relacionar na vida social ou profissional.

---

35. Ver McCormick, nota 33 acima, p. 30 (2.ª ed. supl., 1978).

Por outro lado (e aqui a analogia com a chantagem é maior), a alguém que não fosse um consumidor nem um concorrente, mas que simplesmente tivesse como profissão a propositura de ações judiciais, não seria permitido recolher indenização por perdas e danos decorrentes de propaganda enganosa. A política contra esse tipo de processo parece se fundar em considerações sobre a economia da tutela privada do direito – não guarda relação com um possível juízo segundo o qual a propaganda enganosa seria menos grave na esfera pessoal que na comercial[36]. Onde a pena ideal for uma combinação entre baixa probabilidade de punição e altas multas[37], a multa atrairá agentes privados de imposição da lei (se for permitido) para o "mercado" judicial. O resultado será o aumento da probabilidade de punição e a impossibilidade de uma combinação ideal entre probabilidade e severidade da pena. A solução é limitar as formas de imposição da lei por instituições privadas (a chantagem é apenas uma delas) ou, em outras palavras, garantir a lei através de instituições públicas.

Se essa análise estiver correta, deve ser possível observar uma relação direta entre imposição da lei por instituições públicas e hostilidade à chantagem; e de fato é. Antes do século XIX, a proibição da chantagem se restringia àquilo que hoje chamaríamos de extorsão (a ameaça de incendiar a casa de um homem se este não pagar por "proteção"). Não abarcava a ameaça de divulgar as atividades criminosas ou imorais de uma pessoa[38]. Nessa época, a tutela do direito, incluindo o direito penal, era, em geral, privada[39]. A proibição da chantagem no sentido moderno data, como era de esperar, da ascensão das instituições públicas como mantenedoras da ordem, no século XIX.

---

36. Ver William M. Landes & Richard A. Posner, "The Private Enforcement of Law", 4 *J. Legal Stud.* 1, 42-3 (1975), de onde retirei essa análise.

37. Ver discussão sobre esse modelo de pena ideal no capítulo 7.

38. Ver Douglas H. Ginsburg, "Blackmail: An Economic Analysis of the Law" (Harv. L. Sch., apost., 4 de novembro de 1979).

39. Ver Landes & Posner, nota 36 acima, pp. 1-2; e referências do capítulo 8, nota 45.

Agressão física

Associar agressão física a privacidade pode parecer um excesso que beira o paradoxo. É claro que esse ilícito civil protege algo mais tangível que a privacidade: a integridade corporal. Creio, entretanto, que a ideia de privacidade como reclusão pode ser a chave para compreendermos por que a tentativa de agressão, no sentido estrito do termo no âmbito do direito civil, e a agressão que não envolve lesão corporal (como cuspir na cara de alguém) são ilícitos civis no *common law*.

No direito da responsabilidade civil, uma tentativa de agressão é um gesto (como levantar o braço ou apontar uma arma ou uma espada para alguém) que cria uma expectativa de agressão iminente. Se não houver contato efetivo, não há agressão. Pode ser que o gesto de ameaça seja interrompido antes que o contato ocorra, ou pode ser que o candidato a agressor não pretendesse de fato cometer a agressão (como quando se aponta uma arma descarregada para alguém que acredite que ela está carregada). Se o gesto de ameaça for usado para obter da vítima algo que não pertence ao agressor, teremos um tipo de roubo. Mas, quando é apenas uma tentativa malsucedida de cometer agressão, seja porque o agressor mudou de ideia ou porque foi interrompido, quais são os fundamentos que podem torná-lo objeto de uma ação?

Talvez se puna a tentativa de agressão para desencorajar as agressões propriamente ditas, ou seja, de acordo com a mesma teoria que determina a punição da tentativa de homicídio, embora a suposta vítima não sofra dano[40]. Mas esta evidentemente não é a teoria do ilícito civil da agressão. Não há ilícito civil, exceto se a vítima perceber iminên-

---

40. Sobre a economia da punição das tentativas de agressão, ver Steven Shavell, "Harm as a Prerequisite for Liability" (Harv. L. Sch., não publicado, agosto de 1979); Donald Wittman, "Prior Regulation versus Post Liability: The Choice between Input and Output Monitoring", 6 *J. Legal Stud.* 193 (1977).

cia de agressão[41], ainda que o fato de ela perceber ou não seja irrelevante do ponto de vista da punição de tentativas. Suponhamos que A se aproxime sorrateiramente por trás de B e esteja a ponto de golpeá-lo na cabeça, mas é interrompido, e só mais tarde B descobre que A tentou matá-lo. Embora A possa ser culpado de um crime, não praticou ilícito civil.

A diferença entre esse caso e aquele em que há percepção de agressão iminente é, creio eu, que o segundo envolve violação da reclusão e o primeiro não. Independentemente de resultar em apavoramento ou, raramente, em dano emocional, a percepção do ato significa interrupção ou distração, um tipo de perturbação da paz[42].

A ideia de privacidade como reclusão também pode explicar por que o *common law* prevê um remédio judicial para a vítima de uma agressão que não redunde em dano, como levar uma cusparada ou um golpe insuficientemente forte para ferir[43]. Estes são atos de invasão do "espaço privativo" que, mesmo em público, circunda uma pessoa, e graças ao qual esta pode ficar a sós com seus próprios pensamentos. O dano não é contra a integridade corporal em nenhum sentido tangível, mas ao aspecto de reclusão que é parte da privacidade de um indivíduo.

Por último, a tentativa de agressão que gera a percepção apenas de agressão sem lesão corporal, como quando A se prepara para dar um tapa de luva em B de uma maneira agressiva, mas sem lesão física, é o mais claro exemplo de defesa de um direito de reclusão desvinculado do dano físico.

---

41. Ver William L. Prosser, *Handbook of the Law of Torts* 38-40 (4.ª ed., 1971).

42. Essa análise não explica, contudo, por que o *common law* não fornecia, até recentemente, nenhum remédio judicial para o indivíduo que percebesse iminência de lesão corporal causada por negligência, em vez de intencionalmente infligida – alguém que, por exemplo, saltasse para não ser atingido por um carro em alta velocidade.

43. Ver Prosser, nota 41 acima, p. 36.

Difamação e depreciação

Há muito se reconhece que, do ponto de vista da responsabilidade civil, a difamação (escrita e oral) suscita questões semelhantes às levantadas pelo ilícito civil contra a privacidade. A ciência econômica ajuda a esclarecer a relação exata entre os dois ilícitos civis, além de oferecer uma perspectiva sob a qual se pode examinar a frequente acusação de que a difamação é, do ponto de vista doutrinal, o menos satisfatório dos ramos da responsabilidade civil porque está repleto de distinções enigmáticas e irracionais, tais como aquela entre difamação escrita *per se* e *per quod*[44]. Como veremos, a teoria econômica torna inteligível a estrutura geral do direito relativo à difamação, embora não explique todos os detalhes.

A reputação, ou seja, a opinião que os outros têm de alguém como candidato a transações sociais ou profissionais possui importantes funções econômicas em um sistema de mercado – na verdade, em qualquer sistema que prestigie as transações voluntárias. Graças a ela, reduzem-se os custos de prospecção de compradores e vendedores e fica mais fácil, para quem fabrica produtos melhores, vender mais, em comparação com quem fabrica produtos de pior qualidade. Desse modo, a reputação ajuda a direcionar os recursos para onde serão mais bem empregados, processo que está na essência do sistema de mercado. Mas esse papel não se restringe a mercados explícitos. É também vital para o funcionamento do "mercado matrimonial"[45],

---

44. Prosser afirma: "Desde já é preciso admitir que, em grande medida, o direito relativo à difamação não faz sentido. Contém anomalias e absurdos que nenhum jurista jamais viu com bons olhos, e é composto por uma curiosa mistura de responsabilidade objetiva imposta a réus inocentes, tão rígida e extremada quanto qualquer outra lei, e uma recusa cega, quase perversa, a compensar o demandante por danos reais e graves." Prosser, nota 41 acima, p. 737 (nota de rodapé suprimida). O capítulo 19 do livro de Prosser traz um elucidativo resumo das normas do direito relativo à difamação, sobre as quais me debruço nas próximas linhas.

45. Ver Gary S. Becker, *The Economic Approach to Human Behavior* 206 (1976).

do mercado de amizades, do mercado político e assim por diante.

O falseamento da reputação é, portanto, um problema social legítimo. Uma empresa ou um indivíduo (isso é indiferente) pode tentar, de duas formas, criar uma boa reputação sem merecê-la: ou por uma apresentação enganosa propriamente dita ou pela ocultação de fatos desonrosos. O segundo processo dá ensejo ao tipo de pseudodireito de privacidade analisado no capítulo anterior. Ou então, e aqui entra o ilícito civil da difamação, o falseamento da reputação pode manifestar-se através do ato de manchar a boa, e merecida, reputação de outra pessoa ou empresa.

É possível identificar, de modo geral, os fatores que determinam, em maior ou menor grau, a ocorrência de tentativas de difamação[46]. Em primeiro lugar, se todas as informações sobre um indivíduo forem de domínio público, de modo que sua reputação não seja uma extrapolação a partir de informações limitadas, mas sim a soma de todos os fatos relativos a ele, não compensará difamá-lo, pois ninguém vai acreditar (em outras palavras, se os custos de informação forem muito baixos, qualquer invectiva falsa contra uma pessoa ou um produto será descoberta). Isso implica que a difamação é um problema sobretudo das sociedades modernas, por oposição às sociedades aldeãs ou tribais. Essa observação encontra certo apoio na relativa raridade das referências à difamação em relatos sobre as sociedades primitivas[47]. Como fato adicional, porém, apresenta-se a re-

---

46. Emprego o termo no sentido abrangente, de falsa invectiva, embora, na perspectiva jurídica, esta seja tomada pela própria difamação; e a verdade, por defesa contra a responsabilidade.

47. Entre os Nuer, povo do Sudão, a difamação era reconhecida como um dano. Mas, sugestivamente, dizia-se que estava "normalmente associada a acusações falsas de bruxaria" (P. P. Howell, *A Manual of Nuer Law: Being an Account of Customary Law, Its Evolution and Development in the Courts Established by the Sudan Government* 70 [1954]), um tipo de acusação cuja falsidade é difícil de desvendar entre indivíduos que acreditam na bruxaria, ainda que lhes falte privacidade. Quase na mesma linha, ver Walter R. Goldschmidt, *Sebei Law* 131-3 (1967).

lação inversa entre a importância do elemento reputação nas transações e a existência de remédios judiciais bem estabelecidos para a quebra de contrato. Na ausência de tais remédios, o interesse de cada uma das partes em preservar a própria reputação de cumpridora de contratos é a única garantia sólida de que nenhuma delas descumprirá o acordo. Quanto menos desenvolvidas são as instituições que garantem os contratos, maiores são as perdas que alguém pode sofrer se sua reputação for sujada.

Outro fator relacionado, mas mais complexo, é a dificuldade de "limpar" a própria reputação em uma sociedade tribal ou aldeã rígida. Em uma sociedade urbana e dinâmica como a nossa, uma mancha na reputação muitas vezes pode ser apagada com a simples mudança de emprego ou de residência. Mas a solução pode custar caro, já que, com a mudança, o indivíduo pode perder grande parte de seu capital humano. É preciso considerar também a tecnologia moderna como catalisadora da difamação: através da televisão, pode-se sujar a reputação de alguém mundo afora.

Pesando-se os fatores acima, poder-se-ia concluir que a difamação é o mais grave dos problemas em uma sociedade que apenas recentemente tenha abandonado a condição de tribal ou aldeã (na qual o falseamento da reputação não funciona), mas que ainda não tenha desenvolvido as instituições contratuais que reduziriam a importância da reputação para as pessoas na hora de decidirem se entram ou não em uma transação. Assim, no caso da Roma republicana, apenas nos períodos mais tardios é que encontramos uma definição mais consolidada do ilícito civil da difamação[48]. Nos primeiros períodos da república, as condições provavelmente eram mais próximas às da sociedade tribal; enquanto, no período tardio, a república romana pode ser descrita como uma sociedade recentemente saída do estado tribal. De modo semelhante, na Inglaterra medieval,

---

48. Ver H. F. Jolowicz & B. Nicholas, *Historical Introduction to the Study of Roman Law* 191, 273 (3.ª ed., 1972).

também recentemente saída da condição de sociedade tribal, aparentemente houve um surto de processos por difamação, sobretudo nas cortes eclesiásticas. Posteriormente, embora se tenha definido melhor o ilícito civil em alguns aspectos, sua utilidade prática foi reduzida pela criação de diversos mecanismos de proteção legal e sobretudo pelo surgimento de normas rigorosas de interpretação das declarações difamatórias[49].

Uma vez que tanto a difamação de um indivíduo quanto a depreciação de um concorrente ou dos produtos deste são ações fraudulentas, surge a questão de por que o ilícito civil da difamação se desenvolveu anteriormente e com mais intensidade que o da depreciação[50]. A literatura econômica sobre a fraude sugere uma resposta[51], ao distinguir entre bens de "pesquisa" ou "inspeção", cuja qualidade e cuja adequação podem ser averiguadas mediante inspeção antes da aquisição; bens de "experiência", cujas qualidades só se revelam com o uso (como a durabilidade de uma máquina fotográfica); e bens de "crença", cujas qualidades são tão difíceis de descobrir, que o comprador se torna extremamente dependente da boa-fé do vendedor. À medida que nos movemos, ao longo dessa cadeia, dos bens de pesquisa aos de crença, cresce a necessidade do comprador por proteção legal. Na época da formação das normas que regem a depreciação no *common law* (digamos, até a promulgação da Lei da Comissão Federal do Comércio [*Federal*

---

49. Sobre a história de difamação na Inglaterra, ver C. H. S. Fifoot, *History and Sources of the Common Law: Tort and Contract* 126-53 (1949); Van Vechten Veeder, "The History and Theory of the Law of Defamation I", 3 *Colum. L. Rev.* 546-7 (1903); R. H. Helmholz, "Canonical Defamation in Medieval England", 15 *Am. J. Legal Hist.* 255 (1971); R. C. Donnelly, "History of Defamation", 1949 *Wisc. L. Rev.* 99, 100-1.

50. A abordagem da depreciação pelo *common law* é muito restritiva, como foi ilustrado pelo caso *American Washboard Co. vs. Saginaw Mfg. Co.*, 103 F. 281 (6.ª Circ., 1900).

51. Ver, p. ex., Michael R. Darby & Edi Karni, "Free Competition and the Optimal Amount of Fraud", 16 *J. Law & Econ.* 67 (1973); Philip Nelson, "Information and Consumer Behavior", 78 *J. Pol. Econ.* 311 (1970).

Trade Comission Act], em 1914), as mercadorias, em sua maior parte, ainda eram bens de pesquisa; e, portanto, havia pouca necessidade de proteção legal contra depreciação por parte dos concorrentes. Desde muito antes disso, porém, os indivíduos já haviam se tornado bens de crença, a serem "adquiridos" com base na confiança e não no resultado de uma inspeção; e a necessidade deles pela proteção legal de sua reputação é maior que a do produtor de uma mercadoria depreciada. Se A chama B de vigarista, provavelmente os conhecidos e colegas de trabalho de B não o conhecerão intimamente suficiente para ter certeza de que a afirmação é falsa[52].

Aparentemente, equiparar a difamação à depreciação no âmbito do comércio é dar à primeira uma interpretação demasiado comercial e ignorar os interesses "dignitários" que o direito civil protege. Na verdade, porém, a função do direito civil não é proteger a paz de espírito, a autoestima nem nenhum interesse ou suscetibilidade de ordem "privada"; fato esse que é demonstrado pela exigência de "publicidade". Para poder ser objeto de uma ação, a invectiva tem de ser comunicada a alguém mais, além da vítima; isto é, precisa tornar menos favorável a opinião que os outros têm do caráter da vítima, diminuindo assim suas oportunidades de envolvimento em relações sociais ou profissionais vantajosas[53]. Uma mentira dolorosa que não interfira nessas

---

52. Pode-se encontrar afirmação semelhante em Ellen R. Jordan & Paul H. Rubin, "An Economic Analysis of the Law of False Advertising", 8 *J. Legal Stud.* 527 (1979).

Coincide com essa análise o fato de as empresas poderem, da mesma forma que os indivíduos (*mutatis mutandis*), queixar-se de difamação, pois a empresa em si será sempre um bem de crença, ainda que seus produtos sejam bens de pesquisa. Se um concorrente diz que uma empresa não paga as contas, os possíveis credores dela não têm como contradizer facilmente a afirmação.

53. "Uma comunicação é difamatória na medida em que tenda a causar dano à reputação de um indivíduo, bem como a torná-lo menos estimado pela comunidade ou a convencer terceiros a não se relacionar ou negociar com ele." American Law Institute. *Restatement (Second) of Torts* § 559 (Tent. Draft n. 20, 1974).

oportunidades não pode ser objeto de uma ação. Essa conclusão é coerente com o fato de que o ilícito civil contra a privacidade não prevê remédio judicial para o indivíduo cujos sentimentos tenham sido feridos pela divulgação de fatos verídicos que sejam importantes para as pessoas na hora de decidirem realizar ou não transações com ele.

A difamação e o ilícito civil contra a privacidade interagem de duas outras formas perceptíveis. Primeiramente, se A, em uma conversa particular com B, difama C, e alguém escuta a conversa sem querer, a difamação oral não pode ser objeto de uma ação[54]. Este é o corolário lógico que traduz a opinião geral segundo a qual deve-se proteger a privacidade das conversações, para promover a eficácia da comunicação; opinião essa que, como observei, tem fundamento na economia. Em segundo lugar, há uma diferença entre a violação da privacidade e a difamação. Para que a divulgação de informações privadas possa ser objeto de uma ação por violação da privacidade, deve envolver "publicidade" (ampla disseminação)[55]. Por outro lado, para que se possa processar alguém por difamação, basta que esta tenha sido escutada por uma única pessoa. Essa distinção se esclarece assim que compreendemos a relação econômica entre os dois ilícitos civis. Em geral, a divulgação que dá origem a uma ação judicial por violação de privacidade é verdadeira (se fosse falsa, poderia ser objeto de uma ação por difamação). Quando a divulgação ocorre em um pequeno círculo, geralmente composto de pessoas que conhecem o indivíduo cuja privacidade foi quebrada, há um benefício social: o indivíduo é desmascarado e seus colegas podem reavaliar, à luz de um conhecimento mais completo do caráter dele, o relacionamento que mantêm com ele[56]. Entre-

---

54. Ver Prosser, nota 41 acima, p. 774.
55. Ver *idem*, p. 810.
56. Assim, se um credor escreve ao patrão de um devedor, informando-lhe que seu empregado não pagou a quantia devida na data de vencimento, o ato não representa invasão de privacidade e não pode ser objeto de uma ação. Ver, p. ex., *Cullum vs. Government Employees Fin. Corp.*, 517 S.W. 2d 317 (Fex. Ct. Civ. App. 1974).

tanto, se a informação for amplamente disseminada, provavelmente ultrapassará o círculo de seus conhecidos e atingirá pessoas que ele não conhece e com quem é pouco provável que venha a se relacionar no futuro. Ao chegar até elas, é menor a chance (comparativamente) de que a informação divulgada desempenhe uma função de desmascaramento e maior a de que represente uma violação da reclusão (por oposição à manipulação). Logo, a exigência de publicidade cumpre o papel de identificação dos tipos de divulgação que mais provavelmente implicam violação de direitos legítimos. No caso da difamação, a situação tende a ser a inversa. Exatamente junto a seu círculo de conhecidos e amigos é que a difamação de um indivíduo provavelmente causará maiores danos sociais. São eles que mais provavelmente serão dissuadidos de relacionar-se com ele, o que será prejudicial tanto para eles quanto para o indivíduo difamado, porque é com eles que este realiza suas transações.

Analisemos o raciocínio econômico por trás de algumas outras características distintivas da difamação, do ponto de vista da responsabilidade civil. Em primeiro lugar, embora geralmente se classifique a difamação como um ilícito civil intencional, ela possui um forte teor de responsabilidade objetiva, pois não é um argumento válido de defesa afirmar que o réu tomou os cuidados necessários para evitar difamar o autor. Em um caso bem conhecido, o autor de uma matéria fictícia de jornal deu a um de seus personagens, por mera coincidência, o nome de uma pessoa de verdade, Artemus Jones. Jones processou o jornal por difamação escrita e ganhou, pois conseguiu provar que seus vizinhos pensaram que a matéria fosse sobre ele[57]. Como vimos no capítulo 7, um dos critérios que orientam a escolha entre a responsabilidade objetiva e as outras normas, como

---

57. *Jones vs. E. Hutton & Co.*, [1909] 2 K.B. 444, afirm., [1910] A.C. 20. Embora a corte tenha considerado a escolha do nome como mera casualidade, Jones na verdade já fora empregado do jornal que o difamou.

a ausência de responsabilidade civil ou a responsabilidade civil por negligência, é a capacidade comparada do lesante e da vítima para evitar a ocorrência do dano. Jones nada podia ter feito para evitar que o difamassem, enquanto o autor ou o editor poderiam ter verificado se existia alguém, na vida real, com o mesmo nome do vilão; ou ao menos poderiam ter inserido a declaração, hoje convencional, de que qualquer semelhança com pessoas reais, vivas ou mortas, é mera coincidência[58]. Evitar a difamação está fora do alcance da maioria das vítimas. Assim, responsabilizá-las não traria nenhum benefício distributivo. Em contrapartida, a maioria das falsas difamações poderia ser evitada pelo bom senso investigativo do difamador. Nessas circunstâncias, torna-se atraente, do ponto de vista econômico, a aplicação da responsabilidade objetiva.

De acordo com essa sugestão, aquele que apenas dissemine uma difamação oral ou escrita (o distribuidor de um jornal, por exemplo) só é responsabilizado pela difamação se for negligente ao não reconhecer o caráter difamatório ou inverídico da matéria. Como a prevenção da difamação geralmente tem um custo proibitivo para o mero disseminador, a aplicação da responsabilidade objetiva seria economicamente injustificável, pois não raro faria com que as perdas decorrentes da difamação recaíssem sobre indivíduos desprovidos dos meios de preveni-la.

Outra exceção à responsabilidade objetiva é a regra da ausência de responsabilidade, aplicável a difamações de grupos (como "todo advogado é um rábula", por exemplo). Diversas considerações dão respaldo a essa regra. Em primeiro lugar, o dano ao membro individual do grupo tende a ser insignificante. Nesse ponto em particular, a diferença

---

58. No caso *Washington Post vs. Kennedy*, 3 F.2d 207 (D.C. Cir. 1925), em que se pensou que o relato sobre uma acusação de crime contra um homem referia-se a um outro com o mesmo nome e sobrenome, a corte observou que o jornal poderia facilmente (sem gastar muito) ter evitado a confusão, incluindo as iniciais do nome do meio ao referir-se ao indivíduo sobre quem escrevera.

entre a difamação de um grupo e a de um indivíduo é a mesma que existe entre a demanda perante uma empresa e a demanda perante a indústria da qual essa empresa faz parte. Os produtos das várias empresas de um determinado setor da indústria geralmente são tão substituíveis que a demanda pela produção de uma delas é quase perfeitamente elástica. Mas a demanda do setor inteiro é altamente inelástica, pois os produtos de outros setores da indústria não são substitutos satisfatórios. Se as pessoas acreditarem na difamação "o advogado X é um rábula", elas podem e vão substituir X por outro advogado, e o escritório dele vai decair rapidamente. Se elas acreditarem, porém, que *todos* os advogados são rábulas, não haverá muito o que fazer a respeito, pois não há substitutos satisfatórios para os advogados. A quantidade de clientes que a classe perderá com a difamação – e, logo, que um advogado perderá, se presumirmos que cada um deles perderá uma parcela proporcional dos clientes perdidos pela classe – será pequena.

Além disso, a maior parte das difamações de grupos, quando atribuídas a *todos* os membros do grupo, são inerentemente inverossímeis e portanto não causam muito dano a nenhum indivíduo. Poucos acreditariam que todos os advogados são rábulas. Mas, se, em prol da credibilidade, a difamação for reelaborada na forma "a maioria dos advogados é rábula", então o dano a cada advogado deverá ser descontado pela probabilidade de que seus clientes (ou candidatos a clientes) o verão como membro da maioria de rábulas, e não da minoria honesta. Por fim, quando o que está em jogo são as características ou tendências de um grupo, os custos de avaliação da veracidade ou falsidade de uma afirmação são mais altos do que no caso de um indivíduo isolado.

Outra característica da difamação, do ponto de vista da responsabilidade civil, é que a difamação de um indivíduo falecido não pode ser objeto de ação. Aparentemente, isso se deve aos custos de averiguação da veracidade da invectiva. Há, contudo, outra explicação possível para essa regra. A função econômica da reputação é estimular a realização de transações. Logo, se a pessoa, por estar morta, não pode mais realizar transações, quaisquer danos posteriores que sua reputação possa sofrer não terão nenhum impacto sobre o mercado. Em outras palavras, a reputação pessoal é capital humano intransferível e, portanto, extingue-se com a morte. Mas aqui há um exagero: se alguém me disser que o pai de uma pessoa era um ladrão ou um insolvente, isso pode afetar minha disposição de realizar transações com essa pessoa, caso eu acredite no caráter hereditário das tendências criminosas. Para o mais grave desses casos, prevê-se um remédio judicial: o descendente do falecido pode entrar com uma ação por difamação, caso se afirme que o ancestral possuía algum tipo de defeito ou distúrbio claramente hereditário[59].

A distinção jurídica mais conhecida e mais criticada no que se refere à difamação é aquela entre os critérios probatórios para a difamação oral e para a difamação escrita. Se não for provada a ocorrência de dano pecuniário, a difamação oral só pode dar causa a uma ação judicial se tiver versado sobre uma das quatro categorias *per se* ou objetivas: imputação de crime, de doença repugnante, de promiscuidade (se a vítima for mulher) ou de incapacidade profissional. Se a difamação não se encaixar nessas categorias, deve-se provar, para que possa ser objeto de uma ação, que causou danos pecuniários reais à vítima. A difamação escrita não sofre tantas restrições. A vítima só precisa provar a ocorrência de danos pecuniários se sua identidade não estiver evidente no próprio texto que contém a difamação. Se essa identificação depender de fatos extrínsecos, então deve-se provar que houve dano pecuniário, exceto se a conduta afirmada na difamação escrita cair em uma das quatro categorias que definem a difamação oral *per se*.

---

59. Ver "Developments in the Law – Defamation", 69 *Harv. L. Rev.* 875, 893-4 (1956).

A ideia de categorias *per se* não é, em si mesma, reprovável. É uma técnica jurídica bem conhecida (amplamente empregada, por exemplo, no direito antitruste) e que se pode justificar como um equilíbrio entre os custos de errar e os de reduzir a probabilidade do erro através de um exame mais detalhado dos fatos em um caso específico. A maior crítica que se pode fazer à aplicação das categorias *per se* à difamação oral é que essas categorias não se adaptaram aos novos tempos. Mas faziam bastante sentido quando foram criadas[60]. Em uma sociedade tradicional, a mulher que fosse considerada incasta veria drasticamente reduzidas suas oportunidades de casamento, uma transação de enorme importância para as mulheres nesse tipo de sociedade. Analogamente, se um indivíduo fosse tido como portador de lepra, sífilis ou da peste negra, as doenças classificadas como repugnantes para fins de responsabilidade civil, ou se fosse tido como criminoso, suas oportunidades para todo tipo de interação se reduziriam muito. Por último, ser considerado inapto para um determinado trabalho teria um efeito direto sobre a capacidade de um indivíduo para ingressar em atividades mercadológicas vantajosas.

Mas, do ponto de vista econômico, a distinção entre a difamação escrita que identifica a vítima diretamente e aquela em que a identificação depende de fatos externos faz sentido apenas superficialmente. A necessidade de informações adicionais para vincular a difamação escrita a sua vítima reduz o círculo daqueles que, baseados na difamação, agirão em prejuízo da vítima (e de si mesmos). Mas as pessoas que conhecem os fatos extrínsecos são, ao que tudo indica, justamente as relações mais próximas da vítima; enquanto as que ignoram esses fatos provavelmente são as que não a conhecem nem a conhecerão e que portanto devem estar, de qualquer modo, fora da influência da difamação. A regra dos fatos extrínsecos enxerta a exigência de

---

60. Sobre a origem histórica das categorias, ver Veeder, nota 49 acima, p. 560 n. 1.

publicidade na difamação; lugar ao qual, como expliquei, esse requisito não pertence.

A despeito desses detalhes, o tratamento mais restritivo que a difamação escrita recebe comparativamente à oral faz sentido, do ponto de vista econômico, pelas seguintes razões.

1. O argumento clássico de que as difamações escritas, se comparadas às orais, tendem a atingir públicos maiores é menos persuasivo hoje[61]. Sempre existiram os casos excepcionais (a correspondência particular *versus* o discurso público). Mas foi com o crescimento do rádio e da televisão que esse argumento perdeu grande parte de sua força.

2. A difamação escrita é mais durável que a oral. Ainda que, de início, não se dissemine amplamente, continua existindo para ser lida posteriormente. Logo, tende a alcançar um público maior.

3. Como observei no capítulo anterior, custa caro evitar que eventualmente ocorram difamações casuais nos discursos. A necessidade de medir muito e ponderar as palavras (de examinar cuidadosamente os equívocos que poderiam se instalar naquilo que se diz de outrem) reduz a eficácia das comunicações orais, pois a fala é naturalmente um processo mais espontâneo que a escrita[62].

4. Textos difamatórios têm mais credibilidade que declarações orais difamatórias. Portanto, causam mais dano à vítima. Na comunicação escrita, manter-se fiel à verdade é menos custoso que na comunicação oral; por outro lado, os custos impostos pela inverdade são mais altos devido à

---

61. É verdade que esse público, muitas vezes, pode ser composto de estranhos, e o dano adicional, portanto, pode parecer pequeno. Por outro lado, em comparação com as pessoas mais próximas, os estranhos geralmente terão menos condições de descobrir se a difamação é falsa. Logo, o dano adicional pode não ser pequeno, no fim das contas.

62. Para Donnelly, nota 49 acima, pp. 123-4, considerar que uma transmissão de rádio é difamação oral se a fala do locutor é improvisada e difamação escrita se este lê um texto previamente preparado não passa de "casuística hipócrita". Mas as considerações aqui levantadas sugerem que não é.

maior durabilidade e alcance (provável) da palavra escrita. Justamente por isso, a expectativa do receptor quanto à veracidade é maior no caso de um texto. Logo, tenderá a dar mais peso à difamação escrita que à oral. Se o cálculo de uma indenização por perdas e danos obedecesse a regras exatas, essa diferença se refletiria automaticamente nas indenizações concedidas nos casos de difamação escrita e oral. Como não obedece, os critérios para a prova da difamação escrita podem ser consideravelmente menos rigorosos. Em suma, o custo da difamação escrita, para as vítimas, é maior (itens 1, 2 e 4); e a difamação escrita pode ser mais facilmente evitada (item 3) que a oral.

A defesa da verdade merece ser mencionada, ainda que apenas por causa de uma crítica frequente, segundo a qual é "injusto" que o direito trate a verdade como defesa absoluta[63]. Argumenta-se que o dano que um indivíduo pode sofrer com a revelação de uma falha de caráter verdadeira, mas talvez há muito esquecida, supera qualquer benefício que possa advir da correção da falsa impressão sobre a qual sua reputação se assenta. Essa proposta de reforma encontra extrema resistência da parte do direito, o que está de acordo com a análise feita no capítulo anterior. O direito não protege pessoas, sejam físicas ou jurídicas, que falseiem suas qualidades para fazer com que os outros se envolvam em relações vantajosas, pessoais ou profissionais, com elas.

Outras importantes proteções legais contra a difamação são aquelas agrupadas sob a categoria da imunidade. No direito que rege a difamação, há imunidades "condicionais" e imunidades "absolutas". Uma imunidade condicional dá ao réu o direito de fazer uma declaração falsa ou difamatória, desde que não o faça por "malícia comprovada"; ou seja, desde que acredite honestamente, embora talvez irracionalmente, na veracidade de sua declaração. A imu-

---

63. Ver, p. ex., "Developments in the Law – Defamation", nota 59 acima, p. 932.

nidade absoluta, por sua vez, aplica-se inclusive aos casos de malícia comprovada. A carta de recomendação escrita por um empregador para um ex-funcionário seu é um exemplo de imunidade condicional, enquanto o comentário de um crítico a um filme é um exemplo de imunidade absoluta[64].

As imunidades reduzem os custos de enunciação das afirmações às quais se vinculam. Mas por que isso seria juridicamente desejável? Uma das razões para permitir que uma pessoa externalize parte dos custos de uma atividade é que os benefícios dessa atividade também se externalizam. Se a pessoa for obrigada a arcar integralmente com os custos sociais, pode ser que não conduza a atividade ao ponto de desempenho socialmente ideal. Essa técnica às vezes é utilizada no *common law*[65]. A carta de recomendação beneficia acima de tudo o futuro empregador, em vez do antigo. Portanto, se o empregador que escreve a carta pudesse ser acusado de difamação, provavelmente não a escreveria ou então omitiria, ao redigi-la, todas as referências negativas. Em princípio, o futuro empregador poderia compensar o antigo pelo risco da responsabilidade civil por difamação, ou o empregado poderia renunciar ao direito de processar este último por difamação. Mas ambas as soluções implicariam custos de transação muito altos em comparação com os montantes envolvidos e, na prática, quase extinguiriam as cartas de recomendação. A solução vigente no direito pode ser a mais eficiente.

A maior parte dos casos de imunidade condicional se encaixam nessa categoria geral, mas nem todos. A imunidade condicional de que desfrutam as agências de proteção ao crédito para cometer a apropriadamente denominada

---

[64]. Em *New York Times Co. vs. Sullivan*, 376 U.S. 254 (1964), a Suprema Corte decidiu que a Primeira Emenda cria uma imunidade condicional para difamar servidores públicos. Essa imunidade, que não integra o *common law*, é examinada rapidamente no capítulo seguinte.

[65]. Ver capítulo 9; e William M. Landes & Richard A. Posner, "Salvor, Finders, Good Samaritans, and Other Rescuers: An Economic Study of Law and Altruism", 7 *J. Legal Stud.* 83, 128 (1978).

"difamação de crédito"[66] é especialmente difícil de justificar economicamente. Não há externalização dos benefícios das atividades de uma agência de proteção ao crédito, já que esta cobra por seus serviços. A imunidade condicional dessas agências é uma anomalia séria e preparou o terreno para uma parte importante da legislação relativa à privacidade, que discuto na próxima parte deste capítulo.

A imunidade absoluta do crítico, por sua vez, assenta-se sobre outro elemento: a ausência de apresentação enganosa. Se eu disser, "Charlie Chaplin é um ator de segunda", ou mesmo, "Chaplin não sabe atuar", e acreditar sinceramente nisso, estarei expressando uma opinião verdadeira, ainda que tola, e não afirmando algo falso. Se minha opinião refletir uma antipatia maliciosa em relação ao ator, isso tampouco a tornará menos autêntica ou mais equivocada. A apresentação enganosa só entrará em cena se o crítico falsear algum fato – declarando, por exemplo, que certo autor é um plagiário[67] – ou der uma falsa ideia de sua opinião.

Em suma, as doutrinas essenciais do direito civil relativas à difamação parecem ser, de modo geral, coerentes com a análise econômica do problema. Mas, talvez por sua origem histórica biforme (o ilícito civil da difamação oral surgiu nas cortes eclesiásticas medievais, enquanto o da difamação escrita apareceu nos processos penais contra textos subversivos, na Câmara Estrelada [*Star Chamber*]), esse campo do *common law* tem muitos aspectos curiosos[68], e a ciência econômica é incapaz de explicar todos eles. No direito, assim como no comportamento do consumidor e em

---

66. Ver Prosser, nota 41 acima, p. 790.
67. Ver *Fitzgerald vs. Hopkins*, 70 Wash. 2d 924, 425 P.2d 920 (1967). As outras imunidades absolutas previstas no *common law* envolvem principalmente servidores públicos (inclusive do poder judiciário) e fazem parte da imunidade mais ampla dos membros do Estado, um tema que foge ao propósito deste livro.
68. Enumerados e impiedosamente criticados em James C. Courtney, "Absurdities of the Law of Slander and Libel", 36 *Am. L. Rev.* 552 (1902).

todas as outras atividades estudadas pela ciência econômica, esta se sai melhor ao explicar tendências gerais, em vez de decisões individuais.

O movimento pró-legislação em matéria de privacidade

Nos últimos anos, promulgaram-se muitas leis estaduais e federais relativas à privacidade, sobretudo no sentido de sigilo. No capítulo 9, pouco foi dito sobre essas leis, exceto pela observação de que a tendência geral da atividade legislativa era de aumento da privacidade dos indivíduos (o sentido aqui é de ocultação de informações pessoais) e diminuição da privacidade das empresas e demais organizações. Mas o padrão, na verdade, é mais complicado. A Lei da Liberdade de Informação (*Freedom of Information Act*), explicitamente projetada para reduzir o sigilo estatal, também compromete a privacidade individual. Grande parte das informações mantidas pelo Estado e sujeitas à divulgação com base nessa lei relaciona-se a indivíduos; e o direito de privacidade só se sobrepõe ao dever de divulgação quando este representar uma violação "claramente infundada" da privacidade[69]. Da mesma forma, a Lei de Sigilo Bancário (*Bank Secrecy Act*), examinada no capítulo seguinte, dirige-se apenas nominalmente ao sigilo bancário; pois seu objetivo e resultado verdadeiros é reduzir a confidencialidade dos dados financeiros pessoais dos correntistas.

Quero examinar mais a fundo as leis recentes de proteção da privacidade do indivíduo contra entidades não governamentais (a importância da proteção da privacidade contra o governo é examinada no capítulo seguinte). Muitas dessas leis são estaduais e restringem as informações que tanto empregadores quanto credores podem obter, por

---

69. Ver Frank H. Easterbrook, "Privacy and the Optimal Extent of Disclosure under the Freedom of Information Act", 9 *J. Legal Stud.* 775 (1980).

quaisquer meios, sobre um candidato a emprego ou a crédito[70]. No contexto trabalhista, a ênfase está na restrição do acesso do empregador ao histórico do empregado no que se refere a prisões, bem como a condenações "irrelevantes" ou ocorridas num passado remoto. No creditício, por sua vez, a preocupação é limitar o acesso do credor ao histórico de crédito do cliente. Essas leis diferem entre si enormemente quanto aos detalhes, e muitos estados possuem leis de emprego, mas não de crédito, e vice-versa. Há também a Lei da Justa Divulgação de Informações Creditícias (*Fair Credit Reporting Act*), que proíbe os credores de condicionar ou negar crédito, com base em situações de insolvência verificadas mais de quatorze anos antes ou em qualquer outra informação negativa relacionada a eventos ocorridos mais de sete anos antes (inclusive prisões e condenações). Esta é a mais importante lei que regulamenta a privacidade no setor privado[71].

Leis desse tipo podem ser explicadas de diversas maneiras. Uma destas consiste em supor que tenham sido promulgadas como solução para alguma "falha do mercado", que justificaria a intervenção estatal. Com essa abordagem, porém, não se vai muito longe no campo da privacidade. Não há razão para supor que os empregadores exigiriam dos empregados e candidatos a emprego uma quantidade de informações superior à que se justifica pelos benefícios que auferem do descarte de empregados inadequados. Como observei no capítulo anterior, as cortes do *common law* (exceto na Califórnia) rejeitam a ideia de que o indivíduo tenha direito a esconder sua ficha criminal, ainda que em relação a um passado remoto, sob a alegação de

---

70. As leis são listadas e discutidas em *Report of the Privacy Protection Study Commission, App. I: Privacy Law in the States* (G.P.O. 1977).

71. A Emenda Buckley, que regulamenta os registros mantidos pelas escolas, aplica-se às escolas públicas e privadas. Seu maior impacto, portanto, é sobre as instituições estatais. Muitas leis federais afetam indiretamente a privacidade – como, por exemplo, as leis que obrigam as empresas a divulgar uma grande quantidade de informações aos seus acionistas.

que os outros poderiam reagir "irracionalmente" à divulgação desta. Qualquer argumento desse tipo seria particularmente insatisfatório no contexto empregatício, no qual a concorrência penaliza impiedosamente a empresa que tome decisões irracionais em relação à contratação de funcionários. Quanto às leis de crédito, é verdade que, como anteriormente observei, as cortes do *common law* inexplicavelmente imunizaram as agências de proteção ao crédito contra a penalização de atos de difamação de crédito. Mas a maneira mais sensata de resolver esse problema seria simplesmente suspender a imunidade, como fazem as assembleias legislativas estaduais em outras áreas nas quais o *common law* se equivoca.

Se as leis relativas à privacidade não se explicam por uma falha do mercado, será que podem ser compreendidas como resultado de uma maior conscientização pública com respeito à iniquidade da discriminação? Como mostrarei na Parte IV, os economistas acreditam que a discriminação sexual e racial seja, em grande medida, mero resultado do custo da informação, que pode levar as pessoas a basearem seus julgamentos em informações muito limitadas, incluindo-se as características gerais do grupo racial de alguém. Teria a grande mobilização nacional contra a discriminação elevado a sensibilidade pública em outras áreas em que se costuma optar pela maneira mais fácil de eliminar candidatos a emprego ou crédito? Negar emprego a alguém com base em uma regra inflexível contra empregar qualquer pessoa que tenha uma ficha criminal, quando uma investigação cuidadosa provavelmente revelaria que a ficha criminal desse indivíduo não o desqualifica para o emprego[72], é uma injustiça do mesmo tipo que negar emprego a um negro por causa das qualidades características da média dos negros no mercado de trabalho.

---

72. Um outro raciocínio em defesa da ocultação da ficha criminal, fundado nos objetivos de reabilitação da pena, foi discutido e refutado no capítulo anterior. Ver também Richard A. Epstein, "Privacy, Property Rights, and Misrepresentations", 12 *Ga. L. Rev.* 455, 471-4 (1978).

O problema de usar a "compaixão" como fundamento para uma teoria das leis relativas à privacidade está na abrangência e inadmissibilidade das implicações decorrentes. Como o custo da informação sempre existe e costuma ser alto, a sociedade não funcionaria se não recorresse constantemente a meios que substituam a investigação exaustiva de todos os fatos relevantes. Se temos pena do homem que não consegue um empréstimo porque foi insolvente há quinze anos, também deveríamos lamentar o jovem que não conseguiu entrar na faculdade por ter tido mau desempenho em uma prova padronizada que talvez não reflita fielmente seu potencial acadêmico.

Em vez disso, as leis relativas à privacidade talvez reflitam a pressão de algum grupo de interesse mais coeso que a comunidade inteira ou que o grupo dos altruístas em geral. Leis desse tipo são um fenômeno bastante comum[73]. Entretanto, no caso das leis relativas à privacidade e das leis que têm por beneficiários os "consumidores" em geral, os grupos beneficiados não possuem as características de um verdadeiro grupo de interesse político. Esses grupos são o das pessoas que têm ficha criminal e o das que têm pouco crédito na praça. O primeiro é furtivo, desorganizado e possui má reputação. O segundo, embora mais numeroso, não possui o tipo de coesão que a teoria dos grupos de interesse considera favorável à ação política eficaz; além disso, provavelmente é menos numeroso do que o grupo de pessoas fadadas a pagar juros mais altos para compensar os credores por aqueles empréstimos que, devido à dificuldade de obtenção de informações sobre a credibilidade do tomador, não foram pagos: quem paga é o tomador marginal de empréstimo, pois a tendência é que os tomadores com maior credibilidade sejam selecionados para pagar juros mais baixos.

---

73. Ver, p. ex., William A. Jordan, "Producer Protection, Prior Market Structure and the Effects of Government Regulation", 15 *J. Law & Econ.* 151 (1972); George J. Stigler, "The Theory of Economic Regulation", 2 *Bell J. Econ. & Management Sci.* (1978); e o capítulo 4.

Os negros, sim, são candidatos mais plausíveis a formar um grupo de interesse de verdade, beneficiário das leis relativas à privacidade, pois a presença política deles nos últimos anos é evidente. Imagine a seguinte sucessão de eventos. Os negros sofrem discriminação ao buscarem empréstimos e emprego porque (por qualquer razão) seu desempenho nessas áreas é, em média, mais fraco que o dos brancos. Em alguns estados e no âmbito federal, promulgam-se algumas leis contra a discriminação dos negros. Impedidos de usar a raça como critério determinante de adequação ao emprego e de credibilidade financeira, os empregadores e os concessores de empréstimos lançam-se à procura de outros critérios e passam a orientar-se pelos históricos de prisões, condenações, insolvência, ações judiciais etc. Não fazem isso por desejarem discriminar os negros, mas porque querem selecionar as pessoas que não atendem às exigências necessárias para a tomada de empréstimo a juros normais, seja para descartá-las, seja para classificá-las em categorias de juros mais altos. Se, entretanto, a raça for um critério razoavelmente capaz de selecionar as pessoas dotadas das características visadas pelos empregadores e concessores de crédito, e se os outros critérios também o forem, então o efeito destes últimos sobre a composição racial dos empregados e tomadores de empréstimo será quase o mesmo que o do uso explícito do critério racial. A proibição da discriminação terá pouco impacto.

Nessas circunstâncias, o grupo racial pode buscar a proibição dos outros critérios também. É verdade que, por causa da proibição do uso do histórico de prisões como critério de seleção para empregos, um negro que nunca foi preso pode perder uma oportunidade de emprego para um que já foi; e a proibição do critério das insolvências passadas pode fazer com que um negro sem histórico de insolvência pague mais juros, pelo fato de os concessores de crédito serem incapazes de excluir os negros que tenham esse histórico (presumindo-se que a insolvência passada aumente a probabilidade de insolvência futura – e isso deve ocorrer, já que os concessores de crédito buscam de fato essa informação). Entretanto, uma vez que um número desmesurado de negros em busca de empréstimo possui histórico de crédito insatisfatório e um número desmesurado de negros em busca de emprego tem passagem pela prisão, as leis que removam esses empecilhos ao crédito e ao emprego podem beneficiar os negros mais que prejudicá-los.

Um possível teste empírico dessa hipótese é comparar estados que promulgaram leis de direitos civis a estados que aprovaram leis de crédito ou de emprego fundadas na privacidade. O estudo sobre discriminação empregatícia feito por Landes em 1968 verificou a existência de leis que proibiam a discriminação racial no mercado de trabalho (acompanhadas de pelo menos um aparato mínimo de coerção) em vinte e nove estados, em vinte e um dos quais as leis datavam de antes da promulgação da Lei dos Direitos Civis (*Civil Rights Act*) de 1964[74]. Em um estudo realizado a pedido da Comissão para a Privacidade (*Privacy Commission*), em 1977, verificou-se a existência de leis de proteção à privacidade dos empregadores e candidatos a emprego do setor privado em oito estados[75]. Seis destes (75%) estão entre os 29 que, segundo o estudo de Landes, possuíam leis antidiscriminação que "pegaram", e cinco (63%) estão entre os 21 dotados de leis "antigas". Portanto, de alguma forma, era mais provável que leis em defesa da privacidade dos empregados fossem adotadas por estados onde havia leis antidiscriminação do que por estados onde não houvesse essas leis. Se a probabilidade de adoção fosse exatamente a mesma, os números acima seriam 58% e 42%, respectivamente.

Quanto ao crédito, a análise é dificultada pelo fato de o governo federal ter agido antes dos estados no que concerne tanto à discriminação (na Lei de Igualdade de Opor-

---

74. Ver William M. Landes, "The Economics of Fair Employment Laws", 76 *J. Pol. Econ.* 507, 507 n. 1 (1968).
75. Ver *Privacy Law in the States*, nota 70 acima, pp. 17-9.

tunidades de Crédito [*Equal Credit Opportunity Act*])[76] quanto à privacidade (na Lei da Justa Divulgação de Informações Creditícias [*Fair Credit Reporting Act*])[77]. Entretanto, se continuamos usando a lista de Landes como indicativa de que os estados podem ter vigorosos movimentos pelos direitos civis, ainda que não possuam leis específicas quanto ao crédito, é interessante observar que, dos onze estados[78] onde foram aprovadas restrições mais rígidas à privacidade creditícia que a Lei da Justa Divulgação de Informações Creditícias (a qual, nesse quesito, não se sobrepunha às leis estaduais), nove (82%) estão naquela lista, e seis (55%) estão entre os vinte e um estados, da lista, onde as leis foram promulgadas mais cedo.

Realizei outro teste empírico, com base em dados um pouco diferentes: uma compilação bastante recente e minuciosa de leis estaduais e federais relativas à privacidade, feita por Robert Smith. O autor divide as leis relacionadas à privacidade em quinze categorias, das quais três parecem, pela análise anterior, relacionadas aos interesses dos negros (privacidade do registro de prisões, das informações creditícias e dos registros de emprego), e aponta quais estados (ou o Distrito de Colúmbia ou ainda o governo federal) promulgaram leis em cada categoria[79]. Novamente utilizando-se os dados de Landes e dividindo-se os estados, incluso o Distrito de Colúmbia, entre os que promulgaram leis em defesa de práticas justas de emprego antes de 1964, os que promulgaram leis semelhantes depois desse ano e

---

76. 15 U.S.C. § 1691 (1976).

77. 15 U.S.C. § 1681 (1976). A história legislativa dessa importante lei relativa à privacidade assinala a preocupação de que a divulgação indiscriminada de informações desfavoráveis aos concessores de crédito pudesse ser desmesuradamente prejudicial para os negros. Ver *Fair Credit Reporting*, Audiências em S. 823 perante a Subcom. de Instituições Financeiras da Com. de Bancos e Câmbio do Senado, 91.º Cong. 1.ª Sess. 129-32 (19 a 23 de maio de 1969).

78. Ver *Privacy Law of the States*, nota 70 acima, n. 47.

79. Ver Robert Ellis Smith, *Compilation of State and Federal Privacy Laws 1978-1979* 2 (1978).

os que não promulgaram nenhuma lei assim dentro do período abarcado pelo estudo de Landes, descobre-se que o número médio de categorias (no grupo de três) nas quais os estados aprovaram leis relativas à privacidade é 1,1 para os estados que as aprovaram mais cedo, 1,0 para os que as aprovaram depois e 0,78 para os que não aprovaram nenhuma lei semelhante.

Os resultados acima são igualmente coerentes com a hipótese dos grupos de interesse e com a de que as leis em defesa da discriminação e da privacidade têm como motor a compaixão – mas compaixão pelos negros, e não propriamente por pessoas sem credibilidade na praça ou por ex-presidiários. Uma das maneiras de verificar essas hipóteses é examinando-se a correlação entre a presença de leis relativas à privacidade e o número de negros e hispânicos, as duas maiores dentre as minorias mais provavelmente beneficiadas por essas leis. Se a proporção for direta, este será um indício em favor da explicação fundada nos grupos de interesse. Se for inversa, o indício favorecerá a explicação baseada na compaixão (porque quanto menor é o grupo beneficiado, menor é o custo da compaixão). Se não houver correlação, o indício será contra ambas as interpretações[80].

Por meio da análise de regressão múltipla, pode-se embutir essa correlação em outro modelo de oferta e demanda de leis relativas à privacidade, mais rico que o modelo que vê essa correlação como função unicamente da porcentagem de negros e hispânicos em cada estado. Isso é feito na Tabela 3. A variável dependente nas regressões retratadas na tabela é igual a 0 se o estado não possui leis em

---

80. Um fator complicador dessa análise é que quanto maior for a população de não brancos de um estado, mais o custo de uma lei em defesa da privacidade, na forma de taxas mais altas de criminalidade e de juros, recairá sobre os próprios não brancos, e não sobre os brancos; e, portanto, menores serão os ganhos para a comunidade não branca como um todo. Talvez, então, os estados com uma população muito grande de não brancos devessem ser avaliados separadamente; mas não obtive resultados utéis ao usar esse critério.

defesa da privacidade em nenhuma das três categorias em destaque (prisões, crédito e emprego); é igual a 1 se o estado possui leis em uma das categorias; e assim por diante, até 3. Como a maior parte das leis foram promulgadas no início da década de 1970, uso dados que datem o mais próximo possível desse ano.

A principal variável independente para testar a teoria fundada nos grupos de interesse é, obviamente, a porcentagem de negros e hispânicos (MINO, na tabela). Essa variável, contudo, identifica apenas os benefícios da lei para o grupo por ela representado, não os custos para outros habitantes do estado (que também são eleitores). Quanto maior for a frequência com que as pessoas mudam de residência, mais difícil será obter, sobre elas, informações que sejam úteis ao se decidir realizar transações com elas. Por isso, adicionei uma variável que mede a taxa de imigração nos estados nos últimos anos (MIG). É de esperar que o sinal desta seja negativo porque quanto mais migração houver, sendo iguais todas as outras variáveis, menor será a probabilidade de o estado correspondente promulgar uma lei em defesa da privacidade. Na linha de Stigler, incluo também uma variável que mede a renda *per capita* no estado (REN), usada por ele para testar a validade da teoria fundada no altruísmo, ou na compaixão, aplicável a leis como as aqui analisadas[81]. Em último lugar, como a resistência de um estado a leis redistributivas deve ser uma função (negativa) do montante total que esse estado já redistribui, incluo diversas variáveis que medem suas outras atividades redistributivas, tais como a carga tributária *per capita* (IMP) e a progressão do imposto de renda (PROG).

A variável que mede a parcela da população representada pelas minorias é positiva e significativa em todas as regressões. A renda também é positiva em todas as regressões, conforme previsto pela teoria da compaixão, mas só

---

81. Ver George J. Stigler, "An Introduction to the Economics and Politics of Privacy", 9 *J. Legal Stud.* 623 (1980).

Tabela 3. Regressões das leis estaduais relativas à privacidade. (A variável dependente é igual ao número de categorias, dentre as indicadas, nas quais cada estado promulgou leis relativas à privacidade.)

Regressão	Constante	IMP[a]	PROG	RAZÃO1	RAZÃO2	TRAN	LTRAN	REN	LREN	MINO	MIG	R^2
1.	-1,013 (-0,940)[b]	-0,002 (-0,178)						0,0003 (1,323)		0,024 (2,073)	-0,019 (-0,864)	12
2.	-1,428 (-1,214)	-0,0007 (-0,594)	0,30 (0,889)					0,0004 (1,550)		0,026 (2,210)	-0,015 (-0,627)	0,14
3.	0,060 (0,051)		0,043 (1,322)	-8,292 (-1,554)				0,0003 (1,854)		0,026 (2,199)	-0,003 (-0,105)	0,18
4.	-1,033 (-1,010)		0,020 (0,567)		0,327 (0,034)			0,0003 (1,601)		0,026 (2,201)	-0,020 (-0,913)	0,13
5.	-4,731 (-2,667)					0,023 (2,491)		0,0005 (2,992)		0,025 (2,284)	-0,015 (-0,717)	0,23
6.	-44,414 (-3,626)						2,539 (2,936)		3,797 (3,477)	0,026 (2,450)	-0,005 (-0,236)	0,28

a. Definições das variáveis independentes:
IMP = impostos estaduais *per capita* em 1976 (*Statistical Abstract of the United States*, 1978)
PROG = taxa máxima do imposto de renda no estado menos taxa mínima do imposto de renda no Estado (mesma fonte)
RAZÃO1 = razão entre os gastos estaduais e locais *per capita* (excluindo-se os gastos com autoestradas) e a renda *per capita* no estado (*Statistical Abstract* de 1972 e 1978)
RAZÃO2 = IMP/REN
TRAN = razão entre o total das transferências de renda e REN em 1976 (*Statistical Abstract* de 1978)
LTRAN = logaritmo natural de TRAN
REN = renda *per capita* no estado em 1976 (fonte: *Statistical Abstract* de 1978)
LREN = Logaritmo natural de REN
MINO = percentual de pessoas de origem negra e hispânica no estado (fonte: *Census of Population* de 1970)
MIG = percentual de novos habitantes desde 1965 (*Census Subject Reports – Mobility for States and Nations*, 1970)
b. Estatísticas-t entre parênteses: as estatísticas-t cujo valor absoluto ultrapasse 2 são estatisticamente significativas no nível dos 5%

é significativa em duas das seis regressões. As variáveis que medem a quantidade de atividade redistributiva nos Estados são, em geral, desprezíveis e, em um dos exemplos, trazem o sinal errado. Meu critério de medição do custo de uma lei em defesa da privacidade, a taxa de imigração recente nos Estados, traz o sinal certo (negativo), mas é sempre desprezível.

Esses resultados, como um todo, dão respaldo apenas parcial à teoria dos grupos de interesse e nenhum à teoria fundada na compaixão ou no altruísmo. Além disso, outras regressões não incluídas na Tabela 3 comprometem até mesmo esses parcos resultados. Por exemplo, quando incluo a urbanização e a criminalidade como critérios adicionais de medição do custo da promulgação de leis em defesa da privacidade (a primeira como expressão da quantidade de privacidade que as pessoas têm e a segunda como medida dos custos de destituir as pessoas do direito de investigar a ficha criminal de um indivíduo, entre outros antecedentes, e da proteção pessoal proporcionada por esse direito), essas variáveis apresentam sinal errado (positivo), e, além disso, a variável relativa às minorias torna-se desprezível. Um fator complicador é que a urbanização e a criminalidade são diretamente proporcionais ao percentual de negros ou hispânicos. É possível, portanto, que parte do efeito da variável das minorias esteja se dirigindo para as outras duas variáveis.

Esses resultados sugerem mais uma teoria das leis de privacidade estaduais: estas tendem a ser promulgadas nos Estados relativamente indiferentes aos custos da criminalidade, como provam os altos índices de criminalidade, os quais provavelmente refletem, pelo menos em parte, o funcionamento do sistema penal nos estados. Na Tabela 4, explora-se essa hipótese, refazendo-se as seis regressões da Tabela 3, dessa vez acrescidas do índice de criminalidade como variável independente; e mudando-se a variável dependente, caso o estado possua ou não uma lei que proteja a confidencialidade das fichas criminais (categoria da privacidade mais claramente relacionada à atividade crimi-

Tabela 4. As leis estaduais de privacidade e a criminalidade. (A variável dependente é igual a 1, se o Estado tem leis em defesa da privacidade da ficha criminal, e igual a 0, se não tem.)

Regressão	Constante	IMP[a]	PROG	RAZÃO1	RAZÃO2	TRAN	LTRAN	REN	LREN	MINO	MIG	CRIM	R^2
1.	-0,073 (-0,119)[b]	-0,0002 (-0,298)						-0,0000006 (-0,004)		-0,002 (-0,354)	-0,014 (-1,200)	0,382 (3,928)	0,36
2.	-0,255 (-0,383)	-0,0004 (-0,607)	0,012 (0,702)					0,00003 (0,235)		-0,001 (-0,192)	-0,012 (-1,028)	0,377 (3,859)	0,37
3.	0,110 (0,172)	0,010 (0,570)		-1,016 (-0,354)				-0,00003 (-0,324)		-0,002 (-0,235)	-0,013 (-0,997)	0,384 (3,943)	0,36
4.	0,078 (0,138)	0,012 (0,665)			-2,584 (-0,523)			-0,00001 (-0,140)		-0,002 (-0,260)	-0,013 (-1,164)	0,386 (3,996)	0,36
5.	-1,00 (-0,895)					0,006 (1,031)		0,00005 (0,389)		-0,001 (-0,122)	-0,013 (-1,197)	0,346 (3,369)	0,37
6.	-7,00 (-0,686)						0,608 (1,509)		0,464 (0,492)	-0,00005 (-0,007)	-0,011 (-0,972)	0,325 (3,278)	0,37

a. Definições das variáveis independentes: ver nota de rodapé "a", na Tabela 3; CRIM = índice de criminalidade *per capita* no Estado – os crimes são registrados pelo FBI (fonte: *FBI Uniform Crime Reports*, 1970)

b. Estatísticas-t entre parênteses: as estatísticas-t cujo valor absoluto ultrapasse 2 são estatisticamente significativas no nível dos 5%

nal). Em todas essas regressões, a variável da criminalidade tem um efeito real e altamente significativo sobre a variável dependente. Esses resultados dão certo respaldo à teoria das leis de privacidade fundada na "indulgência com o crime"[82]. Minha conclusão, entretanto, é que, do ponto de vista econômico, as tendências da legislação relativa à privacidade permanecem um enigma.

---

82. Há objeções técnicas ao uso da análise regressiva baseada no método dos mínimos quadrados ordinários, quando a variável dependente é dicotômica. Contudo, as regressões da Tabela 4 foram refeitas segundo o método da análise logarítmica – projetado para os casos em que a variável dependente é dicotômica – e os resultados não mudaram.

11. Violação da privacidade na jurisprudência da Suprema Corte

Embora não haja na Constituição nenhuma referência à privacidade, as noções de privacidade há muito desempenham um importante papel nos julgamentos de causas constitucionais, seja como valores protegidos por cláusulas constitucionais específicas, como a Quarta Emenda, que proíbe ações arbitrárias de busca e apreensão por agentes federais, seja como valores a serem considerados na interpretação de outras cláusulas que protejam valores conflitantes, como acontece com a Primeira Emenda, cuja garantia de liberdade de expressão pode conflitar com o desejo de um chefe de família de se ver livre de carros de som barulhentos e de irritantes vendedores de porta em porta. Ademais, em 1965, a Suprema Corte instituiu um direito constitucional de privacidade desvinculado de qualquer cláusula específica da Constituição.

É difícil discordar da afirmação de que o direito de privacidade deveria proteger as pessoas de ingerências tanto da parte do Estado quanto de empresas privadas e indivíduos. O alcance do direito de privacidade é uma questão bastante discutida, e nos últimos dois capítulos defendi uma concepção desse alcance bem menos generosa que a que está em voga hoje em dia. Porém, em relação a pelo menos uma das formas da privacidade, o sigilo, as razões econômicas são mais fortes em favor de um direito que proteja as pessoas do Estado do que de um que as proteja da iniciativa privada. Ao buscarem informações sobre possíveis clientes e parceiros de negócios, protegendo-se assim de falsas apresentações, os concessores de crédito, empregadores e demais agentes do setor privado incorrerão em custos adicionais e desvantagem competitiva se exigirem mais informação que o necessário à sua proteção. Por exemplo, o empregador que exigir de um empregado a submissão periódica a testes com um detector de mentiras terá de pagar a ele um salário maior. Se as informações obtidas com os testes não valerem o salário extra, o empregador estará incorrendo em uma despesa cujos benefícios resultantes não justificam e sairá prejudicado ao concorrer com empresas que não exigem tais testes. O Estado não está sujeito a essa disciplina do mercado, pois, na maioria de suas atividades, não enfrenta concorrência alguma; e isso é particularmente verdadeiro no caso do governo federal. Diante disso, segundo Paul Rubin, não se pode esperar, em hipótese alguma, que o governo vá se comprometer com o equilíbrio adequado entre divulgação e confidencialidade[1].

Até que ponto os juízes da Suprema Corte reconhecem essa análise e agem segundo suas implicações, é uma outra questão. Veremos que a conduta da Suprema Corte no tocante à defesa da privacidade é, na melhor das hipóteses, imprevisível e, na pior, perversa.

Casos de violação da privacidade anteriores ao caso de *Griswold*

Muito antes de o tema da responsabilidade civil por violação da privacidade se apresentar perante seus juízes e mesmo antes de Warren e Brandeis escreverem seu famoso artigo sobre o assunto, a Suprema Corte já se confrontava com ações de proteção à privacidade, baseadas na Quarta e

---

1. Ver Paul H. Rubin, "Government and Privacy: A Comment on 'The Right of Privacy'", 12 *Ga. L. Rev.* 505 (1978).

na Quinta Emendas. Na maior parte desses casos, a linguagem, explicitamente constitucional (busca e apreensão, suspeita razoável, testemunho em prejuízo próprio), podia ser interpretada sem referência a nenhuma pretensão de defesa da privacidade porventura existente nas emendas, embora *Olmstead vs. Estados Unidos*[2] tenha sido uma exceção importante. A questão, nesse caso, era se a interceptação da linha telefônica por agentes federais estava sujeita à Quarta Emenda; e a resposta, logicamente, dependia de que tipo de privacidade, precisamente, a Quarta Emenda protege. Se protege apenas o direito de reclusão[3], então não se deveria estabelecer que o grampo está sujeito a ela, pois este não representa violação substancial da privacidade, do ponto de vista físico; e, muitas vezes, como no próprio caso *Olmstead*, nem do ponto de vista técnico – como invasão de propriedade. Mas se a Quarta Emenda trouxer implícito um conceito mais abrangente de privacidade, o grampo poderia estar dentro de seu raio de ação.

A Suprema Corte decidiu que o grampo não está submetido à Quarta Emenda, em parte porque não houve invasão do domicílio do réu. Mas a ênfase na invasão de domicílio foi um erro. Se a Quarta Emenda protege apenas a reclusão, uma invasão de domicílio que tenha passado despercebida não viola a emenda, ao passo que, se os direitos de privacidade protegidos pela emenda forem mais amplos, o fato de não ter havido invasão de propriedade e violação do direito de reclusão torna-se irrelevante. A questão a ser decidida no caso *Olmstead* era exatamente qual direito de privacidade cabia à Quarta Emenda proteger. Mas a Suprema Corte não abordou essa questão.

Se a reclusão não for o único direito protegido pela Quarta Emenda, serão fortes as razões para situar o grampo dentro de seu raio de ação, mesmo na falta de entusias-

---

2. 277 U.S. 438 (1928).
3. A privacidade no sentido de reclusão, ou de paz e tranquilidade, foi discutida no capítulo 10.

mo pelo sigilo. Como observei no capítulo 9, o grampo, ao menos quando se sabe que ele é empregado em larga escala, é provavelmente menos eficaz para a obtenção de informações e, consequentemente, o comprometimento do sigilo (o que não raro seria bom); e mais eficaz para inibir as conversações, tornando a comunicação mais cara do que seria naturalmente. Até esse resultado pode ser tolerável e desejável quando a sociedade quer desestimular a comunicação, o que pode acontecer quando esta promove o avanço de atividades ilegais. Mas não se pode confiar que os policiais e agentes federais sempre restringirão o uso do grampo a esse tipo de comunicação, e isso pelo simples fato de que não compartilham do custo (na forma de menor eficiência na comunicação) que se impõe às pessoas cujos telefones são grampeados. Deveria haver um controle externo sobre as decisões do poder executivo quanto à interceptação de linhas telefônicas, seja na forma de um remédio judicial previsto no direito civil, seja através da exigência de mandado de busca e apreensão ou de uma justificativa convincente para a interceptação.

Normalmente se diz que a decisão do caso *Olmstead* foi incorreta porque a única diferença entre as buscas policiais convencionais e o grampo é uma diferença de ordem tecnológica, que os autores da Constituição seriam incapazes de prever. Não concordo com isso. A diferença entre a busca convencional e o grampo é a mesma que existe entre a reclusão e o sigilo. Imaginando-se que os autores da Constituição estivessem preocupados em proteger a paz e a tranquilidade das pessoas, e não o sigilo da conversa destas[4], um avanço tecnológico que desse à polícia a capacidade de fazer uma busca na casa de alguém com um canhão de micro-ondas que emitisse um forte ruído estaria sujeito à Quar-

---

4. É certo que a emenda protege "papéis" e "pertences", tanto quanto "pessoas" e "casas". Entretanto, um indivíduo seria incapaz de se dedicar livremente às tarefas do lar enquanto a polícia revirasse seus papéis e pertences durante uma busca.

ta Emenda, ainda que os autores da Constituição não tivessem previsto tal método de busca. Por outro lado, a interceptação da linha telefônica, ou "grampo", não estaria sujeita à emenda de forma alguma.

Há muito que o interesse em não ter a paz perturbada é um fator importante nas buscas policiais controvertidas[5]. A importância atribuída, nos primeiros casos envolvendo busca e apreensão, ao fato de o réu ser o proprietário dos bens apreendidos[6] é mais uma prova de que o propósito da Quarta Emenda é proteger a paz e a tranquilidade dos indivíduos contra o transtorno causado pelas buscas policiais. É mais provável que um indivíduo tenha a paz perturbada pela apreensão de seus próprios pertences que pela apreensão dos pertences de outrem. O caso *Hester vs. Estados Unidos*[7], em que se decidiu que a Quarta Emenda não fora vio-

---

5. Ver, em *Estados Unidos vs. Tribunal Distrital*, 407 U.S. 297, 326-7 (1972), voto concorrente, o inventário das "violações brutais da privacidade" (no sentido de reclusão) resultantes de buscas policiais ilícitas: "Infelizmente, esta corte foi testemunha do perigo representado pelas incursões policiais que não receberam sanção prévia da autoridade judicial competente. Por exemplo, em *Weeks vs. Estados Unidos*, 232 U.S. 383; *Mapp vs. Ohio*, 367 U.S. 643; e *Chimel vs. Califórnia*, 395 U.S. 752, lares inteiros foram revirados em buscas sem mandado judicial. De fato, em *Kremen vs. Estados Unidos*, 353 U.S. 346, *todo o conteúdo* de uma choupana, que totalizava mais de 800 itens (como '1 pano de prato'), foi apreendido após a prisão de seu ocupante e levado a São Francisco para ser examinado por agentes do FBI. Em um caso semelhante, *Von Cleef vs. Nova Jersey*, 395 U.S. 814, a polícia realizou, sem mandado, uma busca de três horas na casa de um preso, e acabou apreendendo 'muitos milhares de itens, incluindo livros, revistas, catálogos, listas de correspondência, cartas pessoais (abertas e fechadas), fotografias, desenhos e filmes'. *Idem*, p. 815. Em *Silverthorne Lumber Co. vs. Estados Unidos*, 251 U.S. 385, agentes federais, 'sem a menor sombra de autoridade', invadiram o escritório de um dos requerentes (cujos proprietários haviam sido presos) e 'varreram de lá todos os livros, apostilas e documentos que puderam encontrar'. O juiz Holmes, falando pela corte, qualificou a estratégia de 'ultrajante'. *Idem*, fls. 390-1. Em *Stanford vs. Texas*, 379 U.S. 476, a polícia do estado apreendeu mais de 2000 itens de literatura, incluindo os escritos do Excelentíssimo Sr. Juiz Black, conforme mandado geral de busca emitido para que se inspecionasse a casa de um suposto subversivo."

6. Para um exame desses casos, ver *Warden vs. Hayden*, 387 U.S. 294, 303-4 (1967).

7. 265 U.S. 57 (1924).

lada pelos policiais que espionaram o réu, ainda que tivessem invadido a propriedade deste, também é coerente com essa visão[8]. Logo, pode-se explicar a decisão do caso *Olmstead* pela teoria de que o único interesse relativo à privacidade protegido pela Quarta Emenda é o interesse de um indivíduo em não ter sua solidão interrompida pela polícia. Esta é uma interpretação que, quaisquer que sejam seus méritos fundamentais, ao menos é inteligível e independe dos avanços da tecnologia.

O juiz Brandeis, ao apresentar voto divergente no caso *Olmstead*, reconheceu, ao contrário da maioria, que a essência do caso estava na natureza do interesse referente à privacidade protegido pela Quarta Emenda. No trecho crucial de sua declaração, ele explica o conceito de privacidade adotado, no seu entender, pelos autores da Constituição[9]:

> O compromisso assumido pelos autores de nossa Constituição foi o de assegurar as condições favoráveis à busca da felicidade. Reconheciam o sentido da natureza espiritual do homem, de seus sentimentos e de seu intelecto. Sabiam que apenas uma parte da dor, dos prazeres e das satisfações da vida está nas coisas materiais. Buscaram proteger os ameri-

---

8. O caso *Hester* também é relevante em relação ao que se poderia chamar de teoria da Quarta Emenda fundada na propriedade – p. ex., a teoria observável na divergência do juiz Black no caso *Katz* (ver texto abaixo, notas 25--26), segundo a qual só ocorre violação da Quarta Emenda se houver interferência física em relação a uma pessoa ou à propriedade desta. Como ilustra o caso *Hester*, a invasão de um interesse de propriedade não é condição suficiente para configurar-se invasão de privacidade. Será então uma condição necessária? Só faria sentido responder que sim se não houvesse diferença entre a ação do Estado e a de pessoas físicas ou jurídicas. Nesse caso, o mesmo critério se aplicaria, caso se interpretasse que a Quarta Emenda vincula-se à violação da propriedade do Estado ou do direito da responsabilidade civil. Mas as justificativas e consequências vinculadas à invasão de privacidade diferem na medida em que essa invasão tenha sido realizada pelo Estado ou por pessoas físicas. Sugerem maiores restrições ao primeiro tipo de invasão que ao segundo e, consequentemente, que se liberte a Quarta Emenda das amarras da propriedade estatal e da responsabilidade civil. Não há nada no texto e na história da Quarta Emenda que impossibilite essa conclusão.

9. 277 U.S., fls. 478-9.

canos em seus pensamentos, bem como em suas crenças, emoções e sensações. Criaram, por oposição ao Estado, o direito de não ter a paz perturbada – o mais abrangente dos direitos e o mais valorizado pelo homem civilizado. Para proteger esse direito, toda ingerência injustificável do Estado na privacidade do indivíduo, quaisquer que sejam os meios empregados, deve ser julgada uma violação da Quarta Emenda. E o uso, como prova em um processo penal, de fatos apurados através dessas ingerências deve ser considerado violação da Quinta Emenda.

É certo que os autores da Constituição desejavam criar condições favoráveis a certos ideais da vida humana. Mas não se segue daí que tenham criado um "direito de não ter a paz perturbada"[10] pelo Estado. Não há sinal algum de um direito assim na Constituição. Há apenas direitos específicos de liberdade em relação a formas determinadas de invasão da privacidade. Além disso, a menos que privacidade seja sinônimo de liberdade, e nada indica que Brandeis tenha sustentado essa visão, os interesses protegidos por um direito de ser deixado em paz iriam muito além da privacidade[11]. Por exemplo, o serviço militar obrigatório violaria esse direito, embora a referência às justificativas, na frase seguinte da declaração de Brandeis, talvez o salvasse da invalidação[12].

A passagem citada acabou anunciando duas importantes tendências no panorama contemporâneo das decisões da Suprema Corte referentes à privacidade. Uma delas é a de instituir um direito constitucional de privacidade

---

10. Aparentemente, a frase surgiu na literatura jurídica com Thomas M. Cooley, *A Treatise on the Law of Torts: Or the Wrongs Which Arise Independent of Contract* 29 (2.ª ed., 1888). Nessa obra, empregou-se a expressão exclusivamente com referência aos ilícitos civis da tentativa de agressão e da agressão física.

11. Ver Philip B. Kurland, *The Private I: Some Reflections on Privacy and the Constitution* 14 (1976), The Nora and Edward Ryerson Lecture, Universidade de Chicago, publicado por The Center for Policy Studies.

12. Minha objeção à passagem citada não está no fato de Brandeis acreditar em um direito ilimitado de ser deixado em paz, mas sim no de que mesmo uma versão limitada de tal direito é constitucionalmente improcedente.

que não está no texto da Constituição. A outra é a de ampliar o alcance do direito de privacidade para além da reclusão e do sigilo, e fazer dele um direito geral de não sofrer interferência do Estado (embora aplicado de maneira seletiva e parcial). É de surpreender que Brandeis tenha sido o progenitor dessas tendências. O método analítico da passagem citada é justamente o que ele condenava, quando usado pelos juízes que acreditavam que a cláusula do devido processo da Décima Quarta Emenda era uma garantia de proteção de uma economia de livre mercado contra as assembleias legislativas dos Estados. Nada havia, no texto e na história da Décima Quarta Emenda, que desse àqueles juízes, bem como ao juiz Brandeis, fundamentos para transformar suas preferências políticas pessoais no padrão do direito constitucional.

Além de invocar o "direito de ser deixado em paz", Brandeis, em seu voto divergente no caso *Olmstead*, recorria de modo enfático ao caso *Boyd vs. Estados Unidos*[13]. Naquele caso, com base na Quarta e na Quinta Emendas, a corte decidira pela inconstitucionalidade de uma lei alfandegária federal que estabelecia que, se um indivíduo se recusasse a fornecer um documento exigido pelas autoridades federais, considerar-se-ia, em qualquer ação de execução fiscal movida contra este, que ele admitira a veracidade de quaisquer alegações referentes ao conteúdo do documento. A linguagem do texto abaixo, do caso *Boyd*, Brandeis a vê como respaldo à posição de que a interceptação telefônica viola a Quarta Emenda[14]:

> A essência da agressão não está na invasão de sua residência e na devassa de seus armários. É a violação de seu direito irrevogável à segurança e liberdade pessoais e à propriedade privada (...) que permeia e constitui a essência do julgamento de Lorde Camden [em *Entick vs. Carrington*]. In-

---

13. 116 U.S. 616 (1886).
14. 116 U.S., fl. 630, citado em 277 U.S., fls. 474-5.

vadir uma casa e abrir caixas e armários são agravantes; mas qualquer tipo de extorsão forçada e compulsória do testemunho de um homem ou de seus documentos pessoais, usada como prova para incriminá-lo ou para lhe tomar os bens, está dentro do alcance da condenação aplicada naquele julgamento. Quanto a esse aspecto, a Quarta e a Quinta Emendas praticamente coincidem.

A passagem é pertinente, embora um tanto obscura, quanto a saber se a Quarta Emenda protege apenas o interesse pela reclusão, ou se vai além e também protege o interesse pelo sigilo ou pela ocultação. O voto de Lorde Camden em *Entick vs. Carrington*[15], longamente citado pela corte no caso *Boyd*, considerava a violação da confidencialidade de qualquer documento apreendido em uma busca ilícita como um agravante da ilicitude básica, a qual, em sua visão, consistia na apreensão não autorizada de bens. A interferência era o fator primário e o sigilo, o fator secundário. O caso *Boyd* parece inverter a ordem de importância, mas não o faz. Pois, se a invasão de domicílio e o vasculhamento são descritos como secundários, o fator primário é o direito de "segurança e liberdade pessoais e propriedade privada"; e o primeiro desses direitos provavelmente está relacionado ao interesse da reclusão, enquanto o segundo o está possivelmente e o terceiro, certamente. Ademais, o caso *Boyd* envolvia circunstâncias agravantes da mesma espécie (embora atenuadas) daquelas presentes na busca policial tradicional, pois, naquele caso, as pessoas eram forçadas a examinar minuciosamente seus documentos para conformá-los aos padrões previstos na lei que as obrigava a fornecê-los quando requisitados.

É certo que, ao se ler a passagem acima, extraída do caso *Boyd*, não se pode pensar que as preocupações da corte se resumissem à inconveniência de se ter de produzir um documento. A corte também estava preocupada com a ana-

---

15. 19 Howell's St. Tr. 1029 (1765).

logia entre forçar um indivíduo a testemunhar em prejuízo próprio e forçá-lo a emitir documentos em prejuízo próprio. Se a corte, no caso *Boyd*, estava correta em sustentar que a Quinta Emenda impede o uso dos documentos de um homem como prova criminal, por que não incluir também suas conversas telefônicas? Estas não são testemunhos, mas tampouco o era o recibo do caso *Boyd*.

O aspecto do caso *Boyd* referente à Quinta Emenda não é mais aceito como argumento jurídico[16]. Mas a questão mais importante no que concerne à sustentação daquele caso no direito de privacidade é que, aparentemente, a Quinta Emenda está apenas superficialmente relacionada à proteção da privacidade[17]. A emenda permite que uma pessoa seja interrogada a respeito de assuntos que, mesmo pessoais, não a coloquem em risco de sofrer ação criminal (e, portanto, não protege de modo algum a privacidade dos inocentes); e, além disso, a pessoa pode ser forçada a testemunhar até sobre assuntos que a incriminem, desde que se lhe garanta imunidade judicial. Assim, ainda que agrida a privacidade, a interceptação telefônica não é razão suficiente para invocar a Quinta Emenda. A maneira flexível como a corte interpreta a Quinta Emenda no caso *Boyd* tampouco dá, necessariamente, respaldo a um conceito flexível de privacidade.

Ao sugerir que o caso *Olmstead* poderia ter-se sustentado racionalmente por referência à diferença entre privacidade como reclusão e como sigilo e que Brandeis, em seu voto divergente, deixa de defender de forma persuasiva que a privacidade, neste último sentido, também é um interesse a ser protegido, não pretendo sugerir que o caso tenha sido de fato decidido da forma correta. Os colonos ameri-

---

16. Ver *Fischer vs. Estados Unidos*, 425 U.S. 391, 408 (1976). Ver também *Andresen vs. Maryland*, 427 U.S. 463 (1976).

17. Ver Bernard D. Meltzer, "Privileges against Self-Incrimination and the Hit-and-Run Opinions", 1971 *Supreme Court Review* 1, 21. Mas ver Robert S. Gerstein, "Privacy and Self-Incrimination", 80 *Ethics* 87 (1970), para uma visão contrária.

canos estavam preocupados não apenas com interferências em sua tranquilidade e em seu descanso, mas também com a apreensão de informações pessoais em circunstâncias nas quais eram poucos ou nulos os elementos de perturbação da paz – em especial, a violação de correspondência[18]. Embora a abertura de uma carta possa atrasar sua entrega e aumentar as chances de extravio, estas são consequências secundárias se comparadas ao efeito que teria o comprometimento da confidencialidade da comunicação, ou, no caso das buscas policiais em domicílios, a perturbação da paz. Entre os antecedentes da Quarta Emenda, também estão os "mandados de assistência" (*writs of assistance*), usados principalmente para, através de buscas em armazéns e outras instalações comerciais, fazer valer as leis mercantis[19]. Os "mandados de assistência" eram questionáveis sobretudo por sua eficácia em detectar violações das impopulares leis mercantis britânicas, mais do que pelos transtornos que as buscas causavam à atividade comercial[20].

---

18. Ver David A. Flaherty, *Privacy in Colonial New England* (1972). Um caso mais antigo, *Ex parte Jackson*, 96 U.S. 727, 733 (1877), mencionado de passagem por Brandeis em seu voto divergente, sugerira que a espionagem da correspondência pelos correios violaria a Quarta Emenda.

19. Ver, p. ex., Jacob W. Landynski, *Search and Seizure and the Supreme Court: A Study in Constitutional Interpretation* 30-8 (1966).

20. Ainda assim, meu argumento essencial, de que a privacidade no sentido de reclusão foi descurada nas discussões sobre a Quarta Emenda, reforça-se diante do fato de que os próprios colonos centravam-se nos transtornos causados pelos "mandados de assistência", como em Samuel Adams, *The Rights of the Colonists and A List of Infringements and Violations of Rights, 1772*: "Assim, estamos sujeitos a ter nossos lares, e até nossos quartos, saqueados, nossas arcas e nossos baús destruídos e pilhados por delinquentes que nenhum homem prudente se arriscaria a empregar, mesmo como meros criados; e isso sempre que, prazerosos, disserem que suspeitam da existência, na casa, de mercadorias pelas quais não foram pagos os tributos devidos. Exemplos patentes do amplo exercício desse poder têm ocorrido frequentemente nesta e em outras cidades portuárias. Com isso, somos destituídos daquela segurança doméstica que torna um pouco mais agradável a vida dos mais infelizes. Sob o pretexto de fazer cumprir a lei e sob o manto de um mandado geral, esses policiais violam os direitos sagrados do domicílio, saqueiam a casa das pessoas, acabam com a segurança delas, usurpam propriedade alheia e, sem correr maiores riscos, praticam os mais hediondos assassinatos." 1 Bernard Schwartz, *The Bill of Rights: A Documentary History* 200, 206 (1971).

Prossigamos, e vejamos como se tratou o caso *Olmstead* na era moderna. No caso *Goldman vs. Estados Unidos*[21], a corte, em conformidade com a distinção implícita entre proteção da privacidade física e proteção do sigilo no caso *Olmstead*, decidiu que a escuta eletrônica clandestina (na forma de microfone escondido, e não de "grampo") não estava no âmbito da Quarta Emenda. Porém, em *Silverman vs. Estados Unidos*[22], a corte chegou à conclusão contrária. A escuta, no caso *Silverman*, foi fixada na parede do domicílio do réu. No entender da corte, portanto, a situação distinguia-se da do caso *Goldman*, em que aquela fora posicionada do lado de fora da casa do réu, motivo pelo qual não envolvia

---

Pode-se afirmar que os interesses referentes à privacidade protegidos pela Quarta Emenda talvez não sejam muito fortes, já que, em todos os casos que analisei, a privacidade protegida é a dos infratores. A isso eu responderia que a impressão de que a Quarta Emenda protege os criminosos, e não os cidadãos honestos, resulta da peculiaridade dos remédios judiciais usados para fazer cumprir a emenda. A Quarta Emenda raramente é invocada, exceto por criminosos condenados em busca da anulação de sua condenação, sob a alegação de que as provas usadas no processo foram obtidas mediante violação da emenda. Admite-se a ação de indenização por perdas e danos decorrentes da violação, mas esse procedimento raramente é usado. Ver *Bivens vs. Seis Agentes Federais Não Identificados da Agência de Narcóticos*, 403 U.S. 388 (1971). Não obstante, um método interessante para compreender os objetivos fundamentais da emenda é imaginar como seria se seu cumprimento fosse garantido exclusivamente através de ações por perdas e danos. A polícia seria então impedida de realizar buscas ilegais, por ter de compensar a vítima pela perturbação de sua paz ou por quaisquer outros interesses protegidos pela Quarta Emenda. Se a vítima, com base nas provas obtidas na busca, fosse posteriormente condenada por um crime, isso seria apenas um detalhe. Na medida em que a corte fosse capaz de avaliar com precisão os danos causados pela busca ilegal, a ação de indenização por perdas e danos protegeria igualmente a privacidade de criminosos e inocentes; e isso continuaria valendo, independentemente de as provas ilegalmente apreendidas serem usadas para condenar o réu. Este continuaria tendo direito a indenização pelos danos causados a qualquer interesse lícito seu referente à privacidade. O termo "lícito" serve para distinguir, por exemplo, entre a perturbação da paz do criminoso por uma busca ilegal e a pena a ele imposta devido a atividades ilícitas descobertas pela busca e posteriormente usadas contra ele em uma ação penal. A pena não comprometeria nenhum de seus interesses legais.

21. 316 U.S. 129 (1942).
22. 365 U.S. 505 (1961).

penetração física. Por último, em *Katz vs. Estados Unidos*[23], caso que envolvia o grampeamento de um telefone público, a corte, apoiando-se em *Silverman* e outras decisões semelhantes, rejeitou as decisões dos casos *Goldman* e *Olmstead*.

O juiz Black, ao apresentar voto divergente no caso *Katz*, indignou-se com o fato de a maioria ter-se apoiado no caso *Silverman*, no qual, ao contrário do que ocorrera em *Katz* (e em *Goldman* e *Olmstead*), houvera penetração física do domicílio do réu e, portanto, invasão de propriedade. Mas a invasão não tem importância. Em *Silverman*, ela não importava em perturbação da paz do domicílio do réu. Em *Hester vs. Estados Unidos*[24], a corte recusara-se a submeter à Quarta Emenda a vigilância imperceptível, mesmo tendo havido invasão de propriedade. Da mesma forma, o microfone, no caso *Silverman*, também era imperceptível e portanto não perturbava a privacidade física do réu. Se a justificativa real, no caso *Olmstead*, é que a Quarta Emenda protege apenas a privacidade no sentido de reclusão, então a decisão do caso *Silverman* foi, de fato, incoerente com a do caso *Olmstead*, pois a corte, em *Silverman*, usou a Quarta Emenda para proteger a privacidade no sentido de sigilo, e não no de reclusão.

No caso *Katz*, a corte passou ao largo da distinção entre reclusão e sigilo, e tratou o significado da privacidade como demasiado óbvio para merecer análise ulterior. O juiz Black objetou[25]:

> Através de um hábil jogo de palavras, a corte considera plausível afirmar que uma linguagem voltada especificamente para os atos de busca e apreensão de coisas que podem ser buscadas e apreendidas pode, para proteger a privacidade, aplicar-se a provas de escuta clandestina de conversas que não podem ser buscadas nem apreendidas. Dentre as coisas que acontecem a um indivíduo, poucas não afetam

---

23. 389 U.S. 347 (1967).
24. Ver nota 7 acima.
25. 389 U.S., p. 373.

sua privacidade de alguma forma. Assim, ao substituir arbitrariamente a letra da Constituição, projetada para dar proteção contra operações injustificadas de busca e apreensão, pela sua própria letra, projetada para salvaguardar a privacidade, a corte fez da Quarta Emenda um instrumento para qualificar de inconstitucionais todas as leis que ofendam seu conceito abrangente de privacidade.

Exceto pela sugestão de que a Quarta Emenda abrange apenas a apreensão de coisas tangíveis, a qual não encontra respaldo no texto nem na história da emenda[26], é difícil discordar do juiz Black. A maioria não buscou definir a privacidade e, aparentemente, não percebeu que a decisão do caso *Olmstead* poderia justificar-se com base em outro princípio, que não o da ausência de invasão de domicílio.

Para sustentar sua distinção entre escuta clandestina e busca e apreensão, o juiz Black observa que, embora a primeira já existisse na época da adoção da Declaração de Direitos (em seus *Commentaries*, Blackstone observava que a escuta clandestina era uma contravenção no *common law*[27]), os autores da Constituição não buscaram proibi-la, seja na Quarta Emenda, seja em qualquer outra parte da Constituição. Esse argumento pode não parecer conclusivo, dada a diferença de eficácia entre a escuta clandestina pessoal e a eletrônica, além do que a referência de Blackstone era a "mexeriqueiras comuns", e não a policiais. Mas podemos pensar na importância e eficácia de uma determinada forma de escuta clandestina pessoal: a infiltração de agentes em uma quadrilha ou grupo subversivo. O uso desse método antecede em séculos, se não em milênios[28], a Declaração de Direitos; e seu propósito é a escuta clandestina.

---

26. O "direito do povo à inviolabilidade de suas pessoas", estabelecido na Quarta Emenda, é afirmado de modo suficientemente abrangente para abarcar o direito de não sofrer vigilância eletrônica injustificada.

27. Ver 4 William Blackstone, *Commentaries on the Laws of England* 169 (1769).

28. Sobre o uso de servos que espionavam seus senhores pela polícia do Império Romano, ver Alan F. Westin, *Privacy in Western Society: From the Age*

Historicamente, a Suprema Corte tem se recusado a aplicar a Quarta Emenda ao uso de agentes infiltrados para recolher pistas e provas criminais[29], fundamentando sua posição na ficção jurídica do consentimento e aferrando-se a essa visão mesmo quando, como em *Osborn vs. Estados Unidos*[30], o agente disfarçado portava um microfone, com o qual gravou a conversa com o suspeito. A abordagem da Suprema Corte era justificável em uma época em que, exceto pela correspondência, pode-se dizer que o único direito referente à privacidade defendido pela Quarta Emenda era o de não ser surpreendido por policiais que irrompessem na casa de um indivíduo para revirar seus papéis ou tudo o mais. Porém, a partir do momento em que se decidiu que a Quarta Emenda protegia a privacidade no sentido de sigilo, passo que foi dado no caso *Silverman* e depois em *Katz*, não havia mais justificativas convincentes para excluir os agentes infiltrados do alcance da Quarta Emenda[31]. O agente disfarçado obviamente invade a privacidade (no sentido de sigilo) das pessoas espionadas; e é absurdo dizer que elas "consintam" com essa invasão em qualquer sentido juridicamente válido, pois o consentimento, nesse caso, é invalidado pela fraude. Além disso, é petição de princípio dizer que só há violação se o indivíduo cuja privacidade foi violada tivesse expectativas consideráveis com relação a esta, pois a intensidade de suas expectativas de privacidade depende das leis que a circunscrevem[32].

---

of Pericles to the American Republic 52-3 (Relatório à Comissão Especial de Ciência e Direito da Associação dos Advogados de Nova York, 15 de fevereiro de 1965).

29. Ver, p. ex., *Hoffa vs. Estados Unidos*, 385 U.S. 293 (1966). Para críticas à posição da corte, ver Geoffrey R. Stone, "The Scope of the Fourth Amendment: Privacy and the Police Use of Spies, Secret Agents and Informers", 1976 *Am. B. Found. Res. J.* 1195.

30. 385 U.S. 323 (1966).

31. Os casos *Hoffa* e *Osborn* foram decididos depois de *Silverman*, mas antes de *Katz*. Mas a corte, no caso *Estados Unidos vs. White*, 401 U.S. 745 (1971), negou-se expressamente a seguir, nos casos envolvendo agentes disfarçados, a decisão do caso *Katz*.

32. Ver Anthony G. Amsterdam, "Perspectives on the Fourth Amendment", 58 *Minn. L. Rev.* 349, 384 (1974). O problema da petição de princípio

A decisão do caso *Griswold*

O caso *Katz* ilustra a ampliação irrefletida, mas não necessariamente incorreta, do conceito de privacidade. Do sentido de privacidade física ou reclusão, passa-se ao de sigilo. Da mesma forma, *Griswold vs. Connecticut*[33] exemplifica mais uma ampliação importante do conceito, juntamente com uma alteração em seus fundamentos constitucionais. O caso envolvia o julgamento – como cúmplices na violação de uma lei penal estadual que proibia o uso de contraceptivos, mesmo por pessoas casadas – de dois membros de uma clínica de controle de natalidade que prestavam aconselhamento sobre o uso desses remédios e os prescreviam. Seguindo o voto do juiz Douglas, a Suprema Corte decidiu que a lei violava um direito constitucional de privacidade criado pela Declaração de Direitos.

A parte mais importante do voto começa repelindo, em tom de justificativa, qualquer recurso a noções de "devido processo legal substantivo", e prossegue advertindo o leitor sobre quão flexíveis são as interpretações geralmente dadas à Primeira Emenda. Embora nenhum direito de associação seja mencionado na emenda, esse direito foi reconhecido como questão de interpretação. Fundando-se nesse exemplo, o juiz Douglas conclui: "determinadas garantias da Declaração de Direitos projetam uma penumbra formada por emanações daquelas garantias, que lhes dão

---

foi reconhecido pelo juiz Rehnquist, em seu voto vencedor em *Rakas vs. Illinois*, 439 U.S. 128 (1978), no qual afirmou que a expectativa de privacidade deveria fundar-se na noção de propriedade ou em outras noções externas às doutrinas da Quarta Emenda propriamente ditas. *Id.*, fl. 431 n. 12. No que concerne à recusa da Suprema Corte em submeter à Quarta Emenda os policiais disfarçados, esta é uma afirmação temerária. Não teria o cidadão americano, baseado nos modos e costumes de uma sociedade livre, uma expectativa considerável de que aqueles que se apresentam a ele como amigos confiáveis não sejam policiais disfarçados ou informantes?

33. 381 U.S. 479 (1965). Para uma análise arguta do caso *Griswold*, ver Robert H. Bork, "Neutral Principles and Some First Amendment Problems", 47 *Ind. L. J.* 1, 7-11 (1971).

vida e concretude"[34]. No voto, observa-se que a Primeira, a Terceira, a Quarta e a Quinta Emendas protegem a privacidade, e conclui-se que as "emanações" dessas proteções criam, para as pessoas casadas, um direito "penumbral" de usar contraceptivos.

A referência da Suprema Corte à Terceira Emenda, que proíbe o aquartelamento de soldados em residências particulares em tempo de paz sem o consentimento do proprietário, foi extraordinariamente inoportuna. A Terceira Emenda é o mais claro exemplo, na Constituição, de uma cláusula projetada para proteger a privacidade unicamente no sentido de reclusão. Uma objeção mais geral a essa parte da decisão de *Griswold* é que a teoria das "emanações" ou dos direitos periféricos implica uma ligação entre cerne e periferia que inexiste no caso de um direito de usar contraceptivos. Pode-se imaginar o direito do autor de um panfleto político ao anonimato como acessório ao seu direito de disseminar as próprias opiniões, expresso na Primeira Emenda. Mas não há tal relação entre o direito de usar contraceptivos e os direitos essenciais protegidos pela Terceira, a Quarta e a Quinta Emendas[35].

No voto divergente de Douglas no caso *Public Util. Comm'n vs. Pollack*[36], faz-se uma invocação mais legítima da privacidade como direito acessório. A questão, naquele caso, era se a Comissão de Serviços Públicos (*Public Utilities Commission*, ou P.U.C.) do Distrito de Colúmbia teria violado a cláusula do devido processo legal da Quinta Emenda, ao permitir que a empresa de transportes do distrito realizasse transmissões de rádio (principalmente de música) nos bondes e ônibus. A maioria concordou que a radiodifusão invadia o direito de privacidade dos passageiros, no senti-

---

34. 381 U.S., fl. 484.
35. Posteriormente, o juiz Douglas esforçou-se timidamente, em seu voto, por caracterizar o direito de usar contraceptivos como direito acessório àqueles garantidos pela Quarta Emenda; mas deixou de fazê-lo nos casos posteriores. Ver texto adiante, nas notas 40 e 41.
36. 343 U.S. 451 (1952).

do de reclusão, mas considerou a invasão insignificante. O juiz Douglas, entretanto, apresentou voto divergente, afirmando não que a paz e a tranquilidade sejam, em si, aspectos da liberdade protegida pela cláusula do devido processo legal, mas que permitir que o Estado (era como ele via a empresa de transportes privada, por ser amplamente regulada pela P.U.C.) impusesse às pessoas a condição de ouvintes da música transmitida poderia acabar levando a perigosas iniciativas de propaganda obrigatória por parte do governo. Segundo essa visão, a invasão da privacidade dos passageiros só era inconstitucional porque representava um perigo (bastante remoto, é verdade) de violação das liberdades garantidas na Primeira Emenda.

Outro exemplo no qual a privacidade poderia ser considerada como um direito acessório é o caso *Buckley vs. Valeo*[37], em que a corte defendeu, contra as objeções referentes à privacidade, as disposições da lei federal de financiamento de campanhas políticas, que exigem a divulgação do nome das pessoas que contribuam com dinheiro (ainda que com apenas 100 dólares) para campanhas de candidatos a cargos públicos. A possibilidade de contribuir anonimamente para uma candidatura política poderia ter sido vista como um direito de privacidade acessório à Primeira Emenda, que protege a liberdade de expressão principalmente com o objetivo de preservar a liberdade política; mas não foi vista assim. A negação de tal direito parece incoerente com o direito de anonimidade dos panfletários políticos[38], além de indicar uma oscilação do empenho da Suprema Corte em defender a privacidade.

O caso *Griswold*, por outro lado, apesar da conversa sobre penumbras e emanações, eleva o direito de privaci-

---

37. 424 U.S. 1, 60-82 (1976).
38. O direito do panfletário à anonimidade foi defendido em *Talley vs. Califórnia*, 362 U.S. 60 (1960); ver também *N.A.A.C.P. vs. Alabama*, 357 U.S. 449 (1958). Em *Laird vs. Tatum*, 408 U.S. 1 (1972), semelhante, em espírito, ao caso *Buckley*, a corte decidiu que o programa nacional de vigilância, do Exército, não era inconstitucional sob a Primeira Emenda, a despeito de seu possível efeito "inibidor" sobre a expressão de ideias políticas.

dade a um nível de importância constitucional independente. Consequentemente, a privacidade é usada, nesse caso, em um sentido totalmente novo, pois o direito de usar contraceptivos não é um direito à reclusão (de não ser perturbado por ruídos ou interrompido em casa ou no trabalho) ou à ocultação de informações. Talvez se assemelhe ao direito de privacidade no sentido de reclusão, ou pelo menos tenha raízes semelhantes. Mas o que se reclama como direito de privacidade, no sentido de reclusão, é poder fazer na esfera privada (solitariamente, sem ser perturbado) tudo aquilo que seja permitido pelo direito civil, pelo direito penal e pelo direito de propriedade ou qualquer outra fonte de direitos. O direito reclamado não é o de fazer algo além do que a lei permite[39]. A reclamação, em *Griswold*, de um direito de usar contraceptivos era a reclamação de um direito de fazer algo que o Estado proibira. Não se pode concluir que, por proteger o primeiro tipo de direito, a Constituição também proteja o segundo. É certo que de pouco valeria o indivíduo ter o direito de não ser perturbado por ruídos ou interrompido de outras formas na privacidade de seu lar se o Estado o proibisse de fazer ali as diversas coisas que ele quisesse fazer. Por outro lado, também de pouco valeria o indivíduo ser livre para fazer o que desejasse na privacidade de seu lar se fosse pobre e enfermo. Há algo errado com um método de análise que permita extrair da Quarta Emenda um direito de bem-estar. O erro está em que esse método equipara a privacidade aos propósitos para os quais as pessoas desejam privacidade.

Ademais, definir o direito constitucional de privacidade em função dos fins para os quais se a busca é ignorar as limitações específicas das cláusulas constitucionais correspondentes. A conclusão de que a Quarta Emenda funda-se no conceito de privacidade como reclusão não justificaria o uso desse conceito para defender direitos que a letra da

---

39. Ver Lorenne M. G. Clark, "Privacy, Property, Freedom, and the Family", in *Philosophical Law: Authority Equality Adjudication Privacy* 167 (Richard Bronaugh [org.], 1978).

emenda claramente exclui de seu âmbito de proteção. No caso *Pollack*, a imposição de música para os ouvintes era uma invasão, não importa o quão séria, da privacidade, no sentido de reclusão, dos passageiros, alguns dos quais podem ter sido perturbados em sua reflexão ou leitura. Mas nenhum artifício de linguagem poderia transformá-la em uma busca ou uma apreensão. Da mesma forma, ainda que o conceito de privacidade inclua o direito de usar contraceptivos, não se pode interpretar o texto da Quarta Emenda, ou de qualquer outra cláusula da Constituição, como um direito a tal uso.

Esse ponto também é ilustrado pelo trecho do parecer do juiz Douglas em *Griswold*, no qual, quiçá para reforçar sua abordagem das "emanações", relaciona o direito de usar contraceptivos a uma noção mais convencional de privacidade, ao discutir uma forma hipotética de garantir o cumprimento da lei dos contraceptivos de Connecticut: a busca de provas criminais na cama dos supostos infratores. Tal busca seria de fato uma invasão da privacidade em seu sentido convencional, mas seria uma invasão justificável se a lei já não fosse constitucionalmente questionável por outros motivos[40].

O juiz Harlan, em seu voto divergente no caso *Poe vs. Ullman*[41], que antecipou essa parte do parecer de Douglas em *Griswold*, sugerira que não havia como fazer cumprir a lei dos contraceptivos de Connecticut sem invadir a privacidade. Mas os fatos do caso *Griswold* demonstram que o Estado poderia fazer cumprir a lei sem invadir a privacidade de ninguém, simplesmente processando, como cúmplices, os funcionários das clínicas de controle de natalidade. Não há nada de novo no fato de o principal infrator de uma lei estar fora do alcance efetivo desta, de modo a fazer com

---

40. Pode-se compreender isso imaginando-se como seria se a lei em questão proibisse não os contraceptivos, mas o homicídio, e a polícia tivesse um motivo razoável para suspeitar que o assassino escondera a arma do crime dentro de seu colchão.

41. 367 U.S. 497, 548 (1961).

que apenas através dos cúmplices ela possa ser executada. Existem áreas do direito de patentes e do direito de autor em que apenas aquele que contribuiu para a infração (o fornecedor direto do infrator) chega a ser processado[42]. Mas, ainda que fosse impossível garantir o cumprimento da lei de Connecticut sem violar um interesse referente à privacidade protegido pela Constituição, não se seguiria que a lei violasse o direito de privacidade de alguém, mas apenas que não poderia fazer-se cumprir, como tantas outras leis contra crimes "sem vítima". Não se seguiria, tampouco, que processar os funcionários das ditas clínicas fosse o mesmo que realizar uma busca.

A verdadeira objeção à lei dos contraceptivos de Connecticut não é que esta invade a privacidade, mas que a proibição da contracepção, pelo menos para pessoas casadas, é uma restrição indevida da liberdade de ação. Essa objeção não se torna intelectualmente mais forte se subordinada à privacidade. Talvez o juiz Douglas tenha escolhido fazê-lo para evitar fundamentar sua decisão explicitamente no conceito de "devido processo legal substantivo"[43]. Não obstante, citou vários casos nos quais a intervenção do Estado na família foi limitada sem referência à privacidade, tais como *Meyer vs. Nebraska*[44], em que se decidiu que a proibição estadual do ensino de línguas estrangeiras para as crianças na escola, exceto as línguas clássicas, violava (quando aplicada a escolas particulares) um conceito de liberdade que incluía "o direito do indivíduo a assinar con-

---

42. Ver, p. ex., *Aro Mfg. Co. vs. Convertible Top Replacement Co.*, 377 U.S. 476 (1964).

43. Segundo esse conceito, a cláusula do devido processo legal protege direitos que não são protegidos por nenhuma outra cláusula específica da Constituição, como o "direito de liberdade dos contratos" na época em que a cláusula era usada como garantia de proteção contra a intervenção econômica. Ver Robert G. McCloskey, "Economic Due Process and the Supreme Court: An Exhumation and Reburial", 1962 *Supreme Court Review* 34.

44. 262 U.S. 390 (1923). Ver também *Pierce vs. Society of Sisters*, 268 U.S. 510 (1925).

tratos" e "dedicar-se às tarefas do cotidiano"[45]. O voto vencedor foi de McReynolds, e o divergente, de Holmes[46]. Sob o suposto crivo moderno do devido processo legal substantivo, segundo o qual uma lei só é inválida se não guardar relação racional com nenhum objetivo legislativo legítimo[47], a decisão em *Meyer* foi incorreta[48]. A menção de Douglas ao caso *Meyer* (repetida em casos posteriores envolvendo a privacidade) é prova da sobrevivência do devido processo legal substantivo, a despeito das frequentes manifestações de repúdio. A Suprema Corte contemporânea simplesmente "desregulamentou" a família[49], da mesma forma que seus ignominiosos predecessores impediram os estados de regular a atividade empresarial. É possível concordar com uma dessas linhas, ou com ambas, sem deixar de questionar os fundamentos constitucionais das ações desses juízes[50].

---

45. 262 U.S., p. 399.
46. O voto divergente aparece em outro caso semelhante: *Bartels vs. Iowa*, 262 U.S. 404, 412 (1923).
47. Para alguns exemplos da tolerância da Suprema Corte com leis condenadas como negações do devido processo legal substantivo, ver, p. ex., *Kotch vs. Board of River Port Pilot Comm'rs*, 330 U.S. 552 (1947); *Williamson vs. Lee Optical Co.*, 348 U.S. 483 (1955). E, para a negação da própria existência de uma exigência de relação racional, ver *Ferguson vs. Skrupa*, 372 U.S. 726, 729 (1963).
48. Holmes, em seu voto divergente, analisou a filosofia "híbrida" que pode ter motivado a proibição do ensino de línguas estrangeiras a crianças, e concluiu que a lei não era irracional.
49. Além de *Griswold*, ver os casos analisados adiante, nas notas 52-55; *Carey vs. Population Services Int'l*, 431 U.S. 678 (1977); *Zablocki vs. Redhail*, 434 U.S. 374 (1978).
50. Outra objeção ao método de Douglas – de extrair, de uma série de emendas constitucionais que protegem aspectos específicos da privacidade, um direito geral de privacidade – é que este parte do pressuposto, duvidoso, de que uma lei ou Constituição é imbuída de um "espírito" coeso que perpassa todas as suas cláusulas. Assim, os casos que não estejam no âmbito do texto de uma lei podem ser decididos com base no espírito desta. Esse método trata cada cláusula de uma lei ou da Constituição mais ou menos como casos individuais em um campo do *common law*: do estudo das cláusulas, assim como dos casos, o juiz extrai algum princípio normativo aplicável à decisão de um caso novo ou sem precedentes. Esse método, porém, aplicado a uma lei ou à Constituição, reflete uma incapacidade de compreensão da diferença en-

A violação da privacidade na Suprema Corte depois de *Griswold*

Na decisão do caso *Griswold*, a Suprema Corte afirma, pela primeira vez, um direito constitucional de privacidade desvinculado das garantias específicas pró-privacidade presentes na Declaração de Direitos. Além disso, também pela primeira vez, interpreta-se a privacidade em um sentido mais abrangente que o de reclusão e sigilo. O caso parece ter introduzido uma nova era no direito constitucional, no que se refere aos direitos de privacidade[51].

---

tre leis promulgadas – incluindo-se as constituições – e decisões de *common law*. Ver Richard A. Posner, *Economic Analysis of Law*, cap. 19 (2.ª ed., 1977); e o capítulo 10, acima (comparar "Difamação e depreciação" a "O movimento pró-legislação em matéria de privacidade"). As decisões de *common law* sofrem menos pressão de grupos de interesse que as leis promulgadas. Na medida em que tais pressões prevalecem, pode faltar a uma lei o "espírito" ou a unidade racional capaz de fornecer orientação em áreas que não pertençam especificamente a seu âmbito. Ver Duncan Kennedy, "Legal Formality", 2 *J. Legal Stud*. 351 (1973). Assim, o fato de existir, na Constituição, uma emenda dedicada à imprensa, outra contra o alojamento de tropas em domicílios particulares e uma outra que fixa um direito contra o testemunho em prejuízo próprio, poderia ser resultado das manobras dos grupos de interesse representados na Assembleia Constituinte, em vez de expressão coerente da concepção de um direito de ser deixado em paz. Essa possibilidade deveria ao menos ser considerada (como não o fez Douglas), antes de se interpretar cada emenda como uma decisão de *common law* a expressar um princípio uniforme. Aliás, se há um "espírito" na Constituição, este é o de desconfiança em relação ao Estado. O moderno Estado de bem-estar social é contrário a esse espírito, motivo pelo qual aqueles que desejam criar direitos constitucionais baseados no "espírito" da Constituição deveriam pensar duas vezes antes de fazê-lo.

51. Não discutirei os casos não constitucionais de violação da privacidade tratados pela Suprema Corte. Estes, em sua maioria, são casos de interpretação de diversas leis federais relativas à privacidade, como a imunidade à Lei da Liberdade de Informação em casos envolvendo violação da privacidade, tema analisado por Anthony T. Kronman em texto homônimo, 9 *J. Legal Stud*. 727 (1980). Também não retomarei a análise que fiz dos casos de busca e apreensão, alguns dos quais foram decididos após *Griswold*.

Privacidade sexual

Em *Eisenstadt vs. Baird*[52], a Suprema Corte viu-se diante da questão de se um Estado poderia proibir a distribuição de contraceptivos a pessoas solteiras. A corte decidiu que não, afirmando que tratar os solteiros de forma diferente nesse aspecto, em relação aos casados, cujo direito de usar contraceptivos se afirmara em *Griswold*, seria uma arbitrariedade e portanto uma violação da cláusula de igual proteção das leis da Décima Quarta Emenda. A essência da decisão está na seguinte passagem[53]:

> É certo que, em *Griswold*, o direito de privacidade em questão era inerente à relação matrimonial. Não obstante, o casal não é um ente independente dotado de mente e coração próprios, mas uma associação de dois indivíduos dotados de configurações intelectuais e emocionais distintas. Se o direito de privacidade tem algum significado, é o de ser o direito do *indivíduo*, casado ou solteiro, de não sofrer intromissão desautorizada do Estado em assuntos tão fundamentalmente pessoais como a decisão de conceber ou não uma criança.

A afirmação de que o direito de privacidade não significa *nada* se não autorizar uma pessoa solteira a obter contraceptivos demonstra o quanto a Suprema Corte havia se distanciado, em 1972, de qualquer um dos sentidos habituais da palavra "privacidade". Em *Griswold*, a corte, para relacionar o direito de usar contraceptivos a noções familiares de privacidade, especulara sobre o caráter invasivo dos possíveis métodos de execução de uma lei contra o seu uso. No caso *Baird*, essa justificativa não era possível, pois a lei não proibia o uso de contraceptivos, mas apenas a distribuição. O caso *Baird* é um exemplo puro de devido processo legal substantivo, e revela que o fundamento do caso

---
52. 405 U.S. 438 (1972).
53. *Id.*, p. 453.

Griswold não é a ideia de privacidade, mas a de liberdade sexual[54].

Uma vez que a Suprema Corte, no caso *Baird*, desvinculara o direito de usar contraceptivos de qualquer conceito de privacidade como aquilo que as pessoas fazem de forma privada, era talvez inevitável que se acabasse sustentando, como implicação do direito de privacidade, o direito de qualquer mulher ao aborto, que é outro método de evitar uma gravidez indesejada. É certo que há, entre esses métodos, diferenças que podem ser importantes para o problema da justificação da intervenção estatal. Acima de tudo, o aborto, ao contrário da contracepção, envolve a supressão de uma vida humana (ou ao menos proto-humana). Mas, no tocante à questão da possível proteção constitucional de um interesse referente à liberdade para tomar medidas que evitem a concepção indesejada de uma criança, independentemente da existência de interesses que se sobreponham a este, não há diferença entre contracepção e aborto. Portanto, talvez não seja de surpreender que a Suprema Corte, em *Roe vs. Wade*[55], tenha dedicado apenas uma frase à questão de se incluir ou não no direito de privacidade o direito ao aborto.

Os casos *Baird* e *Wade* levantam, de forma ainda mais eloquente que *Griswold*, a questão de se nossa Constituição* está definitivamente escrita, com as limitações que isso implica à criação de novos direitos constitucionais, ou se não passa de uma carta branca dada à Suprema Corte para moldar as políticas públicas segundo as preferências pessoais dos juízes. Não há nada na letra, na trajetória legislativa ou no arcabouço teórico de nenhuma das cláusulas da Constituição que demonstre qualquer intenção de limitar a ação reguladora do Estado sobre a família, exceto se

---

54. Este argumento é reconhecido em Louis Henkin, "Privacy and Autonomy", 74 *Colum. L. Rev.* 1410 (1974); e, surpreendentemente, é considerado coerente com a "modernização da Constituição pelo Judiciário", *Id.*, p. 1424.

55. 410 U.S. 113, 153 (1973).

* O autor se refere à Constituição dos Estados Unidos. (N. do T.)

essa ação for de cunho racista ou discriminatório em geral. A ausência de um princípio constitucional aplicável à questão torna os casos *Baird* e *Wade* bem diferentes de *Olmstead* e *Katz*. A Quarta Emenda incorpora um conceito de privacidade que pode ser suficientemente amplo para abarcar a ocultação de informações. Mas não há na Quarta Emenda, nem em nenhuma outra parte da Constituição, nada que indique uma política de permitir que as pessoas pratiquem relações sexuais sem medo de engravidar. Os juízes tentaram preencher essa lacuna mediante o expediente meramente discursivo de considerar como um aspecto da "privacidade" a liberdade de se dedicar a atividades que a Suprema Corte não considere que devam ser reguladas. Privado, segundo essa visão, é simplesmente o que, no entender da corte, não deveria sujeitar-se ao controle estatal. Nesse sentido, contudo, o direito do indivíduo de desempenhar a profissão de sua escolha sem a obstrução do Estado poderia igualmente ser considerado um aspecto do direito de privacidade. Aos juízes que acreditavam que a Constituição protegia o direito do empregador e do empregado de estabelecerem os termos do contrato de trabalho sem a interferência do Estado, simplesmente faltou habilidade para justificar sua crença através da linguagem da privacidade[56].

Conflitos com outros direitos

Muito antes de *Griswold*, a Suprema Corte defrontara-se com o conflito entre o direito, previsto na Primeira Emenda, de disseminar ideias através de carros de som ou batendo de porta em porta, e o direito dos moradores a se verem

---

56. O juiz Marshall acredita na existência de um direito constitucional de ser deixado em paz (aplicável ao direito de um policial a não cortar o cabelo em obediência às normas do departamento), que nem precisa ser expresso em função de um direito de privacidade. Ver seu voto divergente em *Kelley vs. Johnson*, 425 U.S. 238, 253 (1976).

livres do barulho e das interrupções resultantes dessas atividades. Em 1951, a Suprema Corte defendeu uma lei estadual que proibia a venda de porta em porta, exceto com autorização prévia dos proprietários ou moradores das residências[57]. Essa engenhosa conciliação entre o direito de privacidade e o de expressão foi usada, posteriormente, para preservar uma lei que determinava a suspensão da entrega de mala-direta contendo propaganda de natureza sexual para pessoas que preenchessem uma declaração, junto aos correios, requerendo o não recebimento desse tipo de correspondência[58]. Mas essa conciliação não era possível nos casos que envolviam carros de som.

Em *Saia vs. Nova York*[59], a corte invalidou um decreto que exigia a concessão de alvará para o uso de carros de som, e afirmou: "Neste caso, nega-se o alvará, devido ao incômodo causado a algumas pessoas pelo som. No próximo, pode-se negá-lo se as ideias propagadas causarem incômodo a algumas pessoas."[60] À primeira vista, a analogia entre som incômodo e ideias incômodas parece falha, simplesmente porque o barulho de um carro de som é uma invasão de privacidade e as ideias não o são. Mas esta é uma distinção superficial. O descanso e a tranquilidade podem ser interrompidos tanto por ideias quanto por sons. A verdadeira diferença entre o barulho e as ideias incômodas é que o primeiro pode ser controlado sem grandes restrições à disseminação de ideias, enquanto as últimas só podem ser controladas – com algumas exceções importantes[61] – mediante a proibição total de sua disseminação. As consequências da Primeira Emenda são, portanto, de uma magnitude bem diversa. A Suprema Corte logo percebeu isso e,

---

57. *Breard vs. Alexandria*, 341 U.S. 622 (1951). Na decisão, mencionava-se o interesse do proprietário por "privacidade e descanso". *Id.*, fls. 625-6.
58. *Rowan vs. Post Office Dept.*, 397 U.S. 728 (1970).
59. 334 U.S. 558 (1948).
60. *Id.*, fl. 562.
61. Ver *Rowan*, nota 58 acima; *Erznoznik*, nota 63 adiante; e *Cohen*, nota 67 adiante.

um ano depois, praticamente invalidou a decisão do caso *Saia*, em uma decisão que considerava o barulho do carro de som uma invasão da "quietude e da tranquilidade"[62].

A decisão foi tomada sem sugestão alguma de que exista um direito constitucional à reclusão, embora se possa dizer que as raízes constitucionais de um direito desse tipo, especificamente na Quarta Emenda, seriam aparentemente mais sólidas que as do direito de usar contraceptivos afirmado no caso *Griswold*. É verdade que os direitos constitucionais em geral e o direito de privacidade reconhecido naquele caso em particular normalmente representam proteção contra a ação do Estado, e não contra a ação privada; e essa distinção não é apenas técnica, pois há bons motivos para se distinguir entre as invasões estatais e não estatais da privacidade. É de presumir, porém, que a declaração de um direito constitucional de privacidade feita em *Griswold* expresse de algum modo a visão da Suprema Corte a respeito da importância dos interesses protegidos por esse direito; e, a menos que o conceito de privacidade presente na Constituição seja totalmente apartado do conceito tradicional, a tranquilidade e o repouso estão entre esses interesses. Portanto, após a ascensão do direito de privacidade a direito constitucional, seria de esperar que o tipo de interesse reclamado em *Breard* e *Kovacs* se saísse bem no confronto com outros direitos constitucionais. Mas, surpreendentemente, isso não aconteceu.

O caso *Erznoznik vs. Cidade de Jacksonville*[63] envolvia um conflito entre liberdade de expressão e, como nos casos dos carros de som e da propaganda porta a porta, o direito de privacidade no sentido de reclusão. A questão era a constitucionalidade de um decreto municipal que proibia a exibi-

---

62. *Kovacs vs. Cooper*, 336 U.S. 77, 87 (1949). Outros casos recentes na mesma linha são *Grayned vs. Cidade de Rockford*, 408 U.S. 104 (1972), em que se confirmou um decreto que restringia o barulho próximo a escolas, e *Povoado de Belle Terre vs. Boraas*, 416 U.S. 1, 9 (1974), autorizando o zoneamento de áreas por família, para proteger a "tranquilidade da reclusão".

63. 422 U.S. 205 (1975).

ção de cenas de nudez em telas de cinemas *drive-in* visíveis de vias públicas ou de qualquer outro local público. O fundamento do decreto era o interesse do indivíduo em poder dirigir sem ter a atenção desviada por enormes imagens de nudez surgindo à sua frente[64]. A Suprema Corte, ao invalidar o decreto, não mencionou o interesse da privacidade; afirmou apenas que o decreto passava dos limites ao proibir a exibição de todas as cenas de nudez, obscenas ou não. Essa visão é imprecisa. Uma imagem de nudez de quinze metros de comprimento distrai a atenção, independentemente de ser de mau gosto ou não, ou de compor uma parte tão essencial de algum trabalho de valor artístico considerável, a ponto de não poder ser suprimido por obediência às leis. Algumas pessoas consideram ofensivas as imagens cinematográficas de nudez, quer estas violem ou não alguma lei de decência. Outras, mesmo não se sentindo ofendidas, preferem não expor os filhos a cenas desse tipo. Poder-se-ia considerar esse interesse pela reclusão suficientemente importante (na visão de uma corte que acredita que o direito de privacidade emane de diversas cláusulas da Declaração de Direitos) para sobrepor-se à pequena violação dos interesses dos espectadores, causada pelo decreto. Este não proibia a exibição de cenas de nudez nos cinemas em geral, nem em cinemas do tipo *drive-in* em particular. Exigia apenas que se posicionasse ou protegesse a tela de tal modo que esta não fosse visível de vias públicas, quando se exibissem cenas de nudez. Provavelmente, as adaptações necessárias poderiam ter sido feitas sem muito prejuízo. Em contrapartida, se todos os usuários de vias públicas que se ofendessem com as cenas de nudez tivessem de encontrar caminhos diferentes, isso teria causado, no somatório, um inconveniente considerável.

É certo que alguns donos de cinemas optariam por não exibir filmes que contivessem cenas de nudez, em vez de

---

64. Sobre se a privacidade no sentido de reclusão é aplicável a pessoas "em público" (p. ex., dirigindo), ver capítulo 10, acima.

esconder a tela dos usuários das estradas. Mesmo assim, uma vez que nem todas as telas de cinemas *drive-in* são visíveis das autoestradas, isso sem considerar os cinemas fechados, o impacto sobre o público que assiste a cenas de nudez teria sido pequeno. No longo prazo, o impacto poderia muito bem ser desprezível, pois as telas de cinemas *drive-in* construídas após a aprovação do decreto poderiam ser facilmente posicionadas ou protegidas para atender aos padrões. Aparentemente, a Suprema Corte estava ciente dessa possibilidade, pois esta implicava que um decreto de zoneamento regulamentando o posicionamento de cinemas *drive-in* poderia não violar a Primeira Emenda, ainda que movido pelo desejo de proteger das cenas de nudez os observadores desavisados[65].

A decisão do caso *Erznoznik* sugere que o direito de privacidade, tal como concebido pela Suprema Corte, não implica nenhum direito de se ver livre de cenas cinematográ-

---

[65]. *Id.*, fl. 212 n. 9. O controle, por zoneamento, da localização de cinemas "adultos" foi defendido posteriormente em *Young vs. American Mini Theatres*, 427 U.S. 50 (1976), embora sem referência a um possível interesse por privacidade, que poderia dar respaldo ao zoneamento. O juiz Powell, contudo, estava suficientemente preocupado com a aparente incoerência entre *Erznoznik* e *Young*, a ponto de ressaltar, em seu voto concorrente em *Young*, certas deficiências técnicas, a meu ver insignificantes, do decreto invalidado em *Erznoznik*. Ver 427 U.S., fls. 73-84. Por exemplo, o decreto não estipulava distâncias. Portanto, poderia ser violado ainda que a autoestrada passasse tão longe da tela do cinema, que ficasse do tamanho aparente de um selo. Se essa hipótese levantada no voto de Powell tivesse surgido em algum caso de violação do decreto, teria fornecido um importante instrumento restritivo do alcance de sua aplicação. Mas seria demais esperar que uma assembleia municipal antevisse e determinasse especificamente todas as remotas aplicações que a imaginação judicial poderia conceber para seus decretos. Talvez a Suprema Corte respondesse que a doutrina associada a casos como *Thornhill vs. Alabama*, 310 U.S. 88 (1940) e *Smith vs. Califórnia*, 361 U.S. 147 (1959) exige que as leis que controlam a expressão de ideias sejam avaliadas diretamente, e não à medida que são aplicadas – isto é, por referência a casos hipotéticos, em vez de reais. Mas, nesse caso, a recusa em reconhecer uma exceção à doutrina, nos casos em que a legislação em cheque funda-se em um interesse por privacidade, é apenas mais um sinal de que a devoção da Suprema Corte à privacidade é menos firme do que sugere o discurso do caso *Griswold* e de outros casos de privacidade sexual.

ficas de nudez, mas implica o direito das pessoas casadas a usarem contraceptivos. Isso é uma inversão dos valores associados ao termo "privacidade". Segundo essa visão, a Constituição zela pelo direito dos donos de cinema a impor cenas de nudez ao público e pelo dos casais a fornicar sem medo de gerar filhos; mas não zela pelo interesse por privacidade que leva um motorista a se ofender com cenas de nudez gigantes à beira da estrada[66].

O caso *Erznoznik* é particularmente interessante porque, embora a invasão de reclusão fosse mental, e não física, teria sido possível proteger um direito de privacidade sem causar sérios danos aos interesses da Primeira Emenda. *Cohen vs. Califórnia*[67] é mais complicado. Nesse caso, a Suprema Corte decidiu que uma lei estadual que proibia qualquer conduta que invadisse a "paz ou a tranquilidade de qualquer (...) pessoa" era inconstitucional se aplicada ao uso, dentro de um tribunal, de uma jaqueta com as inscrições: "F——se o recrutamento." Podem-se distinguir dois tipos de invasão da privacidade nesse caso. Um deles é o constrangimento causado pelo sentimento por trás da frase (a oposição ao recrutamento militar e, implicitamente, à política americana no Vietnã à época). Esse constrangimento não é fundamento suficiente para a regulamentação, ainda que se rejeite a visão de que é desejável impor ideias rechaçadas às pessoas. A fonte primária de constrangimento não está na visão da oposição ao recrutamento expressa em uma jaqueta, mas na consciência de que as pessoas se opõem ao recrutamento; e essa consciência não pode ser exposta sem tolher, de alguma forma, a opinião contrária.

A segunda afronta à privacidade vem do uso da palavra chula. O caráter ofensivo da expressão independe do

---

66. Nessa mesma linha, é alarmante a observação do professor Lawrence Tribe, em uma seção de seu tratado que versa sobre o direito de privacidade em seu sentido constitucional moderno, bastante flexível: "a liberdade de atingir os outros (...) está no cerne de toda concepção adequada do eu". Lawrence H. Tribe, *American Constitutional Law* 8 (1978).

67. 403 U.S. 15 (1971).

conteúdo desta. Prova disso é que mesmo as pessoas que se opõem ao recrutamento podem se sentir ofendidas com o uso do palavrão. Para aqueles que se sentem agredidos pelo emprego de uma linguagem obscena em público, a invasão da tranquilidade e do descanso é tão concreta quanto no caso da propaganda por telefone ou do barulho dos carros de som. Logo, a questão principal em *Cohen* era se a invasão de privacidade mostrava-se significativa quando comparada à redução da eficiência da comunicação, resultante da desautorização do termo preferido das pessoas vulgares e iletradas para expressar hostilidade.

Ao afirmar que a invasão de privacidade não era significativa, a Suprema Corte reutilizou um argumento que empregara em *Erznoznik*, mas que rejeitaria, anos depois, no caso *F.C.C. vs. Pacifica Foundation*[68]. O argumento é que as pessoas no interior do tribunal "poderiam evitar eficientemente *maiores* constrangimentos, simplesmente desviando os olhos". Assim, sofreriam apenas uma "breve exposição" ao material ofensivo[69]. Essa afirmação ignora todas as dimensões da invasão da privacidade, exceto a temporal. A lógica do argumento é que um som muito alto escutado por apenas dez segundos representa, naturalmente, uma invasão menor da privacidade que um som mais brando escutado por vinte segundos. A Suprema Corte também desconsiderou o papel da memória no prolongamento da imagem ou do som ofensivos.

Em *Pacifica*, a Suprema Corte afirmou, sobretudo com base no interesse por privacidade (no sentido de reclusão) dos donos de rádios e suas famílias, a constitucionalidade da regulamentação da Comissão Federal de Comunicação (*Federal Communications Commission*) sobre a veiculação de palavras obscenas. Uma vez que a dificuldade de mudar de estação não é maior que a de desviar os próprios olhos (e os dos filhos) de uma tela de cinema *drive-in* enquanto se

---

68. 438 U.S. 726 (1978).
69. 403 U.S., fls. 21-2 (grifo meu).

dirige, a decisão do caso *Pacifica* é incoerente com a de *Erznoznik*, a menos que os palavrões não tenham direito a proteção constitucional (ao contrário do que ocorre em *Cohen*) ou a menos que o cinema *drive-in* seja considerado um espaço mais valioso de expressão de opiniões que o rádio. Este último pode ser o fundamento real, embora indigno, da distinção entre o caso *Pacifica*, por um lado, e o caso *Cohen*, por outro[70].

Outra área de conflito entre a privacidade e a Primeira Emenda encontra-se exemplificada no caso *Time, Inc. vs. Hill*[71], que tratava de um conflito entre a liberdade de imprensa e aquele aspecto da responsabilidade civil por violação da privacidade, no estado de Nova York, que protege as pessoas de serem retratadas na mídia "sob uma luz desfavorável" (*false light*). A Suprema Corte decidiu que a concessão de um remédio judicial previsto no direito civil estadual só é constitucional se a exposição desfavorável da pessoa tiver sido "deliberadamente maliciosa", isto é, se tiver desrespeitado a verdade de forma deliberada e inconsequente. A decisão foi fundada no caso *New York Times Co. vs. Sullivan*[72], no qual a mesma corte determinou que as ações judiciais movidas por pessoas famosas com base na Primeira Emenda só seriam permitidas se a difamação fosse deliberadamente falsa. Embora o ilícito civil por difamação se assemelhe bastante àquele conhecido como *false light*, os dois não são iguais. Uma das diferenças é que este último está vinculado à publicidade indevida (ampla disseminação) e não à mera divulgação, que, para dar esteio a uma ação por difamação, precisa ser feita a apenas uma pessoa. Outra diferença é

---

70. Historicamente, o rádio e a televisão receberam menos proteção da Primeira Emenda que os outros meios de comunicação (compare-se *National Broadcasting Co. vs. Estados Unidos*, 319 U.S. 190 [1943], e *Red Lion Broadcasting Co. vs. F.C.C.*, 395 U.S. 367 [1969], com *Miami Herald Pub. Co. vs. Tornillo*, 418 U.S. 241 [1974]), com base em uma falácia econômica analisada em Posner, nota 50 acima, pp. 546-7.
71. 385 U.S. 374 (1967), analisado no capítulo 9, acima.
72. 376 U.S. 254 (1964).

que, no caso do ilícito civil por *false light*, a mentira não precisa lesar a reputação do demandante. Pode-se resumir a diferença entre os dois ilícitos da seguinte forma: o ilícito por difamação protege o indivíduo contra a perda de transações vantajosas devido a manchas em sua reputação, e o por *false light* protege as pessoas contra a atenção indesejada, isto é, protege a privacidade no sentido de reclusão[73].

Uma vez que o ilícito civil por difamação protege a reputação, e o por *false light*, a privacidade, e uma vez que a Suprema Corte acredita que haja um direito constitucional de privacidade, mas nunca sugeriu a existência de um direito constitucional relativo à reputação[74], e, por fim, como o demandante no caso *Sullivan* era uma personalidade pública e portanto teoricamente menos sensível a invasões da privacidade que o cidadão comum, seria de esperar que a Suprema Corte considerasse a questão da necessidade ou não de provar a efetiva malícia do réu um problema mais complicado em *Hill* que em *Sullivan*. Entretanto, no trecho da decisão do caso *Hill* que trata do assunto, nem se menciona a privacidade, e sugere-se que, em *Sullivan*, há mais motivos para se defender a responsabilidade civil, pois o caso envolvia "também o interesse do Estado em proteger o indivíduo contra danos a sua reputação"[75]. Põe-se a reputação acima da privacidade, embora a segunda (conforme a decisão em *Griswold*) tenha *status* constitucional e a primeira não.

Semelhante equívoco e menosprezo do direito de privacidade por parte do direito de responsabilidade civil no âmbito estadual são evidentes em *Cox Broadcasting Corp. vs. Cohn*[76], em que se invalidou uma lei estadual que proibia a

---

73. É claro que a exposição de uma pessoa sob uma falsa luz pode afetar sua capacidade de realizar transações vantajosas, isto é, pode manchar sua reputação. Mas, nesse caso, poderia ser objeto de ação por difamação.

74. A Suprema Corte afirmou que a Constituição não prevê nenhum direito a uma boa reputação. Ver *Paul vs. Davis*, 424 U.S. 693, 711-2 (1976).

75. 385 U.S., fl. 391.

76. 420 U.S. 469 (1975).

publicação ou veiculação eletrônica do nome das vítimas de estupro. A lei protegia aquele aspecto da responsabilidade civil por violação da privacidade que busca resguardar as pessoas da divulgação constrangedora de informações pessoais, mesmo verdadeiras. Como vimos no capítulo 9, esse aspecto do direito civil foi, corretamente, interpretado de forma estrita porque é comum uma pessoa ocultar informações sobre si mesma para levar os outros a realizar transações com elas, coisa que não fariam se conhecessem a verdade; e porque esse tipo de ocultação é uma espécie de fraude que, à primeira vista, não merece mais proteção que a fraude na esfera do mercado. Mas, como demonstram os fatos em *Cox*, nem sempre são esses os motivos da ocultação de informações pessoais. Como, naquele caso, o estuprador matara a vítima, a informação de que esta fora estuprada seria irrelevante para alguém que pensasse em realizar transações com ela no futuro. A ocultação da identidade da vítima visava a diminuir a dor dos parentes e evitar a atenção indesejada dos curiosos. Assim, o interesse pela privacidade como sigilo fundiu-se ao antigo interesse pela privacidade como reclusão. O nome da vítima tampouco era imprescindível, embora fosse relevante, para o caráter informativo de uma notícia escrita ou televisionada sobre o estupro.

 A Suprema Corte não deu atenção a determinados fatos do caso, que o tornavam interessante para a defesa da privacidade como direito. A lei foi invalidada sob a afirmação de que a identidade da vítima constava em documentos judiciais de domínio público e a Primeira Emenda autoriza a imprensa a publicar qualquer informação contida nesses documentos. A Suprema Corte sugeriu que o Estado, ao impedir o acesso à informação, não teria violado a Primeira Emenda. Mas, como negou-se a fazê-lo, não tinha o direito de impedir que a informação fosse publicada nos meios de comunicação.

 Esse raciocínio impõe ao Estado a ingrata tarefa de escolher entre conduzir a portas fechadas os julgamentos por estupro (presumindo-se que isso possa ser feito sem violar o direito do réu a um julgamento público) ou sacrificar a privacidade das vítimas de estupro. A solução apresentada pelo poder estadual, invalidada pela Suprema Corte, protegia esse último interesse com um prejuízo menor para o princípio do julgamento público que a solução sugerida pela Suprema Corte. Esta aparentemente pensava que a disposição do Estado para permitir que o nome da vítima aparecesse nos autos do processo demonstrava que o poder estadual não se importava realmente com a privacidade. Mas essa conclusão ignora a distinção fundamental, na responsabilidade civil por violação da privacidade, entre aquilo que é meramente público e aquilo que é "publicado". Não há responsabilidade civil por violação da privacidade se não houver publicidade indevida (ampla disseminação). Por outro lado, o direito de reclamar da publicidade indevida não deve ser desrespeitado simplesmente porque a informação em questão já é do conhecimento de algumas pessoas[77].

---

77. Dois casos recentes de difamação, nos quais a Suprema Corte decidiu que a regra da "personalidade pública" aplicada em *New York Times Co. vs. Sullivan* não se estende a certas personalidades "involuntariamente" públicas, sugerem uma inconstância quanto aos fundamentos da decisão do caso *Cox*. Em *Hutchinson vs. Proxmire*, 443 U.S. 111 (1979), a Suprema Corte decidiu que um cientista que fora ridicularizado por um senador poderia processá-lo por difamação porque o cientista não buscara "publicidade" para seu trabalho fora da comunidade acadêmica. E, em *Wolston vs. Reader's Digest Ass'n, Inc.*, 443 U.S. 157 (1979), a mesma corte decidiu que um homem condenado, dezesseis anos antes, por desacato à autoridade do Congresso não era mais uma personalidade pública. Esses casos revelam uma simpatia pelo receptor involuntário da "publicidade" jornalística, simpatia que inexiste em *Cox*.

No tocante a um dos ramos da responsabilidade civil por violação da privacidade, o uso indevido da imagem ou do nome, felizmente não há conflito entre as leis estaduais e a Primeira Emenda. Em *Zacchini vs. Scripps-Howard Broadcasting Co.*, 433 U.S. 562 (1977), a questão era se a veiculação, em um programa de TV, de um número inteiro de "canhão humano" poderia, constitucionalmente, ser considerada uso indevido da imagem ou do nome de seu proprietário por parte do canal de TV. A Suprema Corte decidiu que sim e observou que era improvável que a aplicação da responsabilidade civil restringisse a disseminação do número do canhão humano, pois, obviamente, seu proprietário desejava a "publicidade". Ver *id.*, fl. 573. (O número foi transmitido como entretenimento. Se a finalidade fosse, digamos, questionar a segu-

Arquivamento

O famoso artigo de Warren e Brandeis sobre o direito de privacidade foi uma reação ao surgimento da coluna social de jornal, a qual, na visão deles, ameaçava a privacidade. Conforme observei no capítulo 9, os autores não perceberam a possibilidade de a coluna social ser apenas um substituto da vizinhança como mecanismo de vigilância informal, cuja eficiência vira-se reduzida pela crescente urbanização e pela valorização do tempo, juntamente com o aumento das taxas de alfabetização. Atualmente, aqueles que se preocupam com a perda da privacidade concentram-se no avanço dos equipamentos eletrônicos, que trouxe não apenas dispositivos eficientes de escuta (que vão muito além do grampo telefônico), mas também técnicas eficientes de armazenamento e recuperação de dados, graças às quais tornou-se possível recolher e disseminar muito mais informações sobre as pessoas. Mais uma vez, é possível que esses avanços sejam simplesmente uma compensação por

---

rança do número, o canal de TV teria tido um argumento mais forte para invocar a Primeira Emenda.) A Suprema Corte poderia ter sido mais contundente em sua argumentação. A concessão de um direito de propriedade aos profissionais do entretenimento, que era o efeito da lei estadual em questão, poderia, ao estimular a produção de entretenimento, aumentar, em vez de reduzir, a criação e disseminação de ideias. Lembremo-nos, porém, de que, em *Buckley vs. Valeo*, nota 37 acima, caso no qual os interesses protegidos pela Primeira Emenda e os interesses relativos à privacidade também coincidiam, a Suprema Corte rejeitou a invocação do direito de privacidade.

Quero deixar claro que, ainda que se rejeite a noção de um direito constitucional à privacidade, coisa que o devido respeito à letra da Constituição parece exigir, não se segue daí que a privacidade não mereça maiores considerações nos casos relacionados à Primeira Emenda. Ninguém acredita em uma interpretação literal da Primeira Emenda. É aceitável restringir a liberdade de expressão, se as razões para tanto forem suficientemente fortes, e estas não precisam estar na Constituição. Os interesses relativos à liberdade e à segurança refletidos no direito de responsabilidade civil estadual, incluindo-se a responsabilidade civil por violação da privacidade, devem desempenhar um papel considerável na determinação de se uma lei em cheque viola a Primeira Emenda, independentemente de a Constituição em si proteger ou não os interesses contrários à interferência do Estado.

outros fatores que tendem a aumentar a privacidade, principalmente a urbanização contínua. Mas isso é questionável. Inquestionável é o fato de que as técnicas modernas de arquivamento têm sido alvo de preocupação de todos os que se veem como defensores da privacidade, exceto a Suprema Corte.

A Lei de Sigilo Bancário de 1970[78] é um exemplo do tipo de legislação possibilitada pelo progresso do armazenamento de informações que preocupa os defensores da privacidade. A lei, com o objetivo explícito de facilitar seu cumprimento, exige que os bancos façam e mantenham cópias de todos os cheques e demais dispositivos de transferência financeira (as regulamentações da lei restringiram a exigência de cópia e retenção a transações de monta, como cheques de valor superior a US$10.000), e as deixe à disposição dos órgãos responsáveis pela imposição da lei. No caso *California Bankers Ass'n vs. Shultz*[79], as exigências de arquivamento previstas na Lei de Sigilo Bancário foram mantidas, em detrimento de alegações fundadas na privacidade, entre outras. Da mesma forma, foi mantida a exigência de fornecimento de cópias às autoridades no caso *Estados Unidos vs. Miller*[80], em que um órgão de fiscalização obtivera de um banco, mediante mandado, cópias de cheques do réu produzidas e mantidas em arquivo por obediência à Lei de Sigilo Bancário.

A Suprema Corte observou que os registros das transações bancárias são propriedade do banco, e não do correntista ou outro cliente qualquer. Se o único aspecto da privacidade protegido pela Constituição fosse o da reclusão, essa observação seria pertinente, pois o acesso do Estado a cópias feitas por um banco não afeta a privacidade física do indivíduo. Mas, uma vez que se entenda por privacidade a confidencialidade de informações privadas, qualquer noção

---

78. 12 U.S.C. § 1829b(d).
79. 416 U.S. 21 (1974).
80. 425 U.S. 435 (1976).

de propriedade se torna irrelevante, já que nossos segredos frequentemente estão registrados nos arquivos dos outros, sejam nos de um médico, de um empregador ou de um banco[81].

A Suprema Corte também enfatizou que cheques não são comunicação confidencial, e sua privacidade já se encontra, de qualquer modo, comprometida pelo fato de serem lidos pelos funcionários do banco. Este é o mesmo erro cometido pela Suprema Corte em *Cox*. Privacidade na informação geralmente significa divulgação seletiva de informações pessoais, em vez de sigilo total (se seu significado fosse apenas este último, a interceptação telefônica não a violaria). Um cliente pode não se importar com o fato de os funcionários do banco saberem muito sobre suas transações financeiras. Mas não se segue daí que ele seja indiferente à veiculação mundial dessas transações pela TV ou à revelação delas ao governo.

Por trás dos casos que envolvem a Lei de Sigilo Bancário, estão os antigos casos relacionados à doutrina das informações solicitadas, a qual, tomada à letra, permite que a privacidade seja invadida impunemente mediante um simples procedimento em duas etapas[82]. Na primeira etapa, o Estado exige que o cidadão lhe forneça ou torne disponível determinadas informações. Na segunda, fornece-se a informação a um órgão de fiscalização. Não há remédio judicial para o indivíduo em nenhuma das etapas. Este não tem direito a se opor à exigência de fornecimento das informações, se não for abusiva, nem à divulgação das informações

---

81. Ou de uma companhia telefônica: ver *Smith vs. Maryland*, 99 S. Ct. 2577 (1979), caso no qual se decidiu que o uso de um aparelho que registra os números discados pelo assinante de uma linha telefônica não viola a Quarta Emenda. A decisão fundou-se no argumento, extremamente artificial, de que o ato de discar revela à companhia telefônica o número discado. Ou de um contador: ver *Couch vs. Estados Unidos*, 409 U.S. 322 (1973).

82. Ver, p. ex., *Shapiro vs. Estados Unidos*, 335 U.S. 1 (1948); Robert B. McKay, "Self-Incrimination and the New Privacy", 1967 *Supreme Court Review* 193, 214-24; Bernard D. Meltzer, "Required Records, the McCarran Act, and the Privilege against Self-Incrimination", 18 *U. Chi. L. Rev.* 687, 712 (1951).

pelo órgão que as obteve dele, já que esse órgão detém a posse legal das informações.

Em casos posteriores, decidiu-se, é verdade, que um indivíduo pode invocar a Quinta Emenda para justificar a recusa em fornecer informações solicitadas que o incriminem[83]. Mas isso torna ainda mais surpreendente o fato de a Suprema Corte não ter acolhido a alegação de inconstitucionalidade em *Miller*. Nesse caso, tratava-se de um mandado de busca, não de uma intimação a depor em juízo. Além disso, como observei anteriormente, a sugestão, em *Boyd vs. Estados Unidos*, de que a Quinta Emenda protege os documentos dos indivíduos foi desacreditada. Portanto, no caso *Miller*, o argumento de inconstitucionalidade teria de se basear na Quarta e não na Quinta Emenda. Porém, como já observei, a Quarta Emenda é mais explicitamente projetada para proteger a privacidade, se comparada à Quinta Emenda. Poder-se-ia pensar, então, que um mandado de busca que invadisse a privacidade estaria ao menos no âmbito da Quarta Emenda.

Uma boa maneira de saber se a Suprema Corte antipatiza com um tipo de argumento é ver se esta cai em incoerência ao buscar negá-lo. Em *Miller*, o fato de as transações financeiras do réu terem sido expostas ao exame dos funcionários do banco antes da promulgação da lei sob contestação convenceu a Suprema Corte de que ele não tinha nenhuma expectativa razoável de privacidade que pudesse ter sido destruída pela lei. Em *Whalen vs. Roe*[84], a Suprema Corte reafirmou a constitucionalidade de uma lei estadual que exigia que se conservasse o registro da identidade das pessoas a quem seus médicos receitassem drogas perigosas, embora legais. A corte rejeitou o argumento de que a lei invadia a privacidade e observou que a lei restringia aos funcionários do órgão estadual de saúde a revelação das infor-

---

83. Ver *Marchetti vs. Estados Unidos*, 390 U.S. 39 (1968); *Grosso vs. Estados Unidos*, 390 U.S. 62 (1968).
84. 429 U.S. 589 (1977).

mações privadas obtidas por determinação dela. Este é justamente o tipo de revelação que, em *Miller*, afirmou-se que destruía quaisquer expectativas moderadas de privacidade. Seria de pensar que uma lei que destrua quaisquer expectativas de privacidade infrinja, consequentemente, o direito constitucional à privacidade.

A atitude da Suprema Corte nos casos relacionados à doutrina das informações solicitadas seria compreensível se, no entender daquela, a Quarta Emenda protegesse apenas a reclusão, e a Constituição não criasse nenhum direito geral de privacidade. O primeiro ponto de vista vetaria a contestação de intimações a depor em juízo e de mandados de busca, como no caso *Miller*, e o segundo, a contestação de leis que determinem a conservação de documentos, como em *Shultz* e *Whalen*. O que torna a atitude da Suprema Corte difícil de compreender é que seus membros, inclusos alguns que apresentaram voto concorrente em *Shultz*, *Whalen* e *Miller*, consideram que a Constituição protege a privacidade tanto no sentido de sigilo quanto no de reclusão (por exemplo, *Katz*), e também que cria um direito geral de privacidade, sem restringi-lo de nenhuma forma específica (por exemplo, *Griswold*). A primeira dessas crenças implica que Miller deveria ter sido capaz de contestar o mandado de busca relativo às cópias de seus registros financeiros mantidas pelo banco. A segunda, por sua vez, implica que essa análise não é definitiva, ainda que a Quarta Emenda não dê às pessoas o direito de vetarem o acesso aos registros de suas transações financeiras mantidos pelos bancos, pois o direito constitucional de privacidade se estende para além das garantias específicas daquela emenda. Em suas práticas voluntárias de arquivamento, os bancos buscam o equilíbrio entre a privacidade e os demais interesses dos clientes. Esse equilíbrio pressupõe uma otimização[85]. A Lei de Sigilo Bancário feriu esse equilíbrio, em prejuízo da privacidade; e, ao fazê-lo, parece ter, ao menos à

---

85. Ver texto da nota 1, acima.

primeira vista, violado o direito geral de privacidade formulado em *Griswold*.

É impossível conciliar a visão de privacidade adotada pela Suprema Corte em *Katz* com a que adota em *Miller*: a visão de que a Quarta Emenda se aplica ao grampo telefônico com a visão de que ela não se aplica a uma lei que obrigue os bancos a fotografar os cheques dos clientes e depois entregá-los a um órgão do governo para serem usados em um processo criminal. Quanto aos casos de privacidade sexual, a única forma de conciliá-los com a negação de um direito geral de privacidade apresentada nos casos de arquivamento é restringindo-se o conceito de privacidade para que abarque a liberdade sexual, mas não a confidencialidade – ou seja, uma completa inversão do conceito. A Suprema Corte fez isso em *Paul vs. Davis*[86]. Ao decidir que nenhum interesse protegido pela Constituição foi invadido pela circulação de um panfleto que continha uma lista de pessoas presas (mas não necessariamente condenadas) por furto em lojas, a corte declarou que o demandante não estava contestando a "capacidade do Estado de restringir sua liberdade de ação em uma esfera alegadamente 'privada'", mas apenas "afirmando que o Estado não pode dar publicidade ao registro de um ato oficial, tal como uma prisão"[87]. A periferia do direito de privacidade é transformada em centro, e o centro, relegado à periferia.

A insensibilidade da Suprema Corte às invocações da privacidade nos casos de arquivamento é surpreendente sobretudo porque, nas decisões dessa corte relativas à discriminação racial e sexual, examinadas na Parte IV, jaz, pronta para ser utilizada, uma teoria constitucional capaz de reconhecer a legitimidade daquelas pretensões. A discrimi-

---

86. 424 U.S. 693 (1976).
87. *Id.*, fl. 713. Da mesma forma, em *Smith vs. Daily Mail Pub. Co.*, 443 U.S. 97 (1979), a Suprema Corte, ao invalidar uma lei que proibia os jornais de publicar nomes de jovens delinquentes, observou que "a questão aqui não envolve privacidade". *Id.*, p. 105.

nação é, em grande medida, uma questão de fundamentação de decisões em informações incompletas: tecer generalizações sobre a personalidade e as capacidades de uma pessoa a partir de sua raça ou de seu sexo. Se a discriminação é uma ação inconstitucional do Estado, isso ocorre em grande medida porque desejamos, em certas áreas, forçá-lo a analisar cada caso individualmente. O desejo de permitir que as pessoas ocultem informações sobre si mesmas tem a ver com a mesma preocupação relativa à fundamentação de decisões em generalizações, e não na análise de cada caso individualmente. O argumento em defesa do candidato a emprego que queira ocultar do empregador a própria ficha criminal é que este, a partir das informações, fará uma generalização equivocada e "injusta" sobre a adequação do candidato à vaga. Esse argumento é o mesmo utilizado para proibir os empregadores de aplicar a raça como critério de seleção de empregados. Uma aversão ao uso de generalizações ao se tomarem decisões sobre as pessoas poderia ter lançado as bases para uma teoria da privacidade das informações, a qual, por sua vez, poderia ser usada como guia de análise nos casos de arquivamento.

Conclusão

Esta parte do livro termina longe de onde começou, no nebuloso universo dos julgamentos, na Suprema Corte, de causas constitucionais relativas à privacidade, em que "privacidade" significa, por exemplo, o direito das pessoas casadas e solteiras, adultos e crianças, a comprar contraceptivos e praticar o aborto. No confronto entre o direito de privacidade em seus sentidos tradicionais e o direito daqueles que invadem a privacidade em nome da liberdade sexual ou da "publicação" de atividades sexuais, geralmente prevalece o segundo. É como se a Suprema Corte se tivesse deixado infectar pelo radicalismo estudantil do fim da década de 1960 e início da de 1970, com sua ênfase na honestidade às expensas da privacidade e seus *slogans*, como "seja você mesmo" e "deixe rolar"[88]. Se, aos casos *Erznoznik* (em que o direito dos donos de cinemas *drive-in* a exibir cenas de nudez em telas visíveis desde as estradas prevaleceu sobre o direito do usuário da estrada a não ter a própria privacidade invadida dessa forma) e *Cox* (em que o direito de "publicar" o nome de uma vítima de estupro e assassinato prevaleceu sobre o direito dos pais dela a sofrerem em paz), acrescentarmos *Griswold* e os demais casos de privacidade sexual, e ainda a sugestão, em *Paul vs. Davis* e *Smith vs. Daily Mail*, de que o direito de privacidade é um direito de praticar ações, e não de manter informações em sigilo, perceberemos uma tendência, da parte da Suprema Corte, a confundir privacidade com liberdade e exposição sexual. Talvez os enormes abusos sofridos pelo conceito de privacidade nos casos de privacidade sexual sejam o motivo por que alguns juízes hoje sentem dificuldade em reconhecer as legítimas invocações do interesse pela privacidade.

Seria possível enxergar, a partir de algumas decisões recentes (*Pacifica*, *Hutchinson* e *Wolston*), uma crescente sensibilidade da Suprema Corte aos argumentos que recorrem à privacidade em um sentido inteligível, não fosse pela recente decisão do caso *Bell vs. Wolfish*[89]. Em *Wolfish*, uma das questões era se a inspeção visual, pelos guardas de uma penitenciária federal, daquilo que se define eufemisticamente como "cavidades corporais" dos prisioneiros e prisioneiras, após a visita de alguém de fora da prisão, constituía violação da Quarta Emenda. Essas inspeções eram realizadas após cada visita, houvesse ou não motivos para crer que os visitantes tivessem entregue ao prisioneiro alguma arma, ou qualquer outra coisa, para que este a contrabandeasse dentro de suas cavidades corporais. Entre os detentos inspecionados, havia pessoas em prisão preventiva, isto é, indivíduos que ainda não haviam sido condenados pelo crime

---

[88]. Cf. minha citação do professor Tribe na nota 66, acima.
[89]. 441 U.S. 520 (1979).

devido ao qual foram detidos. Com efeito, os autores da ação se encaixavam nessa categoria.

A Suprema Corte, inclusos juízes tais como Blackmun, que veem como uma inaceitável invasão de privacidade a proibição da venda de contraceptivos a crianças[90], determinaram que as inspeções eram legais. No voto vencedor, sugere-se, de passagem, que os detentos (mesmo aqueles ainda não condenados pelos crimes devido aos quais foram presos) podem não ter nenhum dos direitos previstos na Quarta Emenda[91].

A Corte não deu ouvidos ao fato de as inspeções não se basearem em uma suspeita razoável de serem,"devido às limitações de tempo (...), frequentemente conduzidas na presença de outros detentos", de fazerem "com que alguns detentos dispensassem visitas"[92] e de serem realizadas a despeito da seleção e vigilância rigorosas dos próprios visitantes. Diante dos famosos problemas de segurança das prisões americanas, a decisão do caso *Wolfish* pode ter sido acertada; mas não é uma decisão própria de homens que tenham a privacidade em alta conta. Ademais, é difícil compreender uma lógica de pensamento que repele os argumentos que invocam a privacidade em casos como *Wolfish*, *Erznoznik*, *Cox* e *Miller*, e, ao mesmo tempo, considera a restrição da venda de contraceptivos incompatível com o respeito devido à privacidade.

---

90. Ver *Carey vs. Population Services Int'l*, 431 U.S. 678, 691-9 (1977) (voto vencedor do juiz Brennan, acompanhado pelos juízes Stewart, Marshall e Blackmun).
91. Ver 441 U.S., fl. 558.
92. *Id.*, fl. 577 (voto divergente do juiz Marshall).

IV. A Suprema Corte e a discriminação

12. O direito e a economia da discriminação

Ao passar da privacidade à discriminação, pode parecer, mais uma vez, que este livro esteja mudando repentinamente de direção. Mas, na verdade, os dois temas estão intimamente relacionados. O desejo de proteger a privacidade no sentido de reclusão e o de proibir a discriminação de tipo racial ou semelhante têm origem comum na relutância em julgar as pessoas a partir de informações incompletas, seja sobre sua ficha criminal, seja sobre sua raça. Nos capítulos 13 e 14 analisam-se as decisões mais recentes da Suprema Corte no campo da discriminação reversa ou ação afirmativa, o que há de mais moderno em matéria de políticas contra a discriminação na atualidade. Examino aqui os efeitos distributivos da discriminação e descrevo a teoria da discriminação baseada no custo da informação. Apresento ainda uma abordagem econômica que justifica e define as restrições que a Décima Quarta Emenda impõe à "ação dos estados", e questiono as leis que proíbem a discriminação praticada unicamente por particulares.

Algumas pessoas preferem não se relacionar com integrantes de grupos raciais, religiosos ou étnicos diferentes do delas, e até pagariam para exercer essa preferência, esse "gosto pela discriminação". Embora o comércio entre negros e brancos proporcione ganhos pecuniários (aos negros que trabalham para brancos ou vice-versa, aos brancos que vendem casas para negros etc.; assim como há ganhos pecuniários em qualquer tipo de comércio), impõe custos não pecuniários, mas reais, àqueles a quem desagrade ter relações com membros da outra raça. Esses custos são análogos aos custos de transporte no comércio internacional e, como estes, reduzem a quantidade de transações comerciais, bem como o volume das associações vinculadas a essas transações[1].

Mas qual é o impacto da redução do comércio sobre a riqueza dos grupos envolvidos? Suponhamos que os brancos não gostem de se relacionar com os negros, mas que para estes seja indiferente a identidade racial de seus parceiros comerciais. Muitos brancos ganharão salários inferiores aos que ganhariam se não tivessem essa preferência. Se, por exemplo, recusarem-se a vender sua casa a negros dispostos a pagar preços mais altos que os oferecidos por compradores brancos, estarão rejeitando transações comerciais vantajosas. As preferências raciais dos brancos também reduzirão a renda dos negros, por impedi-los de realizar transações vantajosas com eles. Entretanto, a redução da renda dos negros será proporcionalmente superior à da renda dos brancos. Como os negros repesentam apenas uma pequena parte da economia, o número de transações vantajosas que estes podem realizar com os brancos é maior que o número de transações vantajosas que os brancos podem realizar com os negros. A parcela branca é grande o bastante para ser autossuficiente, enquanto a negra é muito menor e, portanto, mais dependente do comércio com os brancos.

Em um mercado livre e competitivo, atuam forças econômicas que minimizam a discriminação. Em um mercado em que haja muitos vendedores, é provável que a intensidade do preconceito contra os negros varie consideravelmente. Alguns vendedores terão apenas um leve preconceito e portanto não rejeitarão tantas transações vantajosas

---

1. Ver Gary S. Becker, *The Economics of Discrimination* (2.ª ed., 1971), obra na qual se baseia a análise que empreendo nesta parte do capítulo.

com negros quanto seus concorrentes mais preconceituosos. Consequentemente, os custos desses vendedores serão menores, o que lhes permitirá aumentar sua fatia de mercado. Os vendedores menos preconceituosos terminarão dominando o mercado, mais ou menos da mesma forma que as pessoas que têm menos medo de altura terminam por dominar o mercado de trabalho para as profissões cujo desempenho envolve o trabalho em lugares altos, pois essas pessoas cobram menos para realizar tais tarefas.

Em uma situação de monopólio, a tendência de o mercado ser tomado por empresas menos preconceituosas para com os negros não é tão forte. O preconceito do vendedor monopolista de cada mercado será, em geral, igual, em intensidade, ao do membro padrão da comunidade, e não ao do menos preconceituoso. Porém, os monopólios livremente transferíveis, como as patentes, tenderão a cair nas mãos dos menos preconceituosos. A exploração eficiente de um monopólio que exija relações com negros é menos valiosa para o proprietário altamente preconceituoso (que sofrerá tanto uma redução de sua renda pecuniária, ao rejeitar transações vantajosas, quanto um prejuízo não pecuniário, ao realizá-las) que para o menos preconceituoso. Portanto, a tendência será que os mais preconceituosos vendam seus monopólios aos menos preconceituosos.

Mas nem todos os monopólios são livremente transferíveis; e, se o monopólio é regulado, é provável que as forças de mercado contrárias à discriminação se enfraqueçam ainda mais. Uma maneira de contornar limitações da margem de lucro é substituir a renda pecuniária pela não pecuniária, uma vez que esta última se presta muito pouco ao controle por agências regulatórias; e a satisfação que as pessoas preconceituosas extraem de não se relacionarem com uma determinada minoria é uma forma de renda não pecuniária. Em outras palavras, o custo da discriminação para os discriminadores é inferior quando, devido à regulação do Estado, a renda pecuniária rejeitada como resultado da discriminação é menor do que seria se não houvesse regulação[2].

Sindicatos trabalhistas com poder de monopólio também prejudicam a eficácia da concorrência na minimização da discriminação. Um sindicato monopolista fará com que o salário de seus membros se eleve acima do salário que teriam em outros empregos. Essa disparidade, por sua vez, levará os ocupantes desses empregos a se sindicalizarem. Mas o sindicato não pode admitir todos os novos membros porque, se elevar a oferta de mão de obra, tornar-se-á incapaz de sustentar o preço monopolístico que cobra dos empregadores. Assim, surge a necessidade de restringir o ingresso de novos membros. O sindicato pode leiloar vagas quando estas surgirem, permitir que seus membros vendam a vaga que ocupam (este é o método usado na Bolsa de Valores de Nova York, que, até pouco tempo atrás, era um cartel de corretoras) ou adotar diversos critérios não pecuniários, como o nepotismo e a raça. A prática habitual tem sido o uso de critérios não pecuniários, e a cor branca como pré-requisito para o ingresso em sindicatos foi amplamente utilizada. Com efeito, uma parte dos lucros monopolísticos dos membros dos sindicatos vem na forma de liberdade para recusar parcerias que lhes desagradem. Na ausência de sindicatos monopolistas, os trabalhadores menos preconceituosos teriam, no mercado de trabalho, uma vantagem comparável àquela de que desfrutam os vendedores menos preconceituosos no mercado de produtos. Os empregadores não teriam de pagar-lhes um prêmio tão grande para que aceitassem trabalhar com empregados negros porventura contratados por razões de eficiência.

Logo, as políticas estatais, responsáveis pelo controle dos lucros dos monopolistas e, em parte, pela força dos sin-

---

2. Ver Armen A. Alchian & Reuben Kessel, "Competition, Monopoly, and the Pursuit of Money", em *Aspects of Labor Economics: A Conference of the Universities – National Bureau Committee for Economic Research* 157 (Nat. Bur. Econ. Research, 1962).

dicatos, podem elevar a discriminação acima do nível que se verificaria em um mercado não regulado. O efeito é ainda maior quando os governos promulgam e regulamentam leis discriminatórias, como por muito tempo ocorreu nos estados do Sul*. É verdade que leis desse tipo só são promulgadas se houver, na comunidade, uma forte preferência contra o trato com os negros. Mas isso não quer dizer que não transcendam os sentimentos individuais. Pode haver uma minoria de brancos sem muita inclinação para a discriminação, os quais poderiam não estar dispostos a arcar com as despesas de manutenção de banheiros, escolas ou outras instalações separadas, em sua comunidade. Em um estado sulista desprovido de leis contrárias à existência de escolas não segregadas, a maioria dos distritos poderia, mesmo assim, continuar mantendo escolas segregadas se as leis federais o permitissem. Mas isso poderia não ocorrer nos distritos onde os habitantes brancos não estivessem dispostos a pagar um preço considerável para não terem de conviver com negros. A quantidade total de discriminação no estado seria então menor.

Em *Brown vs. Board of Education*[3], a Suprema Corte, invocando a cláusula de igual proteção das leis da Décima Quarta Emenda, declarou que eram inconstitucionais as leis estaduais que exigissem ou permitissem a segregação racial em escolas públicas. A corte afirmou que a segregação na educação era inerentemente injusta, por incutir um sentimento de inferioridade nas crianças negras. A rejeição da noção de "separado, mas igual" encontra fundamentação tanto na psicologia quanto na economia. A segregação reduz as oportunidades de relacionamento entre as raças, relacionamento este que seria particularmente valioso para os negros, devido à posição econômica preponderante dos brancos na sociedade. A Suprema Corte reconhecera o argumento em um caso anterior: *Sweatt vs. Painter*[4]. Ao sus-

---

* O autor se refere aos Estados Unidos. (N. do T.)
3. 347 U.S. 483 (1954).
4. 339 U.S. 629 (1950).

tentar que os negros devem ser aceitos nas faculdades públicas de direito, a corte observou que, em uma escola de direito segregada, os estudantes negros não teriam a oportunidade de estabelecer contato profissional com os estudantes que mais provavelmente ocuparão cargos importantes nas magistraturas e na advocacia após a graduação. O argumento de que essa desvantagem seria compensada pelo fato de que os estudantes brancos também seriam impedidos de se relacionar com os estudantes negros foi rejeitado, sob a afirmação de que a posição pouco privilegiada dos negros na profissão tornava tais relacionamentos menos valiosos para os estudantes brancos.

A decisão do caso *Brown* foi criticada por negar aos brancos a liberdade de associação, ao mesmo tempo que a concede aos negros; e pelo fato de inexistir um "princípio neutro" capaz de nortear a escolha entre as preferências sociais dos brancos e dos negros[5]. Mas a análise econômica sugere uma forma de distinguir entre as preferências sociais dos brancos preconceituosos e dos negros não preconceituosos. Por serem os negros, economicamente, uma minoria, o custo do preconceito dos brancos é proporcionalmente mais alto para eles do que para os próprios brancos. Isso não quer dizer que a discriminação seja ineficiente, mas que possui efeitos redistributivos sistemáticos que poderiam ser usados como premissa para um princípio de antidiscriminação neutro, embora não maximizador da riqueza.

A Décima Quarta Emenda determina que nenhum *Estado* poderá negar a igual proteção de suas leis, e nem sempre está claro se a discriminação deveria ser vista como ação pública ou privada. Podem-se distinguir três níveis de envolvimento estadual na discriminação: uma lei ou outra ação oficial que ordene a discriminação; a prática da discriminação em algum empreendimento público e o envolvi-

---

5. Ver Herbert Wechsler, "Toward Neutral Principles of Constitutional Law", 73 *Harv. L. Rev.* 1 (1959).

mento do Estado em empreendimentos privados nos quais se pratique a discriminação, mas não na decisão discriminatória em si. O primeiro e o segundo tipos de envolvimento estadual ocorreram no caso *Brown*, mas não foram reconhecidos. Um dos aspectos da decisão da Suprema Corte era a invalidação de leis que determinavam a segregação em todas as escolas públicas do Estado. Leis desse tipo, presumivelmente, oficializam o preconceito da parcela mais preconceituosa da população, e assim geram mais discriminação do que ocorreria se a decisão de segregar fosse deixada a cargo das escolas públicas de cada distrito. O segundo aspecto da decisão era a invalidação de leis estaduais que davam às escolas locais de cada distrito a opção de segregarem ou não. Quando a decisão de segregar fica a cargo das escolas de cada distrito, não é tão óbvio que a quantidade de discriminação será diferente da que existiria se todas as escolas fossem particulares; mas provavelmente haverá mais discriminação. O sistema público de ensino é um monopólio intransferível (o ensino particular não é um substituto tão bom a ponto de privar totalmente o sistema distrital de ensino de seu poder de monopólio), e os monopólios não transferíveis costumam discriminar mais, em média, que as empresas em livre concorrência e os monopólios transferíveis. Como a maioria dos serviços públicos são monopólios intransferíveis, esse argumento aplica-se aos órgãos públicos em geral[6].

---

6. Isso pressupõe que o corpo de funcionários do órgão público reflita ao menos a propensão média da comunidade para a discriminação. Se o órgão for controlado por pessoas menos preconceituosas que a média da comunidade, é possível que pratique até menos discriminação do que a que se praticaria em um mercado competitivo. Poder-se-ia presumir que os quadros de funcionários dos órgãos públicos hoje, sobretudo no âmbito federal, sejam compostos por pessoas menos preconceituosas que a média. Mas um estudo recente sobre as diferenças salariais entre funcionários do sexo masculino e feminino e funcionários negros e brancos do Departamento de Saúde, Educação e Bem-Estar sugere que as práticas empregatícias do setor público não estão mais livres do preconceito que as do privado. Ver George J. Borjas, "Discrimination in HEW: Is the Doctor Sick or Are the Patients Healthy?" 21 *J. Law & Econ.* 97 (1978).

A análise é diferente se a decisão de discriminar é tomada por um indivíduo ou empresa privada, mesmo que haja algum envolvimento do Estado na atividade. A questão, creio, seria se a discriminação tornar-se-ia mais provável com o envolvimento do Estado do que sem ele. O envolvimento do Estado através da regulamentação das companhias públicas e do transporte de cargas aumenta a probabilidade de a empresa praticar políticas de discriminação. Nesse caso, a discriminação praticada pela empresa poderia ser vista como ação do Estado para fins de aplicação da Décima Quarta Emenda. Entretanto, nos casos em que o envolvimento do Estado não aumente a probabilidade de discriminação, não há razão para atribuir a este a responsabilidade por uma decisão de discriminação privada. O estado mantém um enorme sistema de registro de propriedade, além de estar profundamente envolvido na regulamentação do uso das terras e dos imóveis. Essas atividades, contudo, não aumentam a probabilidade de um proprietário branco recusar-se a vender sua casa a um comprador negro devido a uma indisposição para o trato com negros.

A análise precedente sugere não uma definição mais restrita de ação do Estado, mas uma definição diferente daquela adotada pelos juízes. Essa análise apoiaria uma proibição da discriminação racial nos sindicatos, com base na Décima Quarta Emenda, pois as políticas públicas que estimularam o crescimento de monopólios sindicais elevaram, dessa forma, a probabilidade de discriminação racial no trabalho, mas não proibiria a prática da discriminação em uma empresa privada terceirizada que operasse dentro de um órgão público[7], a menos que o poder público a houvesse encorajado a discriminar.

Suponhamos que o envolvimento do Estado tome a forma de imposição legal de uma decisão privada de praticar a discriminação. Podem-se impor legalmente cláusulas raciais?[8] Pode a cidade de Macon, na Geórgia, como admi-

---

7. Como em *Burton vs. Wilmington Parking Authority*, 365 U.S. 715 (1961).
8. Ver *Shelley vs. Kraemer*, 334 U.S. 1 (1948).

nistradora de um parque doado pelo senador Bacon, atender à exigência racial embutida na doação?[9] A cláusula de igual proteção das leis impede os lojistas que não desejam clientes negros de buscar remédio judicial, nos âmbitos civil e penal, por invasão de privacidade? É difícil provar que, sem proteção legal aos direitos de propriedade, haveria menos discriminação. Poderia haver mais, pelo menos nas comunidades em que a propensão à discriminação fosse generalizada, pois, sem um sistema de proteção legal aos direitos de propriedade, uma parcela maior da atividade econômica teria de ser controlada por decisões políticas, em vez de pelo mercado. É verdade que, se o estado fizesse cumprir todas as decisões privadas, exceto as discriminatórias, o custo da discriminação seria maior e a incidência, menor. Mas esta é uma observação banal, pois equivale a dizer que a não punição, por parte do poder público, da discriminação privada é ação discriminatória do estado. Essa visão anularia a exigência constitucional de vinculação à ação do poder público.

É verdade que, nos casos da cláusula restritiva e da doação filantrópica, o resultado da imposição de condições raciais seria a criação de mais discriminação do que o desejado pelos membros da sociedade hoje, presumindo-se um declínio, já de longa data, da propensão para a discriminação[10]. Mas, dependendo da situação, o resultado de um termo condicionante pode representar menos ou mais discriminação que o desejado pelas pessoas de uma dada época. Se, em vez de um declínio, tivesse havido um aumento da

---

9. Ver *Evans vs. Newton*, 382 U.S. 296 (1966).

10. A discussão sobre o custo da informação, realizada nos capítulos 6 e 7, pode ajudar a explicar esse declínio. À medida que esse custo cai com o tempo, torna-se mais viável avaliar individualmente as pessoas. Consequentemente, a raça, entre outros atributos, passa a desempenhar um papel menos importante como substituto rudimentar das características individuais. Não se pode presumir, entretanto, que a diminuição da discriminação seja permanente e ininterrupta. O custo da informação não é a única fonte da discriminação, e, além disso, não se pode presumir que esteja caindo sempre e em todo lugar.

discriminação racial nos últimos tempos, a imposição legal de iniciativas e de restrições filantrópicas de cunho racial (tal como uma cláusula, em uma carta fundacional, que declare como propósito da fundação promover a integração racial) poderia gerar menos discriminação que o desejado pelo homem contemporâneo.

Se se adotasse a abordagem da exigência constitucional de vinculação à ação do poder público que estou defendendo, a proibição constitucional da discriminação racial poderia ser justificada não apenas pelos efeitos distributivos da discriminação (imposição de maiores custos à minoria, em comparação com a maioria), mas também pelo fato de que a ação discriminatória do poder público gera mais discriminação que a existente em um mercado livre. Essa justificativa não é cabível no caso de leis que proíbam a discriminação efetuada unicamente por particulares.

Entre as justificativas mais comumente apresentadas para as leis federais que proíbem a discriminação por particulares na venda e no aluguel de imóveis, bem como no trabalho e em restaurantes, hotéis e demais locais públicos, está, em primeiro lugar, a afirmação de que essas leis são necessárias para eliminar as consequências de séculos de legislação discriminatória e, em segundo, que promovem o comércio interestadual. A segunda justificativa é, para muitos, uma invenção. Ainda assim, faz sentido do ponto de vista econômico. A discriminação reduz as transações entre negros e brancos, muitas das quais se dariam, mesmo a rigor, no âmbito interestadual. A ambiguidade está na primeira justificativa, por causa de seu alcance quase infinito. Praticamente todas as privações sofridas hoje pelos negros podem ser atribuídas, em parte, a discriminações impostas, no passado, por leis discriminatórias ou outras políticas públicas. Se as crianças negras não têm, em geral, um bom desempenho nas escolas públicas do Norte, isso pode ocorrer porque os frutos da educação, para os negros, costumam ser insatisfatórios devido à discriminação contra as pessoas bem-instruídas de cor negra no mercado de trabalho. Essa discriminação, por sua vez, pode ter sido influenciada pelas políticas públicas de discriminação praticadas nos estados do Sul, de onde vieram, originalmente, muitos dos negros do Norte.

Leis contra a discriminação no mercado de trabalho suscitam interessantes questões de prova, finalidade legislativa, reparação e eficácia. Ainda que esteja localizada em uma área cuja população negra seja numerosa, pode ser que uma empresa não tenha empregados negros, por motivos não relacionados à discriminação, seja pela diretoria, seja pelos empregados brancos. Pode não haver negros com o conhecimento ou treinamento necessários, ou os negros podem não gostar do tipo de trabalho oferecido, ou simplesmente podem não estar cientes da abertura de novas vagas. Se alguma dessas razões ocorre, torna-se necessário decidir se a lei tem como finalidade a mera prevenção da discriminação ou a melhoria das condições de vida dos negros, independentemente da discriminação. Há razões econômicas para se preferir a interpretação mais restrita, mesmo diante da pertinência da redistribuição de riqueza em favor dos negros. Se um empregador for obrigado a contratar negros despreparados, a pagar a estes um prêmio para levá-los a trabalhar em empregos de que não gostem, ou a anunciar, junto à comunidade negra, a abertura de vagas de trabalho que interessem a pouquíssimos negros, a empresa arcará com custos que excederão os benefícios concedidos aos negros contratados. O empregado negro não qualificado impõe uma perda de produtividade que não se traduz em salários maiores. O prêmio pago ao trabalhador negro que não gosta de seu emprego representa um custo para a empresa, mas não um benefício para o trabalhador: é apenas uma compensação pelo custo não pecuniário do emprego para ele. Ao custo da divulgação das vagas de emprego à comunidade negra pode não corresponder um benefício equivalente para os negros se a divulgação não gerar um fluxo significativo de candidatos qualificados. Como a maior parte dos custos adicionais é repassada aos consumidores dos produtos ou serviços da empresa, esses métodos de aumento do bem-estar dos negros tendem a ser contraproducentes e dispendiosos.

Leis contra a discriminação no mercado de trabalho são dispendiosas, mesmo quando aplicadas a empregadores que de fato discriminem. O empregador pode ter de pagar um salário mais alto aos trabalhadores brancos que tenham tanto uma inclinação para a discriminação quanto oportunidades de emprego atraentes em outras empresas, onde não haja empregados negros. Se essas oportunidades inexistirem, pode ser que a eliminação da discriminação não imponha custos pecuniários (por hipótese, os trabalhadores não terão outra escolha senão aceitar relacionar-se com negros), mas imporá custos não pecuniários, na forma de convívio social desagradável. Ademais, é improvável que tais custos sejam compensados pelo ganho dos trabalhadores negros cujo emprego na empresa seja melhor que aqueles que poderiam conseguir alhures; e tampouco serão compensados pelas vantagens econômicas que o aumento do comércio com os negros traz para a empresa e, consequentemente, para seus clientes. Se algum desses ganhos existisse, provavelmente os negros teriam sido contratados sem que a lei o precisasse impor.

Qual é o remédio judicial adequado em um caso de discriminação no mercado de trabalho, no qual se tenha constatado violação da lei? Se o empregador praticou discriminação contra negros, deveria, a meu ver, ser obrigado a pagar indenização por perdas e danos a todos os indivíduos negros que tenha discriminado (talvez com valor dobrado ou triplicado, para facilitar a execução da lei em casos de indenizações pequenas). Esse tipo de sentença, compensatória e preventiva, parece preferível a um remédio judicial que obrigasse o empregador a contratar uma quantidade ou porcentagem determinada de negros; pois isso o forçaria a demitir funcionários brancos, ou, o que dá na mesma, favorecer os candidatos negros em detrimento dos brancos até o cumprimento da cota estipulada. Uma sentença desse tipo, ao impor custos aos empregados brancos (pessoas possivelmente desprovidas de preconceitos raciais) para melhorar as condições de vida dos trabalhadores negros, funciona como uma forma extravagante e contraproducente de tributação da classe trabalhadora branca. Além disso, muitos dos negros que se beneficiarão da sentença podem não ter sofrido discriminação por parte da empresa, e muitos dos que sofreram podem não se beneficiar da sentença.

A análise é ainda mais complicada se a responsabilidade pela discriminação for tanto dos empregados quanto do empregador. Pode ser que os empregados tenham impedido a entrada de negros em seu sindicato, e o motivo da discriminação do empregador pode ter sido apenas a inclinação dos empregados à discriminação – é possível que ele próprio não tenha essa inclinação. Nesse caso, o remédio judicial apropriado consiste em obrigar os trabalhadores ou o sindicato a pagarem indenização por perdas e danos. Mais uma vez, a imposição judicial da obrigação de fazer seria inadequada.

Até aqui, parti do pressuposto de que as leis antidiscriminação, quaisquer que sejam seus outros efeitos e como quer que se as defina, aumentarão o bem-estar líquido das vítimas de discriminação. Mas isso não é indubitável. Por exemplo, um estudo sobre leis estaduais em prol de práticas justas de emprego revelou que, embora estas de fato tenham aumentado a procura por trabalhadores negros, as cláusulas que exigem a igualdade salarial entre negros e brancos causaram desemprego para os negros. Um efeito anulou o outro[11].

É comum defender o tratamento preferencial aos negros para compensá-los por injustiças passadas – as esco-

---

11. Ver William M. Landes, "The Economics of Fair Employment Laws", 76 *J. Pol. Econ.* 507 (1968), e, para uma pesquisa sobre a literatura referente às leis antidiscriminação, Richard Butler & James J. Heckman, "The Government's Impact on the Labor Market Status of Black Americans: A Critical Review", em *Equal Rights and Industrial Relations* 235 (Ind. Rel. Res. Assn. Ser., 1977).

las de direito, por exemplo, deveriam estabelecer, para os negros, critérios de admissão menos rigorosos que os exigidos dos brancos, ainda que os critérios de admissão forneçam estimativas imparciais do desempenho acadêmico dos negros. Contra esse tipo de "discriminação reversa", costuma-se observar que qualquer tipo de critério racial de distribuição de responsabilidades ou benefícios é inconstitucional. A favor da discriminação reversa, afirma-se que esta é fundamentalmente distinta da discriminação contra os negros. Será mesmo que as duas formas de discriminação são fundamentalmente distintas? Para responder a essa pergunta, precisamos transcender regressivamente o pressuposto de que a discriminação é meramente uma inclinação e investigar suas causas.

Há diversas causas possíveis para a discriminação contra grupos raciais ou de outros tipos. Em alguns casos, pode ser, em parte, fruto de pura maldade e irracionalidade. A discriminação é, às vezes, contrária à concorrência (isso parece ter influenciado a prisão de japoneses na Califórnia durante a Segunda Guerra Mundial) e, às vezes, visa à exploração, como no caso da escravidão dos negros. Nesses casos, a raça representa um conveniente fator de identificação dos membros do grupo concorrente ou do explorado. Mais recentemente, contudo, o fator mais importante responsável pela discriminação foi o custo da informação[12]. Na medida em que a raça, ou outra característica igualmente difícil de ocultar (sexo, sotaque), esteja diretamente relacionada a características indesejadas ou inversamente relacionada a características desejadas, seu uso como substitu-

---

12. Sobre a teoria da discriminação baseada no custo da informação, ver Kenneth Arrow, "The Theory of Discrimination", em *Discrimination in Labor Markets* 3, 24-6 (Orley Ashenfelter & Albert Rees [orgs.], 1973); Edmund S. Phelps, "The Statistical Theory of Racism and Sexism", 62 *Am. Econ. Rev. Papers and Proceedings* 287, 292-4 (1973). Para comprovação empírica, ver Richard Sutch & Roger Ransom, "The Ex-Slave in the Post-Bellum South: A Study of the Economic Impact of Racism in a Market Environment", 33 *J. Econ. Hist.* 131 (1973).

to da característica subjacente com a qual está relacionada é racional. Se a experiência me ensinou (talvez de forma incorreta) que a maioria dos micenianos tem um forte hálito de alho, posso economizar nos custos com informação e recusar-me a integrar um clube que aceite micenianos como membros. É verdade que, ao fazê-lo, posso perder valiosas parcerias com micenianos que não têm hálito de alho. Mas o custo da perda das parcerias pode ser menor que o custo informacional de obtenção de uma amostragem maior de micenianos. A discriminação assim justificada não difere, em seus traços econômicos fundamentais (os efeitos distributivos podem, obviamente, diferir), da decisão de parar de comprar a marca de dentifrício X devido a uma experiência negativa que se tenha tido com esta em uma compra passada, embora a experiência subsequente pudesse ter sido mais feliz. Tampouco difere, em suas características econômicas fundamentais, do uso de informações sobre a ficha criminal de uma pessoa para avaliar sua possível adequação a um emprego (esse exemplo de utilização de critérios substitutos para economizar nos custos com informação foi analisado no capítulo 9).

Só porque a discriminação racial pode ser, muitas vezes, eficiente, isso não significa que seja legal, ou que devesse ser. O fato sugere, entretanto, que a abordagem da "ponderação" por vezes adotada nos casos constitucionais poderia, se seguida com lisura nos casos de discriminação racial, resultar, em muitos desses casos, em decisões fundamentadas na eficiência, ainda que se incluíssem na ponderação os efeitos distributivos. Em outras palavras, os defensores da abordagem baseada na ponderação, sempre confiantes na impossibilidade de justificação da discriminação, por acreditarem que esta é sempre irracional, têm motivos para esperar uma grande surpresa. Essa questão é aprofundada nos dois capítulos seguintes.

13. O caso DeFunis
e a discriminação reversa

Neste capítulo e no seguinte, examinarei os três casos principais em que a Suprema Corte teve de julgar a legitimidade de sistemas de discriminação reversa ou ação afirmativa. O primeiro, *DeFunis vs. Odegaard*[1], não foi conhecido pela Suprema Corte, que considerou haver falta de interesse do autor na ação. Consequentemente, não se entrou nos méritos do esquema racial impugnado. No caso seguinte, *Bakke vs. Regents of the University of California*[2], a Suprema Corte invalidou um esquema estadual de discriminação reversa, mas não houve voto majoritário. No terceiro caso, *United Steelworkers of America vs. Weber*[3], a Suprema Corte confirmou a legalidade de um esquema de ação afirmativa contestado com base em uma das leis de direitos civis, mas não entrou em nenhuma questão constitucional.

Os fatos do caso *DeFunis* são, resumidamente, os seguintes. Marco DeFunis entrou com um pedido de admissão na turma do primeiro ano da Faculdade de Direito da Universidade de Washington, uma instituição estadual, e o pedido lhe foi negado. O processo de seleção da faculdade envolvia, primeiramente, a estimativa, a partir das notas acadêmicas do candidato e dos resultados do teste de apti-

---
1. 416 U.S. 312 (1974).
2. 438 U.S. 265 (1978).
3. 443 U.S. 193 (1979).

dão para a faculdade de direito (LSAT – *Law School Aptitude Test*), da média ponderada dele no primeiro ano de curso na faculdade de direito. Se a estimativa da média superasse um determinado patamar, o candidato era automaticamente admitido. Abaixo desse patamar, os candidatos eram divididos em dois grupos, um deles composto por todos os candidatos negros, *chicanos**, índios ou filipinos, e o outro, por todos os demais candidatos. Cerca de 20% das vagas para calouros eram reservadas aos membros do primeiro grupo. Procurava-se identificar os membros mais promissores dentro de cada grupo, mas não se efetuavam comparações entre os grupos. Dos trinta e sete candidatos aprovados do grupo das minorias favorecidas, trinta e seis tinham estimativa de média, para o primeiro ano, inferiores à de DeFunis, que foi um dos candidatos reprovados do segundo grupo. O objetivo declarado da concessão de tratamento preferencial às quatro minorias era o aumento de sua representação na faculdade de direito e na profissão jurídica.

DeFunis moveu ação contra a universidade para obrigá-la a admiti-lo. Acusava-a de tê-lo discriminado por sua raça (branca), violando assim a cláusula de igual proteção das leis da Décima Quarta Emenda. O juízo de primeira instância acatou o pedido e ordenou sua admissão no primeiro ano da faculdade. A Suprema Corte do estado de Washington reformou a sentença[4], mas o juiz Douglas suspendeu a execução dessa decisão até que o caso fosse apreciado pela Suprema Corte dos Estados Unidos. Quando esta iniciou o exame do caso, DeFunis, cuja matrícula fora garantida por medida cautelar concedida antes da decisão de primeira instância, estava no último ano do curso de direito, e os advogados da faculdade informaram à Suprema Corte que ele poderia completar o curso independentemen-

---

* Nos Estados Unidos, o termo *chicano* não designa nem os mexicanos (pessoas nascidas no México ou de nacionalidade mexicana), nem os hispânicos em geral, mas sim os cidadãos norte-americanos descendentes de mexicanos. (N. do R. T.)

4. 82 Wash. 2d 11, 507 P.2d 1169 (1973).

te do resultado do litígio. Foi por isso que a Suprema Corte determinou que o caso levantava uma controvérsia já resolvida. O juiz Douglas apresentou voto em separado, no qual afirmou que o tratamento preferencial segundo a raça é inconstitucional, mas o caso deveria voltar à primeira instância, que deveria julgar se o teste de aptidão da faculdade de direito discriminava membros de minorias em desvantagem.

A razoabilidade da discriminação reversa

Que razões se poderiam apresentar para a discriminação reversa[5] praticada pela Faculdade de Direito da Universidade de Washington?

1. O juiz Douglas afirmou que os critérios convencionais de previsão do sucesso no curso de direito são imprecisos no que concerne às minorias em desvantagem. A conjectura, aparentemente, não encontra sustentação[6]; mas, se esse tivesse sido o raciocínio da Faculdade de Direito da Universidade de Washington em seu processo seletivo (não foi), o caso não teria envolvido tratamento preferencial.

---

5. Para uma análise prognóstica dos problemas da discriminação reversa, ver John Kaplan, "Equal Justice in an Unequal World: Equality for the Negro – The Problem of Special Treatment", 61 *Nw. U. L. Rev.* 363 (1966). Para uma crítica criteriosa do conteúdo debatido neste capítulo, ver Terrance Sandalow, "Racial Preferences in Higher Education: Political Responsibility and the Judicial Role", 42 *U. Chi. L. Rev.* 653 (1975).

6. Ver John Hart Ely, "The Constitutionality of Reverse Racial Discrimination", 41 *U. Chi. L. Rev.* 723, 725-6 n. 22 (1974). Uma variante do argumento do juiz Douglas, também insinuada em seu voto, é que, mesmo que os métodos convencionais prevejam o desempenho acadêmico dessas minorias com a mesma precisão que medem o dos demais grupos, não preveem com tanta exatidão o valor da contribuição social dos integrantes delas como advogados (após a graduação). Esse argumento talvez estivesse implícito na razão declarada pela Faculdade de Direito da Universidade de Washington para sua política de seleção preferencial: aumentar a proporção dos integrantes das minorias na profissão jurídica. Discuto isso mais adiante, como parte de uma análise mais geral da defesa do tratamento preferencial fundada no argumento da proporcionalidade representativa.

2. Uma justificativa bastante comum para o tratamento preferencial nos processos seletivos é o desejo de aumentar a diversidade do corpo discente para melhorar a qualidade da experiência educacional dos estudantes. Essa justificativa é apresentada em um parecer emitido pela Universidade de Harvard na condição de *amicus curiae*, mas não foi este o motivo apresentado pela Faculdade de Direito da Universidade de Washington para o tratamento preferencial no processo seletivo. Tal motivo tampouco teria justificado a política dessa faculdade[7].

Para que um argumento pela diversidade seja convincente, deve identificar um fator de diferenciação que pese na experiência educacional. Ninguém argumentaria que, ao selecionar sua turma de calouros, uma faculdade de direito deveria buscar a diversidade de altura dos estudantes, ou de peso, aparência estética, postura, alcance da voz ou pressão sanguínea; ou então que devesse dar preferência aos albinos (ou aos não albinos) ou a pessoas com sardas ou papada. A diversidade, nesses aspectos físicos superficiais, nada tem a contribuir na educação jurídica dos estudantes. E a raça *per se* – isto é, completamente divorciada de características que podem estar fortemente ligadas a ela, mas que nem sempre a acompanham – é também, e em um sentido semelhante, irrelevante para a diversidade. Há pessoas negras (e mexicanas, filipinas etc.) que diferem das brancas apenas nas características físicas mais superficiais, ou seja, têm os mesmos gostos e as mesmas maneiras, experiências, aptidões e aspirações que os brancos com os quais poderiam ser comparadas (no caso, os candidatos ao ingresso no curso de direito). Conceder tratamento preferencial a es-

---

7. A faculdade de direito estipulou, para as minorias, uma meta de 20% das matrículas, quantidade aproximadamente equivalente à proporção que as quatro minorias beneficiadas representam na população dos Estados Unidos. Há pouca relação entre a busca da *proporcionalidade* representativa, por um lado, e, por outro, o aumento da qualidade da experiência educacional através da garantia de *um certo grau* de representação aos membros de grupos minoritários, que não seriam aprovados com base unicamente em seu potencial acadêmico.

sas pessoas para aumentar a diversidade do corpo discente seria equivalente a dar tal tratamento aos albinos, exceto pelo fato de que a raça, ao contrário do albinismo, frequentemente está ligada a outros atributos possivelmente importantes para a verdadeira diversidade. De forma geral, é mais provável que o preconceito vitime diretamente um candidato negro que um branco, ao longo de sua vida. E a experiência daquele, compartilhada com seus colegas e professores, tanto dentro quanto fora da sala de aula, poderia enriquecer o processo educacional. A utilização de um critério substituto de cunho racial na seleção de candidatos gerará uma certa imprecisão (aprovar-se-ão negros que carecem dos atributos que contribuem para a verdadeira diversidade[8]), mas isso ainda poderá ser menos dispendioso que investigar as características efetivas de cada candidato.

A objeção que se pode fazer a essa abordagem é que se assemelha muito, e poder-se-ia considerar que confere legitimidade, à defesa da discriminação contra as minorias raciais, sob a alegação de que esta é, em geral, eficiente. Retomando-se a análise da discriminação "estatística", do capítulo anterior, suponhamos que uma determinada identidade racial ou étnica esteja ligada a características amplamente abominadas por razões não nitidamente exploratórias, anticoncorrenciais ou irracionais. Pode ser que uma parcela considerável dos membros de um grupo sejam espalhafatosos, pobres[9], hostis, irresponsáveis, pouco instruídos[10], perigosamente irascíveis, mal-educados; tenham in-

---

8. Assim, no parecer da Universidade de Harvard, descreve-se a "condição de minoria" como um "indicador útil, embora nem sempre confiável, de uma bagagem social, econômica e cultural especial". Memorial *amicus curiae* da Universidade de Harvard, *DeFunis vs. Odegaard*, fl. 28; ver também fls. 14, 16.

9. A pobreza é outro critério substituto das características indesejadas. Algumas pessoas pobres (são exemplos os estudantes universitários, membros do clero e empresários falidos) se distinguem das não pobres principalmente por serem pobres, e não por diferenças sociais ou culturais.

10. Sobre o desempenho educacional dos negros comparado ao dos brancos, ver James S. Coleman *et al.*, *Equality of Educational Opportunity* 20-1, 217-33 (1966).

clinações, valores e hábitos de trabalho diferentes dos nossos ou falem um dialeto ininteligível[11]. A aversão ao convívio social (no lar, em atividades de lazer, na escola ou no trabalho) com um *indivíduo* que possua características desse tipo não seria, em geral, considerada um sinal de preconceito. Ser "preconceituoso" significa, em vez disso, atribuir, a todos os membros de um grupo definido pela raça ou por outra característica arbitrária, traços que sejam típicos ou frequentes em membros do grupo, sem buscar saber se um membro individual possui tal característica e, por vezes, sem nem mesmo dispor-se a analisar eventuais provas em contrário[12].

Uma política contra a discriminação hostil pode ser prejudicada por um programa de discriminação benévola enraizado no mesmo hábito mental, a saber, o de usar a raça ou a origem étnica como fundamento do pressuposto (um pressuposto definitivo, no caso de um processo seletivo que dá tratamento preferencial à raça) de que um indivíduo possui algum atributo, isto é, alguma característica educacionalmente relevante, como uma trajetória de privações ou uma bagagem cultural diferente. O perigo aumenta pelo fato de que o discriminador hostil e o bem-intencionado parecem usar a raça como critério substituto para o mesmo conjunto de características. As características que os res-

---

11. Pode-se, obviamente, superestimar a parcela do grupo racial ou étnico efetivamente possuidora da característica abominada, já que a obtenção de informações precisas sobre as características do integrante típico do grupo também pode ser dispendiosa.

12. "Característica arbitrária", nesse sentido, é aquela cuja importância reside unicamente em ser usada como substituto de outra característica qualquer. Não gostar de pessoas de baixa estatura por achá-las repulsivas não é preconceito; ao passo que não gostar de pessoas desse tipo por achar que elas tendem a ser agressivas é um exemplo de preconceito, pois nem todas as pessoas de baixa estatura possuem, de fato, personalidade agressiva.

Uma forma radical de preconceito, irrelevante para a presente discussão, é ter aversão às pessoas por características que, na verdade, não lhes são típicas. Um modo eficaz de combater esse tipo de discriminação é o contato com o grupo discriminado. O "preconceito racional", que acredito ser mais comum (ao menos atualmente), revigora-se com o contato.

ponsáveis pelos processos seletivos universitários associam aos "negros" são os traços culturais distintivos de muitas pessoas negras que cresceram em bairros pobres ou nas áreas rurais do Sul. E são essas as mesmas características que os brancos intolerantes atribuem a todos os negros, embora usando uma terminologia diferente (por exemplo, "preguiçoso", em vez de "desmotivado").

O argumento de que a discriminação reversa se assemelha ao preconceito racial e de certa forma o legitima ganha força com a análise de algumas características da implementação real de uma política de favorecimento racial. O gerenciamento de uma tal política requer uma definição funcional do que seja o pertencimento ao grupo favorecido, pois não se pode confiar que o candidato classificará a si mesmo corretamente. Nem sempre a classificação racial correta é óbvia, e, como o benefício se vincula ao pertencimento a grupos raciais específicos, os candidatos se veem incentivados a mentir sobre sua raça. Assim, os implementadores enfrentam tanto o problema de definir o que caracteriza o pertencimento a um determinado grupo racial, quanto o de exigir dos candidatos as provas adequadas de tal pertencimento[13]. No caso dos negros, é preciso determinar que percentual de ancestralidade negra se exigirá do candidato que requeira tratamento preferencial como negro. No que concerne aos *chicanos*, surgem outros problemas de definição e de prova. Se o presidente do México casar-se com uma americana e os dois tiverem um filho nascido nos Estados Unidos, a criança será um *chicano*? Ou implica o termo algum tipo de ligação com a vida em um *barrio**? Quanto à prova, a diferenciação física dos *chicanos*

---

13. Para uma boa discussão dos problemas de classificação racial criados por projetos de discriminação racial benévola, ver Boris I. Bittker, *The Case for Black Reparations*, cap. 10 (1973). De acordo com os autos do caso *DeFunis*, a Universidade de Washington adotava a autoclassificação. Mas esta provavelmente não é uma política viável no longo prazo, visto depender totalmente da boa-fé do candidato.

* No contexto norte-americano, bairro pobre habitado por indivíduos que falam o idioma espanhol. (N. do T.)

é mais problemática que a dos negros, e a posse ou não de um sobrenome espanhol não constitui prova definitiva. Porto-riquenhos, espanhóis e latino-americanos de outras nacionalidades também têm sobrenomes espanhóis. Ademais, um *chicano* pode ser filho de uma mulher *chicana* com um homem não *chicano*. Problemas semelhantes existem com relação aos índios. Muitos americanos têm sangue indígena em certo grau, mas não podem ser caracterizados como índios, ou não têm nome caracteristicamente indígena. Poder-se-ia evitar esse problema restringindo-se o tratamento preferencial a habitantes de reservas indígenas, mas seria difícil explicar essa restrição para os índios que tenham abandonado as reservas e encontrado dificuldades consideráveis em adaptar-se à vida fora delas. Uma solução para todos esses problemas é delegar a determinação do direito de um candidato ao tratamento preferencial à associação estudantil do grupo ao qual este diz fazer parte (como a União dos Estudantes Negros), mas o perigo de que tal procedimento gere graves abusos é evidente[14].

Meu argumento não é que os problemas administrativos[15], e portanto os custos, da implementação de um pro-

---

14. Tais organizações podem definir o pertencimento de um indivíduo ao grupo a partir do comprometimento dele com os objetivos políticos da organização, e não com base em fatores "objetivos" (genealógicos). Isso sugere uma questão que DeFunis poderia ter levantado, mas não levantou. Aparentemente, a parte demandante poderia ter alegado, com certo fundamento, que a comissão de seleção da Faculdade de Direito da Universidade de Washington, sobretudo os estudantes que a integravam, dava tratamento preferencial a militantes políticos de esquerda; que um tal tratamento da parte de uma instituição pública violava a Primeira Emenda; e que DeFunis foi prejudicado por essa inclinação, pois não era militante político ativo. As provas que poderiam sustentar esse argumento são apreciadas pelo juiz-presidente Hale em seu voto divergente para a Suprema Corte do estado de Washington. 82 Wash. 2d 11, 55-6, 507 P.2d 1169, 1194 (1973). O demandante, de fato, afirmou que o processo de seleção era arbitrário (foi ao avaliar esse argumento que Hale discutiu as provas em questão), mas não invocou a Primeira Emenda nem levou à Suprema Corte sua acusação de arbitrariedade do processo seletivo.

15. Alguns destes criados pela própria universidade. Por exemplo, alguns índios não gostam de ser definidos por esse termo; preferem "americano nativo". Por condescendência a eles (e sem levar em conta que muitos ou-

cesso seletivo de favorecimento racial deveriam ser decisivos contra a adoção de tal processo. Os problemas da definição e da prova são importantes na presente discussão porque ilustram a diferença entre identidade racial ou étnica *em si* e as características relevantes das quais essa identidade pretende ser uma generalização. Suponhamos que uma família tenha tão pouca ascendência negra, que seus membros, com sucesso, tenham-se feito passar por brancos pela supressão de todos os traços culturais que poderiam revelar sua "verdadeira" identidade. A família tem um filho que foi criado como branco, mas que sabe que tem alguns ancestrais negros. Esse filho, ao inscrever-se no processo seletivo da faculdade de direito, reivindica o direito a tratamento preferencial como negro. Deve sua reivindicação ser atendida? Em caso afirmativo, a decisão da faculdade será equivalente à de um clube de campo que não aceitasse esse indivíduo como sócio apenas por não aceitar negros. Se a comissão de seleção adotar a posição de que um único tataravô negro "faz a diferença", ainda que apenas por conveniência administrativa, como poderemos criticar o clube de campo (ou empregador, ou direção de escola) que chegue à mesma conclusão pelo mesmo caminho?

Outro problema é que o uso da raça como critério substituto para características supostamente importantes para a experiência educacional resulta na discriminação de pessoas que possuem as características, mas não a identidade racial. Suponhamos que DeFunis fosse um branco nascido nos Apalaches que, para obter instrução e preparar-se para ser um advogado, houvesse encontrado e superado dificul-

---

tros americanos nascidos nos Estados Unidos podem considerar presunçosa a intenção dos índios de se apropriar do termo), o formulário de inscrição de uma das universidades que praticam uma política preferencial em relação aos índios contém um campo onde se lê "americano nativo", para o candidato marcar ou não. Muitos americanos nascidos nos Estados Unidos, mas que não são índios, marcam o campo sem saber que o termo se restringe aos índios. Assim, sempre que um candidato assinala o campo, a universidade lhe envia uma carta, na qual lhe pergunta se quis dizer que é índio.

dades econômicas e culturais maiores que as enfrentadas por uma parcela dos candidatos beneficiada pelo tratamento preferencial devido à raça[16]. Ainda assim, seria possível justificar em função da conveniência administrativa sua exclusão do grupo favorecido, recorrendo-se ao pressuposto de que, nos grupos favorecidos, há mais candidatos em desvantagem que entre os brancos. Mas ceder ao argumento dos custos administrativos nesse caso teria como resultado a discriminação sistemática contra os subgrupos desfavorecidos dentro da maioria branca, pela simples razão de que lhes falta uma das características raciais ou étnicas empregadas, por conveniência administrativa, para determinar o direito ao tratamento preferencial.

Quando, como no próprio caso *DeFunis*, o favorecimento racial se funda unicamente no desejo de elevar o número de advogados negros, aparentemente para que este seja proporcional ao de advogados brancos, a justificativa da diversidade aqui discutida cai por terra. Mas muitas outras são possíveis: oferecer reparação por discriminações sofridas no passado; colocar a minoria na situação em que ela deveria estar não fossem as dificuldades impostas pela discriminação; melhorar o nível dos serviços profissionais recebidos pelo grupo; e estimular as aspirações profissionais de seus membros ao oferecer-lhes exemplos de pessoas bem-sucedidas. Essas justificativas precisam agora ser analisadas.

3. A justificativa da "reparação" não é convincente, pois os membros da minoria que recebem tratamento preferen-

---

[16]. A maioria dos pobres americanos são brancos. Ver U.S. Dept. of Commerce, Bureau of the Census, *1970 Census of Population – Subject Reports – Law-Income Population* 53, 61 (1973). E a maioria dos membros das minorias desfavorecidas em geral não são pobres.Ver U.S. Dept. of Commerce, Bureau of the Census, *U.S. Census of Population: 1970 – Detailed Characteristics*, tabs. 250, 347 (1973). De fato, seria de esperar, dentre os candidatos a vagas nas faculdades de direito e nas universidades em geral, um excesso de representação dos membros não pobres das minorias em relação aos membros pobres de seus grupos.

cial frequentemente não foram vítimas de discriminação. Ademais, é improvável que as pessoas não pertencentes a minorias e portanto excluídas pelo tratamento preferencial tenham exercido discriminação ou se beneficiado desta em qualquer sentido demonstrável[17]. As reparações aos índios podem ser um caso à parte, por se basearem no cumprimento de tratados (equivalentes a obrigações contratuais). Outro fenômeno que também se distingue é o emprego de cotas raciais como parte de um decreto judicial de reparação por atos ilegais de discriminação.

4. Muitos grupos têm pouca representação em diversas profissões por questões de gosto, oportunidade ou aptidão alheias à discriminação. Não há por que supor que, não fosse pela discriminação sofrida no passado, 20% dos advogados dos Estados Unidos viriam das quatro minorias favorecidas pela Faculdade de Direito da Universidade de Washington.

5. Também não há provas empíricas quanto ao número ou à proporção de alunos pertencentes a minorias e formados em direito que, ao longo da carreira, buscam servir aos interesses particulares da minoria à que pertencem, em vez de seguir os padrões normais de ascensão profissional[18].

---

[17]. Poderíamos gastar muitas e infrutíferas linhas discutindo se DeFunis foi favorecido ou não pela tradição de discriminação racial na história dos Estados Unidos. Talvez ele tenha saído favorecido, pois, se a história não tivesse sido como foi, haveria um número maior de candidatos negros qualificados para a educação jurídica. Ou talvez não, pois, se a história não tivesse sido como foi, menos negros (e membros de outras minorias) estariam interessados em se tornar advogados. Quiçá, se nunca houvesse existido discriminação contra os negros, jamais teria existido escravidão nos Estados Unidos, e, sem esta, é possível e até provável que a população negra nesse país fosse insignificante. Nesse caso, a renda efetiva dos brancos poderia ser superior ou inferior à atual.

[18]. Aqueles que defendem esse argumento cuidam de enunciá-lo de um modo que garanta que não serão traídos pelos fatos. Assim, no caso DeFunis, o memorial *amicus curiae* do Conselho para Oportunidades de Educação Jurídica (*Council for Legal Education Opportunity* – CLEO) afirma (p. 24):"Uma vez que a necessidade de serviços jurídicos é maior nas áreas economicamente desfavorecidas, o favorecimento de estudantes provenientes dessas áreas pode justificar-se pela convicção de que esses estudantes retornariam a suas comu-

6. A justificativa baseada nos "exemplos de sucesso" é igualmente *ad hoc* e hipotética. Desde que um número significativo de membros de uma minoria ingresse na profissão jurídica e nela prospere (afinal, um dos juízes da Suprema Corte é negro), outros saberão que esta não está fechada a eles. A representação proporcional não é uma necessidade absoluta[19].

A lógica última do argumento da proporcionalidade representativa, que permeia as justificativas de 3 a 6, é que a porcentagem dos membros de cada minoria racial e étnica em cada profissão desejável, e em cada degrau galgado dentro da profissão, deve ser elevada até igualar-se à porcentagem dessa minoria relativamente à população total (do país inteiro ou, em algumas versões, de alguma região local). Os proponentes da representação racial proporcional não chegam a defender a adoção de um padrão de igualdade proporcional total. Mas não parece haver, na estrutura de sua argumentação, nenhum limite lógico anterior a esse, ainda que procurem abrandá-lo com a observação de que a ação afirmativa só é necessária em um período de

---

nidades depois de formados. (Mesmo que não retornem, valorosos resultados podem ser obtidos, como, por exemplo, a diversificação da categoria e o surgimento de 'exemplos de sucesso' para os membros mais jovens de grupos historicamente pouco representados na profissão jurídica. Logo, a justificação do favorecimento não precisa ser fundada em um compromisso de retorno à comunidade de origem.)"

19. Quem quer que leve a sério o argumento dos "exemplos de sucesso" deve desejar que a representação das minorias nas profissões seja inversamente proporcional à porcentagem daquelas em relação à população total. Suponhamos que os indivíduos cor de anil representassem 10% da população e os azul-marinho, apenas 1%. Se se elevasse a 10% a porcentagem de advogados cor de anil para dar aos jovens dessa cor exemplos de sucesso adequados, a porcentagem de advogados azul-marinho também deveria ser elevada a 10, pois somente assim se garantiria aos exemplos de sucesso azul-marinho a mesma visibilidade. (Se apenas 1% dos advogados fosse azul-marinho, os jovens azul-marinho raramente ouviriam falar de advogados de sua cor nas magistraturas federais ou em outras posições importantes.) Inversamente, se a necessidade de exemplos de sucesso dos indivíduos azul-marinho for suprida pela representação proporcional, a dos indivíduos cor de anil será igualmente suprida se 1% dos advogados do país for de sua cor.

transição rumo a uma sociedade na qual, eliminados todos os vestígios de discriminação, possa-se retomar uma política de neutralidade racial. Se as preferências e aptidões profissionais não se distribuírem espontaneamente por todos os grupos raciais e étnicos, a intervenção estatal no mercado de trabalho (e no processo educacional, na medida em que este afeta a escolha e o sucesso profissionais) deverá continuar indefinidamente para garantir a igualdade proporcional nas profissões desejáveis. Esse tipo de intervenção deturparia a distribuição de empregos e provocaria uma cisão entre o mérito individual e o sucesso econômico e profissional, abalando assim os estímulos de que uma sociedade aberta depende.

Uma variante superficialmente atraente do argumento da proporcionalidade representativa é o de que, no presente momento, a demanda por advogados pertencentes a minorias é maior que a demanda por advogados brancos, devido à necessidade particular dos membros das minorias por representação jurídica e devido ao fato de estes preferirem ser representados por membros do próprio grupo. Portanto, dever-se-ia conceder a eles tratamento preferencial nos processos seletivos educacionais. Mais uma vez, porém, aceitar esse argumento implicaria abraçar a fundamentação intelectual do tipo de discriminação racial e étnica que não nos apraz, pois justificaria a exclusão de um indivíduo negro que tivesse maior potencial acadêmico que algum candidato branco, sob a justificativa de que o preconceito ou outro fator qualquer limitaria a capacidade de contribuição desse negro para a profissão[20].

---

20. Outro argumento semelhante seria o de que o tratamento dado às mulheres no processo seletivo para a faculdade de direito deveria ser menos favorável que o dado aos homens porque o salário médio das advogadas ao longo da vida é menor que o dos advogados. Ver U.S. Dept. of Commerce, Bureau of the Census, *U.S. Census of Population 1970 – Occupational Characteristics* 280, 282 (1973). Portanto, poder-se-ia afirmar, a demanda por advogados é maior que a demanda por advogadas. Esse argumento não seria convincente se as vagas da faculdade de direito fossem simplesmente leiloadas. Nesse caso, a turma de calouros seria composta por aqueles que atribuíssem o maior

A questão constitucional

Terá a Faculdade de Direito da Universidade de Washington negado aos brancos a igual proteção das leis, ao fundar seu programa de seleção preferencial por raça? John Ely responde a essa pergunta com um não. Embora admita que a adoção de uma política de discriminação, favorável ou desfavorável, pode advir apenas da consideração de que o custo do tratamento individualizado excederia os benefícios, ele afirma que, quando os membros de um grupo racial, tal como a maioria branca de uma assembleia legislativa estadual, avaliam os custos e os benefícios de uma possível discriminação contra outro grupo racial, é provável que a comparação seja distorcida pela hostilidade racial consciente ou inconsciente[21]. Portanto, a discriminação *contra* uma minoria racial seria passível de suspeita sob a Décima Quarta Emenda, mas a discriminação a favor de uma minoria não o seria, por não envolver perigo de exploração de uma minoria pela maioria.

---

valor à educação jurídica, valor este que seria influenciado pela expectativa salarial. Quando, porém, as vagas não são distribuídas pelo preço, é conveniente (na ausência de uma política privada ou pública contra a discriminação) que estas sejam distribuídas segundo o valor que, no entender da faculdade, cada candidato poderá extrair do curso de direito, valor este que pode ser afetado pela discriminação racial ou sexual contra o candidato.

Uma versão desse argumento aparece no memorial *amicus curiae* do Conselho para Oportunidades de Educação Jurídica, uma organização que prepara membros de minorias desfavorecidas para o curso de direito. O parecer afirma (pp. 23-4) que os alunos pertencentes ao CLEO "começam cada ano com uma remuneração garantida, além de quaisquer bolsas, empréstimos ou estágios que a faculdade lhes ofereça. Muitos dos outros candidatos entram na faculdade de direito com sérias dificuldades financeiras e com menos esperança de superá-las. Seria racional, para uma comissão de seleção, concluir que um estudante pertencente a uma minoria e auxiliado desse modo representa um risco menor que um outro não pertencente a minoria alguma e com menos recursos". Em outras palavras, é apropriado dar preferência a um candidato com mais dinheiro, pois, comparativamente ao candidato mais pobre, é menos provável que ele se desvie dos estudos por dificuldades financeiras.

21. Ely, nota 6 acima, fls. 729, 732-3.

Mas esse argumento, na verdade, possibilita a justificação da discriminação *contra* as minorias raciais. Suponhamos que os correios fossem capazes de demonstrar, de forma tão convincente que eliminasse qualquer suspeita de hostilidade racial, que os negros têm, em média, menos aptidão que os brancos para cargos de supervisão, que o custo dos supervisores incompetentes é muito alto para os correios e que o custo de realização das entrevistas necessárias para avaliar se um indivíduo negro possui as habilidades necessárias é também alto relativamente à probabilidade de descobrimento de negros qualificados. Seguir-se-ia, conforme a análise de Ely, que os correios poderiam adotar uma norma contra a admissão de negros para cargos de supervisão. Ao condenar apenas as discriminações ineficientes, Ely reduz drasticamente a abrangência da cláusula de igual proteção das leis, se eu estiver correto em considerar que a discriminação na sociedade contemporânea é, na maioria das vezes, resultado do custo da informação, e não de irracionalidade, exploração ou eliminação da concorrência.

O argumento de Ronald Dworkin pela distinção entre a discriminação contra os negros e a discriminação contra os brancos é coisa diversa. Funda-se em seu conceito de "preferências externas"[22]. Para Dworkin, seria errado tornar ilegais todas as classificações raciais porque diversos argumentos, tanto utilitários quanto os que chama de "ideais", podem ser apresentados em favor delas. Ambos os tipos de argumento, observa ele, são apresentados por defensores da discriminação reversa. Dworkin admite que também é possível elaborar argumentos utilitários em prol da discriminação contra os negros, mas diz que esses argumentos fundam-se unicamente em preferências externas. Ao questionar que razões a comissão de seleção da Faculdade de Direito da Universidade do Texas poderia ter apresentado, no caso *Sweatt vs. Painter* (discutido no capítulo anterior), para

---

22. Ver Ronald Dworkin, *Taking Rights Seriously*, cap. 9 (1977); e capítulo 3 deste livro.

justificar a não admissão de negros, Dworkin responde que a comissão, "embora composta de homens e mulheres livres de preconceitos, [poderia ter] decidido que a economia texana demandava mais advogados brancos do que a faculdade era capaz de formar, mas não via utilidade alguma nos advogados negros", ou que "as contribuições dos alunos à faculdade de direito se reduziriam drasticamente se esta admitisse estudantes negros"[23]. Essas justificativas, ao contrário das que apoiam a discriminação reversa, fundam-se em preferências externas (o preconceito dos texanos contra os negros, o qual reduziria a demanda por advogados negros e desestimularia as contribuições a uma faculdade de direito que os admitisse) e portanto, afirma Dworkin, não se lhes deveria dar peso em uma análise constitucional.

Dworkin vai adiante e afirma que uma faculdade de direito que selecione candidatos com base na inteligência não é igualmente culpada de usar as preferências externas para justificar suas políticas de seleção. Mas essa afirmação sugere um desconhecimento da teoria econômica ou estatística da discriminação[24], segundo a qual as pessoas só discriminam pela raça, pelo sexo ou pelo QI porque esses critérios substituem satisfatoriamente as características subjacentes pelas quais estão interessadas. Assim, a comissão de seleção da Faculdade de Direito da Universidade do Texas pôde usar, para não aceitar negros, o mesmo tipo de justificativa que usa para não aprovar candidatos com nota inferior a 600 no LSAT, justificativa esta que não se funda nas preferências externas.

Qual poderia ter sido então a solução da questão constitucional no caso *DeFunis*? Entre duas possibilidades opostas de elaboração de uma norma constitucional para a discriminação, uma consiste em guiar-se unicamente pela intenção expressa pelos idealizadores da Décima Quarta

---

23. *Id.*, fl. 230.
24. Dworkin não está sozinho nesse desconhecimento. Ver, p. ex., Jay Newman, "Prejudice as Prejudgment", 90 *Ethics* 47 (1979).

Emenda. Se o raio de ação da emenda fosse determinado dessa forma, DeFunis não encontraria respaldo algum para sua reivindicação. A discriminação de brancos nos processos seletivos das instituições de ensino superior teria parecido tão estranha aos olhos dos idealizadores da Décima Quarta Emenda, que podemos estar certos de que não tiveram a intenção de erigir uma barreira constitucional contra isso. Mas é igualmente claro que os idealizadores da emenda não consideravam a possibilidade de que ela tornasse obrigatório o tratamento equitativo dos negros no ensino público[25]. De qualquer modo, esse tipo de abordagem interpretativa de uma cláusula constitucional carece de solidez. O custo que a criação de emendas representa é um argumento em favor de uma interpretação liberal das cláusulas de uma Constituição[26]. Não deveria ser necessário criar uma nova emenda para impedir que os estados imponham aos negros formas de discriminação desconhecidas dos idealizadores da Décima Quarta Emenda.

O extremo oposto seria ver na cláusula de igual proteção das leis uma autorização para que os juízes da Suprema Corte transformem em doutrina constitucional seus valores pessoais relativamente a questões sociais, como a pobreza, a discriminação racial e a igualdade entre os sexos. Outros já argumentaram com tanta habilidade contra a pretensa função "superlegislativa" da Suprema Corte[27], que não analisarei essa abordagem.

Um meio-termo consiste em extrair dos objetivos específicos dos elaboradores da Constituição uma regra suficientemente geral para evitar o recurso constante a emendas, e, ao mesmo tempo, suficientemente precisa e objetiva para restringir a influência dos caprichos e das preferências

---

25. Ver Alexander M. Bickel, "The Original Understanding and the Segregation Decision", 69 *Harv. L. Rev.* 1 (1955).
26. Ver Isaac Ehrlich & Richard A. Posner, "An Economic Analysis of Legal Rule-Making", 3 *J. Leg. Stud.* 257, 280 (1974).
27. Ver sobretudo a desprezada contribuição de Robert H. Bork, "Neutral Principles and Some First Amendment Problems", 47 *Ind. L. J.* 1 (1971).

dos juízes. Tal regra seria a de que o Estado não tem o direito de distribuir custos e benefícios segundo critérios étnicos ou raciais. Ainda que a classificação de pessoas por raça ou etnia muitas vezes possa ser eficiente, pois a identidade racial ou étnica pode revelar-se um bom critério substituto para classificações funcionais, a eficiência deve ser, nesse contexto, rejeitada como base para ações governamentais. A liberdade para usar a eficiência como justificação da discriminação, como gostaria o professor Ely, não apenas frustraria o objetivo da cláusula de igual proteção das leis, por perpetuar grande parte (talvez a maior parte) dos atos de discriminação, como também daria aos juízes o poder de julgar a licitude das medidas discriminatórias segundo seus valores pessoais, pois a ponderação dos custos e benefícios, em grande medida, seria inevitavelmente subjetiva.

Pode-se objetar que o princípio por mim proposto também é subjetivo e arbitrário porque apenas a raça e a origem étnica lhe estão sujeitas, e não todas as características imutáveis e involuntárias comumente usadas como critérios substitutos. Entre as características imutáveis usadas como critério para a regulação estatal, estão altura, juventude, sexo e QI baixo[28]. Em que sentido objetivo se pode distingui-las da descendência? Em primeiro lugar, se se definisse o princípio constitucional em função de *todas* as características involuntárias, isso violaria o preceito de que todo princípio constitucional deve ter força de obrigatoriedade sobre os juízes. Como não faz sentido afirmar que nenhuma característica involuntária deveria jamais ser usada como critério de regulação estatal, o princípio daria aos juízes carta branca para escolher entre grupos definidos por alguma característica imutável. Em segundo lugar, as diferenças raciais e étnicas geralmente são menores, do ponto de vista do desempenho ou da função, que as de sexo e ida-

---

28. O QI não tem valor em si mesmo, apenas como indicativo (parcialmente preciso) do desempenho futuro – acadêmico ou de algum outro tipo.

de. Uma norma que proíba o trabalho de negros em minas, uma que proíba o trabalho feminino em minas e outra que proíba o trabalho infantil em minas podem todas ser discriminatórias, mas considerá-las idênticas é passar dos limites. Em contrapartida, seria muito difícil distinguir uma norma que proibisse *chicanos*, judeus, indígenas americanos e ítalo-americanos de trabalharem em minas de outra que proibisse os negros de fazerem o mesmo[29].

Resta saber se se deveria reconhecer uma exceção à regra que proíbe a discriminação segundo a raça ou a etnia quando esta favorecer uma minoria racial ou étnica e a raça vitimada pela discriminação for a branca. Diante de tal exceção, os juízes precisariam não apenas julgar se houve discriminação, mas decidir se ela ajudou ou prejudicou determinado grupo racial e ponderar as demandas conflitantes dos diferentes grupos. As investigações adicionais comprometeriam a precisão e a objetividade do princípio. No caso *Brown*, não se apresentou à Suprema Corte nenhuma prova concreta de que a segregação educacional realmente prejudicasse os negros. As perguntas cruciais nem sequer foram colocadas: Teriam os negros se beneficiado mais de um sistema em que não houvesse educação pública (presumindo-se que os brancos prefeririam um tal sistema a um outro de educação pública integrada)? De um sistema no qual se classificassem os estudantes pelo QI? Ou pela renda familiar? Nos casos posteriores, a Suprema Corte parou de questionar se a segregação realmente prejudicava os negros. (Alguns negros hoje são a favor da segregação.) Há muito se afirma que alguns tipos de restrição aos negros, como cotas "inofensivas" de moradia, na verdade os beneficia[30]. As jus-

---

29. Os debates parlamentares que antecederam a promulgação da Décima Quarta Emenda indicam uma consciência de que as proteções desta não poderiam ser negadas a outros grupos raciais ou étnicos além dos negros – p. ex., os chineses. Ver referências em Alfred Avins, *The Reconstruction Amendments Debates* 746 (1967).

30. Ver Bruce L. Ackerman, "Integration for Subsidized Housing and the Question of Racial Occupancy Controls", 26 *Stan. L. Rev.* 245 (1974), que defende essa posição.

tificativas para essas restrições, ainda que inconsistentes, não são mais fracas que muitos dos argumentos que a Suprema Corte aceita ao confirmar ações estaduais contestadas sob a cláusula de igual proteção das leis em áreas não raciais. Os argumentos relativos à caracterização adequada do tipo de discriminação teoricamente favorável às minorias raciais são igualmente inconsistentes. Será a condição dos brancos nos Estados Unidos incontestável a ponto de as cotas raciais não lhes representarem nenhum risco de dano? Ou será que o impacto de tais cotas tende a se concentrar sobre determinados subgrupos mais vulneráveis dentro da maioria branca? As cotas raciais beneficiam de fato as minorias que pretendem beneficiar, ou lhes causam dano por diminuir sua autoestima ou por legitimar uma visão estereotípica das raças? Têm os brancos direito a reivindicar o *status* de minoria quando de fato o forem dentro da subdivisão territorial em que se aprovou a medida que os discrimina? Se assim for, então, dentro da mesma lógica, faltaria aos negros fundamento para queixar-se de um decreto que os discriminasse, caso este fosse emitido em Newark, Nova Jersey, Washington, D.C., ou outra cidade onde a parcela de negros na população votante for majoritária?

Devo reconhecer que há uma pequena ressalva ao princípio de que não se devem usar critérios raciais ou étnicos para determinar a distribuição de benefícios e obrigações por parte do Estado. Suponhamos que a direção de uma prisão decida segregar os detentos pela raça, não como método de favorecimento ou exclusão, mas apenas para reduzir a violência derivada das hostilidades raciais recíprocas entre brancos e negros. Se todos os detentos ficarem satisfeitos com a separação, a questão de sua constitucionalidade será irrelevante. Mas se, digamos, um dos prisioneiros negros, por qualquer razão, preferir a integração racial, então ele será uma vítima de exclusão racial e, em princípio, estará na mesma situação do negro que deseja que seus filhos estudem em uma escola integrada. Perguntar se a exclusão racial não pode, em determinadas circunstâncias, resultar em benefícios autoexcludentes para as raças envolvidas é pôr o princípio antidiscriminatório à mercê dos caprichos da conjecturação empírica e, desse modo, deixar os juízes livres para transformar em doutrina constitucional seus valores pessoais. Não obstante, em caso de rebelião racial dentro de uma prisão, deve-se permitir que os guardas segreguem as raças para evitar mais derramamento de sangue. Mas admitir que o princípio antidiscriminatório necessita de uma válvula de escape[31] não é o mesmo que tratar a raça meramente como uma classificação "suspeita".

A versão radical (a qual rejeito) do argumento da válvula de escape é que o tratamento preferencial dos negros e de outras minorias militantes é o preço que a maioria branca tem de pagar para evitar a inquietação e a violência de que os distúrbios raciais da década de 1960 podem ter sido apenas um primeiro sinal. Embora publicamente as universidades justifiquem suas políticas preferenciais em função da promoção da diversidade, da retificação de injustiças históricas ou algo semelhante, em privado muitas delas admitem que o apaziguamento de movimentos estudantis foi o fator dominante na adoção dessas políticas.

Será o medo do potencial de uma minoria para causar prejuízos à maioria por meio da violência ou por outros meios uma justificativa aceitável, embora implícita, para a discriminação em favor dessa minoria? A resposta depende em parte do modo como se vê o processo político. A visão expressa pela Suprema Corte, quiçá ditada pela dependência desta em relação à boa vontade do legislativo, é que o processo político consiste num esforço de promoção da eficiência, da justiça ou de alguma outra concepção igualmente geral de bem público. Segundo essa teoria fundada no "interesse público", a extorsão é uma justificativa inade-

---

31. E, portanto, que a Suprema Corte tinha de apreciar os argumentos com que o governo defendia a submissão dos residentes japoneses da Califórnia ao toque de recolher e a campos de concentração durante a Segunda Guerra Mundial, ainda que lhes tenha dado peso demais. Ver *Hirabayashi vs. Estados Unidos*, 320 U.S. 81 (1943); *Korematsu vs. Estados Unidos*, 323 U.S. 214 (1944).

quada para a ação do legislativo ou para qualquer outro tipo de ação governamental[32]. Entretanto, como observei em capítulos anteriores, a teoria da ação governamental fundada no interesse público é criticada por carecer de fundamentação analítica satisfatória e por ser incoerente com a experiência real derivada das políticas e dos projetos públicos, muitos dos quais se explicam melhor como resultado de uma luta de poder entre grupos de interesse, em nome de um falso interesse público.

Se esta for uma descrição correta do processo político, não de todas as suas consequências, mas de uma tendência importante e talvez central, então se verificaria que muitas leis (talvez a maioria delas), se avaliadas com honestidade e realismo, carecem de efetivo respaldo no interesse público. De fato, ver-se-ia que o produto do processo governamental consiste grandemente em discriminação, no sentido de um esforço de redistribuição de vários tipos de riqueza entre diversos grupos, fundado na maior capacidade de um determinado grupo de manipular o processo político, e não em algum princípio de justiça ou eficiência[33]. Ain-

---

32. Cf. *Cooper vs. Aaron*, 358 U.S. 1, 21-2 (1958). Mas cf. *NLRB vs. Jones & Laughlin Steel Corp.*, 301 U.S. 1, 41-3 (1937).

33. Essa visão do processo político compromete o esforço do professor Ely para distinguir entre as classificações suspeitas e as não suspeitas, com base na análise de ser a discriminação do grupo majoritário contra si mesmo ou contra uma minoria. Ver Ely, nota 6 acima, p. 733. Quase toda lei, racial ou não, é uma tentativa de um dos grupos da comunidade de impor seus interesses em detrimento dos demais. Logo, se Ely fosse coerente na aplicação de seu princípio, teria de concluir que a maioria das leis é suspeita e deveria ser alvo de um exame minucioso por parte do judiciário, exame ao qual as leis não resistiriam. Ely chega a afirmar que há uma diferença entre as leis que discriminam pela raça e as que o fazem por outros critérios. Se, por um lado, é improvável que um legislador branco tenha total consciência de seu preconceito contra os negros, por outro essa lacuna não o impediria de ver que uma lei que fixasse um preço mínimo para o leite transferiria riqueza dos consumidores de leite para os produtores e, ao mesmo tempo, reduziria a eficiência do mercado agropecuário. *Id.*, p. 733, n. 44. Mas essa tentativa de distinção revela que Ely não aceita plenamente as implicações da nova visão realista do processo político. Ele pressupõe que os escrúpulos de um legislador exercem uma importante influência sobre a legislação, de modo que a inconsciência de uma

da assim, seria estranho condenar como inconstitucional o produto mais característico do sistema político democrático (talvez de qualquer sistema político).

O novo realismo acerca do processo político exige uma reavaliação do papel dos tribunais constitucionais. Se o Estado for realmente caracterizado por um jogo de poderes e interesses, em vez de pela maximização do bem-estar geral, e se esse paradigma for um traço inevitável – e talvez, em última instância, desejável – de nossa sociedade (a busca imparcial do interesse público poderia incitar uma revolução por parte dos grupos poderosos prejudicados por essa perseguição), então seria um erro exigir que a legislação, para resistir a acusações de arbitrariedade ou discriminação, guardasse alguma relação com um objetivo social geral. A verdadeira "justificação" para a maior parte das leis é simplesmente que são o produto do processo político constitucionalmente criado de nossa sociedade.

Ao que parece, essa justificação proveria fundamentos suficientes para a rejeição de qualquer contestação consti-

---

pessoa acerca dos próprios preconceitos poderia efetivamente afetar o processo legislativo. Mas, se o novo realismo estiver correto, os escrúpulos são irrelevantes: o preço mínimo do leite é fixado por lei porque os produtores de leite têm força política, e não porque estes convencem os legisladores de que o aumento do preço do leite serve ao interesse público. De qualquer modo, nada que Ely tenha afirmado leva a concluir que, ao defender o preço mínimo do leite para aumentar suas chances de reeleição, uma pessoa inconscientemente avessa a negros considere que tenha agido inconscientemente.

Outro aspecto questionável da teoria implícita de Ely sobre o processo político é o pressuposto, inverossímil e não analisado em parte alguma pelo autor, de que os legisladores são líderes, em vez de representantes. Quando fala do "grupo que controla o processo decisório", *id.*, p. 735, Ely aparentemente não se refere à maioria racial do eleitorado, mas à maioria racial do poder legislativo. Obviamente, um congresso composto pelos servos negros de latifundiários brancos seria livre para promulgar leis que discriminassem os negros. Identificar "o grupo que controla o processo decisório" significa embrenhar-se pelos caminhos mais recônditos da teoria política. Quem controla o processo seletivo na Faculdade de Direito da Universidade de Washington? A comissão de seleção? O corpo docente da faculdade de direito? A administração da universidade? Os membros do Conselho Universitário? A assembleia legislativa do Estado? O governador de Washington? O Departamento de Saúde, Educação e Bem-Estar? Ver também nota 40 adiante.

tucional geral de uma lei, por exemplo, a do salário mínimo, por ser esta ineficiente e iníqua (o salário mínimo é ambas as coisas)[34]. Parece que proveria fundamentos para uma objeção decisiva à proposta do professor Gunther de que se interprete que a cláusula de igual proteção das leis exige, em caso de legislação economicamente discriminatória (como a lei que proibia os oculistas de trocarem lentes de óculos sem prescrição médica, confirmada em *Williamson vs. Lee Optical Co.*[35]), que os meios escolhidos para cumprir o objetivo de uma lei guardem certa relação com essa lei[36]. Se, como parece claro, o verdadeiro objetivo da lei no caso *Lee Optical* era proteger os optometristas da concorrência (o objetivo declarado era a promoção da saúde pública), essa lei seria inconstitucional segundo a abordagem de Gunther, mas válida se o Estado declarasse o verdadeiro, e inadequado, objetivo dela[37]. O que se ganha ao usar a cláusula de igual proteção das leis para esfregar na cara dos legisladores estaduais as realidades da política dos grupos de interesse a partir das quais surgem as leis? Se o objetivo é alterar o processo e o resultado característicos de um sistema político democrático, este é um objetivo pouco provável de ser alcançado e é insensato atribuí-lo aos elaboradores da Décima Quarta Emenda.

Se, por um lado, o realismo acerca do processo político fornece uma forte justificação para não se submeter a legislação em geral à exigência constitucional de que sirva ao

---

34. Ao elevar o custo da mão de obra, o salário reduz a demanda por esta. Os efeitos do desemprego resultante se concentram sobre os trabalhadores marginais, sobretudo os jovens negros. Esses efeitos encontram-se bem documentados. Ver, p. ex., John M. Peterson & Charles T. Stewart, Jr., *Employment Effects of Minimum Wage Rates* (1969); Marvin Kosters & Finis Welch, "The Effects of Minimum Wages on the Distribution of Changes in Aggregate Employment", 62 *Am. Econ. Rev.*, 323 (1972).

35. 348 U.S. 483 (1955).

36. Ver Gerald Gunther, "The Supreme Court 1971 Term – Foreword: In Search of Evolving Doctrine on a Changing Court: A Model for a Newer Equal Protection", 86 *Harv. L. Rev.* 1, 20-1, 23 (1972).

37. Ver *id.*, fls. 45-6.

interesse público[38], por outro, esse realismo não justifica a confirmação de leis que violem uma meta constitucional bem definida, como a ilegalização da discriminação racial praticada pelo Estado. Se um direito constitucional tem algum significado, este é que a violação não se torna aceitável só porque as entidades políticas a desejam. Logo, não é legítimo dispensar a aplicação de um princípio constitucional porque o grupo beneficiado com isso (em *DeFunis*, certas minorias) tem força política ou extrapolítica suficiente para tornar desagradável a vida dos funcionários públicos que não cedam a suas exigências. A ameaça implícita, apresentada por certos membros de minorias, de "causar problemas" na universidade ou na sociedade como um todo se suas exigências de discriminação não forem atendidas, não merece mais peso em uma análise de constitucionalidade que a ameaça, da maioria, de causar problemas se suas exigências de discriminação não forem atendidas. De fato, a própria distinção entre "minoria" e "maioria" tende a desaparecer em uma análise mais meticulosa da natureza do processo político[39]. A essência de uma análise realista desse

---

38. Pode haver casos extremos de ação estatal discriminatória que, entretanto, não envolvam critérios raciais ou étnicos, mas que sejam tão concretamente incoerentes com a "igual proteção das leis" a ponto de se revelarem inconstitucionais, como a proibição de que os canhotos obtenham carteira de motorista, para reduzir a poluição causada pelos automóveis.

39. Quem é quem na seguinte notícia de jornal, *Wall Street Journal*, 29 de julho de 1974, p. 10?

A Universidade de Temple assinou um acordo extrajudicial de 5 mil dólares com um historiador que alega que a universidade lhe negou um cargo de professor por ele ser branco.

Acredita-se que o caso seja o primeiro em que ocorreu semelhante pagamento, e esta é apenas uma das mais de 100 queixas submetidas pelo Comitê Judaico Americano ao Departamento de Saúde, Educação e Bem-Estar nos últimos dez anos.

A queixa foi apresentada por Martin Goldman, 34, palestrante de história negra na Universidade de Clark, Massachusetts. Em 1972, Goldman candidatou-se a uma cadeira no Instituto de Estudos Pan-Africanos da Universidade de Temple.

Goldman afirmou que, depois de ele se candidatar ao emprego, Odeyo Ayaga, diretor do instituto, pediu-lhe por telefone que fosse à Fi-

processo é o reconhecimento de que as políticas públicas têm como origem e finalidade as minorias (grupos de interesse muito menos numerosos que a população total, como os optometristas, produtores de leite, donos de farmácia e proprietários de canais de TV), e não alguma maioria indistinta. A segregação das Forças Armadas na Segunda Guerra Mundial não foi derivada da preferência da maioria; foi uma concessão a uma minoria composta principalmente por brancos sulistas[40].

Em poucas palavras, é impossível por definição justificar pela eficiência qualquer política pública contrária à dis-

---

ladélfia para uma entrevista. Segundo o historiador, o Sr. Ayaga disse que ele era "o candidato mais qualificado para o cargo".

Ao final da ligação, afirma Goldman, ele disse ao Sr. Ayaga que era branco. Este então imediatamente retirou a oferta de emprego.

O Sr. Goldman apresentou queixa depois de uma segunda conversa com um representante da universidade, uma secretária do programa de estudos negros, a qual lhe informou que a vaga era só para negros.

O Sr. Goldman, que nasceu na Filadélfia e foi aluno da Universidade de Temple, disse ter destacado essa universidade em sua queixa porque seus representantes foram "os únicos suficientemente estúpidos para admitirem abertamente as razões pelas quais se recusaram a me entrevistar".

O Sr. Goldman afirmou que, entre 1971 e 1973, enviou seu currículo a mais de 100 universidades que procuravam professores de história negra, área na qual tem diploma de mestrado. Nunca recebeu uma oferta de emprego.

"Eu diria que qualquer garoto branco que queira estudar história negra é um completo idiota. Este é um campo que, por razões políticas e sociais, está fechado a estudiosos brancos", observa o Sr. Goldman.

Desde sua criação, em 1969, o Instituto de Estudos Pan-Africanos da Universidade de Temple nunca empregou um professor branco, de acordo com um porta-voz da universidade. Exceto por um oriental, todos os funcionários são negros.

Pergunto-me como o professor Ely classificaria esse tipo de discriminação: como uma maioria explorando uma minoria, se virmos o instituto como o agente discriminador, ou como uma maioria explorando a si mesma, se virmos a Universidade de Temple como o agente da discriminação?

40. A "paz social" como argumento pela discriminação em favor de uma minoria militante foi usada em nome dos segregacionistas brancos, uma minoria regional, ao se oporem à dessegregação das escolas públicas do Sul. Ver *Cooper vs. Aaron*, 358 U.S. 1 (1958).

criminação eficiente, isto é, a discriminação baseada nos custos da avaliação individual. Mas, no caso da discriminação contra uma minoria econômica, como os negros nos Estados Unidos, há um argumento distributivo: a saber, o de que a discriminação, proporcionalmente, causa prejuízos maiores à minoria que à maioria discriminadora. Não se pode usar esse argumento, entretanto, para justificar a discriminação reversa fundada apenas na ameaça de uma minoria de causar prejuízos à maioria caso esta não redistribua riqueza em favor daquela, para além da redistribuição já resultante da ilegalização da discriminação contra as minorias. Também não consegui encontrar nenhuma outra justificativa convincente para a discriminação reversa.

14. Bakke, Weber *e além*

Bakke

Das cem vagas oferecidas para calouros, a faculdade de medicina da Universidade da Califórnia em Davis (uma instituição estadual) reservava dezesseis para indivíduos econômica e educacionalmente desfavorecidos de quatro grupos étnico-raciais: negros, asiáticos, indígenas americanos e *chicanos* (mexicano-americanos). Candidatos desfavorecidos que não pertencessem a um desses grupos étnico-raciais não eram aceitos no programa especial de seleção. Embora os membros dos grupos raciais citados também pudessem competir pelas oitenta e quatro vagas restantes através do processo normal de seleção, no programa especial não eram avaliados em comparação com os candidatos normais, mas apenas um com o outro. Os resultados obtidos nas provas e nas outras avaliações de perspectiva de desempenho acadêmico dos candidatos aprovados no programa especial eram, em média, muito inferiores aos dos outros candidatos aprovados e de muitos dos não aprovados, incluindo-se Allan Bakke.

Bakke processou a universidade, alegando que o motivo de sua reprovação no processo seletivo fora a discriminação racial, em violação à cláusula de igual proteção das leis da Décima Quarta Emenda, do Título VI da Lei dos Direitos

Civis de 1964[1] e da Constituição da Califórnia. A Suprema Corte do estado da Califórnia confirmou o direito de Bakke à igual proteção das leis e afirmou que instituições educacionais estaduais não poderiam empregar critérios raciais na seleção de seus alunos[2], mas se recusou a considerar as outras alegações. A Suprema Corte dos Estados Unidos confirmou parcialmente a decisão da Suprema Corte do estado da Califórnia, por ter esta determinado que a matrícula de Bakke fosse aceita pela faculdade de medicina de Davis, mas reverteu parcialmente a decisão, por ter aquela corte proibido a universidade de usar quaisquer critérios raciais em seu processo seletivo[3].

A Suprema Corte ficou inteiramente dividida. O juiz Stevens, com voto concorrente do juiz-presidente Burger e dos juízes Stewart e Rehnquist, confirmou integralmente, em seu voto, a decisão da Suprema Corte do estado da Califórnia e afirmou que o emprego da raça como um dos critérios de seleção para o ingresso de estudantes em instituições educacionais financiadas pelo governo federal violava o Título VI da Lei dos Direitos Civis. O juiz não entrou na questão de se o ato também poderia violar a Décima Quarta Emenda. O juiz Powell, autor do quinto voto de confirmação da decisão pela admissão de Bakke, afirmou que, embora por vezes as universidades possam levar em conta a raça em seus processos seletivos, o tipo de processo empregado pela Davis era inadmissível. Powell baseou sua conclusão na Décima Quarta Emenda porque, ao contrário do juiz Stevens, considerava que o Título VI e a Constituição seguiam um mesmo padrão. Os juízes Brennan, White,

---

1. O Título VI proíbe a discriminação racial por parte dos beneficiários de auxílio financeiro federal, 42 U.S.C. § 2000d (1976).
2. *Bakke vs. Reitoria da Universidade da Califórnia*, 18 Cal. 3d 34, 553 P.2d 1152, 132 Cal. Rptr. 680 (1976), parcialmente confirmado, parcialmente reformado, 438 U.S. 265 (1978).
3. *Reitoria da Universidade da Califórnia vs. Bakke*, 438 U.S. 265 (1978). Há uma profusão de comentários sobre o caso *Bakke*. Ver, p. ex., simpósios em 67 *Calif. L. Rev.* 1 (1979); e 90 *Ethics* 81 (1979).

Marshall e Blackmun emitiram voto conjunto pela reforma total da decisão da Suprema Corte do estado da Califórnia. Com o quinto voto, o do juiz Powell, formou-se uma maioria em favor da reforma da parte da decisão que proibia a universidade de recorrer a qualquer tipo de critério racial em seu processo seletivo.

O caso *Bakke* foi uma repetição do caso *DeFunis*. Mas, por não ter havido voto majoritário, o caso não serve muito como orientação para o futuro. O papel essencial do juiz Powell no caso *Bakke* faz do estudo de seu voto o mais interessante para a busca de pistas sobre os julgamentos futuros da Suprema Corte em casos de discriminação reversa e ação afirmativa, embora o voto não seja exatamente claro e embora o caso *Weber*, que discutirei adiante neste capítulo, indique que os efeitos do caso *Bakke* podem limitar-se aos processos seletivos educacionais em geral (incluindo-se os de faculdades e universidades) e aos beneficiários de auxílio financeiro federal.

Para que se entenda melhor o voto de Powell, é importante compreender que, embora originalmente projetada para defender os escravos recém-emancipados da discriminação do poder público estadual, a cláusula de igual proteção das leis da Décima Quarta Emenda há muito tem sido usada como instrumento de questionamento de ações estaduais cujo caráter discriminatório não tem relação com a raça ou a nacionalidade. Assim, leis que impõem mais impostos às administradoras de estradas de ferro que às outras empresas são frequentemente contestadas, e às vezes invalidadas, com base na cláusula de igual proteção das leis. Não querendo enredar-se na revisão detalhada da equidade das leis tributárias e normas regulamentadoras estaduais, a Suprema Corte costuma confirmar as leis desse tipo sempre que é possível demonstrar uma relação entre a suposta discriminação e alguma política estadual admissível.

Se aplicada à discriminação racial, essa abordagem comprometeria o princípio fundamental da cláusula de igual proteção das leis, pois, como enfatizei no capítulo anterior, grande parte das ações discriminatórias dos estados provavelmente poderia justificar-se segundo um padrão geral de "racionalidade". Por exemplo, como o desempenho educacional dos negros é em média menor que o dos brancos, poderia ser "racional" (no sentido flexível do termo, usado pela Suprema Corte nos casos econômicos) colocar os negros em escolas separadas, da mesma forma que os segundanistas são "segregados" dos terceiranistas ou que as crianças mais inteligentes são "segregadas" das menos inteligentes em instituições educacionais onde o currículo de cada aluno é montado segundo seu desempenho. Podem-se apresentar fortes argumentos contra essas medidas discriminatórias raciais, como o de que seriam um exagero; que a conveniência administrativa da classificação por raça não compensaria o custo social da estigmatização de certos indivíduos como anormais ou inferiores; que as diferenças raciais de comportamento são elas próprias produto de discriminação e assim por diante. Mas nenhum desses argumentos é forte a ponto de sair vitorioso perante o critério flexível de racionalidade usado nos julgamentos de casos econômicos, em que a Suprema Corte se revela totalmente indulgente com a justificativa do poder público para a discriminação em contestação.

Em verdade, a Suprema Corte há muito tem submetido as discriminações raciais e étnicas a um critério de "exame rigoroso" que inverte a pressuposição de legalidade vinculada à ação governamental nos julgamentos guiados pelo critério de racionalidade, e de fato impõe ao Estado um ônus de prova quase intransponível no que concerne à justificação da discriminação. Uma das questões decisivas no caso *Bakke* era se à discriminação contra os brancos deveria ser aplicado o critério de racionalidade ou o do exame rigoroso. Em seu voto, que foi o voto de "virada" na Suprema Corte, o juiz Powell decidiu que o critério correto era o segundo e recusou-se a dar relevância constitucional à distinção entre "cotas" e "metas", observando que o programa especial de seleção da Davis envolvia "o emprego propositai e consciente de critérios raciais"[4]. Segundo ele:"A garantia de igual proteção das leis não pode significar uma coisa quando aplicada a um indivíduo e outra quando aplicada a uma pessoa de outra cor. Se não se concede a mesma proteção a ambos, então não é igual."[5] Powell rejeitou o argumento de que, como Bakke, na condição de branco do sexo masculino, não era membro de uma "minoria isolada e bem definida" carente de proteção especial da parte do poder político majoritário; o programa especial de seleção da Davis não demandava o exame rigoroso: "Distinções raciais e étnicas de qualquer tipo são inerentemente suspeitas e requerem o mais preciso exame judicial."[6]

O juiz Powell observou que, quando, no final da década de 1930, a cláusula de igual proteção das leis foi revitalizada como escudo protetor das liberdades individuais, "não era mais possível identificar as garantias da Décima Quarta Emenda com a luta por igualdade empreendida por uma minoria racial [os negros]", pois o país "tornara-se uma nação de minorias", cada uma das quais "tinha de lutar, e em certa medida luta até hoje, para superar os preconceitos não de uma maioria monolítica, mas de uma maioria composta de diversas minorias"[7].

> Os conceitos de "maioria" e "minoria" refletem, necessariamente, configurações e opiniões políticas temporárias. Conforme observado acima, a própria "maioria" branca compõe-se de diversas minorias, muitas das quais podem dar testemunho de um passado de discriminação nas mãos do Estado e dos indivíduos (...). Não há princípio capaz de determinar quais grupos mereceriam "maior atenção judicial" e quais não (...). Os diferentes tipos de análise sociológica e política de que depende a produção de tais classi-

---

4. 438 U.S., fl. 289.
5. *Id.*, fls. 289-90.
6. *Id.*, fl. 291.
7. *Id.*, fl. 292 (notas de rodapé suprimidas) e n. 32, citação de 41 C.F.R. § 60-50.1(b) (1977).

ficações não são da alçada do judiciário, ainda que sejam, de qualquer modo, politicamente viáveis e socialmente desejáveis.[8]

Os quatro grupos escolhidos pela faculdade de medicina de Davis para receber tratamento preferencial não são os únicos que sofreram discriminação nos Estados Unidos. Há também, entre outros, os porto-riquenhos, os judeus, os católicos, os mórmons, os irlandeses, os italianos, os poloneses, os escandinavos, os alemães, os húngaros e as mulheres. É verdade que muitos desses grupos superaram as dificuldades impostas pela discriminação, mas o mesmo vale para os asiáticos, aos quais a faculdade de medicina de Davis concedia tratamento preferencial juntamente com os negros, os mexicanos e os indígenas americanos. Aparentemente, segundo a lógica da discriminação reversa, os juízes deveriam considerar a possibilidade de incluir ao menos alguns desses outros grupos entre aqueles que merecem tratamento preferencial. Ainda assim, o resultado poderia ser a discriminação – por uma aliança de minorias que, somadas, constituiriam clara maioria – contra uma minoria composta por protestantes anglo-saxônicos brancos, ou talvez apenas pelos membros masculinos desse grupo.

O juiz Powell rejeitava, portanto, a visão de que a discriminação contra os membros da "maioria" branca, se for por uma "boa causa", não é suspeita e nem está sujeita ao critério do exame rigoroso:

> O próprio conceito de preferencial levanta sérios problemas de justiça. Em primeiro lugar, nem sempre está claro se um tratamento dito preferencial é de fato inofensivo. Pode-se pedir aos juízes que legitimem a imposição de danos a indivíduos de determinado grupo em prol do interesse geral desse grupo. Não há nada na Constituição que sustente a noção segundo a qual se pode impor aos indivíduos, em prol da elevação da condição social de seu grupo étnico,

---

8. 438 U.S. fls. 295-7 (notas de rodapé suprimidas).

fardos de outro modo inadmissíveis. Em segundo lugar, programas de tratamento preferencial podem apenas reforçar uma crença popular de que certos grupos são incapazes de obter sucesso sem proteções especiais baseadas em fatores alheios ao mérito individual. Em terceiro lugar, há um quê de iniquidade em forçar pessoas inocentes na condição de réus a assumirem a responsabilidade pela reparação de danos não infligidos por elas.[9]

Ao aplicar o critério do exame rigoroso, segundo o qual "o Estado deve demonstrar que seu objetivo ou interesse é constitucionalmente admissível e realmente existente, e que o uso da classificação é 'necessário (...) à realização' de seu objetivo ou à proteção de seu interesse"[10], o juiz Powell julgou que, das razões alegadas pela faculdade de medicina, duas eram à primeira vista inexistentes, uma terceira se fundava em uma premissa de fato não comprovada e a quarta, embora existente em potencial, fora inadequadamente implementada.

A primeira razão apresentada pela faculdade de medicina foi o interesse em "reduzir o *deficit* histórico das minorias comumente discriminadas nas faculdades de medicina e na profissão médica"[11]. O juiz Powell rejeitou de imediato essa justificativa para o programa: "Dar preferência a membros de qualquer grupo apenas por sua raça ou origem étnica é discriminação pura e simples."[12] Também rejeitou a segunda razão, "o combate aos efeitos da discriminação social", por falta de qualquer decisão judicial, legislativa ou administrativa acerca da discriminação, na qual a faculdade de medicina pudesse ter fundado sua política de seleção preferencial[13].

Isso levanta a questão de se o programa especial de seleção da Davis teria resistido à contestação se, antes de sua

---

9. *Id.*, fl. 298 (citações omitidas).
10. *Id.*, fl. 305 (citando *In re* Griffiths, 413 U.S. 717, 722-3 [1973]).
11. *Id.*, fl. 306.
12. *Id.*, fl. 307.
13. *Id.*

criação e implementação, a assembleia legislativa da Califórnia tivesse prolatado em sentença que a faculdade de medicina discriminara ilegalmente. A resposta é marcada pela ambiguidade. Embora o juiz Powell tenha afirmado que a faculdade de medicina de Davis não constatou a existência de discriminações no passado, e nem era de sua alçada fazê-lo, não indicou quais seriam os órgãos legislativos ou administrativos com autoridade para tanto[14].

Se sua intenção era reconhecer a autoridade de qualquer corpo legislativo, ou representante deste, para identificar atos de discriminação ilegais e estabelecer um remédio para estes, o juiz Powell criou uma enorme lacuna legal no princípio constitucional que introduziu. A discriminação reversa poder-se-ia fundar em uma decisão legislativa acerca de discriminações praticadas no passado através de um processo de duas etapas. Na primeira destas, a assembleia legislativa "decidiria" que algum grupo foi vitimado por alguma instituição e, na segunda, a mesma assembleia ou um representante desta, como a faculdade de medicina de Davis, adotaria uma política de discriminação reversa como "remédio judicial". Uma vez que as constatações de fato feitas pelo legislativo são, por definição, imunes à reapreciação do judiciário, uma assembleia legislativa que desejasse praticar ou autorizar a discriminação reversa poderia submeter as instituições a supostos "remédios" mediante a simples prolação de decisões mal fundamentadas de culpabilidade por discriminação.

Provavelmente essa lacuna legal não foi intencional. Powell deve ter percebido que um princípio constitucional que qualquer corpo legislativo possa desprezar mediante

---

14. A discriminação reversa é aceita como remédio judicial contra um empregador ou uma instituição declarados culpados de discriminação em um processo *judicial*. Conforme observado no capítulo 12, esse remédio judicial é ambíguo porque seu impacto principal recai sobre as partes inocentes; mas sua justificativa é que se deve permitir que os tribunais de equidade emitam decretos judiciais para impedir a repetição do dano. A questão da discriminação reversa como remédio judicial reaparece na análise do caso *Weber*.

considerandos "factuais" vazios não é digno desse nome[15]. Ao reconhecer que medidas de reparação vinculadas a classificações raciais podem se fundar em constatações legislativas ou administrativas de ocorrência de atos de discriminação ilegal, o juiz Powell referia-se provavelmente aos poderes expressos que a Seção 5 da Décima Quarta Emenda dá ao Congresso para implementar as proibições concretas contidas naquelas emendas, poder que não foi concedido às assembleias legislativas estaduais[16].

---

15. Em uma nota de rodapé de seu voto, o juiz Brennan interpretou que o voto do juiz Powell sancionava políticas discriminatórias fundadas nas decisões de qualquer corpo legislativo acerca de atos de discriminação ilegais praticados no passado. Ver 438 U.S., fls. 366-7 n. 42. Como o próprio Conselho Universitário da Universidade da Califórnia é praticamente um corpo legislativo com poderes para determinar as políticas da universidade, o programa especial de seleção da Davis, segundo a interpretação do voto de Powell oferecida pelo juiz Brennan, seria imune a contestações se tivesse se fundado em uma decisão dos membros do conselho universitário acerca de violações de leis ou da Constituição por parte da faculdade de medicina. Portanto, o juiz Brennan qualificou como "preponderância da forma sobre a substância" a insistência do juiz Powell em que uma decisão legislativa, administrativa ou judicial acerca de discriminações praticadas no passado é condição para a adoção de medidas de reparação baseadas em classificações raciais. *Id.*

16. Sobre o âmbito do poder dado ao Congresso pela Seção 5 da Décima Quarta Emenda para determinar a reparação por atos discriminatórios ilegais, ver *Katzenbach vs. Morgan*, 384 U.S. 641, 651 n. 10 (1966), em que a Suprema Corte afirmou que a Seção 5 "não dá poder ao Congresso (...) para promulgar leis que, na verdade, diluam as decisões desta corte concernentes à igual proteção das leis e ao devido processo legal. Ressaltamos que o poder que a Seção 5 dá ao Congresso restringe-se à adoção de medidas que assegurem o cumprimento das garantias da respectiva emenda; a Seção 5 não dá poder ao Congresso para restringir, revogar ou diluir essas garantias". Logo, mesmo que viesse a concluir que as universidades públicas discriminaram ilegalmente certas minorias no passado, o Congresso poderia não ter o poder de promulgar uma lei "reparatória" exigindo delas a disponibilização de uma quantidade fixa de vagas para os membros desses grupos. Uma lei assim revogaria as garantias da Décima Quarta Emenda tal como interpretada pelo juiz Powell, para quem a cláusula de igual proteção das leis proíbe a utilização de cotas raciais em processos seletivos educacionais. No recente caso *Fullilove vs. Klutznick*, 100 S. Ct. 2758 (1980), a Suprema Corte confirmou uma lei federal que exigia que pelo menos 10% das verbas federais destinadas a obras públicas locais fossem empregadas na compra de serviços ou insumos de empresas pertencentes a membros de determinadas minorias raciais. Como é de

A terceira justificativa dada pela faculdade de medicina da Davis para seu processo seletivo discriminativo era o interesse do estado pelo "aumento do número de médicos que exercerão a profissão em comunidades carentes desse serviço"[17]. O juiz Powell rejeitou sumariamente essa justificativa, por não haver prova alguma de que o tratamento preferencial concedido pela Davis às minorias promovia esse interesse do Estado[18].

Powell mostrou-se mais receptivo à quarta justificativa da universidade, a de que o programa especial de seleção promovia o interesse da instituição nos "benefícios educacionais advindos de um corpo discente caracterizado pela diversidade étnica"[19]. Partindo da premissa de que a busca da faculdade por um corpo discente etnicamente diversificado é um interesse válido, Powell observa que, "embora a liberdade acadêmica não esteja especificamente prevista na Constituição, há muito tem-se considerado que uma das preocupações especiais da Primeira Emenda é defendê-la", e a liberdade acadêmica de uma universidade "inclui a seleção de seu corpo discente"[20]. Uma vez que o convívio com

---

costume nessa área, a maioria foi incapaz de chegar a um consenso. Mas os diversos votos enfatizam fortemente a decisão do legislativo de que a lei era necessária à reparação de desvantagens específicas advindas de discriminações passadas. Com efeito, foi elaborado um procedimento "para evitar a participação injusta, no programa, de empreiteiras cujo acesso a oportunidades de contratação não tivesse sido prejudicado por discriminações passadas, ainda que seus donos pertencessem a alguma minoria". *Id.*, fl. 2776. Como a lei estava sendo contestada em si mesma e não pela maneira como era aplicada, a adequação prática desse procedimento não estava em pauta. Nessas circunstâncias, talvez fosse razoável a Suprema Corte concluir que a lei constituía um remédio específico por discriminações concretas contra minorias, em vez de um tratamento preferencial apenas teoricamente relacionado a antigas discriminações contra (outros) membros da minoria. Está claro, entretanto, que a ideia da discriminacão reversa como "remédio" é ampla e vaga o bastante para destituir o caso *Bakke* de grande parte de sua importância, ponto ao qual retorno mais adiante, ao discutir a decisão do caso *Weber*.

17. 438 U.S., fl. 306.
18. *Id.*, fl. 310.
19. *Id.*, fl. 306.
20. *Id.*, fl. 312.

estudantes portadores de diferentes repertórios de vida pode contribuir de diversas e importantes maneiras para a educação dos alunos de graduação e pós-graduação, e como a diversidade racial e étnica é um dos aspectos da diversidade de repertórios, o juiz Powell concluiu ser admissível que uma faculdade de medicina leve em consideração a raça e a origem étnica ao selecionar seus alunos.

Se essa conclusão não tivesse recebido ressalvas mais adiante no voto, seria preciso, pelas razões expostas no capítulo anterior, considerá-la reflexo de uma visão estereotipada das raças. Entretanto, se por um lado aceitou a diversidade racial e étnica como fator admissível na seleção de estudantes, por outro lado Powell rejeitou, como um método desnecessariamente discriminativo (e portanto inaceitável) de promoção dessa diversidade, a prática da faculdade de medicina da Davis de reservar aos membros de determinadas minorias um número fixo de vagas para o primeiro ano. Essa abordagem, no seu entender, dava excessiva importância ao fator racial ou étnico na busca geral por diversidade. É constitucionalmente admissível usar a raça ou a origem étnica como um dos fatores de decisão no processo seletivo, mas não como o único fator:

> Pode-se examinar a ficha de um determinado candidato negro tendo em vista sua contribuição em potencial à diversidade, sem que o fator da raça seja decisivo quando, por exemplo, compararmos essa ficha à de um candidato identificado como ítalo-americano, se se considerar que esta última apresenta qualidades que tendem mais a promover um pluralismo educacional benéfico. Essas qualidades poderiam incluir talentos pessoais incomuns, experiência profissional ou caritativa singular, potencial para liderança, maturidade, compaixão comprovada, um histórico de superação de dificuldades, habilidade para se comunicar com os pobres, entre outras qualificações consideradas importantes. Em suma, um programa de seleção que assim funcionasse seria suficientemente flexível para examinar todos os elementos relevantes de diversidade à luz das qualificações específicas de

cada candidato, e colocá-los em pé de igualdade nesse exame, ainda que não necessariamente atribuindo-lhes o mesmo peso.[21]

É possível interpretar esse discurso de maneira a atenuar o aspecto racista embutido na consideração da raça *per se* como fator significativo de diversidade. Powell talvez quisesse dizer que uma universidade pode valer-se da raça para criar o pressuposto questionável de que um candidato tem algo a contribuir na diversidade de um corpo discente, mas que a raça não pode gerar um pressuposto irrefutável. Se um branco alegar que sua contribuição para a diversidade é maior que a do candidato negro, a universidade terá de levá-lo em conta. Essa interpretação é reforçada pelo uso que Powell faz do termo "consideração competitiva da raça e da origem étnica"[22], o qual implica que uma alegação de diversidade baseada puramente na raça ou na origem étnica deve estar sempre aberta à contestação por parte de um branco que afirme ter uma maior contribuição a dar para a genuína diversidade da classe, por oposição à mera diversidade racial ou étnica. Powell cita com aprovação, e inclui como apêndice de seu voto, a política da Faculdade de Harvard, que afirma: "Um garoto da roça vindo de Idaho pode trazer para a Faculdade de Harvard algo que um bostoniano não é capaz de oferecer. Analogamente, um estudante negro *geralmente* é capaz de oferecer algo que um branco não é."[23] Geralmente, mas nem sempre. Se a Facul-

---

21. *Id.*, fl. 317.
22. *Id.*, fl. 320.
23. *Id.*, fl. 323 (grifo meu). A análise do juiz Powell não justifica o comentário *maldoso* de que o erro da Davis foi reservar um número fixo de vagas para minorias preestabelecidas, em vez de tentar ocultar as cotas raciais sob o véu de uma retórica apaziguadora ao estilo da Faculdade de Harvard. Powell deu indicações de que um candidato branco excluído de Harvard teria o mesmo direito constitucional que Bakke se a revelação obrigatória dos elementos de prova ou algum outro procedimento de investigação revelasse que a faculdade, fingindo tratar a raça e a origem étnica apenas como dois entre vários fatores de diversidade a serem ponderados, na verdade implementava um esquema semelhante ao da Davis. Ver *id.*, fl. 318.

dade de Harvard fosse uma instituição pública, um garoto da roça que perdesse a vaga para um membro da elite de Boston porque acontecera de este ser negro teria fortes motivos para alegar a violação de seus direitos constitucionais.

Se essa interpretação do voto de Powell estiver correta, o espaço que concede à prática da discriminação reversa é restrito. Consiste em permitir que uma universidade estabeleça um pressuposto contestável de que os membros de determinados grupos raciais ou étnicos tendem, devido à sua raça ou etnia, a contribuir significativamente para a diversidade do corpo discente.

Pode ser importante ressaltar que não há nada no voto que aprove a decisão da faculdade de medicina de Davis de favorecer as minorias que porventura tenham influência política na comunidade. Segundo estatísticas mencionadas no voto de Powell, dos 84 estudantes que entraram naquela faculdade através do programa normal de seleção em 1973 e 1974, uma média de 9 era composta por asiáticos[24], ou seja, mais de 10%. Os asiáticos, no entanto, representam menos de 3% da população da Califórnia[25]. Portanto, o programa especial de seleção da Davis escolheu dar tratamento preferencial a um grupo que já estava "excessivamente representado" no corpo discente. Meu palpite é que a inclusão dos asiáticos no programa especial de seleção da Davis foi o preço político pago pela concessão de tratamento preferencial às minorias pouco representadas no programa geral de seleção. Mas, segundo a análise que Powell faz da discriminação, é proibido a uma universidade compor uma lista de minorias sem levar em conta as distinções culturais entre estas e a baixa proporção de sua representação no corpo discente. A Universidade da Cidade de Nova York não está livre para eleger os judeus como grupo favorecido, ao lado dos negros e dos porto-riquenhos, como forma de tornar atraente sua política de seleção preferencial.

---

24. Calculado a partir de *id.*, fl. 395, n. 6.
25. Parecer aos Estados Unidos na condição de *amicus curiae*, fl. 4, n. 3. Ver também *id.*, fls. 46-7, n. 51.

Cabem ainda algumas observações sobre os outros votos do caso *Bakke*. Em seu voto, os juízes Brennan, White, Marshall e Blackmun concordam com Powell que a mera racionalidade é um critério demasiado liberal para avaliar a discriminação reversa, mas ponderam que o exame rigoroso é um critério demasiado rígido e propõem um meio-termo:"[para justificar] classificações raciais estabelecidas com objetivo claramente benéfico (...), deve-se demonstrar que há um propósito relevante e explicitamente formulado para [sua] utilização (...) [e] deve-se derrubar qualquer lei que estigmatize algum grupo ou que faça recair sobre aqueles que possuem menor representação no processo político os efeitos negativos de um projeto benéfico"[26]. Esse critério é inviável, pois, conforme observa o juiz Powell, é impossível dar um significado concreto, no âmbito do processo de litígio, aos conceitos de "estigma" e "menor representação no processo político"[27]. Ademais, esse critério intermediário é perigosamente flexível com respeito à discriminação nos moldes antigos. É interessante ressaltar que as discriminações desse tipo são avaliadas e invariavelmente reprovadas no teste do exame rigoroso. Na abordagem do grupo de Brennan, contudo, se a classificação racial for estabelecida "com objetivo claramente benéfico", isso automaticamente a tira da categoria do exame rigoroso e a submete ao critério mais flexível. Isso implica que, para evitar o exame rigoroso, uma assembleia legislativa racista só teria de afirmar que está colocando os negros em escolas separadas para o próprio bem deles, um objetivo "claramente benéfico".

O critério para a discriminação reversa em favor dos negros sugerido pelo grupo de Brennan está em forte contradição com a própria posição de Brennan em relação à discriminação reversa em favor das mulheres em casos de discriminação sexual. Por exemplo, em *Craig vs. Boren*[28],

---

26. 438 U.S., fl. 361.
27. Ver *id.*, fl. 294, n. 34.
28. 429 U.S. 190 (1976).

Brennan emitiu voto vencedor invalidando uma lei estadual que determinava que as mulheres poderiam comprar cerveja a partir dos 18 anos, enquanto os homens só poderiam fazê-lo a partir dos 21. No voto, afirma-se que "as classificações por sexo devem servir a objetivos estatais sérios, devendo estar concretamente relacionadas à consecução de tais objetivos"[29]. Em apoio a essa afirmação, citam-se, indiscriminadamente, casos de proibição da discriminação contra homens e de proibição da discriminação contra mulheres. Nada há no voto que sugira uma possível distinção entre a discriminação em favor das mulheres e a discriminação contra estas, exceto pelo comentário: "O estado de Oklahoma não sugere que a diferenciação de idade e sexo tenha sido promulgada para garantir às mulheres o direito de beber cerveja de teor alcoólico de 3,2% como compensação por privações passadas."[30]

Em outro caso, o juiz Brennan, em voto divergente da decisão que confirmava uma lei garantindo às viúvas (mas não aos viúvos) uma isenção anual de US$500 do imposto sobre propriedade imobiliária, afirmou que o critério correto em um caso de discriminação contra homens consiste em avaliar se "a lei contestada protege interesses conflitantes e prementes, impossíveis de se satisfazerem, seja através de uma classificação legislativa mais cuidadosamente elaborada, seja por meios mais viáveis e menos drásticos"[31]. Este é o critério do exame rigoroso. Se o critério de Brennan para os casos de discriminação sexual reversa fosse aplicado ao sistema de cotas da Davis, com seu inexplicado tratamento preferencial de um grupo já excessivamente representado na população estudantil, o resultado exigiria a invalidação desse sistema. Por fim, não compreendo por que

---

29. *Id.*, fl. 197.
30. *Id.*, fl. 198, n. 6.
31. *Kahn vs. Shavin*, 416 U.S. 351, 357-8 (1974). Ver também *Schlesinger vs. Ballard*, 419 U.S. 498, 511-21 (1975), voto divergente do juiz Brennan. Por curiosa coincidência, a decisão do caso *Kahn* aparece depois de *DeFunis* no *United States Reports* [livro de registro da jurisprudência dos Estados Unidos].

o juiz Brennan pensa que os homens têm direito a um critério constitucional mais generoso em comparação com as mulheres do que os brancos o teriam em comparação com os negros.

O voto do grupo de Brennan no caso *Bakke* silencia-se (assim como o faz o juiz Marshall em seu voto divergente) quanto ao aspecto mais questionável do sistema de cotas da Davis, a inclusão dos asiáticos entre as minorias favorecidas[32]. No voto de Brennan, toda a discussão gira em torno dos negros e *chicanos*; enquanto no de Marshall, apenas dos negros. Uma das razões que levaram o grupo de Brennan a considerar o programa da Davis constitucional foi que a porcentagem de vagas reservadas às minorias favorecidas (16%) era menor que a porcentagem destas na população da Califórnia (22%). Mas 22% é apenas a soma de negros e *chicanos*; nenhum dos votos apresenta estatísticas sobre os asiáticos. Uma coisa é defender o tratamento preferencial de grupos raciais ou étnicos "malsucedidos" em algum sentido, outra bem diferente é incluir outra minoria que já obteve sucesso sem o benefício do tratamento preferencial.

Se o grupo de Brennan e o juiz Marshall tivessem abordado o caráter anômalo da inclusão dos asiáticos no programa especial de seleção, talvez tivessem sido levados a reconsiderar uma premissa fundamental, embora oculta, de seu voto: que, não fosse a discriminação, a porcentagem de médicos negros seria aproximadamente igual à porcentagem de negros na população como um todo. Essa premissa está por trás da conclusão de que o programa especial de seleção da Davis justifica-se pelo mesmo tipo de lógica que permite o uso de cotas raciais em decretos que busquem remediar discriminações do passado, isto é, em tentativas de reverter as consequências da discriminação. Uma vez que se reconhece, porém, que algumas minorias

---

32. Embora também se tenham incluído os índios, não há registro de que algum índio tenha jamais entrado na faculdade de medicina de Davis através do programa especial de seleção.

estão "excessivamente representadas" na profissão médica, compromete-se a premissa de que, não fosse pela discriminação, os negros estariam proporcionalmente representados. Pela lógica infalível da aritmética, nem todas as minorias são capazes de obter representação proporcional em uma profissão na qual alguns grupos possuem pouca representação por motivos não relacionados à discriminação em seu favor. Para equilibrar as estatísticas, outros grupos terão de ter pouca representação. Um destes grupos pode ser o dos negros. É evidente que os asiático-americanos possuem alguma aptidão especial para a medicina ou algum interesse nessa área. Por que outro motivo estariam excessivamente representados na turma do primeiro ano da faculdade de medicina Davis? Isso sugere que a aptidão ou o interesse médicos não estão igualmente distribuídos entre os grupos raciais e étnicos. Ademais, se um grupo que historicamente sofreu discriminação nos Estados Unidos, como os asiático-americanos, foi mesmo assim capaz de alcançar uma representação desproporcionalmente grande na profissão médica, o insucesso dos negros na obtenção de uma representação proporcional não pode ser automaticamente atribuído ao passado de discriminações contra eles.

Outro fator intrigante nos votos do juiz Marshall e do grupo de Brennan é a ausência de referência ao caso *McDonald vs. Santa Fe Trail Transportation Co.*[33], decidido pela Suprema Corte dois anos antes de *Bakke*. A Suprema Corte, com voto vencedor do juiz Marshall, decidiu que a discriminação contra uma pessoa de cor branca violava o Título VII da Lei dos Direitos Civis de 1964[34], que proíbe a discriminação no trabalho, e a Seção 1981 do Título 43[35], uma das leis de direitos civis da época da Reconstrução. O caso envolvia dois empregados brancos e um empregado negro acusados do mesmo tipo de má conduta. Apenas os bran-

---

33. 427 U.S. 273 (1976).
34. 42 U.S.C. §§ 2000e a 2000e-17 (1976).
35. 42 U.S.C. § 1981 (1976).

cos foram despedidos. A corte decidiu que essas leis proibiam a discriminação contra brancos em favor de negros, apesar da inexistência de um histórico de leis que desse respaldo à decisão e a despeito da presença de indícios contrários na própria letra da Seção 1981. Essa seção estipula que todas as pessoas devem ter o mesmo direito de que "desfrutam os cidadãos brancos" para fazer contratos, o que faz das pessoas brancas a classe padrão e não a protegida. No caso *McDonald*, o juiz Marshall considerou a discriminação racial uma mesma coisa, fosse ela dirigida contra os brancos ou contra os negros. Embora essa decisão tenha-se baseado em outras leis que não o Título VI, não havia nelas, assim como não havia no Título VI, indício algum de uma intenção do legislativo de erigir em lei um critério de discriminação diferente do da Constituição. A equiparação entre discriminação reversa e discriminação à moda antiga não é, portanto, nenhuma novidade, como insinuam os votos de Brennan e Marshall no caso *Bakke*. Mas o método do juiz Marshall no caso *Bakke*, que consistia em tratar diferentes leis de direitos civis como aplicações de critérios de discriminação não relacionados, foi um prenúncio da decisão do caso *Weber*.

Antes de falar dessa decisão, gostaria de tecer breves especulações sobre as implicações do caso *Bakke* para a ação afirmativa. Esse termo refere-se à tentativa de retificar os efeitos permanentes da discriminação passada, em vez de simplesmente fazer cessar a discriminação. O programa especial de seleção da faculdade de medicina da Universidade da Califórnia em Davis era um tipo de ação afirmativa. Algumas de suas características o tornavam particularmente vulnerável. Em primeiro lugar, como as pessoas sentem uma angústia natural com relação às qualificações dos médicos que as atendem, a ideia de um médico comprometido com a "ação afirmativa" é particularmente perturbadora. É verdade que, para se formarem, os estudantes aprovados pelo programa especial de seleção tinham, teoricamente, de preencher as mesmas exigências acadêmicas que os estudantes normais. Mas algumas universidades, se necessário, afrouxarão seus padrões de avaliação para garantir que o número de estudantes especiais reprovados não seja grande demais. Em segundo lugar, o programa da Davis incluía misteriosamente os asiático-americanos entre as minorias favorecidas, embora esse grupo claramente não carecesse de tratamento preferencial em relação aos brancos. Em terceiro lugar, a Davis se negava a conceder qualquer consideração especial aos brancos desfavorecidos, não admitindo portanto que alguns brancos pudessem ser tão merecedores de tratamento especial no processo de seleção quanto um membro de uma das minorias beneficiadas por esse processo. Em quarto lugar, e na mesma linha, a fixação de um número determinado de vagas para as minorias escolhidas não poderia deixar de trazer à memória as cotas por tanto tempo usadas nos Estados Unidos para restringir a quantidade de judeus e católicos matriculados nas escolas superiores de elite.

Os defensores da ação afirmativa poderiam apoiar-se na esperança de que sentenças futuras condicionarão a decisão do caso *Bakke* a esses fatos relativamente peculiares. Mas a jurisprudência dificilmente é interpretada de forma tão estrita. Subsiste então a pergunta: em que medida se considerarão sujeitas ao critério do exame rigoroso as diversas formas de ação afirmativa?

A aplicação da decisão de *Bakke* a "ações afirmativas reparatórias" derivadas de determinações judiciais concernentes a atos ilegais de discriminação parece improvável. Esse tipo de ação afirmativa é uma prática judicial reconhecida e facilmente (talvez em demasia) justificável como exercício das atribuições deliberativas tradicionalmente abrangentes dos tribunais de equidade acerca dos remédios judiciais. Se de um lado do espectro estão as cotas explícitas frequentemente decretadas como remédio, do outro está a prática de simplesmente procurar mais por candidatos negros que por brancos para vagas de faculdade ou de emprego. A rigor, isso é discriminação racial; mas os efeitos negativos sobre os brancos provavelmente são pequenos demais para serem considerados uma violação da cláusula de igual proteção das leis. A mesma conclusão, com causas um pouco diferentes, aplica-se à prática da concessão de bolsas mais generosas a negros que a brancos igualmente carentes, adotada por algumas universidades. O que ocorre nesses casos é discriminação, mas subordinada à discriminação lícita, pois, ao perseguir a meta lícita da diversidade do corpo discente, as universidades por vezes terão de competir financeiramente por um quadro limitado de candidatos qualificados pertencentes a minorias.

O caso intermediário é o do tratamento preferencial no emprego, inclusive no âmbito acadêmico. Em muitas universidades, pode-se deliberadamente dar preferência à contratação de um negro um pouco menos qualificado, em detrimento de um branco um pouco mais preparado. A mesma prática existe em muitas empresas e escritórios de advocacia, entre outras instituições não acadêmicas; caracteriza-se como discriminação racial e está sujeita, segundo a visão do juiz Powell, ao exame rigoroso. Além disso, os interesses que, para Powell, são suficientes para justificar a discriminação em favor dos negros no processo seletivo universitário não se aplicam aqui. Uma fábrica de aviões não tem interesse em buscar a diversidade racial de seu conselho de administração (ao menos nenhum interesse que se possa levar a sério). Analogamente, a busca de uma universidade pela diversidade racial do quadro de funcionários de seu departamento de contabilidade não seria um interesse válido. Pode-se, é claro, afirmar um interesse pelo fornecimento de "exemplos profissionais" para os negros, mas isso envolve aquele tipo de psicologização fácil que o juiz Powell rejeitou ao refutar o argumento da Davis de que médicos negros são mais propensos que médicos brancos a servir em comunidades com carência de serviços de saúde.

Mas a quintessência da ação afirmativa não são os processos seletivos universitários, e sim os de emprego. É aqui que um critério de exame rigoroso, coerente e honestamente aplicado, poderia afetar profundamente as políticas públicas existentes. Embora o Departamento de Saúde, Educação e Bem-Estar (HEW), entre outros agentes públicos de imposição da lei, tendam a renegar o uso de termos como "cota" e, em vez disso, descrevam a ação afirmativa como "busca", "melhores esforços", "objetivos" e "metas", na prática as ações do HEW levam muitas universidades e outros empregadores a discriminar em favor das minorias eleitas (negros, mulheres ou seja lá quem for). Dá-se preferência à contratação de membros desses grupos em vez de indivíduos brancos do sexo masculino e mais qualificados, porque este é o modo mais fácil de o empregador se livrar da pressão do Estado. Isso é discriminação, e, quando o empregador é uma instituição pública, a vítima dessa discriminação teria, segundo a lógica do voto do juiz Powell, um forte argumento constitucional para buscar reparação. Os direitos do empregado dependem, em um primeiro momento, de que a proibição da discriminação no Título VII seja interpretada como um equivalente dos critérios constitucionais enunciados no voto do juiz Powell. A decisão do caso *McDonald* sugere o uso dessa interpretação. Mas, no caso *Weber*, de forma inesperada (embora talvez justificável), a decisão fugiu dessa linha, limitando-se assim o efeito do caso *Bakke* sobre os casos trabalhistas.

Weber

Em *United Steelworkers of America vs. Weber*[36], a Kaiser Aluminum & Chemical Corp. negociara, com o sindicato União dos Metalúrgicos, um acordo coletivo através do qual se reservaria para negros a metade das vagas de um programa de treinamento de empregados, até que a proporção de operários negros nas fábricas participantes se igualasse à de trabalhadores negros na força de trabalho dos lugares

---

36. 443 U.S. 193 (1979).

onde estavam localizadas. Weber, um trabalhador branco, inscreveu-se no programa de treinamento, mas ficou de fora por causa da cota. Não fosse por esta, a experiência de Weber lhe garantiria uma vaga. Weber moveu então uma ação judicial, invocando o Título VII, que proíbe a discriminação racial no trabalho. Ao contrário do que fizeram DeFunis e Bakke em seus casos de discriminação reversa, sua contestação de exclusão não se fundou na cláusula de igual proteção das leis da Décima Quarta Emenda, pois tanto o empregador quanto o sindicato eram entidades privadas e, portanto, não satisfaziam a exigência constitucional de vinculação à ação do poder público prevista na emenda (e examinada no capítulo 12).

A Suprema Corte, com voto divergente do juiz Rehnquist e do juiz-presidente Burger, decidiu que o programa de treinamento não violava o Título VII, não obstante a cota racial explícita. O caso *McDonald* foi individualizado com base no argumento de que o programa "não exigia a demissão de trabalhadores brancos e a contratação de negros para preencher suas vagas"; era apenas "um projeto de ação afirmativa voluntariamente adotado por entidades privadas para eliminar paradigmas tradicionais de segregação racial"[37]. À primeira vista, é difícil compreender essa distinção. Se a empresa e o sindicato tivessem negociado um acordo coletivo que estipulasse uma quantidade de vagas de trabalho para negros em um setor em que estes, devido a paradigmas tradicionais de segregação racial, já estivessem excessivamente representados (talvez alguma profissão de baixa remuneração e que exigisse pouca qualificação profissional), não se desculparia o caráter discriminatório do acordo pelos motivos alegados.

Pondo de lado o caso *McDonald*, a Suprema Corte examinou a história legislativa do Título VII e não encontrou nenhum sinal convincente de que fosse intenção do Congresso proibir projetos voluntários de ação afirmativa. Mas

---

37. *Id.*, fls. 209, 201.

o juiz Rehnquist, em um longo voto divergente, examinou exaustivamente a história legislativa em geral e encontrou numerosas referências à ilicitude da discriminação reversa com base no Título VII[38]. Por exemplo, o senador Saltonstall afirmou que o Título VII não possibilitaria "tratamento preferencial para nenhum grupo de cidadãos. Na verdade, proíbe especificamente tal tipo de tratamento"[39].

Embora a história legislativa pareça dar respaldo ao juiz Rehnquist, há uma consideração que tanto apoia a decisão da Suprema Corte quanto restringe seu alcance. Na fábrica de Gramercy, Louisiana, onde trabalhava Weber, menos de 2% dos operários eram negros, enquanto 39% da força de trabalho local era negra. Se por um lado é perigoso inferir a discriminação como causa da baixa porcentagem de representação, por outro a disparidade nas porcentagens acima, combinada à longa história de discriminação racial no Sul, sugere que a empresa e o sindicato talvez corressem o risco de ser processados por praticarem discriminação na fábrica de Gramercy. Se tivessem sofrido processo e perdido, a sentença da corte poderia ter incluído exatamente o tipo de cota acordado pela empresa e o sindicato. Proibi-los de antecipar-se (através da adoção do tipo de programa que se poderia esperar como sentença de uma corte) e evitar uma ação judicial é estimular a litigiosidade e desestimular o cumprimento voluntário da lei. De fato, segundo o juiz Blackmun em seu voto divergente, a Kaiser Aluminum & Chemical Corp. só adotou as cotas em questão "depois de apreciações críticas por parte do Departamento de Fiscalização do Cumprimento dos Contratos Federais (...) e, para defini-las especificamente, seguiu as linhas de uma sentença homologatória de acordo envolvendo o setor siderúrgico e baseada no Título VII"[40].

Se o caso *Weber* foi de fato decidido com base nessa "conformidade antecipatória", nem por isso o caso *Bakke*

---

38. Ver *id.*, fls. 219-55.
39. 110 Cong. Rec. 12691 (1964).
40. Ver 443 U.S., fl. 210.

fica comprometido em seu contexto factual (a seleção de estudantes), pois não se pode dizer que haja muitas escolas empenhadas na discriminação contra os negros e outras minorias em seus processos seletivos. Note-se porém que, na linha do caso *Weber*, a licitude da ação afirmativa no trabalho parece depender essencialmente dos critérios de julgamento de casos que envolvam queixas de discriminação *contra* membros de minorias. Quanto mais frouxos forem esses critérios (quanto mais propensos os juízes estiverem a basear suas constatações de discriminação em estatísticas de baixa porcentagem de representação), maior será a rede de entidades a que se pode atribuir responsabilidade civil e mais fácil será, para uma empresa ou um sindicato, argumentar convincentemente que, através da discriminação reversa, estão apenas se antecipando e evitando sofrer uma ação judicial por discriminação.

A Suprema Corte ainda não deu sua última palavra acerca da discriminação reversa ou da ação afirmativa. Em seu voto para o caso *Bakke*, o juiz Powell reconhece a incoerência entre a condenação da discriminação nos moldes antigos e a aprovação da discriminação reversa. A incoerência reside no fato de que ambas as formas de discriminação são adaptações racionais ao alto custo da informação. O caso *Weber*, entretanto, levanta a questão de se a discriminação reversa não seria a companheira inevitável de uma política de combate à discriminação racial e de outros tipos, já que representa um modo de cumprimento em potencial, antecipatório ou *post hoc*, das leis que proíbem a discriminação contra os negros e outras minorias.

O dilema da discriminação reversa está diretamente ligado a um dos principais assuntos deste livro: a importância do custo da informação na conformação das instituições sociais. Assim como a discriminação é frequentemente uma reação ao custo das informações sobre as habilidades e qualidades de um indivíduo, o custo de se determinar se ela ocorreu é um convite à discriminação reversa como método de redução do risco jurídico. O dilema seria evitado, é claro, se não houvesse políticas públicas contra a discriminação "estatística", e estas não existiriam se a ética da maximização da riqueza discutida na Parte I regesse a elaboração das diretrizes públicas, coisa que não ocorre.

Isso mostra como a perspectiva econômica é capaz de nos fazer perceber o núcleo analítico comum por trás de questões imensamente distintas acerca de políticas públicas. As mesmas ferramentas usadas para a compreensão das decisões da Suprema Corte no campo da "ação afirmativa" também podem, defendo eu, ser usadas para o entendimento das questões de ética utilitarista e kantiana, da organização social e jurídica das sociedades primitivas e arcaicas, bem como da privacidade como conceito e matéria de direito.

ÍNDICE REMISSIVO

aborto, 392
ação afirmativa, 441-2, 474-81.
    Ver também discriminação reversa
Ackerman, Bruce, 125n
Adams, Samuel, 378n
Adkins, Arthur W. H., 261, 263n
agentes disfarçados, 381-2
ágora, 149-50
agressão física, 338-9
alfabetização, 173, 176, 178, 209, 212
altruísmo, 81-2, 97, 145, 158, 189, 256, 275; recíproco, 191n; negativo, 250-1; como fundamento para a legislação relativa à privacidade, 358, 360, 365
Antigo Testamento, a ideia de retribuição no, 247, 254, 258
Antiguidade Clássica, *ver* Grécia Antiga; Homero
antropologia, 167, 170-1, 172 ss., 259
anulação, 281
apresentação enganosa, 275 ss.
    Ver também fraude

aptidão genética, 220-4, 251-2, 255-7
arbitragem na sociedade primitiva, 205-11
Aristóteles, 88
Arrow, Kenneth, 119-20, 428n
associações protetoras, 231
Atenas, *ver* Grécia Antiga
atividade judicial: teoria blackstoniana da, 28-34; constitucional nos Estados Unidos, 32, 368 ss.; imparcialidade distributiva na, 88-9
autonomia, *ver* teoria ética kantiana; privacidade, no sentido de autonomia

Bakke, caso, 457-77, 478-80
Ball, Donald, 175n
banquetes, 188
barganhar, ato de, 202n
Beccaria, Cesare, 34-6
Becker, Gary, 5, 72, 172n, 203n, 416n
Beidelman, T. O., 210n
Bell vs. Wolfish, 411

Belshaw, Cyril, 189n, 201
Bentham, Jeremy, 5, 17, 38 ss., 67n, 102, 128
bisbilhotice, 274, 283-4, 305
Bittker, Boris, 436n
Black, Hugo, 380-1
Blackmun, William, 412, 479
Blackstone, William, 17 ss., 381
Bloch, Marc, 194n
Bloustein, Edward, 297-8, 300, 302, 316n
Bork, Robert H., 383n, 446n
Boyd, caso, 375-7, 407
Brandeis, Louis, 276n, 282, 293n, 295-6, 300, 319, 321, 369, 373-4, 377
Brennan, William, 465n, 470-2
Brenner, Reuven, 172n
Brown vs. Board of Education, 419-21, 448
bruxaria, *ver* religião
Buckley vs. Valeo, 385, 404n
busca e apreensão, *ver* Quarta Emenda
Butler, Richard, 427n

Calabresi, Guido, 7
California Bankers Ass'n vs. Schultz, 405, 408
capital humano, 86
carro de som, casos envolvendo, 393-5
casamento, 162, 220-7, 280, 336; matrilocal, 222. *Ver também* preço da noiva; família, poligamia
caveat emptor, 218
caveat venditor, 216-8
chantagem, 336-7
cheyennes, 261n
Coase, Ronald, 7

codificação, 44-6
Cohen vs. Califórnia, 398-9
Coleman, Jules, 105n, 108, 117
comércio, 189; na sociedade primitiva, 179, 201-3. *Ver também* mercados
common law, 7-8, 23, 29-37, 44-6, 121-8, 287, 289, 293, 334 ss., 343
compensação *ex ante*, 111 ss.
comportamento não mercadológico, *ver* racionalidade
comunicação, 283-4, 289-93. *Ver também* informação e custo da informação; linguagem; privacidade; retórica
comunicações confidenciais, 334-6
confiança, 298
consciência, *ver* culpa
Constituição britânica, 22, 27-34
Constituição dos Estados Unidos, 32, 56-7; interpretação da, 368 ss., 388n, 446; constitucionalidade da legislação redistributiva, 451
contracepção, regulamentação jurídica da, 383-93
contratos, 169, 182, 215-8, 342
Cooley, Thomas, 374n
Corbett, Edward, 204
costume, 30-2, 209-10, 219, 223. *Ver também common law*
Courtney, James, 354n
Cox, caso, 401-2, 411-2
Craig vs. Boren, 470
crime, 97, 234-5; efeito do, na riqueza da sociedade, 76-8;

na sociedade primitiva, 174-5; revelação em relação ao passado, 275, 279-80, 307-8; e legislação relativa à privacidade, 365-7
critério de "exame rigoroso" de controle de constitucionalidade, 460-2, 470-1, 475
culpa, 265-70, 328
cultura da vergonha *versus* cultura da culpa, 328-9
custos de transação, 74-6, 83, 96, 210, 213, 221, 223n, 307, 312; na sociedade primitiva, 201-2

Décima Quarta Emenda, exigências impostas à ação dos Estados pela, 420-3. *Ver também* devido processo legal; igual proteção
DeFunis, caso, 459
Demsetz, Harold, 211
depreciação, 315, 343-4
devido processo legal, 383-5, 388-9
Diamond, A. S., 195n
difamação, 313-5, 322, 340-55, 400-3; coletiva, 347-8; categorias *per se*, 349; de pessoa falecida, 349; escrita *vs.* oral, 349-51; defesas e privilégios, 352-4
difamação escrita, *ver* difamação
difamação oral, *ver* difamação
direito, teoria do, 58-61
direito, teoria econômica positiva do, 8-9, 123-8, 134-8; conceito de, 89-91; na sociedade homérica, 153.

Ver também common law; costume
direito constitucional, 443-56. *Ver também* segundo doutrinas específicas
direito de desapropriação, 102
direito de não testemunhar nem produzir provas contra si mesmo, *ver* Quinta Emenda
direito penal na sociedade primitiva, 242-4
direito romano, 342
direitos, 68, 84-7, 294, 299; na concepção de Blackstone, 19-24, 25-6; sobre o nome ou a imagem de alguém, 86-7; teoria econômica dos, 131-4
direitos de autor, 287, 293, 304, 311
direitos de propriedade, 211-5, 305; sobre a informação, 283-5; sobre o nome ou a imagem, 302-3; no noticiário, 310. *Ver também* direitos
discriminação, 278-9; racial, 104; análise econômica da, 415-3, 423n, 428-9; relacionada à privacidade, 409, 415; "gosto" pela, 415-9, 424-6; efeito da concorrência e do monopólio sobre, 417-8, 420-1; e seus efeitos sobre a riqueza, 416, 420; por parte de sindicatos, 418-9, 422, 427; remédios judiciais contra a, 423-7, 466-5, 475-6; no trabalho, 423-7; em locais públicos, 424. *Ver também* discriminação racial; discriminação reversa; discriminação sexual; segregação

discriminação de preços, 321n
discriminação racial, 358-67, 415 ss., 430 ss. *Ver também* discriminação reversa
discriminação reversa, 428, 430 ss.
discriminacão sexual, 443n, 470-1
"disposição para pagar", ambiguidade no conceito de, 78-80
dissuasão, 248-9
distribuição de renda e riqueza, 53; no sistema de maximização da riqueza, 96-8; e o *common law*, 121-8. *Ver também* igualdade; redistribuição
dívidas na sociedade primitiva, 190n, 261
Dodds, E. R., 264n
Donagan, Alan, 69
Donnelly, R. C., 351n
dote, 220n, 223n
Douglas, Mary, 196n
Douglas, William, 383-9
doutrina das informações solicitadas, 408
duelo, 229n
Dworkin, Ronald, 101, 109n, 128-38, 444

economia do bem-estar, 59-60
eficiência, 194n, 243-5; sentidos do termo em economia, 109-10; como princípio constitucional na esfera racial, 446-7
Ehrenberg, Victor, 262n
Eisenstadt, caso, 391-93
Ely, John, 443-4, 447, 451n, 455n
Emenda Buckley, 291, 356n
empatia, 145-6, 160

Empréstimo de gado, 188
empréstimos na sociedade primitiva, 187-8
Entick vs. Carrington, 375-6
Epstein, Richard, 67, 79, 96, 107
Erznoznik, caso, 395, 397-400, 411-2
escravidão, 122
escuta clandestina, 290, 292, 315; por agentes secretos, 381-2. *Ver também* vigilância eletrônica; grampo
Ésquilo, 258-9, 268-9
esquimós, 187
estabilidade política, 26-30, 37-8, 49, 52-7; na ausência do Estado, 164-5; na sociedade primitiva, 193-8
Estado: origem do, 155, 166, 170-1, 193, 231; teoria do, *ver* Estado; estabilidade política
Estado, e teorias dos grupos de interesse, 111, 123-7; limitado, 142-6; nos poemas homéricos, 146 ss.; na sociedade primitiva, 176-8; como invasor da privacidade, 368 ss.; e seu papel na discriminação, 420-3. *Ver também* estabilidade política
Estados Unidos vs. Miller, 407-9
Evans-Pritchard, E. E., 185n
evolução social, 243-4
exogamia, 226-7, 232, 256
externalidades negativas e positivas, 353-4; pecuniárias *vs.* tecnológicas, 107-8

false-light tort, 313-6, 400-1
família, 248; na sociedade primitiva, 182-3, 218-27; na

ÍNDICE REMISSIVO

Atenas antiga, 258-9, 262; casos de violação da privacidade envolvendo a, 383-93. *Ver também* parentesco
felicidade, busca da, 62n. *Ver também* utilitarismo; utilidade
feudalismo, 194, 197
ficção jurídica, 32-3, 210
Finley, M. I., 161n, 177n
Firth, Raymond, 202n
Fletcher, George, 116n
fofoca, *ver* bisbilhotice
Fox, Robin, 227n
fraude, 252-3, 281, 343-4. *Ver também* informação e custo da informação
Freund, Paul, 322
Fried, Charles, 67, 86, 298
Friedman, David, 177n, 234n
Fullilove vs. Klutznick, 465n

Gavison, Ruth, 324
Geertz, Clifford, 172n, 292n
generosidade, 185, 187-8
Goffman, Erving, 275n
Goldman, caso, 379-80
Goody, Jack, 196n
grampo, 323, 369-72, 379, 404, 409
Grécia Antiga, 257-70. *Ver também* Homero
Greenawalt, Kent, 294-5, 299
Gregor, Thomas, 282n, 329n
Grierson, Philip, 190n
Griswold, caso, 383-95, 408, 411
Gunther, Gerald, 453

Hall, Edward, 331n
Hand, fórmula de, 8, 74
Harlan, John, 387

Harris, Marvin, 283n
Harsanyi, John, 72
Hart, H. L. A., 40n, 62
Hayek, F. A., 66n, 82n
Heckman, James, 427n
Henkin, Louis, 392n
herança, 98, 214n; de dívidas, 109n; na sociedade primitiva, 196; de responsabilidade penal, *ver* poluição
Hermessen, J. L., 203n
Herskovits, Melville, 187n
Hester, caso, 372-3, 380
Hirshleifer, Jack, 91n, 251n
Hobbes, Thomas, 170
Homans, George, 321n
Homero, 141 ss., 209n, 237n, 261, 263, 267, 269, 328
honra, senso de, 164, 166-7, 170, 204n, 250
Howell, P. P., 341n
Hutchinson vs. Proxmire, 403n, 411

ianomâmis, 327n
igual proteção, 391, 443-56, 458 ss.
igualdade, 42n, 43, 67-8, 72, 88, 96-8, 180n, 199, 225; na sociedade primitiva, 193-8
ilícitos civis e responsabilidade civil, 60-1, 227-41, 248-9, 279; ilícito civil contra a privacidade, 300-16, 400-3. *Ver também os ilícitos civis específicos*
imprensa, 282-3, 296, 304-5, 348-9
incerteza, *ver* risco e incerteza
incesto, 162, 226, 242
indenização por assassinato, 228-9, 233-6

índios norte-americanos, 211
individualismo, 250
informação e custo da informação, 11-2, 308n, 328-9, 341-2, 357, 410, 480; transmissão de, através da troca de presentes, 162; nas sociedades primitivas, 172-7, 181-4, 198-204, 207-8, 217, 222-3, 237-41, 245; e discriminação, 198-9, 432-3, 438-40, 444-5, 446, 453; e crenças morais, 266-8; pessoais, 274 ss.; e busca, 280; incentivos à produção de, 283-5, 294-5; e direitos de propriedade, 286-8. *Ver também* discriminação; privacidade; risco e incerteza
inovação, 329-30
intenção, 238, 267
intrusion (*tortious*), 315-6
inveja, 99, 199
invenções, 175-6

Jones, J. Walter, 267n
Jordan, Ellen, 344n
Jourard, Sidney, 275n
judicatura: teoria blackstoniana da, 28-33; constitucional nos Estados Unidos, 32, 368 ss.; imparcialidade distributiva na, 89-90
juízes, *ver* judicatura
juros na sociedade primitiva, 187-8
justiça corretiva, 88-9
justiça distributiva, *ver* igualdade; direitos
justiça penal, 35-8, 70, 254-5; na sociedade homérica, 147-8; na Atenas antiga, 258-9, 264, 268. *Ver também* Quinta Emenda; Quarta Emenda

Kaldor-Hicks, critério, 108-12
Kaldor, Nicholas, 108
Kant, Immanuel, 67n, 247
Kaplan, John, 432n
Katz, caso, 380-3, 408
Knight, Frank, 64
kula, círculo, 201

Labov, William, 332n
Landes, William, 244, 360-1, 427n
Langbein, John, 39n
legislação, 33-4, 116; concernente à privacidade, 289-92, 355-67; e teoria dos grupos de interesse, 358-67, 390n, 450-3. *Ver também* codificação
legitimidade judicial, 32
Lei da Justa Divulgação de Informações Creditícias, 356, 361
Lei da Liberdade de Informação, 355
Lei de Igualdade de Oportunidades de Crédito, 360-1
Lei do Sigilo Bancário, 355, 405-6, 408
leis de direitos civis, 457-8, 473-9
leis, imposição coercitiva das, 338; pública *vs.* privada, 253, 265
Lerner, Abba, 72
LeVine, Robert, 193n
Lewis, C. S., 246n
liberdade de expressão, 61n

ÍNDICE REMISSIVO

linguagem, 210, 291, 370; e política, 45, 49, 53-4. *Ver também* comunicação; retórica
MacDowell, Douglas, 261n
magia, *ver* religião
Maine, Henry, 177n, 209-10nn
Mair, Lucy, 195n, 220n
"mandados de assistência", 378
Marshall, Thurgood, 470-2
matrimônio, *ver* casamento
maximização da riqueza, teoria da, 72 ss.
McClosky, Donald, 188n
McDonald vs. Santa Fe Trail Transportation Co., 473-4, 477-8
meios de comunicação, *ver* imprensa
mendicância, 41-2, 102-3
mercados, 66, 81, 199; explícitos *vs.* inexplícitos, 72-3; hipotéticos, 74-6, 128n; na sociedade primitiva, 215. *Ver também* custos de transação
mercados hipotéticos, 92, 95-6
Meyer vs. Nebraska, 388-9
Michelman, Frank, 73n, 112n, 121n
monopólio, 87; teoria econômica do, 109-11
Moore, Sally, 228n

Nash, Manning, 202n
negligência, 8, 100, 238, 266-7; *vs.* responsabilidade objetiva, 113-8, 126
New York Times Co. vs. Sullivan, 400-1
Noam, Eli, 294-5, 299
North, Douglass, 194n

Nozick, Robert, 79, 107, 170, 231
núcleo familiar, homérico, 143n, 168; primitivo, 182-3

Olmstead, caso, 370-6, 379-1, 380, 393
open fields, 188n
ordem, *ver* estabilidade política
Osborn, caso, 382

Pacifica, caso, 399-400, 411
parentesco, 183-6, 187n, 197, 206, 209, 213, 215n, 222-3, 225-34, 239n; unilinear, 232; por cognação, 232; na Atenas antiga, 260-1, 262
Paul vs. Davis, 409, 411
Phelps, Edmund S., 428n
Poe vs. Ullman, 387
poiné, 147, 261
poligamia, 181, 194-8, 214
poliginia, *ver* poligamia
política, *ver* Estado; legislação; estabilidade política
Pollack, caso, 384, 387
poluição, 247, 257-65
Popkin, Samuel L., 172n
potlatch, 186, 201
Powell, William, 397n, 458-9, 460-70
precedente, 209
preço costumeiro, 202-3, 217, 220n
preço da noiva, 195-7 e nn, 215n, 219-23
preferências externas, 101, 444
preguiça, 98, 100, 321
presentes, troca de, 161-2, 188-90, 200; informação transmitida pela, 169-70

prestígio na sociedade
  primitiva, 186
presunções, 239-40
Primeira Emenda, 368, 383,
  393-404, 404n. *Ver também*
  liberdade de expressão
primogenitura, 196, 214n
privacidade, 174-6, 203, 234,
  273 ss.; pessoal *versus*
  empresarial e organizacional,
  293-5; violações da, que
  acarretam responsabilidade
  civil, 300 ss., 321, 345-7,
  400-3; comercial, 300-2;
  história da, 317-8; no sentido
  de reclusão, 318 ss., 338, 395,
  405-12; no sentido de sigilo,
  322, 355-67, 405-12; no
  sentido de autonomia, 325,
  325, 383 ss.; leis relativas à,
  355-67; e sigilo de
  correspondência, 377; direito
  constitucional de, 383 ss.;
  casos relacionados à
  privacidade sexual, 383-93,
  409-11; e discriminação,
  409-10, 415
progresso, a ideia de, 31
Prosser, William, 300, 340n
provas, normas relativas às, 279
Pryor, Frederic, 181n, 191-2,
  195n, 196n, 198, 213-4nn
psicologia, 324, 332-3
publicidade indevida, 304-13,
  401-2
punição, 35-8; teoria econômica
  da, 51-2, 80-1; teoria da, 229,
  234-6, 254-5, 266-9. *Ver também*
  justiça penal; retribuição

Quarta Emenda, 368-84, 386-7,
  393, 407-8; teoria da
  propriedade na, 372-3;
  indenização por perdas e
  danos decorrentes de
  violação da, 379n
Quinta Emenda, 370-6, 407

racionalidade, 5, 50, 243, 280
Ransom, Roger, 428n
Rawls, John, 71-2, 36n, 92,
  119-20, 246, 300
reabilitação, 308n
reciprocidade, 182, 203. *Ver
  também* presentes, troca de
reclusão, *ver* privacidade
Redfield, Robert, 177n
redistribuição, 180; seguridade
  como forma de, 193; através
  do processo político, 541; e
  discriminação, 456
Rehnquist, William, 383n, 478-9
religião, 198-9, 235, 258, 262,
  329. *Ver também* poluição
reparações, 439
reputação, 322, 340-1, 349,
  400-3
respondeat superior, 230n, 233n
responsabilidade coletiva,
  229-31, 234-5, 257-8, 260
responsabilidade judicial, *ver*
  negligência; responsabilidade
  objetiva
responsabilidade objetiva,
  236-41, 266-70, 347
restituição, 216-7
retaliação, 164-7, 204n, 227,
  229-30, 233, 247 ss.; e
  responsabilidade objetiva,
  269. *Ver também* retribuição;
  vingança
retórica, 203-4, 327-8, 332
retribuição, 246 ss., 264, 269. *Ver
  também* vingança

riqueza, 242, 321; definição de, 72-3
risco e incerteza, 12-3, 217; aversão ao risco, 59n; aversão ao risco na sociedade primitiva, 182, 236. *Ver também* informação e custo da informação
Roberts, John, 329n
Roe vs. Wade, 392-3
Rubin, Paul, 344n, 369n
Rubin, Zick, 332n
Ruskin, John, 82n

Sahlins, Marshall, 175n, 179n, 203
Saia, caso, 395
Samuelson, Paul, 106n
Sandalow, Terrance, 432n
Schapera, I., 176n, 209n
Schwartz, Bernard, 378n
Scott, James, 172n
segredos industriais, 175-6, 301, 335
segregação, 102, 419-20, 448. *Ver também* discriminação racial
seguridade, 71, 238; na sociedade primitiva, 180 ss., 197n, 199, 217, 225n, 232, 235; como função do casamento, 225-6; e responsabilidade objetiva, 239-40
sexo, 221
Shavell, Steven, 299-300
sigilo, *ver* privacidade; segredos industriais
sigilo profissional do advogado, 335n
Silverman, caso, 379-80, 382
Simmel, G., 328n

sinalização, 285-6
Smith, Adam, 77, 145, 194n
Smith, Robert, 361
Smith vs. Daily Mail Pub. Co., 409n, 411
Smith vs. Maryland, 406n
sociedade agrícola, 172n
sociedade primitiva, 141 ss., 282, 291, 318n, 327-8, 341
sociobiologia, 166n. *Ver também* aptidão genética
Sófocles, 257
solidão, *ver* privacidade, no sentido de reclusão
Steiner, Joseph, 128n
Stigler, George, 12, 214n, 203n, 333n, 363
Stone, Geoffrey, 275n, 382n
Stone, Lawrence, 330
sufrágio censitário, 27-8
superavit do consumidor, 93n, 94, 98, 109, 187, 320
superioridade de Pareto, 66, 95, 105 ss.
Suprema Corte dos Estados Unidos, 368 ss.
Sutch, Richard, 428n
Sweatt vs. Painter, 419, 444

tentativa de agressão, 338-9
teoria ética kantiana, 67, 70-2, 79, 84, 92, 106, 118
Thomas, Robert, 194n
Time, Inc. vs. Hill, 400
torts, *ver* ilícitos civis e responsabilidade civil
trabalho, discriminação no, 423-7, 473-5
Tribe, Lawrence, 398n, 411n
tributação progressiva, 121
Trivers, Robert, 251n

troca recíproca, 189-92, 213n
Tuchman, Barbara, 285

Umbeck, John, 185n
uso indevido da imagem ou do nome, 302-3, 316n, 403n
usufruto, 212
utilidade: sentido econômico *versus* sentido filosófico do termo, 59-60; média *versus* total, 65; total *versus* marginal, 65-6; comparação interpessoal de, 95, 129n
utilitarismo, 17, 40-1, 45, 50-1, 57 ss., 128-30, 136, 295, 298, 444; e retribuição, 250

valor, conceito econômico de, 72
Veeder, Van Vechten, 350n
vigilância eletrônica, 379-82. *Ver também* grampo

vingança, 164-5 e n, 250-2. *Ver também* retaliação

Warren, Samuel, 282, 293n, 295-6, 300, 319, 321, 369
Wechsler, Herbert, 420n
Weinrib, Ernest, 128n
wergeld, *ver* indenização por assassinato
Westin, Alan, 284n, 330n, 381n
Whalen vs. Roe, 408
Williams, Bernard, 70
Wittman, Donald, 247n
Wolston vs. Reader's Digest Ass'n, Inc., 403n. 411

Young vs. American Mini Theaters, 397n
yurok, índios, 207

Zacchini, caso, 403n